Die Lageberichte der Geheimen Staatspolizei
über die Provinz Hessen-Nassau 1933–1936

Mit ergänzenden Materialien herausgegeben,
eingeleitet und erläutert von
Thomas Klein

VERÖFFENTLICHUNGEN
AUS DEN
ARCHIVEN PREUSSISCHER KULTURBESITZ

Herausgegeben von
Friedrich Benninghoven

Band 22/II

Die Lageberichte der Geheimen Staatspolizei über die Provinz Hessen-Nassau 1933–1936

Mit ergänzenden Materialien herausgegeben,
eingeleitet und erläutert
von

THOMAS KLEIN

Teilband II: C

1986

BÖHLAU VERLAG KÖLN WIEN

Redaktion: Iselin Gundermann

CIP-Kurztitelaufnahme der Deutschen Bibliothek
Deutschland „Deutsches Reich" / Geheime Staatspolizei:
Die Lageberichte der Geheimen Staatspolizei über die Provinz Hessen-Nassau 1933–1936 / mit ergänzenden Materialien, hrsg., eingel. u. erl. von Thomas Klein. – Köln; Wien: Böhlau, 1985.
(Veröffentlichungen aus den Archiven Preußischer Kulturbesitz; Bd. 22)
ISBN 3-412-05984-6
NE: Klein, Thomas [Hrsg.]; Stiftung Preußischer Kulturbesitz: Veröffentlichungen aus den ...; HST

Copyright © 1986 by Böhlau Verlag GmbH & Cie, Köln

Ohne schriftliche Genehmigung des Verlages ist es nicht gestattet, das Werk unter Verwendung mechanischer, elektronischer und anderer Systeme in irgendeiner Weise zu verarbeiten und zu verbreiten. Insbesondere vorbehalten sind die Rechte der Vervielfältigung – auch von Teilen des Werkes – auf photomechanischem oder ähnlichem Wege, der tontechnischen Wiedergabe, des Vortrags, der Funk- und Fernsehsendung, der Speicherung in Datenverarbeitungsanlagen, der Übersetzung und der literarischen oder anderweitigen Bearbeitung.

Satz: Locher GmbH, Köln
Druck und buchbinderische Verarbeitung:
Hans Richarz, Publikations Service, St. Augustin
Printed in Germany
ISBN 3-412-05984-6

C. Ergänzende Materialien

47

Aktenvermerk des Kommissarischen Regierungspräsidenten v. Monbart über die Errichtung der Staatspolizeistelle Kassel

2. 5. 1933

StA Ma 165/3841 (2 Seiten)

Am 2. d.Mts. vorm. 10 Uhr fand im Dienstzimmer des Herrn Regierungspräsidenten eine Besprechung zur Durchführung des Erlasses vom 26. 4. 1933 – II Nr. 1000/53 – betr. Neuorganisation der politischen Polizei statt, an welcher teilgenommen haben:
1. Der Herr Regierungspräsident,
2. der Herr Vizepräsident,
3. der Herr Polizeipräsident,
4. Regierungsrat Dr. Lindenborn,
5. Pol.Major Ellwanger,
6. Landjägeroberstleutnant Fenski,
7. Regierungsrat Dr. Elze,
8. Regierungsrat Körber.

Die Leitung der neu errichteten Staatspolizeistelle übernimmt Regierungsrat Dr. Elze als derzeitiger politischer Sachbearbeiter des Herrn Regierungspräsidenten. Die Geschäftsführung der Staatspolizeistelle wird durch die politische Abteilung des Polizeipräsidiums in Kassel wahrgenommen, deren Beamte und Bürokräfte insoweit dem Leiter der Staatspolizeistelle zur Verfügung gestellt werden. Regierungsrat Dr. Elze erhält im Polizeipräsidium ein eigenes Dienstzimmer. Zu seinem ständigen Stellvertreter in der Leitung der Staatspolizeistelle wird Regierungsrat Dr. Lindenborn als Leiter der politischen Abteilung im Polizeipräsidium bestellt. Der Geschäftsgang der Staatspolizeistelle wird sich vorbehaltlich näherer Anweisungen des Geheimen Staatspolizeiamts in Berlin in der Weise abwickeln, daß die Eingänge unmittelbar dem Leiter bzw. seinem Stellvertreter vorgelegt werden. Diesem obliegt es, von besonders wichtigen Eingängen dem Herrn Polizeipräsidenten Kenntnis zu geben. Auch ist von allen Sammelberichten der Staatspolizeistelle an das Geh. Staatspolizeiamt außer dem Herrn Regierungspräsidenten als Landespolizeibehörde auch dem Herrn Polizeipräsidenten zu seiner Information Abschrift zu übersenden. Im übrigen wird der Leiter der Staatspolizeistelle sich vor der Durchführung von Sonderaufträgen oder wichtigeren Einzelaktionen in der Stadt Kassel wie auch im übrigen Regierungsbezirk, zu denen er Beamte der politischen Polizei des Pol.Präs. benötigt, jeweils mit dem Herrn Polizeipräsidenten ins Benehmen setzen. Ausgenommen bleiben die Fälle, in denen die Staatspolizeistelle sich zur Durchführung von Einzelaktionen in den Kreisen Hanau, Stadt und Land, Gelnhausen und Schlüchtern der Mitwirkung der politischen Polizei der staatl. Pol.Dir. in Hanau bedient. Hanau und Fulda kommen als selbständige Stützpunkte der Staatspolizeistelle künftig nicht mehr in Frage.

M[onbart]

48

Aktenvermerk des Regierungspräsidenten v. Monbart über die Zusammenarbeit mit dem zum Leiter der Staatspolizeistelle ernannten Polizeipräsidenten Pfeffer von Salomon

14. 7. 1933

StA Ma 165/3841 (2 Seiten)

Mit Herrn Polizeipräsidenten von Pfeffer habe ich am 13. d.Mts. folgendes besprochen:
Herr von Pfeffer wird Leiter der Staatspolizeistelle in Kassel statt des politischen Referenten. Diese Regelung tritt in Kraft, sobald Regierungsrat von Kruse hier das Referat übernimmt. Regierungsrat von Kruse und Regierungsrat Dr. Lindenborn haben sich über die laufenden Vorfälle ständig in Verbindung zu halten. Herr von Kruse hat mir alle wichtigen Vorgänge sofort weiterzumelden. Polizeipräsident von Pfeffer wird politisch wichtige und interessierende Fragen mit mir unmittelbar und persönlich besprechen. Er tritt als Leiter der Staatspolizeistelle zu mir in das gleiche Verhältnis, wie es der politische Referent als Leiter der Stelle haben würde. Diese Regelung wird besonders geeignet sein, Verhandlungen mit der SA und SS aus dem Bereich der politischen Polizei in einfachster und schnellster Weise zu führen. Ein Ferngespräch mit Oberregierungsrat Diehls[!], dem Leiter der Berliner Staatspolizei, ergab dessen Einverständnis. Er teilte mit, daß eine solche Regelung im Gegenteil sehr erwünscht sei. Einer besonderen ministeriellen Zustimmung bedürfe es nicht, ich könnte das Erforderliche im Aufsichtswege anordnen. Die erfolgte Regelung solle dann nur der Geheimen Staatspolizei gemeldet werden. Oberregierungsrat Diehls[!] bat bei dieser Gelegenheit, doch möglichst in Berichten nicht nur auf die Anlagen Bezug zu nehmen, bat auch, ohne besonderen Anlaß allgemeine Stimmungsberichte öfter und eingehender als bisher zu erstatten.

M[onbart]

49

Übersicht über die bei der Staatspolizeistelle Kassel tätigen höheren Verwaltungsbeamten und oberen Kriminalbeamten vom Kriminalkommissar aufwärts. Stand: 1. 11. 1934

GStAPK I. HA Rep. 90 P Nr. 6

Lfd. Nr.	Amtsbez.	Name	geb. am	Dienststellung	Zur Stapo versetzt durch Erl. vom Akt.Z.	Pg.	Angehöriger der SA.	SS.
1	Polizeipräsident	v. Pfeffer, Fritz	19. 5. 1892	Leiter	—	Ja	Ja	—
2	Regierungsrat	Dr. Hütteroth, Ferdinand	6. 8. 1902	stellv. Leiter	M.d.J. v. 23. 4. 1934 Z 797 II/III	Ja	—	Ja
3	Krim. Komm.	Schmitz, Hans	4. 11. 1897	Leiter des Außendienstes	M.d.J. v. 16. 8. 1934 II B I Kr. Schmitz Johs. 4	—	—	Ja

50

Nachweisung aller männlichen Kräfte des Innen- und Außendienstes der Staatspolizeistelle für den Reg.Bez. Kassel nach dem Stande vom 25. 6. 1935

GStAPK I. HA Rep. 90 P Nr. 14 H.2

Name Zu- und Vorname	Dienstbezeichnung	Geburtstag und -jahr	Geb.-Ort	Eintritt in die Gestapo (Monat, Jahr)	Von welcher Behörde übernommen?	Bemerkungen (Mitgl. der PO, SA, SS sowie SD)
a) Kassel							
von Pfeffer, Fritz	Pol.Präsid. u. zugl. Leiter d. Stapo	19. 5. 92	Charlottenburg	Juli 1933	Pol.Präs. Kassel	SA-Gruppenführer
Dr. Hütteroth, Ferdinand	Reg.Rat	6. 8. 02	Wasenberg[1]	Juli 1933	Pol.Präs. Kassel	Pg., SS-Mann
Lehmann, Artur	Pol.Insp.	23. 9. 88	Nordhausen (Harz)	April 1934	Pol.Präs. Kassel	Pg., Pol. Leiter
Schlüter, Adolf	Pol.Insp.	7. 10. 05	Kassel	Juni 1933	Pol.Präs. Kassel	Pg., Pol. Leiter
Gröner, Josef	Pol.Amtsgeh.	8. 6. 98	Jungenau[2]	Sept. 1934	Pol.Präs. Kassel	—
Schmitz, Hans	Krim.Kom.	4. 11. 97	Duisburg	Juli 1933	Pol.Präs. Kassel	SS-Mann
Wolter, Willi	Hilfs-Krim. Kom.	14. 11. 07	Cleve	Sept. 1934	Gestapa Berlin	SA-Mann
Schadt, Ernst	Krim.Bez. Sekr.	25. 4. 95	Cölln/ Meissen	Mai 1933	Pol.Präs. Kassel	Pg., SA-Mann
Seufert, Wilhelm	Krim.Sekr.	31. 3. 87	Frankfurt/M.	seit Bestehen der Stapo	Pol.Präs. Kassel	—
Aust, Reinhardt	Krim.Sekr.	25. 1. 88	Gimsdorf/ Schles.[3]	seit Bestehen der Stapo	Pol.Präs. Kassel	Pg.
Luck, Karl	Krim.Sekr.	15. 6. 78	Seligenthal[4]	seit Bestehen der Stapo	Pol.Präs. Kassel	—
Jünger, August	Krim.Ass.	24. 12. 80	Borken[5]	seit Bestehen der Stapo	Pol.Präs. Kassel	Pg.
Senff, Karl	Krim.Ass.	28. 11. 92	Sollstadt[6]	Mai 1933	Pol.Präs. Kassel	—
Lange, Fritz	Krim.Ass.	20. 9. 98	Gehsen[7]	Mai 1933	Pol.Präs. Kassel	—
Hellwig, Christian	Krim.Ass.	3. 5. 99	Willingen[8]	seit Bestehen der Stapo	Pol.Präs. Kassel	—
Schenk, Paul	Krim.Ass.	30. 9. 99	Potsdam	Mai 1933	Pol.Präs. Kassel	—

C. Ergänzende Materialien

Kreis, Karl	Krim.Ass. Anw. a. Pr.	30. 8. 06	Kassel	Okt. 1933	neu eingest.	Pg., SA-Mann
Steinmann, Willi	Krim.Angest.	27. 6. 09	Kiel	Okt. 1933	neu eingest.	Pg., SA-Mann
Hämer, Ludwig	Krim.Angest.	6. 2. 97	Kassel	Okt. 1933	neu eingest.	Pg., SA-Mann
Färber, Wilhelm	Krim.Angest.	13. 1. 94	Hanau	Jan. 1934	neu eingest.	Pg., SS-Mann
Wolf, Hans	Krim.Angest.	22. 7. 05	Essen	April 34	neu eingest.	Pg., SA-Mann
Wiegand, Erich	Krim.Angest.	8. 5. 13	Usseln[9]	April 35	neu eingest.	Pg., SS-Mann
✓ Apfelstedt, Hermann	Krim.Angest.	18. 9. 04	Kassel	Mai 35	neu eingest.	SS-Mann

b) Hanau

Werner, Paul	Krim.Ass.	3. 5. 93	Berlin	April 34	Pol.Dir. Hanau	—

Anmerkungen [im Original]:
Hilfs-Krim.Kom. Wolter ist durch Erlaß d. Gestapa v. 6. 6. 35 B. Nr. 1030/35 I A nach hier versetzt worden.
Pol.Insp. Lehmann ist ab 1. 7. 1935 zur Ableistung seiner 3monatigen Probedienstleistung bei der Wehrmacht (Heeresverwaltung) abgeordnet, um später dort endgültig übernommen zu werden.
Krim.Ang. Färber ist Leiter der Außenstelle Hanau.

[1] Reg.bez. Kassel, Kr. Ziegenhain.
[2] wohl Jungnau, Hohenzollern, OA Sigmaringen
[3] evt. Gimmel(?) in Schlesien. — Luck, Seufert, Hellwig, Aust und Jünger gehörten bereits im Februar 1933 zur Politischen Abteilung des Kasseler Polizeipräsidiums. StA Ma 165/3838.
[4] Reg.bez. Kassel, Kr. Herrsch. Schmalkalden
[5] wohl Reg.bez.. Kassel, Kr. Homberg
[6] wohl Sollstedt, Reg.bez. Erfurt
[7] Reg.bez. Gumbinnen, Kr. Johannisburg
[8] wohl Reg.bez. Kassel, Kr. d. Eisenbergs (vorh. Waldeck), weniger wahrscheinlich Reg.bez. Wiesbaden, Oberwesterwaldkr.
[9] Reg.bez. Kassel, Kr. d. Eisenbergs (vorh. Waldeck)

51

Schriftwechsel und Aktenvermerk betr. Mitteilungen über angebliche Querverbindungen zwischen der Gestapo und KPD-Mitgliedern in Kassel

26. 4. 1936

GStAPK I. HA Rep. 90 P Nr. 3

a) Der Reichsminister der Justiz [. . . .] Berlin W 8, den 19. März 1936

An
Herrn Ministerialrat Maretzki [Marotzke]
oder Vertreter im Amt   Geheim!

im Preußischen Staatsministerium

2 Hefte

Unter Bezugnahme auf Ihre mit meinem Sachbearbeiter, Erster Staatsanwalt Dr. Joel[1], geführte fernmündliche Besprechung übersende ich in der Anlage ergebenst zwei von dem Oberlandesgerichtsrat Wolff in Kassel gefertigte Berichte über seine als Untersuchungsrichter gesammelten Erfahrungen und Beobachtungen im Kampf gegen die KPD zur gefälligen Kenntnisnahme und mit der Bitte um Rückgabe.
Heil Hitler!
Im Auftrag
gez. Dr. Crohne

b) Preuß. Staatsministerium   Berlin, den 26. April 1936
St.M.P. 140

Ref.: Marotzke   Geheim!

1. Vermerk

Aus den mit Schreiben des Reichsministers der Justiz vom 19. März 1936 – III a 43/36 g – vorgelegten Aktenheften ergibt sich folgendes:

---

[1] Zur Stellung Joels, dann Ministerialdirektor, Leiter der Strafabteilung im Reichsjustizministerium, siehe Hockerts, S. 10.

Die Stapo Kassel hat sich längere Zeit eines Kommunisten als Vertrauensmann bedient, der – wie sich später herausstellte – als Hauptorganisator der illegalen KPD in Kassel tätig gewesen ist. Ein derartiger Mißgriff hätte sich zweifellos vermeiden lassen, wenn die Stapobeamten in Kassel mehr auf der Hut gewesen wären. Beachtlich ist ferner, daß der Bezirk Kassel der KPD, die sich mit der SPD zur Einheitsfront zusammengeschlossen hatte, 1000 zahlende Mitglieder zählte.

Des weiteren ist durch den Berichterstatter Oberlandesgerichtsrat Wolff in Kassel dargelegt, inwieweit Querverbindungen zwischen Stapobeamten in Kassel und Frankfurt a.M. einerseits und Angehörigen der KPD andererseits bestanden haben sollen. Die Ausführungen lassen nicht mit Sicherheit den Schluß zu, daß tatsächlich eine konspirative Tätigkeit der Stapobeamten zu Gunsten der KPD bestanden hat. Im übrigen habe ich durch Befragung des Regierungsdirektors Dr. Best im Geh. Staatspolizeiamt festgestellt, daß die Vorgänge in Kassel und Frankfurt a.M. vom Regierungsdirektor Dr. Best persönlich untersucht worden sind. Dr. Best hält es für ausgeschlossen, daß die Stapobeamten zu Gunsten der KPD auch noch fahrlässig gearbeitet haben. Immerhin haben die Vorgänge Gestapa Veranlassung gegeben, Beamte der beteiligten Staatspolizeistellen zu versetzen, so daß nunmehr die Gewähr besteht, daß bei diesen Stapostellen einwandfrei gearbeitet wird.

Das Geheime Staatspolizeiamt hat daher die erforderlichen Maßnahmen bereits in die Wege geleitet, so daß von hier weiteres nicht zu veranlassen ist. Im übrigen wird im ordentlichen Gerichtsverfahren darüber entschieden werden, ob eine strafbare Handlung der Stapobeamten vorliegt.

c) An den Herrn Reichsminister der Justiz
z.H. des Herrn Ersten Staatsanwalts
Dr. Joel   Geheim!

Auf das Schreiben vom 19. 3. 1936 – III a 43/36g – sende ich in der Anlage 2 Hefte betr. Ermittlungen des Oberlandesgerichtsrats Wolff in Kassel nach Kenntnisnahme mit bestem Dank zurück.

52

Polizeiverordnung des Regierungspräsidenten in Kassel zum Schutze des Friedens unter den Jugendverbänden[1]

19. 4. 1934

StA Ma 180 LA Wolfhagen 2393

Auf Grund des Polizeiverwaltungsgesetzes vom 1. Juni 1931 (GS S. 77) in der Fassung des Art. X Ziff. 1 der Verordnung vom 17. März 1933 (GS S. 43) und des § 8 des Gesetzes vom 15. Dezember 1933 (GS S. 479) in Verbindung

---

[1] Aufgehoben durch Polizeiverordnung des Regierungspräsidenten vom 3. 8. 1935. (Amtsblatt der Reg. Kassel 1935, S. 171).
Seiner Verordnung hatte der Regierungspräsident schon bald eine Interpretation zur vertraulichen Kenntnisnahme durch den Polizeipräsidenten in Kassel, den Staatlichen Polizeidirektor in Hanau, den Landräten sowie den Oberbürgermeistern als Ortspolizeibehörden in Fulda und Marburg gegeben (erhalten StA Ma 180 LA Hersfeld 9408):

Der Regierungspräsident   Kassel, den 24. Mai 1934
A II Nr. 8960/34

Vertraulich!

Betrifft: Schutz des Friedens unter den Jugendverbänden.

Gegenüber aufgetauchten Zweifelsfragen ersuche ich, bei der Anwendung der Polizeiverordnung zum Schutze des Friedens unter den Jugendverbänden vom 19. 4. 1934 (Reg. Amtsblatt S. 83) nicht kleinlich und schikanös vorzugehen, auf keinen Fall Uniformen usw. auszuziehen, anstatt die betroffene Jugend nach Hause zu schicken. [Dabei] sind grundsätzlich folgende Richtlinien zu beachten:

Zu § 1 a:

I. Nicht unter das Verbot fallen:

a) Veranstaltungen und Versammlungen in geschlossenen Räumen mit beschränktem Teilnehmerkreis,

b) die Beteiligung an Prozessionen, Bittgängen und sonstigen kirchlichen Umzügen in althergebrachter landesüblicher Form,

c) zwanglose Spaziergänge und Ausflüge von Angehörigen der konfessionellen Jugendverbände in kleinerem Rahmen, wenn ihnen jeder demonstrative Charakter fehlt. Geschlossenes Marschieren ist unzulässig.

II. Unter das Verbot fallen:

Veranstaltungen und Versammlungen, welche jedermann zugänglich sind.

Zu § 1 b:

I. Nicht unter das Verbot fällt:

das Tragen von Bundestracht in der Kirche.

II. Unter das Verbot fällt:

das Tragen von Bundestracht bei Prozessionen, Bittgängen und sonstigen kirchlichen Umzügen.

Zu § 1 c:

I. Nicht unter das Verbot fällt:

das Mitführen von geweihten Kirchenfahnen (nicht Wimpel und Fähnchen) in Prozessionen, Bittgängen und sonstigen kirchlichen Umzügen in althergebrachter, landesüblicher Form.

gez. von Monbart

mit § 1 der Verordnung zum Schutz von Volk und Staat vom 28. Februar 1933 (RGBl. I S. 83) wird für den Regierungsbezirk Kassel folgendes verordnet:

§ 1

Im Interesse der Befriedung unter der deutschen Jugend wird den konfessionellen Jugendverbänden untersagt:

a) jedes geschlossene Auftreten in der Öffentlichkeit,

b) das öffentliche Tragen von Bundestracht oder von Kleidungsstücken oder Abzeichen, die den Träger als Angehörigen einer konfessionellen Jugendorganisation kenntlich machen.

Unter dieses Verbot fällt auch das Tragen von Bundestracht oder zur Tracht gehörigen Kleidungsstücken und Abzeichen unter Verdeckung durch zivile Kleidungsstücke (z.B. Mäntel) sowie jede sonstige einheitliche Bekleidung, die als Ersatz für die bisherige Bundestracht anzusehen ist.

c) Das Mitführen und Zeigen von Wimpeln oder Fahnen in der Öffentlichkeit,

d) der öffentliche Vertrieb oder das öffentliche Verteilen von Presseerzeugnissen konfessioneller Jugendverbände (Jugendzeitungen, Jugendzeitschriften),

e) jede sportliche oder volkssportliche oder geländesportliche Betätigung innerhalb der konfessionellen Jugendverbände.

§ 2

Nicht unter das Verbot des § 1 fällt die freie Ausübung der kirchlich-religiösen Aufgaben. Diese darf nicht behindert werden.

§ 3

Für jeden Fall der Nichtbefolgung dieser Polizeiverordnung wird hiermit die Festsetzung von Zwangsgeld bis zu 150 RM, im Nichtbeitreibungsfalle die Festsetzung von Zwangshaft bis zu zwei Wochen angedroht.

Soweit die Nichtbefolgung dieser Polizeiverordnung nach Reichsrecht oder Landesrecht mit Strafe bedroht ist, bleibt die Androhung der Strafe unberührt.

§ 4

Diese Polizeiverordnung tritt mit dem Tage ihrer Veröffentlichung im Regierungs-Amtsblatt in Kraft.

53

Polizeiverordnung des Regierungspräsidenten in Kassel über den öffentlichen Vertrieb und das öffentliche Verteilen von Presseerzeugnissen konfessioneller Jugendverbände

16. 1. 1936

StA Ma 180 LA Wolfhagen 2356

Aufgrund des Polizeiverwaltungsgesetzes vom 1. Juni 1931 (GS S. 77) in der Fassung des Art. X Ziff. 1 der Verordnung vom 17. März 1933 (GS S. 43) und des § 8 des Gesetzes vom 15. Dezember 1933 (GS S. 479) in Verbindung mit § 1 der Verordnung des Reichspräsidenten zum Schutze von Volk und Staat vom 28. Februar 1933 (RGBl. I S. 83) wird für den Regierungsbezirk Kassel folgende Polizeiverordnung erlassen:

§ 1

Der öffentliche Vertrieb und das öffentliche Verteilen von Presseerzeugnissen konfessioneller Jugendverbände (Jugendzeitungen, Jugendzeitschriften) wird verboten.

§ 2

Als nichtöffentlich im Sinne dieser Verordnung gilt der Vertrieb oder das Verteilen innerhalb der Kirche.

§ 3

Für jeden Fall der Nichtbefolgung dieser Polizeiverordnung wird hiermit die Festsetzung eines Zwangsgeldes in Höhe bis zu 150,– RM, im Nichtbeitreibungsfalle gemäß § 50 des Polizeiverwaltungsgesetzes die Festsetzung von Zwangshaft bis zu 3 Wochen angedroht.
Unerlaubt vertriebene oder verteilte Presseerzeugnisse sind einzuziehen. Soweit die Nichtbefolgung dieser Polizeiverordnung nach Reichsrecht oder Landesrecht mit Strafe bedroht ist, bleibt die Androhung der Strafe unberührt.

§ 4

Diese Verordnung tritt mit dem Tage der Verkündung im Regierungsamtsblatt in Kraft und hat Gültigkeit bis zum 31. Dezember 1964. Gleichzeitig wird die Polizeiverordnung, betr. den öffentlichen Vertrieb und das öffentliche Verteilen von Presseerzeugnissen konfessioneller Jugendverbände, vom 3. August 1935 (Reg.Amtsbl. S. 171) aufgehoben.

Kassel, den 16. Januar 1936
Der Regierungspräsident
gez. von Monbart

Rundverfügungen der Geheimen Staatspolizei an die Landräte des Regierungsbezirks, die Oberbürgermeister als Ortspolizeibehörden in Fulda und Marburg sowie den Staatlichen Polizeidirektor in Hanau

(Auswahl)
Mai 1933 bis März 1936

Die folgende Auswahl aus einem sehr umfangreichen Materialbestand berücksichtigt außer den von der Staatspolizeistelle Kassel („Der Polizeipräsident in Kassel. Staatspolizeistelle" und „Staatspolizeistelle für den Regierungsbezirk Kassel", später „Preußische Geheime Staatspolizei. Staatspolizeistelle Kassel") selbst abgefaßten Rundverfügungen auch einige des Geheimen Staatspolizeiamtes in Berlin, die über die Staatspolizeistelle in Abschrift an die nachgeordneten Polizeibehörden weitergeleitet wurden. Für die chronologische Reihung maßgeblich war stets das Ausgangsdatum in Kassel.

Da die Überlieferung der Staatspolizeistelle Kassel ganz und die des Regierungspräsidiums größtenteils vernichtet wurde, mußte auf die der Empfänger, der Landratsämter, jetzt Bestand 180 im Hessischen Staatsarchiv Marburg, zurückgegriffen werden. Als besonders reich erwies sich die Überlieferung der Landratsämter Eschwege und Hersfeld.

Die Auswahl berücksichtigt vor allem die in den Lageberichten vorausgesetzten oder angesprochenen Tatsachen und Rechtsgrundlagen in den dort besonders interessierenden Sachbereichen: Politische Parteien und Gruppen, Kirchen, Juden, Wirtschaft sowie einige kulturgeschichtlich interessante Stücke. Ersuchen um Berichterstattung über Fahndungsbefehle, Rede- und Aufenthaltsverbote gegen Gruppen oder Einzelpersönlichkeiten sowie Maßnahmen gegen einzelne Presseerzeugnisse mußten bei der Auswahl stark zurücktreten. Schließlich wurden die von der Staatspolizeistelle selbst abgefaßten Stücke gegenüber denen des Gestapa bevorzugt aufgenommen.

54

Kampfgemeinschaft Revolutionärer Nationalsozialisten „Schwarze Front"

29. 5. 1933

StA Ma 180 LA Eschwege 1280

Herrn Landrat [. . .]

Am 9. April dieses Jahres hat in Erfurt eine Führerbesprechung der Kampfgemeinschaft revolutionärer Nationalsozialisten „Schwarze Front" stattgefunden. Neben der Abordnung von Kampfgenossen in ein Arbeitsdienstlager wurde der Ausbau der „Schwarzen Garde" erörtert, für die aus den marxistischen Fronten die besten Kräfte gewonnen werden sollten. Zu diesem Zwecke ist besonders die Tageszeitung „Mitteldeutsche Rundschau", die auf der Grundlage des Deutschen Sozialismus aufgebaut ist, herausgegeben worden. Neben dieser Zeitung erscheinen für die Mitglieder der „Schwarzen Front" die von Karl Ecker, Wien, herausgegebenen Druckschriften „Rettung" und „Der nationale Sozialist". Die Druckschriften sind verboten und einzuziehen.

Im übrigen wurde auf der Führerbesprechung hervorgehoben, daß die Kämpfer der „Schwarzen Front" Revolutionäre seien, die in ihren Reihen alle deutschen Revolutionäre für die sozialistische Revolution und den nationalen Freiheitskrieg sammeln wollen. Die Betätigung in der „Schwarzen Front" ist als staatsfeindlich anzusehen.

Es wird um Mitteilung gebeten, ob und welche Beobachtungen über die Tätigkeit der „Schwarzen Front" und den Vertrieb der Druckschriften im dortigen Bereich gemacht wurden.

Termin: 6. Juni.   gez. Dr. Elze

55

"Kommunistische Gottlosenorganisationen"

1. 6. 1933

StA Ma 180 LA Hersfeld 1305

Geheim! Persönlich!

Abschriftlich an den Herrn Landrat in [. . .]
zur Kenntnis und mit dem Ersuchen um Bericht über die Durchführung, [den] Erfolg der Maßnahmen und bemerkenswerte Vorkommnisse binnen 5 Tagen.

gez. Dr. Elze

Abschrift

Funkspruch

An alle in Preußen und Hamburg.

Kommunistische Gottlosenorganisationen werden illegal weitergeführt durch Volkshilfe mit Bestattungsfürsorge und die verschiedenen Kulturvereine. Am 2. Juni ds. Js. um 8 Uhr früh sind Volkshilfe mit Bestattungsfürsorge und die betreffenden Kulturvereine zu schließen, die Verantwortlichen in Schutzhaft zu nehmen und gegen sie Strafverfahren einzuleiten. Vermögenswerte sind zu beschlagnahmen und einzuziehen. Nachgeordnete Polizeibehörden sind mit entsprechender Weisung zu versehen. Bericht über Durchführung, Erfolg der Maßnahmen und bemerkenswerte Vorkommnisse binnen 10 Tagen.

Geheimes Staatspolizeiamt Berlin
2 e 43[66] XV. 11.

56

Verbotsmaßnahmen gegen politische Verbände

16. 6. 1933

StA Ma 180 LA Eschwege 1280

Abschrift an den Herrn Landrat in [. . .]
zur Kenntnisnahme.

i.V. Dr. Lindenborn

Funkspruch

Berlin 16/6/33 Nr. 146   32   15   2034.

An sämtliche Staatspolizeistellen.

Aus Anlaß eines Einzelfalles untersage ich im Interesse einheitlichen Vorgehens örtliche Verbotsmaßnahmen gegen politische Verbände, denen überörtliche Bedeutung zukommt. Verbotsanregungen sind dem Geheimen Staatspolizeiamt vorzulegen.

Der Minister des Innern

57

Kommunistische Propaganda

24. 6. 1933

StA Ma 180 LA Hersfeld 9408

An den Herrn Landrat in [. . .]

In letzter Zeit ist festgestellt worden, daß von kommunistischer Seite Rundschreiben durch die Post versandt werden, die die Überschrift „Briefe ins Dorf" tragen. Hergestellt worden sind diese Druckschriften in der für illegalen kommunistischen Propagandamaterials[!] herkömmlichen Weise. In den Briefen wird die Stellung der Kleinbauern und Siedler vom kommunistischen Standpunkt geschildert. Als Absender trugen die Briefe in der Regel den Vermerk „Kraftfuttervertrieb Berlin N 85, Postschließfach 65". Die Angabe ist unrichtig. In Berlin konnte der Hersteller der Druckschriften bisher noch nicht festgestellt werden. Es ist im übrigen bemerkt worden, daß diese Druckschriften auch von anderen Städten versandt worden sind.

Es wird gebeten, auch von dort aus Nachforschungen nach dem Hersteller pp. zu betreiben und über das Ermittlungsergebnis zu berichten.

gez. Dr. Lindenborn

58

Internationale Bibelforschervereinigung

27. 6. 1933

StA Ma 180 LA Eschwege 1280

Abschrift dieses Funkspruchs übersende ich zur sofortigen Veranlassung und mit dem Ersuchen um umgehenden Bericht. Das beschlagnahmte Material ist vorzulegen.

i.V. Hütteroth

Abschrift

An alle Staatspolizeistellen

Internationale Bibelforscher – Vereinigung einschließlich Nebenorganisationen, Wachtturm-, Bibel- und Traktat-Gesellschaft der Neu-Apostolischen Sekte, Sitz Magdeburg, heute für ganz Preußen verboten. Ortsgruppen und Geschäftsstellen sind sofort zu durchsuchen, staatsfeindliches Material beschlagnahmen. Über Ergebnis berichten.

Geheimes Staatspolizeiamt

59

Katholische Verbände

1. 7. 1933

StA Ma 180 LA Eschwege 1280

Abschrift

Funkspruch N. 1 vom 1. Juli 1933.

An alle Staatspolizeistellen.

Am 1. Juli 1933, 10 Uhr, sind durch Polizeikräfte Geschäftsstellen folgender Verbände zu schließen und deren Schriftenmaterial und sonstiges Vermögen sicherzustellen:
a) Friedensbund deutscher Katholiken,
b) Windhorstbund [!],
c) Kreuzschar,
d) Sturmschar,
e) Volksverein für das katholische Deutschland und Volksvereins Verlag, GmbH,
f) Katholischer Jungmännerverband
sowie Personenvereinigungen, die als Fortsetzung dieser Vereinigungen und Verbände anzusehen sind.

Dem Verdacht strafbarer Handlungen, insbesondere Vermögensverschiebungen, ist mit Nachdruck nachzugehen.

Nach Durchführung ersuche ich um sofortigen Bericht.

Geheimes Staatspolizeiamt

Weitergegeben von der Staatspolizeistelle Kassel hierher am 1. 7. 1933, 3 Uhr morgens. Nach Durchführung soll sofort berichtet werden.

Der Landrat   Eschwege, den 1. Juli 1933

60

Jüdische Vereine

24. 7. 1933

StA Ma 180 LA Hersfeld 9408

Streng vertraulich!

Abschrift umstehender Verfügung zur Kenntnis und weiteren Veranlassung übersandt. Der Vorlage der geforderten Nachweisungen sehe ich bestimmt bis zum 1. August d. Js. entgegen.

gez. v. Pfeffer

Abschrift

Geheimes Staatspolizeiamt IIf. Berlin, den 11. Juli 1933

Streng vertraulich!

An alle Staatspolizeistellen und den Herrn Polizeipräsidenten in Berlin.

Mit Rücksicht auf das in letzter Zeit beobachtete besonders starke Eindringen marxistischer Elemente in jüdische, insbesondere national-jüdische Vereine und Verbände, ersuche ich, bis zum 5. 8. 1933 getrennte Nachweisungen in doppelter Ausfertigung aufzustellen über alle in ihrem Bezirke vorhandenen:
a) jüdischen politischen Vereine pp. sowie ihrer Nebenorganisationen jeder Art,
b) jüdischen angeblich unpolitischen Vereine und deren Nebenorganisationen,
c) jüdischen Logen oder logenartigen Verbände,
d) ausländischen Juden ⎫ die bisher in irgendeiner Form in politischer
e) inländischen Juden ⎭ Hinsicht in Erscheinung getreten sind.

Die Nachweisungen zu a bis c sind alphabetisch in der Form anzulegen, daß aus ihnen die genaue Adresse der Geschäftsräume, die Anzahl der Mitglieder und von den Vorstandsmitgliedern der Geburtsname, Vorname,

Stand, Geburtsort, -tag, -monat und -jahr, Staatsangehörigkeit, Wohnung und Straße, Familienstand, Glaubensbekenntnis und die evtl. politische Einstellung hervorgeht.

In den Nachweisungen zu d bis e muß der Geburtsname, Vorname, Stand, Geburtsort, -tag, -monat und -jahr, Staatsangehörigkeit, Wohnung und Straße, Familienstand, Glaubensbekenntnis und die politische Einstellung enthalten sein. Über den Verwendungszweck der Nachweisung behalte ich mir Entscheidung vor.

Die genaueste Innehaltung der angegebenen Frist, sowie strengste Geheimhaltung mache ich zur besonderen Pflicht.

gez. Diels

61

Schutzhäftlinge

o.D. [29. 7. 1933]

StA Ma 180 LA Eschwege 1280

Abschrift vorstehenden Funkspruchs zur Kenntnis und weiteren Veranlassung.

gez. v. Pfeffer

Abschrift

dgh
28/7/33 1836 Berlin Nr. 119   51   28   1558.
 ju

An alle Staatspolizeistellen.

Nachts 27. Juli, am Tage der nationalen Arbeit, auf Tempelhoferfeld in Berlin gepflanzte Hindenburg-Eiche von Kommunisten zerstört. Als Gegenmaßnahme ist sämtlichen kommunistischen Schutzhäftlingen drei Tage die Mittagsmahlzeit zu entziehen. Schutzhäftlingen ist Maßnahme unter Hinweis auf Frevel an Hindenburg-Eiche zu verkünden.

Gestapo gez. Diels

Abschrift haben erhalten: OP, RP Kassel, PolPräs Kassel,
 Geh. Staatspol[izei] St[elle]

62

Marxistische Tarnorganisationen

12. 8. 1933

StA Ma 180 LA Eschwege 1280

Abschrift zur Kenntnis und zum Bericht bis zum 22. August 1933.

i.V. gez. Dr. Hütteroth

Abschrift

Geheimes Staatspolizeiamt.   Berlin, den 7. August 1933.
Tgb. Nr. III B. 356/101.

An sämtliche Staatspolizeistellen.

    Nach hier vorliegenden Nachrichten sollen marxistische Parteigruppen seit dem 30. Januar 1933 häufig versucht haben, sich als Vereine – Kegelclubs, Gesangvereine und dergl. – von neuem zu organisieren. Die Staatspolizeistellen werden ersucht, unverzüglich in ihren Bezirken eine Nachprüfung der seit dem 30. Januar 1933 erfolgten Neugründung solcher Vereine oder ihrer Ummeldungen zu veranlassen. Falls in einzelnen Fällen die Umorganisation des marxistischen Parteiapparates festgestellt wird, ersuche ich, nachdrücklichst auf Grund der bisherigen gesetzlichen Bestimmungen einzuschreiten. Insbesondere wird die Frage der Auflösung des Vereins, der Vermögensbeschlagnahme und der Inschutzhaftnahme der Vorsitzenden mit besonderer Sorgfalt zu prüfen sein.
    Über das Ergebnis der Nachprüfung ersuche ich, mir zu berichten.

gez. Diels

63

Denunziantentum

6. 9. 1933

StA Ma 180 LA Hersfeld 9408

Vertraulich!

Es mehren sich die Fälle, in denen bei den Kreis- und Ortspolizeibehörden des Regierungsbezirks durch Mitglieder der NSDAP, insbesondere Angehörige der SA oder SS, Personen mit der Beschuldigung vorgeführt werden, durch Handlungen oder Äußerungen den nationalen Staat, seine Regierung und Organe oder Einrichtungen bezw. maßgebende Persönlichkeiten der NSDAP beleidigt oder verächtlich gemacht zu haben. Solche Fälle sind vielfach von den vorgenannten Behörden ohne genügende Prüfung hierher mitgeteilt worden, meist mit der Bitte, die fraglichen Personen sofort dem Konzentrationslager in Breitenau zuzuführen.

Demgegenüber muß darauf hingewiesen werden, daß es sich erfahrungsgemäß bei Beschuldigungen der vorgenannten Art oft um böswillige Denunziation handelt, die in persönlicher Feindschaft, Konkurrenzneid und ähnlichen Beweggründen ihre Ursache haben.

Diesen Auswüchsen muß jedoch mit allen zu Gebote stehenden Mitteln begegnet werden. Ich bitte daher, in jedem Falle vor Abgabe der Vorgänge und Überführung der Beschuldigten an die Staatspolizeistelle erst eingehende Ermittlungen darüber anzustellen, ob die erhobenen Vorwürfe begründet sind oder ob es sich um haltlose Angebereien handelt. Ist letzteres der Fall, so sind statt der Beschuldigten die Denunzianten in Schutzhaft zu nehmen und hierher zu überführen. Ich werde diese alsdann ohne jede Rücksichtnahme dem Lager Breitenau zuführen lassen, ganz gleich, um welche Persönlichkeiten es sich handelt. Ich würde es begrüßen, wenn bei haltlosen Gerüchten alle Verbreiter vernommen und zum Schluß derjenige eingeliefert würde, der nicht angeben kann, wer ihm die Lüge zugetragen hat.

Ferner empfiehlt es sich aus erzieherischen Gründen, derartige Fälle unter Nennung der Namen der verleumderischen Angeber in der Öffentlichkeit, besonders in der Presse, bekanntzugeben.

gez. von Pfeffer

64

Jüdisches Vereinswesen

23. 10. 1933

StA Ma 180 LA Hersfeld 1305

Streng vertraulich!

Um einen möglichst erschöpfenden Einblick in den Einfluß marxistischer und staatsfeindlicher Elemente auf das Judentum und Logenwesen zu erhalten, sowie zur Vervollständigung der beim Geheimen Staatspolizeiamt eingerichteten Nachrichtensammelstelle ersuche ich, bis zum 15. 11. 1933 erneut getrennte Nachweisungen in doppelter Ausfertigung aufzustellen und einzusenden über alle im dortigen Bezirk vorhandenen
a) jüdischen politischen Vereine pp. sowie ihre Nebenorganisationen jeder Art,
b) jüdischen angeblich unpolitischen Vereine und deren Nebenorganisationen,
c) jüdischen Logen oder logenartigen Verbände,
d) ausländischen Juden ⎱ die bisher in irgendeiner Form in politischer Hine) inländischen Juden ⎰ sicht in Erscheinung getreten sind.

Die Nachweisungen sind in der gleichen Form anzulegen, wie durch meine Verfügung vom 24. 7. ds. Js. angeordnet. Sie müssen nach dem Stande vom 1. 11. aufgestellt sein.

Abschrift der am 24. 7. ds. Js. ergangenen Anordnung liegt nochmals bei.

gez. von Pfeffer

65

Brigade Ehrhardt

27. 10. 1933

StA Ma 180 LA Hersfeld 1305

Die oberste SA-Führung hat angeordnet, daß, nachdem die Brigade Ehrhardt von der SS übernommen ist, eine Werbung für die Ehrhardt-Brigade bezw. für den Wiking-Bund nicht mehr statthaft ist. Ebenso ist das Tragen des Wiking-Bund-Abzeichens zum Dienstanzug der SA nicht erlaubt.

gez. von Pfeffer

66

Abhören des Moskauer Rundfunks

7. 11. 1933

StA Ma 180 LA Wolfhagen 2384

Ich ersuche, den Kommunisten und Marxisten, welche im Besitz von Rundfunkgeräten sind, besondere Aufmerksamkeit zuzuwenden. Sofern festgestellt wird, daß der Moskauer Sender gehört wird, sind die Apparate einzuziehen und evtl. über die Betroffenen Schutzhaft zu verhängen. Wenn sich mehrere Personen zum Radiohören zusammenfinden, ist besondere polizeiliche Aufmerksamkeit geboten; evtl. sind Strafverfahren wegen Abhaltens verbotener Versammlungen einzuleiten. Beim Verdacht staatsfeindlicher Betätigung sind gleichzeitig Durchsuchungen vorzunehmen.
Auf meine Rundverfügung vom 30. 9. 1933 – 70^{30} – nehme ich Bezug.

gez. von Pfeffer

67

Führerreden

10. 11. 1933

StA Ma 180 LA Hersfeld 1305

Über alle besonderen Vorkommnisse aus Anlaß der heutigen Übertragung der Rede des Herrn Reichskanzlers an die deutsche Arbeiterschaft bitte ich umgehend zu berichten, insbesondere sofern Störungen und Sabotageakte vorgekommen sind oder etwa Schwierigkeiten durch jüdische Arbeitgeber gemacht worden sind.

Fehlanzeige ist nicht erforderlich.

i.A. Hütteroth

68

Deutscher Gruß

24. 11. 1933

StA Ma 180 LA Hersfeld 9408

Abschrift zur Kenntnis. gez. von Pfeffer

Abschrift

An den
Herrn Landrat in Eschwege

In der Streitsache mit dem Pfarrer Eichhöfer aus Reichensachsen, der gezwungen werden sollte, den Deutschen Gruß nicht mit „Heil", sondern mit „Heil Hitler" zu erwidern, hatte ich Ihnen mitgeteilt, daß es als Deutscher Gruß genügen würde, wenn der Betreffende unter Heben des rechten Armes das Wort „Heil" ausspreche, und somit die Worte „Heil Hitler" nicht verlangt werden brauchen oder können.

Um sicher zu gehen, hatte ich beim Stellvertreter des Führers angefragt. Dieser hat mir heute mit einem Schreiben vom 20. 11. ds. Js. bestätigt, daß meine Auffassung richtig ist.

Er führt in dem Schreiben u. a. aus, daß der Gruß „Heil" niemals von der Reichsleitung der NSDAP in den Gruß „Heil Hitler" umgeändert worden sei und daß somit ebensogut mit „Heil" wie mit „Heil Hitler" gegrüßt werden könne.

gez. von Pfeffer

69

Postkontrolle

25. 11. 1933

StA Ma 180 LA Hersfeld 1305

Nachdem durch eine strenge Kontrolle staatsfeindlicher Elemente insbesondere an den Grenzen die Nachrichtenübermittlung durch Kuriere wesentlich erschwert worden ist, benutzen die Versender von Spionage-, Greuel- und Hetznachrichten in immer stärkerem Maße den Postweg. Sie tun dies in der Erwartung, daß die Bestimmungen über die Wahrung des Postgeheimnisses ihnen eine günstige Möglichkeit bieten, ihr lichtscheues Treiben möglichst ungefährdet fortzusetzen. Den Folgen der von den Strafverfolgungsbehörden ausgehenden Beschlagnahmebeschlüsse suchen sie dadurch zu entgehen, daß sie Aufgabeort und Anschrift ihrer Nachrichten oft und schnell wechseln.

Ich ersuche, mit den zuständigen Postämtern in Verbindung zu treten und sie um größte Aufmerksamkeit gegenüber allen Sendungen aus dem Auslande wie überhaupt allen verdächtigen Sendungen zu ersuchen. Von der Oberpostdirektion haben die Postämter bereits entsprechende Anweisung erhalten.

Ein enges und reibungsloses Zusammenarbeiten zwischen Postamt und Ortspolizeibehörde ist unbedingt erforderlich.

gez. von Pfeffer

70

Gefallenenehrungen

29. 11. 1933

StA Ma 180 LA Hersfeld 1305

Es ist festgestellt worden, daß eine Gefallenenehrung eines katholischen Sportverbandes zu einer pazifistischen Kundgebung ausartete.

Ich bitte, den Kundgebungen der katholischen Bestände daher besondere Aufmerksamkeit zuzuwenden und vor der Genehmigung jeweils zu prüfen, ob die Redner und die beteiligten Vereine Gewähr dafür bieten, daß die Kundgebung im vaterländischen Sinne der nationalsozialistischen Weltanschauung entsprechend verläuft.

Verbänden, die noch mehr oder weniger pazifistisch eingestellt sind, sind Heldenehrungen und ähnliche polit. Veranstaltungen grundsätzlich zu untersagen, da sie nicht die Gewähr für einen würdigen Verlauf bieten und ein unwürdiger Verlauf Unruhe in der Bevölkerung hervorruft.

gez. von Pfeffer

71

Reichserbhofgesetz

1. 12. 1933

StA Ma 180 LA Hersfeld 1305

In verschiedenen Teilen des Reiches wird das Reichserbhofgesetz von Versicherungsgesellschaften, insbesondere durch deren von Haus zu Haus gehende Agenten, in einer unerhörten Weise zu Geschäftszwecken ausgeschlachtet. In Prospekten, die in riesigen Auflagen verteilt werden, und in der mündlichen Propaganda der Agenten wird vor allem immer wieder behauptet, das Reichserbhofgesetz mache die Eltern und die übrigen Kinder des Bauern zu Bettlern, und der einzige Schutz, sich zu sichern, sei das Eingehen einer Lebensversicherung.

Durch diese Geschäftspropaganda, die trotz aller Warnung (u. a. durch den Rundfunk) offenbar noch fortgesetzt wird, wird große Unruhe in die bäuerlichen Kreise hineingetragen, was unbedingt verhindert werden muß.

Besonders irreführend ist ein Prospekt der „Friedrich-Wilhelm"-Lebensversicherungs AG in Berlin W 8, Behrenstraße 58/61. Der Prospekt ist für Preußen beschlagnahmt und eingezogen. Sollten noch Exemplare auftauchen, bitte ich, entsprechend zu verfahren. Ich bitte, die Pg. auf dem Lande über diese Schwindeleien entsprechend aufzuklären und mir gegebenenfalls zu berichten.

gez. von Pfeffer

72

Religiöse Vereinigungen

14. 12. 1933

StA Ma 180 LA Eschwege 1280

Abschrift zur Kenntnisnahme und Beachtung übersandt. Über bemerkenswerte Feststellungen ersuche ich, sofort zu berichten.

gez. v. Pfeffer

Abschrift

Geheimes Staatspolizeiamt　　　　　　　　Berlin, den 8. Dezember 1933
II E 244/204

An die Staatspolizeistelle Kassel.

Zu generellen polizeilichen Maßnahmen gegen nachstehend aufgeführte Sekten und religiöse Vereinigungen liegt z. Zt. kein Anlaß vor:
1. „Mormonen" (Kirche Jesu Christi der Heiligen der letzten Tage)
2. „Neuapostolische Gemeinde e.V."
3. „Gemeinschaft des göttlichen Sozialismus" e.V. (Apostelamt Juda)
4. „Christliche Wissenschaft" (Christian Science)
5. „Apostelamt Simon Juda aus Jakobs Gesellschaft"
6. „Adventisten" (Siebenten-Tags-Adventisten).

Es wird jedoch darauf hingewiesen, daß die Tätigkeit sämtlicher Sekten und Bünde – religiöse und antireligiöse Vereinigungen – fortlaufend sorgfältig beobachtet werden muß, und zwar einmal hinsichtlich ihrer Betätigung und Einstellung zum Staate, wobei zwischen denjenigen Vereinigungen zu unterscheiden ist, welche sich zum Nationalsozialismus positiv einstellen, und denjenigen, welche sich neutral oder indifferent oder gar ausgesprochen staatsfeindlich verhalten und betätigen.

Hiermit steht vielfach in unmittelbarem Zusammenhang das Verhältnis der betreffenden Sekte zu den beiden christlichen Konfessionen. Wenn auch eine ablehnende Haltung zu letzteren angesichts der wiederholt zugesicherten

Freiheit der Religionsübung kein Grund zu einem polizeilichen Einschreiten sein kann, so wird doch eine öffentliche und gehässige Propaganda, verbunden mit Beschimpfung der christlichen Konfessionen, geeignet sein, die öffentliche Ruhe, Sicherheit und Ordnung zu gefährden.

Verschiedene Berichte nachgeordneter Stellen lassen erkennen, daß innerhalb der einzelnen Ortsgruppen überörtlicher Vereinigungen die geistige Haltung u. Betätigungsweise je nach der Persönlichkeit des betr. Führers und sonstiger Elemente häufig recht verschieden sind.

Es besteht Anlaß zu der Annahme, daß innerhalb von religiösen Gemeinschaften, gegen die als solche nichts einzuwenden ist, ohne Wissen der zentralen Leitung immer noch Ortsgruppen bestehen, in welchen namentlich marxistische Elemente Unterschlupf gefunden haben, um unter religiösem Deckmantel marxistische Zellenbildungen zu betreiben.

Dies hat sich namentlich bei dem „Bund Freireligiöser Gemeinden e.V.", gegen dessen Ortsgruppen durchgreifende Polizeimaßnahmen teilweise notwendig waren, ergeben.

Ich ersuche, in dieser Beziehung außer der oben genannten Vereinigung namentlich auch die Sekte zu 3) („Gemeinschaft des göttlichen Sozialismus" e.V., Apostelamt Juda) und zu 6) (Adventisten) zu beobachten, ferner in Bezug auf ausgesprochene kirchenfeindliche Haltung die zu 4) genannte Sekte „Christliche Wissenschaft".

In wirtschaftlicher Hinsicht ist, vor allem bei den eben bezeichneten Sekten, die Vermögensgebarung von Interesse. Namentlich von den „Siebenten-Tags-Adventisten" sollen unter Berufung auf ihre religiösen Ziele, Mitgliedsbeiträge gefordert und auch eingezahlt worden sein, deren Höhe auffallend ist und beim Fehlen jeder staatlichen Kontrolle zu volkswirtschaftlich nicht vertretbaren Schädigungen weiter Volkskreise führt.

In allen genannten Beziehungen ersuche ich, über besondere Vorkommnisse und Beobachtungen zu berichten und auch in den Lageberichten hierauf einzugehen. Das gleiche gilt selbstverständlich für bereits verbotene Vereinigungen, insbesondere für die „Internationale Bibelforscher-Vereinigung".

Hierdurch erledigen sich die hierher gerichteten Einzelanfragen.

gez. Diels

73

Werbedrucksachen

16. 12. 1933

StA Ma 180 LA Eschwege 2317

Nach Mitteilung des Geheimen Staatspolizeiamts sollen immer noch Werbedrucksachen, Reklamebilder, Kataloge, Spielzeug und Bücher Verbreitung finden, die der feindlichen Propaganda Angriffsmöglichkeiten bieten und so die außenpolitischen Interessen des Reiches gefährden. Auf mein diesbezügliches Rundschreiben vom 24. August ds. Js. weise ich nochmals besonders hin und mache strenge Beachtung meiner Anordnungen zur Pflicht. Über besonders wichtige Vorfälle und Beobachtungen ersuche ich, unverzüglich unter Beifügung eines Belegexemplars zu berichten. In schweren Fällen wird die Verhängung von Schutzhaft in Erwägung zu ziehen sein.

Die SA- und SS-Dienststellen sind von hier in Kenntnis gesetzt worden.

gez. von Pfeffer

74

Alldeutscher Verband

10. 1. 1934

StA Ma 180 LA Eschwege 1280

Abschrift zur Kenntnis und Beachtung übersandt.

gez. Dr. Hütteroth

Abschrift

Der Reichsminister des Innern   Berlin NW 40, den 12. 12. 1933
I A 1330/25.11.

An die Landesregierungen/für Preußen an den Herrn Ministerpräsidenten und an den Herrn Minister des Innern

Betr.: Alldeutscher Verband

Eine Reihe von Beschwerden des Alldeutschen Verbandes über Verbote seiner Versammlungen geben mir Veranlassung, die Landesregierungen darauf hinzuweisen, daß die Tätigkeit des Alldeutschen Verbandes nach seiner ganzen Zielrichtung nicht zu beanstanden ist und daß daher zu Verboten seiner Versammlungen grundsätzlich kein Anlaß vorliegt. Insbesondere können solche Verbote nicht mit dem Gesetz gegen die Neubildung von Parteien vom 14. Juli 1933 begründet werden, da der Alldeutsche Verband nicht als politische Partei angesehen werden kann.

Allerdings ist die Möglichkeit nicht von der Hand zu weisen, daß in einzelnen Fällen versucht wird, unter dem Deckmantel angeblich alldeutscher Bestrebungen Versammlungen abzuhalten, die in Wirklichkeit anderen, politisch unerwünschten Zielen dienen und die zu verbieten begründeter Anlaß besteht. Es werden sich jedoch Mißgriffe leicht vermeiden lassen, wenn sich die Polizeibehörde vor einem Verbot mit den örtlichen Organen des Alldeutschen Verbandes in Verbindung setzt.

gez. Frick

Der Preußische Ministerpräsident   Berlin, den 5. Januar 1934
Geheime Staatspolizei
Tgb. Nr. III C 372 / 8

Abschriftlich der Staatspolizeistelle in Kassel mit dem Ersuchen, nach den im vorstehenden Erlaß gegebenen Richtlinien zu verfahren.

i.A. gez. Diels

75

Laien-Notbund

StA Ma 180 LA Eschwege 1280

11. 1. 1934

a.)

Abschrift zur Kenntnis und weiteren Veranlassung. Gegebenenfalls ist zu berichten.

i.A. [Unterschrift]

Abschrift

Funkspruch Berlin Nr. 37 vom 10. 1. 1934 um 15.00 Uhr.

Sämtliche[n] Preußischen Staatspolizeistellen.

Stelle anheim, in Erscheinung tretende Ortsgruppen des „Laien-Notbundes", die als Unterorganisationen des „Pfarrer-Notbundes" innerhalb der evangelischen Kirche gebildet werden, wegen Gefährdung der öffentlichen Sicherheit und Ordnung zu verbieten. Über Maßnahmen und Beobachtungen Funkbericht.

Gestapa – II E 2 244/4 –
gez. Diels

b.) 12. 1. 1934

Im Nachgang zu meinem Rundschreiben vom 11. ds. Mts. – 80[10] – ersuche ich, etwaige Verbotsmaßnahmen gegen „Laien-Notbund" – Unterorganisation des Pfarrer-Notbundes – nicht selbständig zu treffen, sondern erst das Einverständnis der Staatspolizeistelle einzuholen.

i.A. Hütteroth

76

Kaisers Geburtstag

15. 1. 1934

StA Ma 180 LA Eschwege 1280

Abschrift zur Kenntnisnahme und weiteren Veranlassung übersandt. Über besondere Vorkommnisse ersuche ich umgehend, auch fernmündlich, zu berichten.

i. A. Hütteroth

[Abschrift]

Der Preußische Ministerpräsident   Berlin, den 5. Januar 1934
Geheime Staatspolizei
III C 372/8.

Anläßlich des 75. Geburtstages des früheren Kaisers sind zum 27. 1. von der sog. Kaiserbewegung unter dem Vorsitz von Generaloberst a. D. von Einem überall größere Kundgebungen geplant. Von hier aus ist eine grundsätzliche Entscheidung des Reichsministeriums des Innern über die vereins- und versammlungspolizeiliche Behandlung der Kaiserbewegung angeregt worden. Die Entscheidung des Reichsministers des Innern steht noch aus.

Ich ordne aber jetzt bereits folgendes an: Öffentliche Kundgebungen der Kaiserbewegung sind z. Zt. unerwünscht und deshalb von den Staatspolizeistellen zu verhindern. Nach dem Wunsch des Herrn Reichsministers des Innern soll das in der Form geschehen, daß sich die Leiter der Staatspolizeistellen mit den örtlichen Führern der Kaiserbewegung in Verbindung setzen und darauf hinwirken, daß die Kundgebungen lediglich im Rahmen von Mitgliederversammlungen mit eingeführten Gästen ohne öffentliche Propaganda stattfinden. Die Feiern sollen lediglich als Gedenkfeiern ausgestaltet werden, wobei eine Propaganda für die etwaige Wiederkehr des Kaisers oder die Wiedereinsetzung der Hohenzollern unter allen Umständen zu unterbleiben hat.

Ebenso sind Sammlungen für ein evtl. Geburtstagsgeschenk für den Kaiser schon mit Rücksicht auf das Winterhilfswerk des deutschen Volkes zu verhindern, sobald sie den Charakter öffentlicher Sammlungen annehmen.

76. Kaisers Geburtstag

Zweckmäßigerweise werden die örtlichen Führer der Kaiserbewegung den Staatspolizeistellenleitern die Reden, die am 27. 1. gehalten werden wollen, im Entwurf vorzulegen haben. Wegen der weiteren Behandlung der monarchistischen Verbände ergeht demnächst nähere Anordnung.

Im Auftrage
gez. Diels

77

Politische Äußerungen im Kirchenkampf

20. 1. 1934

StA Ma 180 LA Frankenberg 2619

Sofort!

Abschrift zur Kenntnis und zum Bericht bis 23. ds. Mts. (genau). Fehlanzeige nicht erforderlich.

i.A. Hütteroth

Abschrift

Funkspruch Berlin Nr. 142   114   19   22.39 Uhr

An alle Staatspolizeistellen

Ersuche in enger Zusammenarbeit mit Gauleitern um sofortige Vorlage einer Zusammenstellung derjenigen Zwischenfälle und Äußerungen im evangelischen und katholischen Kirchenstreit, die zweifellos keine theologische Meinungsäußerung, sondern offener oder versteckter Angriff auf Bewegung oder Staat darstellen, z. B.: Verbot des Deutschen Grußes, Entfernung nationaler Symbole, Äußerungen wie „Hitler kann Staat zwingen, aber nicht Kirche", Sabotage des Winterhilfswerks, Presseverlautbarungen und Flugblätter. Einzeldarstellungen der Staatspolizeistellen werden hier zur Denkschrift zusammengestellt, die Reichskanzler gefordert hat. Berichte für künftige Politik des Führers bedeutungsvoll, spätestens in 5 Tagen.

Zusatz an Gauleiter Koch, Königsberg/Pr.: Funkspruch ist Resultat heutigen Vortrags beim Führer; erbitte auch Ihre Beobachtungen über Kirche und Reaktion.

Gestapa Berlin – II E^2 –

78

Staatliche Einmischungen in rein kirchliche Belange

1. 2. 1934

StA Ma 180 LA Hersfeld 9408

Es mehren sich die Fälle, in denen Polizeibehörden, z. T. durch politische Leiter veranlaßt, der religiösen Empfindung des Volkes gegenüber in polizei-politischer Hinsicht nicht die nötige Zurückhaltung wahren.

Ich weise mit besonderem Nachdruck nochmals darauf hin, daß es weder im Interesse des Staates noch der NSDAP liegt, sich in religiöse Angelegenheiten zu mischen. Dies gilt sowohl für den evangelischen Kirchenstreit als auch für die Tätigkeit der katholischen Geistlichkeit bezüglich der kirchlichen Vereine.

In einzelnen Orten ist es vorgekommen, daß von katholischen Geistlichen geleitete rein religiöse Schauspiele verboten wurden, unter der Begründung, daß dies (in an und für sich rein katholischen Gegenden) Unruhe hervorrufen würde. Ferner wurde gegen Pfarrer, die gegen die Gottlosenbewegung wetterten, Anklage erhoben, weil die jetzige Regierung keine Gottlosenbewegung mehr dulde u. a. mehr. Ein derartiges Einschreiten gegen katholische Geistliche schadet dem Ansehen des Staates und der NSDAP außerordentlich, denn hierdurch wird den katholischen Geistlichen die nicht zu unterschätzende Waffe des Schlagwortes „Kulturkampf" in die Hand gegeben.

Bei der Mentalität der deutschen Bevölkerung kann von dieser eine klare und gerechte Beurteilung der Sachlage bei der Bekämpfung der früheren Zentrumskreise oder der hinter dem evangelischen Kirchenstreit stehenden Reaktion nicht mehr erwartet werden, wenn sie einmal glaubt, daß ihre Religion unterdrückt würde.

Ich ersuche daher nochmals, auf die Ortspolizeibehörden dahin einzuwirken, daß sie als politische Polizei unter keinen Umständen dann einschreiten, wenn die Bevölkerung glaubt (sei es auch zu Unrecht), die Maßnahme richte sich gegen die Religion oder ihre Anhänger. Auch sollen sie mit allen ihnen zur Verfügung stehenden Mitteln verhindern, daß Leiter einer Organisation der NSDAP in solchen Fällen eingreifen. In Zweifelsfällen können die Ortspolizeibehörden, wenn Eile geboten, unmittelbar zu jeder Tages- und Nachtzeit bei der Staatspolizeistelle Kassel anrufen.

gez. von Pfeffer

79

Staatliches Eingreifen in den Kirchenstreit

StA Ma 165/3943

Der Polizeipräsident
Staatspolizeistelle Kassel, den 5. Februar 1934

Gemäß wiederholter Anordnung der zuständigen Ministerien soll in den evangelischen Kirchenstreit grundsätzlich nicht eingegriffen werden. Die Polizei hat aber dafür Sorge zu tragen, daß die *Grenzen der innerkirchlichen Auseinandersetzung* keinesfalls überschritten werden und daß alle offenen oder versteckten Angriffe auf den Staat und die Grundsätze der nationalsozialistischen Bewegung, namentlich gegen das Führerprinzip, die Rassenlehre und gegen die Symbole des nationalsozialistischen Staates verhindert oder geahndet werden. Bei der Wahl der jeweils anzuwendenden polizeilichen Mittel bedarf es auf diesem schwierigen Gebiet einer wohl überlegten Abwägung aller Umstände. Eine zu große Langmut beim Übergreifen des kirchlichen Meinungsstreites auf das staatspolitische Gebiet kann schädlich sein; aber auch ein zu scharfes Eingreifen birgt Gefahren in sich, die den polizeilichen Erfolg auf die Dauer in Frage stellen können. Es muß auf jeden Fall verhindert werden, daß unnötig Märtyrer geschaffen werden und durch polizeiliche Maßnahmen die Front der Gegner gestärkt wird. Aus diesem Grunde hat der Herr Ministerpräsident neuerdings ausdrücklich angeordnet, daß die Verhängung der politischen Schutzhaft gegen Geistliche grundsätzlich seiner vorherigen Zustimmung bedarf.

Bei der großen politischen Bedeutung der Sache legt der Herr Ministerpräsident größten Wert darauf, über die Vorgänge und Beobachtungen auf diesem Gebiet laufend unterrichtet zu sein und bezeichnende Einzelfälle so schnell wie möglich zur Kenntnis zu bekommen.

Ich ersuche daher, die kirchlichen Verhältnisse weiterhin aufmerksam zu beobachten und über beachtliche Vorkommnisse *unverzüglich* zu berichten.

gez. von Pfeffer

80

Katholische Vereine

StA Ma 180 LA Eschwege 1280

9. 2. 1934

a.)

Ich ersuche um Übersendung einer Liste über alle im dortigen Bezirk vorhandenen katholischen Vereine und Verbände wie z. B.: Reichsverband der katholischen Arbeitervereine Deutschlands, des katholischen Jungmännerverbandes Deutschlands, die Organisation der Deutschen Jugendkraft und katholischen Werkjugend, Verband katholischer Beamtenvereine Deutschlands, katholischer Gesellenverein, katholischer deutscher Frauenbund, Zentralverband der katholischen Jungfrauenvereine Deutschlands, Verband katholischer kaufmännischer Vereinigungen, Jugendverband im Verband katholischer kaufmännischer Vereinigungen Deutschlands, katholischer Lehrerbund des Deutschen Reiches, Verein katholischer Deutscher Lehrerinnen und Verband der katholischen Frauen- und Müttervereine Deutschlands u.a.m. nach folgendem Muster:

1.) Lfd. Nr., 2.) Name des Vereins, 3.) Namen des Vorstandes, 4.) Frühere und jetzige politische Einstellung und Betätigung, 5.) Zweck und Ziel der Vereinigung, 6.) Wird Wehrsport betrieben?, 7.) Wird Uniform getragen?, 8.) Bemerkungen. In der Nachweisung sind die Jugendvereine und -verbände getrennt von allen sonstigen Vereinen und Verbänden aufzuführen. Der Vorlage der Liste sehe ich bis zum 1. 3. 34 entgegen.

Im Auftrage
gez. Dr. Hütteroth

b.)   19. 2. 1934

Unter Bezugnahme auf mein Rundschreiben vom 5. Januar 1934 – 43[01]/1 – betr. Neubildung katholischer Vereine ersuche ich, allen Neubildungen von katholischen Vereinen besonderes Augenmerk zuzuwenden. Über etwaige Feststellungen in dieser Hinsicht ersuche ich, mir umgehend zu berichten.

i.A. Hütteroth

c.)   22. 2. 1934

Im Nachgang zu meinem Rundschreiben vom 9. 2. 1934 – 80[10] – betr. Übersendung einer Liste über alle im dortigen Bezirk vorhandenen katholischen Vereine und Verbände ist noch in einer besonderen Spalte die Anzahl der Mitglieder der Vereinigungen anzugeben.
Der Vorlage der Liste sehe ich bestimmt bis zum 1. März 1934 entgegen.

i.V. Hütteroth

81

Katholische Aktion

20. 2. 1934

StA Ma 180 LA Hersfeld 9662

Bis zum 1. März ds. Js. ersuche ich um ausführlichen Bericht über den Aufbau und die Betätigung der ,,Katholischen Aktion" im dortigen Kreis. Die ,,Katholische Aktion" befaßt sich mit der Vertiefung und Verbreitung des innerkirchlichen katholischen Lebens, nimmt aber anscheinend besonders starken Einfluß auf das katholische Vereinswesen und die Jugendbewegung. In der Verordnung der Bischöfe über die ,,Katholische Aktion" heißt es, daß es von den besonderen örtlichen Verhältnissen und Bedürfnissen abhängt, in welchem Umfange es sich empfiehlt, seitens der ,,Katholischen Aktion" große öffentliche Veranstaltungen wie Pfarrabende, Gemeindefeste, Jugend- und Kinderfeste durchzuführen. Solche Veranstaltungen sollen sich an alle Katholiken ohne Unterschied der politischen Richtung wenden. Nach der Verordnung der Bischöfe soll sorgfältig Bedacht darauf genommen werden, daß die Erörterung von Fragen, die das politische Gebiet berühren, vermieden wird.

Die ,,Arbeitsgemeinschaft katholischer Deutscher" hat mit der ,,Katholischen Aktion" nichts zu tun.

i.V. Hütteroth

82

Sturmschar

21. 2. 1934

StA Ma 180 LA Eschwege 1280

Es sind Zweifel aufgetaucht, ob der katholische Jugendverband ,,Sturmschar" sich betätigen darf.

Gemäß Funkspruch des Geheimen Staatspolizeiamts Nr. 1 vom 1. Juli 1933 waren die Geschäftsstellen des Friedensbundes deutscher Katholiken, des Windthorstbundes, der Kreuzschar, der Sturmschar, des Volksvereins für das katholische Deutschland und Volksvereinsverlag G.m.b.H., des kath. Jungmännerverbandes sowie der Personenvereinigungen, die als Fortsetzung dieser Vereinigungen und Verbände anzusehen sind, zu schließen und deren Schriftmaterial und sonstiges Vermögen sicherzustellen. Mit Funkspruch des Geheimen Staatspolizeiamts vom 6. Juli 1933 Nr. 162 ist angeordnet worden, daß die Geschäftsstellen des katholischen Jungmännerverbandes wieder zu öffnen und sichergestelltes Material freizugeben sei.

Danach besteht also das Verbot der ,,Sturmschar" nach wie vor. Ich ersuche, für seine Beachtung zu sorgen.

In Vertretung
gez. Dr. Hütteroth

83

"Klassenkampfmanieren im Handwerk"

12. 3. 1934

StA Ma 180 LA Frankenberg 2619

Abschrift zur Kenntnis und Bericht bis 20. ds. Mts. Fehlanzeige ist nicht erforderlich.

i.V. Hütteroth

Abschrift

Geheimes Staatspolizeiamt Berlin, den 2. März 1934.
II E 1 – K 16/34.

Betr.: Klassenkampfmanieren im Handwerk

Eine Handwerkerberufsschule hat an die Lehrlinge zur Ausfüllung einen Meldebogen ausgehändigt, der folgende Fragen enthält:
1.) Wirst Du gestoßen oder geschlagen?
2.) Wirst Du schikaniert?
3.) Wenn ja, von wem?

Nachdem das Gesetz zum Schutze der nationalen Arbeit erlassen und das Führerprinzip in der gewerblichen Wirtschaft verankert ist, sind derartige Fragestellungen geeignet, die Autorität des Betriebsführers zu untergraben. Wer sich unsozial behandelt glaubt, dem ist die Möglichkeit gegeben, sich unmittelbar bei der Deutschen Arbeitsfront oder beim Lehrlingspfleger der betreffenden Innung zu beschweren. Die Herbeiführung öffentlicher Diskussionen über diese Fragen aber unterbindet das Autoritätsprinzip und ist als Auswuchs einer klassenkämpferischen Einstellung abzulehnen.

Ich ersuche festzustellen, ob im dortigen Bereich ebenfalls derartige Fragebogen verteilt worden sind. Gegebenenfalls ist einzuschreiten. Von dem Geschehenen ersuche ich, hierher Mitteilung zu machen.

In Vertretung
gez. Volk

84

Aktion der NS-HAGO

24. 3. 1934

StA Ma 180 LA Hersfeld 9662

Abschrift obigen Funkspruchs zur Kenntnis. Bei etwaigen Vorkommnissen ersuche ich um fernmündlichen Bericht.

i.V. Hütteroth

Abschrift

Funkspruch Berlin Nr. 51   vom 23. 3. 1934 um 14.09 Uhr

An alle Staatspolizeistellen.

Betrifft: Boykott jüdischer Geschäfte. Vom 23.3. bis 7.4. 1934 unternimmt NS – HAGO Werbeaktion für Einzelhandel und Handwerk. In verschiedenen Städten sind Entartungen des Werbefeldzuges in Juden- und Warenhausboykott festgestellt. Reichswirtschaftsminister ersucht, derartige Vorkommnisse unbedingt zu verhindern. Gegebenenfalls Funkbericht an Gestapa.

Gestapa II 2 E 1 – 230/10/6.

85

Bund der jüdischen Arbeitnehmer

16. 4. 1934

StA Ma 180 LA Eschwege 1280

Abschrift zur Kenntnis und weiteren Veranlassung. Über die erfolgte Auflösung ist mir bis zum 22. ds. Mts. zu berichten. Fehlanzeige ist nicht erforderlich.

In Vertretung
gez. Dr. Lindenborn

Abschrift

Funkspruch ssd Berlin Nr. 51   59   14   1200

An alle Staatspolizeistellen.

Auf Grund des § 1 der Verordnung vom 28. 2. 1933 in Verbindung mit § 14 des Polizeiverwaltungsgesetzes habe ich heute den Bund der jüdischen Arbeitnehmer mit seinen Unter- und Nebenorganisationen aufgelöst und sein Vermögen beschlagnahmt. Ich ersuche, bei örtlichen Organisationen des Bundes dasselbe zu veranlassen. Erfolgsmeldung bis zum 27. 4. 1934.

Geheimes Staatspolizeiamt
II F^3 259/34

86

Kommunistische Aktivitäten zum 1. Mai 1934

StA Ma 180 LA Wolfhagen 2384

a.) 20. 4. 1934

Nach Mitteilung des Geheimen Staatspolizeiamts beabsichtigt die KPD, aus Anlaß des bevorstehenden Tages der nationalen Arbeit eine umfangreiche Propagandatätigkeit zu entfalten. Insbesondere sollen in den Betrieben, auf Stempelstellen und in Wohlfahrtsämtern Forderungen auf Erhöhung der Löhne und der Unterstützungssätze geltend gemacht werden, um so Differenzen der Arbeiter mit dem Kapital und den Machtträgern im nationalsozialistischen Staat zu entfachen. Auch sollen die Veranstaltungen der nationalsozialistischen Regierung am 1. Mai 34 sabotiert werden und an den Veranstaltungen der Reichsregierung teilnehmende Kommunisten die Gelegenheit benutzen, gegen das heutige System zu agitieren.

Ich ersuche daher, jeder Propaganda kommunistischer Ideen, besonders der Verteilung von Flugblättern, Zeitungen und Streuzetteln, größte Aufmerksamkeit zuzuwenden.

Um Zwischenfälle von vornherein zu unterbinden, empfehle ich, in Verbindung mit den örtlichen SA-Bevollmächtigten und Kreisleitern den Einsatz von Zivilstreifen unbedingt zuverlässiger Angehöriger der SA oder SS und Pg. zu veranlassen sowie mit den Betriebszellenobmännern Fühlung zu nehmen. Die örtlichen Polizeiorgane bitte ich anzuweisen, allen Vorgängen erhöhte Beachtung zu schenken.

Über alle Vorkommnisse ist mir umgehend fernmündlich zu berichten.

Über den Verlauf des 1. Mai ersuche ich um Bericht bis 3. 5. 34 früh, da ich dem Geheimen Staatspolizeiamt berichten muß.

gez. von Pfeffer

b.) 26. 4. 1934

Geheim! Eigenhändig!

Abschrift zur Kenntnis und weiteren Veranlassung. Örtliche SA-Beauftragte, SS-Führer und Kreisleiter sind zu benachrichtigen. Auf mein Rundschreiben vom 20. 4. 1934 – 70[46] – nehme ich Bezug.

gez. v. Pfeffer

Abschrift

Funkspruch Hamburg Nr. 11/1   2504   2300   vom 26. 4. 34.

An alle Staatspolizeidienststellen Deutschlands

Nach hier vorliegendem KPD-Instruktionsmaterial wird zum 1. Mai folgende Losung herausgegeben: Rote Fahnen auf Fabrikschornsteinen, Direktionsgebäuden, auf die Wohnhäuser der faschistischen Bürokratie. Vervielfältigtes Agitationsmaterial in Form von kleinen Handzetteln, Klebezetteln, gemalten und geschriebenen Losungen an Bretterzäunen, Wänden, auf Bürgersteigen, in Wasch- und Abortanlagen der Betriebe werden uns behilflich sein, die Haß- und Kampfstimmung gegen die faschistischen Sklavenhalter und ihre reaktionären Pläne so zu steigern, daß wir nicht nur am 1. Mai zu revolutionären Demonstrationen und Kundgebungen im ganzen Reich kommen, sondern daß auch an dem Massenwiderstand der Arbeiterklasse das faschistische Versklavungsgesetz – Arbeitsgesetz – vom 1. Mai zerschellen wird. Zentral-Komitee der KPD.

Es besteht die Absicht, diese Gegenpropaganda schon in den letzten Nächten vor dem 1. Mai zu betreiben.

Stapo Hamburg

87

Tannenbergbund

25. 4. 1934

StA Ma 180 LA Eschwege 1280

Abschrift zur Kenntnis und Beachtung.
Die Durchsicht etwa im dortigen Polizeibezirk erfaßter Druckschriften bitte ich selbst vorzunehmen, sie gegebenenfalls zu beschlagnahmen und darüber unter Mitteilung der beschlagnahmten Schriften hierher zu berichten.

gez. von Pfeffer

Abschrift

Der Preußische Ministerpräsident   Berlin, den 17. April 1934
Geheime Staatspolizei
III C 373/1.

Auf Grund einer Anweisung des Herrn Reichsministers des Innern vom 6. April 1934 ersuche ich, jede weitere politische Betätigung von Personen oder Konventikeln im Sinne des verbotenen Tannenbergbundes zu unterdrücken. Die Druckschriften des Ludendorff-Volkswarte-Verlags sind erneut eingehend darauf nachzuprüfen, ob sie sich, sei es direkt, sei es indirekt, gegen den nationalsozialistischen Staat richten. Sie sind in diesem Falle zu beschlagnahmen.

gez. Diels

88

Jüdisches Vereinswesen

11. 5. 1934

StA Ma 180 LA Hersfeld 1306

Um einen möglichst erschöpfenden Einblick in den Einfluß marxistischer und staatsfeindlicher Elemente auf das Judentum und Logenwesen zu erhalten, sowie zur Vervollständigung der beim Geheimen Staatspolizeiamt eingerichteten Nachrichtensammelstelle ersuche ich, bis zum 5. 6. 1934 erneut getrennte Nachweisungen in doppelter Ausfertigung aufzustellen und einzusenden über alle in dortigen Bezirk vorhandenen:

a) jüdischen politischen Vereine pp. sowie ihre Nebenorganisationen jeder Art,
b) jüdischen angeblich unpolitischen Vereine und deren Nebenorganisationen,
c) jüdischen Logen oder logenartige Verbände,
d) ausländische Juden ⎫ die bisher in irgendeiner Form in politischer
e) inländische Juden ⎭ Hinsicht in Erscheinung getreten sind.

Sollten sich seit dem letzten Bericht nur kleine Änderungen ergeben haben, bitte ich, mir lediglich diese mitzuteilen, anderenfalls sind die Listen vollkommen neu aufzustellen. Sie sind in der gleichen Form anzulegen, wie durch meine Verfügung vom 24. 7. 33 angeordnet. Sie müssen nach dem Stande vom 1. 6. 34 aufgestellt sein.

i.V. Hütteroth

89

Schutzhaft

23. 5. 1934

StA Ma 180 LA Wolfhagen 2329

In letzter Zeit sind bei der Staatspolizeistelle wiederholt Schutzhaftanträge vorgelegt worden, bei denen die Unterlagen zur Verhängung der Schutzhaft nicht ausreichen, die jedoch zeigten, daß die betreffenden Personen einer laufenden scharfen Kontrolle und Beobachtung bedürfen.

Ich ersuche daher, in Zukunft bei der Stellung von Schutzhaftanträgen zunächst stets zu prüfen, ob der beabsichtigte Zweck nicht durch andere polizeiliche Maßnahmen, z.B. Meldepflicht und Anordnung, abends die Wohnung nicht zu verlassen, usw. erreicht werden kann. Auch ist es angebracht, bei belangloseren Fällen zunächst eine Verwarnung zu erteilen. Bei erneuten Verstößen gegen die staatliche Ordnung läßt sich die Verhängung der Schutzhaft auch in an sich weniger erheblichen Fällen ohne weiteres rechtfertigen, wenn nachgewiesen ist, daß der Betreffende bereits mehrfach polizeilich verwarnt wurde. Den Parteidienststellen bitte ich von dieser Verfügung gelegentlich mündlich Kenntnis zu geben.

gez. von Pfeffer

90

Deutschgläubige Gemeinschaft

25. 5. 1934

StA Ma 180 LA Hersfeld 1306

Vertraulich!

Ich ersuche um umgehenden Bericht, ob sich dort die „Deutschgläubige Gemeinschaft" in letzter Zeit besonders hervorgetan hat und ob sich in ihren Reihen marxistische und kommunistische Elemente sammeln. Die „Deutschgläubige Gemeinschaft" ist Nachfolgerin der „Freireligiösen Gemeinde e.V." und gehört zur Deutschen Glaubensbewegung (Graf Reventlow und Professor Hauer). Sie steht im Gegensatz zur Glaubensbewegung „Deutsche Christen". Ihre Betätigung ist an sich nicht zu beanstanden. Die Mehrzahl der Mitglieder sind Nationalsozialisten. Es kommt lediglich darauf an festzustellen, ob, wie bereits aus einem Kreise berichtet worden ist, marxistische und kommunistische Elemente in den Reihen der Gemeinschaft sich zu entfalten versuchen. Ich ersuche um Bericht bis zum 2. 6. 1934. Fehlanzeige ist nicht erforderlich.

i.V. Hütteroth

91

Kirchliche Versammlungen

26. 5. 1934

StA Ma 180 LA Hersfeld 9408

In letzter Zeit ist es wiederholt vorgekommen, daß Versammlungen der evangelischen Frauenhilfe und sonstige kirchliche Versammlungen aufgelöst wurden, weil sie vorher nicht polizeilich angemeldet waren.
 Da es sich um Versammlungen rein kirchlichen Charakters handelt, kommt eine polizeiliche Anmeldung nicht in Frage.
 Ich weise darauf hin, daß auf Grund der Verordnung des Reichspräsidenten zum Schutze des deutschen Volkes vom 4. 2. 1933 *nur* öffentliche *politische* Versammlungen sowie alle Versammlungen und Aufzüge unter freiem Himmel anmeldepflichtig sind. Es bleibt natürlich stets zu kontrollieren, ob es sich nicht etwa doch im Einzelfalle um *getarnte politische* Versammlungen handelt.

gez. von Pfeffer

92

Berichterstattung

31. 5. 1934

StA Ma 180 LA Marburg 3477

Durch Erlaß des Inspekteurs der Geheimen Staatspolizei vom 24. 5. 34 – B Nr. G. 2164 – ist mit Wirkung vom 1. Juni 1934 ein Tagesbericht, der in einer täglichen Berichterstattung an das Geheime Staatspolizeiamt über alle politischen Vorkommnisse im Staatspolizeistellenbezirk besteht, eingeführt worden. Der Bericht muß alle politischen Vorkommnisse enthalten, die sich während der letzten 24 Stunden ereignet haben oder bekannt geworden sind.

Ich ersuche, mir mit sofortiger Wirkung über alle politischen Vorkommnisse täglich zu berichten. Die Berichte sind sachlich wie folgt zu gliedern:
I. Festnahmen: (anzuführen sind die Personalien der festgenommenen Personen, Vor- und Zuname, Beruf, Geburtszeit und Geburtsort, Wohnort und Grund der Festnahme).
II. Schutzhaft: (anzuführen mit den gleichen Angaben diejenigen Personen, die in Schutzhaft genommen worden sind, und der Grund der Verhängung dieser Maßnahme).
III. Besonderes: (hier sind alle Nachrichten aufzuführen, die entweder in eigener Zuständigkeit bekannt geworden oder von anderen Stellen gemeldet worden sind und allgemeines Interesse erheischen).

Ist in einem Bericht von einer in Bearbeitung befindlichen Angelegenheit die Rede gewesen, so ist von Zeit zu Zeit, jedenfalls aber nach Abschluß der Ermittlungen, über den Stand bzw. das Ergebnis zu berichten.

Sind wichtige Rundschreiben, Anweisungen oder sonstige Verlautbarungen oder Flugschriften, Klebezettel usw. illegaler oder sonstiger oppositioneller Verbände bekannt geworden, so ist dem Bericht eine Abschrift oder wenn möglich das Original beizufügen.

Unberührt von dieser Verfügung über die Einführung der täglichen Berichte bleibt die Verpflichtung, besonders wichtige Ereignisse fernmündlich mitzuteilen. Dieser mündliche Bericht ist im nächsten Tagesbericht schriftlich zu bestätigen.

Die täglichen Berichte müssen so rechtzeitig abgesandt werden, daß sie spätestens mit der Frühpost hier eingehen.

Fehlanzeigen sind nicht erforderlich.

gez. von Pfeffer

93

Sydower Bruderschaft

31. 5. 1934

StA Ma 180 LA Eschwege 1280

Abschrift zur Kenntnis und Bericht bis 10. 6. 34. Die vorzunehmenden Feststellungen ersuche ich, in vorsichtigster Form zu treffen.

i.V. Hütteroth

Abschrift

Geheimes Staatspolizeiamt   Berlin SW 11, den 26. 5. 1934
II 1 B 1 – 12591
(II E 2 – 244/2/95)

Betrifft: Sydower Bruderschaft.

Es ist hier bekannt geworden, daß sich innerhalb der evangelischen Pfarrerschaft eine neue Gruppe, „Sydower Bruderschaft", gebildet hat, der etwa 800 Pfarrer im Reichsgebiet angehören. Die Mitglieder sind ausgesprochene Gegner des Nationalsozialismus und stehen in scharfem Gegensatz zum Reichsbischof. Der Leiter der Bruderschaft, die als eine Art Freimaurerbewegung bezeichnet worden ist, ist bestrebt, in allen Teilen des Reiches Mitglieder zu haben.

Ich ersuche um Bericht, ob sich die Sydower Bruderschaft im dortigen Bezirk bemerkbar gemacht hat, gegebenenfalls wie sie tätig ist und wer zu ihren Anhängern gehört. Die Vereinigung ist genau zu überwachen. Die Personalien der Pfarrer sind mitzuteilen.

Im Auftrage
gez. Flesch

94

Zersetzungsarbeit bei Reichswehr und Polizei

5. 6. 1934

StA Ma 180 LA Wolfhagen 2329

Geheim!

Betr.: Beobachtung und Bekämpfung staatsfeindlicher Zersetzungsarbeit in Reichswehr und Polizei

Die Verfügung des Herrn Regierungspräsidenten vom 11. 10. 1932 – A II 6834/32 – wird dahingehend ergänzt, daß sich die Beobachtung und Bekämpfung der Versuche staatsfeindlicher, insbesondere kommunistischer Zersetzungstätigkeit sich auch auf die Arbeitslager und Wehrverbände zu erstrecken hat. Mit den Arbeitsdienstlagern ersuche ich deswegen besonders enge Fühlung zu halten.

Über jeden Zersetzungsfall ist *sofort* der Staatspolizeistelle zu berichten:
1. Name
2. Vorname
3. Geburtsdatum – und Ort
4. Beruf
5. Staatsangehörigkeit
6. Wohnung
7. Familienstand
8. Glaubensbekenntnis
9. Politische Einstellung
10. Bezeichnung der Zersetzungsschrift oder kurze Bezeichnung des Zersetzungsversuches
11. Datum
12. Tatort
13. Bei Zersetzungsschriften: Wie wurde die Schrift verteilt?
14. Zahl der erfaßten Schriften.

Bei eingeleiteten Strafverfahren ist unaufgefordert über den Ausgang des Verfahrens unter Angabe des Aktenzeichens der Staatsanwaltschaft Bericht zu erstatten.

gez. von Pfeffer

95

Flugschriften

5. 6. 1934

StA Ma 180 LA Hersfeld 9408

Geheim!

Da die Verbreitung von Flugblättern und Flugschriften in letzter Zeit an verschiedenen Stellen so zugenommen hat, daß dadurch fortlaufend Unruhe in die Bevölkerung gebracht und der Aufbau des Staates gehemmt wird, ersuche ich, eine Verbreitung von Flugblättern und Flugschriften künftig nicht mehr zu dulden. Ausgenommen hiervon sind Druckschriften, die von staatlichen oder Partei-, SA- oder SS-Dienststellen verbreitet werden, sowie Flugblätter völlig unpolitischen Inhalts (insbesondere Flugblätter zu gewerblicher Reklame usw.). Andere Flugblätter sind regelmäßig wegen Gefährdung der öffentlichen Sicherheit und Ordnung polizeilich zu beschlagnahmen und einzuziehen. Auch die Verteilung von Flugblättern über den evangelischen Kirchenstreit ist zu unterbinden.

Ebenso ist die flugblattmäßige Verteilung von einzelnen Zeitungsnummern auf öffentlichen Straßen und Plätzen polizeilich zu verhindern. Dies gilt auch dann, wenn die Verbreitung gegen Entgelt erfolgt, wie dies sich insbesondere bei dem Vertrieb von Zeitungen und Zeitschriften vor den Kirchentüren bei Beginn und Ende des Gottesdienstes eingebürgert hat.

Die Zeitschriften- und Zeitungsverlage ersuche ich mündlich zu verständigen.

Eine Veröffentlichung dieser Verfügung darf nicht erfolgen.

gez. von Pfeffer

96

Bestattungskassen

16. 6. 1934

StA Ma 180 LA 1280

Abschrift zur Kenntnis, Beobachtung und gegebenenfalls zum sofortigen Bericht.

i.V. Hütteroth

Abschrift

Geheimes Staatspolizeiamt   Berlin, den 13. Juni 1934.
B.-Nr. 20019/34 II I A 2

Betrifft: Bestattungskassen

Es wird die Beobachtung gemacht, daß die Bestattungskassen eine rege Tätigkeit entfalten und daß neue Kassen bezw. Vereine errichtet werden. Da die Anhängerschaft zum größten Teil aus Freidenkerkreisen kommt und die örtlichen Leiter meist Funktionäre marxistischer Parteien waren, erscheint der Verdacht nicht unbegründet, daß es sich um verbotene Parteienbildung handelt.

Ich ersuche daher, den genannten Vereinigungen schärfste Aufmerksamkeit zu schenken und Wahrnehmungen besonderer Art sofort zu berichten.

An   Im Auftrage
alle Staatspolizeistellen   gez. Sattler

97

Rückwanderung deutscher Emigranten

18. 6. 1934

StA Ma 180 LA Hersfeld 9408

Streng vertraulich!

Um ein umfassendes Bild über die Verhältnisse, die politische und wirtschaftliche Betätigung der Emigranten und die Stellung der Gastländer zu ihnen zu erhalten, ist mir die Rückkehr eines jeden Emigranten und solcher Personen, die sich nach dem 30. 1. 1933 längere Zeit auf Reisen im Ausland befunden haben, unverzüglich mitzuteilen. Die dann vom Geheimen Staatspolizeiamt angeordnete Vernehmung der Rückwanderer wird nach *besonderen Richtlinien in jedem Einzelfall durch Beamte der Staatspolizeistelle* erfolgen.
Ich ersuche, Rückwanderer auf jeden Fall vertraulich zu überwachen.

i.V. Hütteroth

98

Exerzitien der Katholischen Verbände

24. 6. 1934

StA Ma 165/3943

Abschrift zur Kenntnis und weiteren Veranlassung. Über jeden Einzelfall ersuche ich unter Vorlage der Exerzitienkalender zu berichten.

In Vertretung
Hütteroth

Abschrift

Geheimes Staatspolizeiamt
II 1 Bl – B Nr. 23629   Berlin, den 20. Juni 1934

Betr.: Katholische Aktion

1. Die Exerzitien der katholischen Verbände nehmen einen ungewohnten Umfang an, insbesondere wurde die Teilnahme von Ausländern, teils als Lehrer, teils als Teilnehmer beobachtet. Eine Überprüfung der beteiligten Persönlichkeiten wird daher notwendig.
   Die Exerzitienhäuser sind rechtzeitig zu unterrichten, daß für die Teilnehmer der Exerzitien polizeiliche Anmeldepflicht besteht.
   Die Durchführung ist zu überwachen.
   Die Teilnehmer sind zu melden unter Angabe der Personalien.
2. Die Staatspolizeistellen werden hiermit angewiesen, die Exerzitienkalender der einzelnen Diözesen jeweils rechtzeitig dem Staatspolizeiamt einzusenden.

Im Auftrage:
gez. Flesch

An die Staatspolizeistelle in Kassel.

99

Ausländische Sender

27. 6. 1934

StA Ma 180 LA Hersfeld 1306

Es ist in letzter Zeit wiederholt gemeldet worden, daß über irgendeinen Zwischenfall der Luxemburger, Straßburger oder Wiener Sender der Öffentlichkeit Mitteilung gemacht hat. Dabei konnte niemals festgestellt werden, wer die Übertragung tatsächlich gehört hatte. In einigen Fällen war es ganz offensichtlich, daß die Behauptung aus der Luft gegriffen war und lediglich zur Stimmungsmache oder sonst unsauberen Zwecken diente. Ich bitte daher, in Zukunft allen solchen Mitteilungen mit größter Sorgfalt nachzugehen und in jedem Falle die Person festzustellen, die die Übertragung persönlich gehört hat bezw. gehört haben will.

gez. von Pfeffer

100

„Papenrede"

24. 6. 1934

StA Ma 180 LA Hersfeld 1306

Geheim!

Abschrift zur Kenntnisnahme. Falls eine Verbreitung festgestellt wird, ist sofort einzuschreiten und zu berichten.

gez. v. Pfeffer

Ft. ssd Berlin Nr. 150   2806   19.40   125   5688.28.6.34.

[An] alle Staatspolizeistellen

Druck und Verbreitung der Papenrede verboten.[1] Erforderlichenfalls energisches Einschreiten.

Gestapa II[2] a.

---

[1] Handschriftliche Anmerkung auf dem Hersfelder Exemplar: „Es handelt sich wahrscheinlich um die Marburger Rede Papens."

101

Hirtenbrief

4. 7. 1934

StA Ma 180 LA Hersfeld 1306

Abschrift zur Kenntnis und sofortigen weiteren Veranlassung.

i.V. gez. Dr. Hütteroth

Abschrift

Funkspruch Berlin Nr. 150   vom 3. 7. 34 um 18.18 Uhr.

An alle Staatspolizeistellen und Kreispolizeibehörden.

    Reichsminister des Innern ersucht, Veröffentlichung des gemeinsamen Hirtenbriefes der katholischen Bischöfe, der am 1. Juli ds. Js. verlesen werden sollte, in der Presse zu verhindern. Ersuche, Presse zu verständigen und Verbreitung kirchlicher Amtsblätter, die Hirtenbriefe enthalten, zu unterbinden.

Gestapa Berlin – II 2 a 2 –

102

Altpapier

5. 7. 1934

StA Ma 180 LA Hersfeld 1306

Es ist festgestellt worden, daß ein Geschäftsmann alte kommunistische Zeitungen als Einwickelpapier benutzt hat. Er will das Material von einem Altpapierhändler erworben haben. Solche staatsfeindlichen Zeitungen dürfen jedoch nicht im Besitze von Altpapierhändlern sein. Bestimmungsgemäß müssen sie eingestampft werden.

Ich bitte, den Geschäftsleuten besondere Aufmerksamkeit beim Einkauf von Altpapier zur Pflicht zu machen und die Altpapierwarenhändler wiederholt zu kontrollieren.

i.V. Hütteroth

103

Erfassung jüdischer Organisationen

19. 7. 1934

StA Ma 180 LA Hersfeld 1306

Durch Erlaß des Geheimen Staatspolizeiamts vom 9. 7. 1934 – II 1 B 2 26627/516 – ist angeordnet worden, daß sämtliche jüdischen Organisationen nach beiliegendem Vordruck zu erfassen sind. Der Vordruck ist in dreifacher Ausfertigung hier einzureichen. Alle Fragen müssen mit aller Sorgfalt genau und eingehend beantwortet werden. Die verantwortlichen Leiter der jüdischen Organisationen sind bei Beantwortung der Fragen darauf hinzuweisen, daß wissentlich falsche Angaben die Auflösung der Organisation zur Folge haben. Ich ersuche, die Fragebogen beschleunigt aufzustellen und mir bis zum 10. 8. 1934 einzureichen. Der Vordruck ist vom Geheimen Staatspolizeiamt genau vorgeschrieben. Ich ersuche, ihn in der gleichen Weise (gleiches Format auf Saugpapier) herzustellen.

i.V. Hütteroth

104

Eingliederung ,,wilder" Sportvereine

24. 7. 1934

StA Ma 180 LA Hersfeld 9413

Abschrift zur Kenntnis und Beachtung.

i.V. Hütteroth

Abschrift

Geheimes Staatspolizeiamt Berlin, den 19. Juli 1934
B. Nr. 31 911 II 1 E.

An sämtliche Staatspolizeistellen

Nachstehender Erlaß des Reichssportführers vom 26. Juni 1934 wird hiermit zur Kenntnisnahme gebracht mit dem Ersuchen um weitere Veranlassung. Im Falle eines Einschreitens ist zu berichten.

,,Der Reichssportführer Berlin, den 26. Juni 1934
Tgb. Nr. 6517/34.
Betrifft: III 4110/7.4. vom 3. Mai 1934.
 Behördlicher Druck zur Eingliederung wilder Sportvereine.

Es besteht ein dringendes sportliches und politisches Interesse daran, die sogenannten wilden Vereine in die Fachorganisationen einzugliedern und damit unter eine gewisse Aufsicht zu bringen. Aus diesem Grunde habe ich meine Beauftragten angewiesen, auf die Eingliederung abseitsstehender Vereine ihr besonderes Augenmerk zu richten. Es bestehen selbstverständlich keine Handhaben, um zwangsweise eine Eingliederung durchzuführen, doch ist es möglich, derartigen nicht organisierten Vereinen alle Unterstützungen des Reichs, der Länder und der Kommunalverbände zu entziehen und ihnen damit in starkem Maße Abbruch zu tun. Dies ist besonders wirkungsvoll bei Vereinen, die auf Bereitstellung von Übungsstätten, Fahrpreisermäßigung, Schleusengebühren usw. angewiesen sind und trifft sinngemäß

104. Eingliederung „wilder" Sportvereine

nicht nur auf Vereine, sondern auch auf Einzelsportler (Paddler) zu. Ich lege deshalb großen Wert darauf, daß sämtliche Behörden durch geeignete Maßnahmen meine Bestrebungen unterstützen werden.

Von besonderer Bedeutung ist weiterhin, daß in nicht organisierten Klubs aller Art sich sehr leicht Zusammenschlüsse staatsfeindlicher Elemente bilden können. Ich habe meine Beauftragten und auch die Sportorganisationen angewiesen, hierauf besonders zu achten und erforderlichenfalls sofort Meldung zu erstatten, um polizeiliches Einschreiten herbeizuführen.

Der Reichssportführer
gez. Breitmeyer
Stellvertreter

An den Herrn Reichsminister des Innern."

Im Auftrage
gez. Flesch

105

Reichsbund jüdischer Frontsoldaten

11. 8. 1934

StA Ma 180 LA Hersfeld 1306

Abschrift zur Kenntnis. Über das Veranlaßte ersuche ich um Bericht bis zum 20. 8. 1934.

gez. von Pfeffer

Abschrift

Geheimes Staatspolizeiamt	Berlin, den 25. Juli 1934
II 1 B. 2 15919/426	Prinz-Albrecht-Straße 8

An alle Staatspolizeistellen.

Abschrift der dem Reichsbund jüdischer Frontsoldaten e.V. gegebenen Anordnung übersende ich mit dem Ersuchen, die Umstellung der Ortsgruppen des Reichsbundes zu überwachen und mir bis zum 25. August 1934 über die restlose Durchführung meiner Anordnung zu berichten.

In Vertretung
gez. Dr. Patschowski

Geheimes Staatspolizeiamt	Berlin, den 25. Juli 1934
II 1 B. 2 15919/426	Prinz-Albrecht-Straße 8

An den Reichsbund jüdischer Frontsoldaten e.V.

Berlin W. 15
Kurfürstendamm 200

Der Reichsbund jüdischer Frontsoldaten soll, wie der Name der Organisation besagt, jüdische Frontsoldaten umfassen. Ich habe jedoch festgestellt, daß Nicht-Frontkämpfer und sogar Juden, die nicht oder nur in der Vorkriegszeit Soldat waren, in den Reichsbund aufgenommen worden sind.

105. Reichsbund jüdischer Frontsoldaten

Ich ersuche daher zu veranlassen, daß im Reichsbund jüdischer Frontsoldaten nur wirkliche jüdische Frontkämpfer die Mitgliedschaft erhalten und diejenigen Personen, die die erforderliche Voraussetzung nicht erfüllen, sofort aus dem Bunde entlassen werden.

Von dieser Anordnung will ich insofern eine Ausnahme zulassen, als zur Sportgruppe des Reichsbundes nicht nur ehemalige Frontkämpfer, sondern auch solche Jugendliche gehören können, deren Angehörige als Frontkämpfer Mitglied des Reichsbundes jüdischer Frontsoldaten sind.

Von dem Vernlaßten erwarte ich umgehende Mitteilung.

In Vertretung
gez. Dr. Patschowski

106

Jüdische Sportvereine

11. 8. 1934

StA Ma 180 LA Eschwege 1929

Abschrift des anliegenden Erlasses des Inspekteurs der Geheimen Staatspolizei, Berlin, vom 2. August 1934 – II 1 B 2 23929/672/R. 5. – zur Kenntnis und Beachtung:

Nach der Polizei-Verordnung des Regierungspräsidenten zum Schutze des Friedens unter den Jugendverbänden vom 19. 4. 1934 und der hierzu ergangenen Richtlinien vom 24. 5. 34 sind die jüdischen Jugendverbände schon immer als unter das Verbot fallend behandelt worden. Für jüdische Sportverbände – nicht konfessionelle Jugendverbände –, soweit sie vom Reichssportkommissar anerkannt sind, ist die sportliche und volkssportliche Betätigung entsprechend des Erlasses nicht zu unterbinden. Von einem erneuten Verbot seitens der Staatspolizeistelle Kassel kann daher b.a.w. abgesehen werden.

gez. v. Pfeffer

107

Entwaffnung des „Stahlhelm" (NSDFB)

14. 8. 1934

StA Ma 180 LA Frankenberg 2619

Abschrift zur Kenntnis und Bericht.

Nach einer Rücksprache mit der Führung der Landesgruppe Hessen des NSDFB (Stahlhelm) ist bezüglich der Entwaffnungsaktion von hier aus Verbindung aufgenommen. Die Landesgruppe wird die Kreis- und Ortsgruppen anweisen, entsprechend den gegebenen Richtlinien zu verfahren.

Es scheint notwendig, daß die einzelnen Ortsgruppen unmittelbar diejenigen Waffen zahlenmäßig melden, die bereits anderweitig zur Abgabe gekommen sind (Waffen, die der Kernstahlhelm beim Übertritt zur SA und der Wehrstahlhelm zur SA R I diesen Verbänden zugeführt haben).

Erstmalige Meldung der erfaßten oder bereits früher abgelieferten Waffen ersuche ich zum 18. ds. Mts. hier einzureichen.

gez. von Pfeffer

Abschrift

Geheimes Staatspolizeiamt Berlin, den 9. August 1934
II.1.W.

Betrifft: Entwaffnungsaktion des NSDFB

Die im Verlauf der Entwaffnungsaktion durchgeführten Maßnahmen haben bisher zu keinem befriedigenden Ergebnis geführt. Nach einem Erlaß des Herrn Reichsverteidigungsministers ist der Kreis der zum Waffenbesitz berechtigten Organisationen und der einzelnen Persönlichkeiten, die auf Grund des Gesetzes über Schußwaffen und Munition (vom 12. 4. 28 mit Änderung vom 2. 6. 34) zum Erwerb und zum Führen einer bestimmten Waffe berechtigt sind, nur ein beschränkter. Nicht zu den Verbänden, die danach im Besitz von Waffen sein dürfen, gehört der NSDFB (Stahlhelm), dem nach den getroffenen Vereinbarungen ja auch jede wehrsportliche Betätigung untersagt ist. Es sind daher alle noch im Besitz des NSDFB (Stahlhelm) befindlichen Militärwaffen usw. einzuziehen.

Die Einziehung ist in unauffälliger Weise durchzuführen. Die Führer der einzelnen NSDFB-Ortsgruppen sind anzuweisen, die in ihrem Bereiche liegenden Waffenlager zwecks Übergabe zu melden sowie ihre Angehörigen aufzufordern, die in ihrem Besitz befindlichen Waffen anzuliefern. Wegen des bisherigen Besitzes kommt ein strafrechtliches Einschreiten nicht in Frage. Für den Fall, daß Waffen trotz der nunmehrigen Aufforderung nicht abgeliefert werden, wird gegen den Verantwortlichen wegen Vorbereitung zum Hochverrat vorgegangen werden.

Die erfaßten Waffen sind bei den Stapostellen zu sammeln. Über ihre weitere Verwendung entscheidet das Geheime Staatspolizeiamt. Die Stapostellen melden wöchentlich den Bestand der abgelieferten Waffen hierher an II.1.W. Irgendwelche Veröffentlichungen in der Presse oder in Bundeszeitungen des NSDFB sind aus außenpolitischen Erwägungen zu unterlassen.

Die Stapostellen werden von sich aus eine den jeweiligen örtlichen Verhältnissen entsprechende Frist zur Ablieferung festsetzen, die jedoch 3 Wochen nicht überschreiten darf.

Stichtag für den Beginn der Aktion ist Montag, der 3. August 1934.

Im Auftrage
gez. Flesch

108

Angstkäufe

20. 8. 1934

StA Ma 180 LA Hersfeld 1306

Abschrift zur Kenntnis. Bei Bekanntwerden derartiger Schreiben ersuche ich um umgehenden Bericht.

gez. v. Pfeffer

Abschrift

Staatspolizeiamt Berlin, den 13. 8. 1934
II 1 E.

Betr.: Beunruhigung der Wirtschaft durch Aufforderung zu Angstkäufen

Aus verschiedenen Wirtschaftszweigen sind hier Rundschreiben von Verbänden und Einzelpersonen zur Kenntnis gelangt, die unter Hinweis auf die Einfuhrschwierigkeiten zu Kaufabschlüssen auffordern mit dem Hinweis, daß in Kürze die bisherigen Verkaufspreise nicht mehr zu halten seien. Derartige Schreiben sind geeignet, eine starke Beunruhigung in der Wirtschaft hervorzurufen und die derzeit gespannte Lage noch zu verschärfen. Gegen diese Volksschädlinge, die aus rein eigennützigen Motiven die gesamte deutsche Wirtschaft in Gefahr bringen, ist schnell und energisch vorzugehen.

Derartiger Wirtschaftssabotage ist größte Aufmerksamkeit zu widmen. Ich ersuche um sofortigen Bericht über das Veranlaßte.

Im Auftrage
gez. Flesch

109

Feldjägerbereitschaft

21. 8. 1934

StA Ma 180 Eschwege 1281

Vertraulich!

Bezug: Verfügung des Herrn Regierungspräsidenten vom 2. 12. 1933 – A II 3910a –.

Es liegt Veranlassung vor, darauf hinzuweisen, daß bei rein kriminellen Strafverfahren gegen SA- und SS-Angehörige diese nicht an die zuständigen SA-Dienststellen auszuliefern sind. Die wegen Spionageverdachts festgenommenen SA- und SS-Angehörigen sind unmittelbar der Staatspolizeistelle Kassel zu übergeben. Die Herausgabe solcher Personen an die SA-Feldjägerbereitschaft der SA ist im Interesse der Landesverteidigung nicht angängig. Die SA, SS und Feldjäger sind gegebenenfalls nur ganz allgemein ohne nähere Angaben von den erfolgten Festnahmen zu benachrichtigen.

gez. von Pfeffer

110

Exerzitien

21. 8. 1934

StA Ma 180 LA Eschwege 1929

Abschrift zur Kenntnis und Beachtung. Auf mein Rundschreiben vom 24. 6. 34 – 41^{03}/1 – nehme ich Bezug.

gez. v. Pfeffer

Geheimes Staatspolizeiamt　　　　　　　　Berlin, den 15. August 1934
II 1 B 1 – 1378/34

Betrifft: Exerzitien

Vorgang: Zum Erlaß vom 20. Juni 1934 – II 1 B 1 – 23629

Ergänzend zu vorstehendem Erlaß ersuche ich, in Zukunft allgemein nur die männlichen Teilnehmer der Exerzitien mit Personalangabe hierher zu melden. Von den teilnehmenden Frauen sind nur zu melden die Lehrerinnen, Beamtinnen und Angehörige akademischer Berufe.

Im Auftrage
gez. Appel

C. Ergänzende Materialien

111

Katholische Aktion

31. 8. 1934

StA Marburg 180 LA Eschwege 1281

Streng geheim!
Abschrift zur Kenntnis und Beachtung.

Auf mein Rundschreiben vom 21. 8. 34 – 41^{03}/1 – nehme ich Bezug.

gez. v. Pfeffer

Geheimes Staatspolizeiamt Berlin, den 22. 8. 34
II 1 B 1 – 1405/34

Geheim!

Betr.: Katholische Aktion
Vorgang: Erlaß vom 20. 8. 34 – II 1 B 1 – 1405/34 –

Aus staatspolitischen Erwägungen mußte der Erlaß vom 20. Juni 1934 – II 1 B 1 – 23 629 –, in dem die Teilnehmer an Exerzitien zur polizeilichen Anmeldung verpflichtet wurden, aufgehoben werden.

Ich ersuche jedoch weiterhin, soweit möglich die Exerzitien zu überwachen und Teilnehmer, insbesondere Beamte, Lehrer und dergl., unaufgefordert zu melden.

Im Auftrage:
gez. Appel

112

Jüdische Sportverbände

15. 9. 1934

StA Ma 180 LA Eschwege 1929

Vorgang: Rundverfügung vom 11. 8. 34 – 80[18f]–.

Obwohl die jüdischen Jugendverbände nicht konfessionelle, sondern rassische Verbände sind, sind sie entsprechend der Polizeiverordnung des Regierungspräsidenten vom 19. 4. 34 über den Schutz des Friedens unter den Jugendverbänden behandelt worden, um sie nicht besser zu stellen als die christlichen konfessionellen Verbände. Dies soll auch weiterhin geschehen, jedoch wird ihnen bezüglich des Sportes eine Ausnahme zugestanden. Den jüdischen Jugendverbänden ist die sportliche Betätigung gestattet, ebenso Spaziergänge und Ausflüge bezw. Wanderungen in kleinerem Rahmen, sofern ihnen jeder demonstrative Charakter fehlt.

Diese Ausnahme ist im Einvernehmen mit der Reichsjugendführung und dem Reichssportführer zugelassen, um den jüdischen Jugendorganisationen nicht das sportliche Training zur Teilnahme an den olympischen [!] Wettkämpfen unmöglich zu machen. Die konfessionelle, aber nicht die jüdische Jugend hat die Möglichkeit zur sportlichen Betätigung in zahlreichen Sportorganisationen und gegebenenfalls in der HJ; der jüdischen Jugend muß daher die Möglichkeit zum selbständigen Sporttreiben erhalten bleiben.

gez. von Pfeffer

113

Jüdische Arbeitsvermittlung

21. 9. 1934

StA Ma 180 LA Hersfeld 1306

Betr.: Arbeitsvermittlung durch jüdische Organisationen

Die jüdischen Organisationen, namentlich der zionistische Jugendverband „Hechaluz", Galilleitung Kassel, haben in letzter Zeit zur Ausbildung ihrer Anhänger Stellen bei Landwirten vermittelt. Diese Vermittlung ist unstatthaft und wird in Zukunft durch den Präsidenten der Reichsanstalt für Arbeitsvermittlung und Arbeitslosenversicherung in Berlin strafrechtlich verfolgt. Die bereits vermittelten Juden sind bis nach Abschluß ihrer Ausbildung in ihren Stellen zu belassen. Eine Verlängerung der Ausbildungszeit ist unstatthaft.

In Zukunft sollen Juden nur noch bei jüdischen Landwirten beziehungsweise in jüdischen Schulbetrieben beschäftigt werden.

gez. von Pfeffer

114

Kanzelabkündigungen

22. 9. 1934

StA Ma 180 LA Eschwege 1281

Geheim! Einschreiben! Eilboten!

Anläßlich der Einführung des Reichsbischofs am Sonntag, dem 23. ds. Mts., sind Kanzelankündigungen seitens der Gegner vorgesehen, die geeignet sind, Ordnung und Sicherheit zu stören und den kirchlichen Akt des Reichsbischofs herabzusetzen.

Ich ersuche, die Kirchen durch Vertrauensleute nach dieser Richtung hin zu überwachen und unauffällig außerhalb der Kirchen Beamte in Zivil zur Beobachtung aufzustellen.

Über die gemachten Beobachtungen, insbesondere über den Inhalt der gegebenenfalls zur Verlesung kommenden Kanzelankündigungen, ersuche ich um Bericht bis 24. 9. 34 vormittags, notfalls fernmündlich (Termin für mich an Gestapa Berlin 25. 9. 34 früh).

Fehlanzeige erforderlich.

gez. von Pfeffer

115

Devisenverkehr

12. 10. 1934

StA Ma 180 LA Eschwege 1281

Geheim

Abschrift zur Kenntnis. Auf meine Rundverfügung vom 20. August 1934 – 41^{03}/1 – nehme ich Bezug.

i.V. Hütteroth

Abschrift

Der Inspekteur der Geheimen
Staatspolizei
II 1 B 1 – 58 272/1293

Betr.: Geldverschiebung der katholischen Kirche nach dem Ausland

Da die Anträge auf Devisenzuteilung in solchen Fällen auf Grund eines Erlasses des Herrn Reichswirtschaftsministers nunmehr nur noch von der Reichsstelle für Devisenbewirtschaftung in Berlin im Einvernehmen mit dem Geheimen Staatspolizeiamt bearbeitet werden, wird der Runderlaß vom 11. August 1934 – II 1 B 1 – 1293/34 – aufgehoben.

Im Auftrage
gez. Hartmann

An alle außerpreußischen Länder und alle Staatspolizeistellen

116

Reichsbund jüdischer Frontsoldaten

StA Ma 180 LA Hersfeld 1306

a.) 17. 10. 1934

Abschrift zur Kenntnis.

1 Anlage i.V. Hütteroth

Abschrift

An den
Herrn Landrat
in Ziegenhain

Betr.: Reichsbund jüdischer Frontsoldaten
Schreiben vom 12. Oktober 1934

Der Deutsche Makkabi-Kreis e.V. und der Sportbund des Reichsbundes jüdischer Frontsoldaten sind die beiden einzigen jüdischen Sportverbände Deutschlands. Sie haben den Reichsausschuß jüdischer Sportverbände gegründet und sind vom Reichssportführer anerkannt worden. Diesem Reichsausschuß müssen nach einer Verfügung des Reichssportführers sämtliche übrigen jüdischen Turn- und Sportvereine angeschlossen sein.

Abschrift der vom Reichssportführer herausgegebenen Richtlinien für den Sportbetrieb von Juden und sonstigen Nichtariern füge ich zur Kenntnisnahme bei.

Der eingezogene Ausweis ist zurückzugeben.

i.V. Hütteroth

C. Ergänzende Materialien

Abschrift

Reichssportführer　　　　　　　　Berlin-Charlottenburg, den 18. 7. 1934
Nr. 5534/34 Lü/Ms.

Nicht zur Veröffentlichung

Richtlinien für den Sportbetrieb von Juden und sonstigen Nichtariern

In Zusammenfassung der bisher ergangenen Vorschriften und Einzelanordnungen über die Behandlung von Juden und sonstigen Nichtariern im Sport gelten zur Beseitigung wiederholt aufgetretener Zweifel künftig folgende Richtlinien:

1. Die Bildung und Betätigung jüdischer usw. Sportvereine ist zulässig, wenn nicht im Einzelfalle ein polizeiliches Verbot wegen staatsfeindlicher Betätigung erforderlich sein sollte. Die Vereine müssen ferner einer von mir anzuerkennenden Arbeitsgemeinschaft angeschlossen sein. Die gleichzeitige Zugehörigkeit der Vereine zu genehmigten weltanschaulichen Verbänden des Judentums wird hierdurch nicht berührt.
2. Die mir unterstehenden Sportfachverbände können, soweit dies erforderlich sein und gewünscht werden sollte, die Interessen der jüdischen usw. Organisationen in den internationalen Fachsportverbänden wahrnehmen.
3. Es bestehen keine Bedenken dagegen, daß die Vereine des Reichsbundes für Leibesübungen, Trainings- und Gesellschaftsspiele sowie sonstige Wettkämpfe gegen die oben bezeichneten Vereine austragen.
4. Der Benutzung öffentlicher und privater Übungs- und Kampfstätten (wie z. B. Turnhallen, Sportplätze, Schwimmbäder usw.) steht nichts im Wege, sofern die Anlagen von den Schulen, den Sportvereinen des Reichsbundes für Leibesübungen und den nationalen Verbänden nicht benötigt werden.
5. Im übrigen gelten die den Vereinen des Reichsbundes für Leibesübungen gewährten Vergünstigungen (z. B. Jugendpflegeermäßigung) für jüdische Vereine nur, soweit dies besonders bestimmt ist. Andererseits sind die jüdischen Vereine zu den Abgaben, die von den Vereinen für Leibesübungen erhoben werden (z. B. Hilfsfonds für den deutschen Sport) nicht leistungspflichtig.

Diese Richtlinien treten mit ihrer Bekanntgabe in Kraft. Die in gleichem Zusammenhang früher ergangenen Rundschreiben werden damit hinfällig.

Berlin, den 18. Juli 1934　　　　　　　　　　Der Reichssportführer
　　　　　　　　　　　　　　　　　　　　　　i. V. gez. Breitmeyer

b.) 26. 10. 1934

Bezüglich der Sportorganisationen des „Reichsbundes jüdischer Frontsoldaten" schweben zur Zeit noch Verhandlungen wegen genereller Regelung des gesamten jüdischen Sportwesens. Von Maßnahmen im Sinne des Absatz 3 des Erlasses des Geheimen Staatspolizeiamts vom 25. 7. 34 – II 1 B 2 15 919/426 – mitgeteilt durch Rundverfügung vom 11. 8. 34 – 80[18] – ist zunächst abzusehen.

Zusatz für Landrat Hersfeld

Die Anfrage vom 19. 10. 34 – I H – findet hiermit ihre Erledigung.

i.V. Dr. Hütteroth

117

Eingriffe in das Fernsprechgeheimnis

18. 10. 1934

StA Ma 180 LA Eschwege 1281

Geheim! Persönlich!

Bestimmungsgemäß dürfen Eingriffe in das Fernsprechgeheimnis nur noch von der Staatspolizeistelle angeordnet werden. Auf Grund einer solchen Anordnung vereinbart dann die Reichspostdirektion mit der örtlichen Postanstalt und der örtlichen Polizeibehörde das Weitere wegen der Durchführung der Überwachung. Die Postanstalten führen die Überwachung nicht selbständig durch, sondern geben den örtlichen Polizeibehörden nur die Möglichkeit, die Überwachung durchzuführen (evtl. durch besondere Anlage). Alle Anträge betr. Eingriffe in das Fernsprechgeheimnis sind an die Staatspolizeistelle zu richten, die das Weitere im Einvernehmen mit der Reichspostdirektion veranlaßt.

i.V. Hütteroth

118

Bittgottesdienste

19. 10. 1934

StA Ma 180 LA Wolfhagen 2329

Abschrift anliegenden Rundschreibens Nr. 11 des ,,Bruderbundes Kurhessischer Pfarrer" übersende ich zur Kenntnisnahme.

Die vorgesehenen Bittgottesdienste und kirchenpolitischen Versammlungen ersuche ich vertraulich überwachen zu lassen und über den Verlauf sofort unverzüglich zu berichten. Die Versammlungen (nicht Gottesdienste) sind aufzulösen, wenn unsachliche oder polemische Ausführungen gemacht werden, die geeignet sind, die öffentliche Ruhe und Ordnung zu stören. Flugblätter mit unsachlichem oder polemischem Inhalt sind zu beschlagnahmen.

gez. v. Pfeffer

119

Guttempler-Orden

25. 10. 1934

StA Ma 180 LA Hersfeld 1306

Der Deutsche Guttempler-Orden hat nach der nationalsozialistischen Erhebung seine Einteilung in Grund-, Distrikts- und Groß-Logen abgeändert und dafür die Bezeichnung Heime, Gaue und Orden gewählt. Das Brauchtum der Guttempler lehnt sich trotz dieser Umbenennung auch heute noch stark an das Freimaurer-Ritual an. Kein Außenstehender erhält Zutritt zu den Sitzungen. Die Mitglieder müssen im Besitz eines gültigen Paß-Wortes sein, und vielfach werden auch heute noch die alten Abzeichen des IOGT auf den Regalien getragen.

Die Angehörigen des Guttempler-Ordens setzen sich zu einem hohen Prozentsatz aus Arbeitern zusammen. Es besteht die Gefahr, daß diese geschlossenen Sitzungen, über die jede Kontrolle fehlt, zur Verbreitung marxistischer Ideen und zum Austausch verbotener Zeitschriften mißbraucht werden. Ich ersuche, den Guttempler-Vereinigungen eine erhöhte Aufmerksamkeit zuzuwenden. Die Sitzungen sind durch gelegentliche Kontrolle zu überwachen.

Falls Jung- und Wehrscharen des Guttempler-Ordens vorhanden sind, sind diese sofort aufzulösen. Über die Auflösung und bemerkenswerte Vorkommnisse bitte ich, mir unverzüglich zu berichten. Fehlanzeige nicht erforderlich. Frist: 2 Wochen.

i.V. Hütteroth

120

Eingreifen in den Kirchenstreit

25. 10. 1934

StA Ma 165/3907

In größerem Umfange tauchen neuerdings kirchliche Flugblätter auf, die außerhalb des Bezirks der Staatspolizeistelle hergestellt sind und sich mit dem Bayerischen und Württembergischen Kirchenstreit in hetzerischer und entstellender Weise befassen.

Ich ersuche, derartige Flugblätter jeweils unverzüglich zu beschlagnahmen, da ihr Inhalt durchweg „unsachlich und polemisch" ist. In der Tatsache allein, daß die Vorgänge in Bayern und Württemberg in der hiesigen Öffentlichkeit breit getreten werden, ist eine so starke Polemik zu erblicken, daß die Beschlagnahme gerechtfertigt ist.

Auch bei Versammlungen (nicht Gottesdiensten) in der Kirche ist mehr als bisher darauf zu achten, daß die Bevölkerung durch die gehaltenen Reden nicht zu Unbesonnenheiten verleitet wird. Versammlungen, die die öffentliche Ruhe und Ordnung gefährden, können schon im Notfall vorbeugend verboten werden.

Partei für die eine oder andere Richtung darf dabei nicht genommen werden und unter keinen Umständen für die getroffenen Maßnahmen ausschlaggebend sein. Es soll nur verhindert werden, daß die Geistlichen *ihren* Streit unter das Volk tragen und damit die Volksgemeinschaft gefährden.

gez. von Pfeffer

121

Homosexuelle

StA Ma 180 LA Eschwege 1281

a.) 25. 10. 1934

Geheim!

Bis zum 10. 11. 1934 ersuche ich eine namentliche Liste über sämtliche Personen, die sich irgendwie homosexuell betätigt haben, unter evtl. Beifügung von Abschriften der vorhandenen Karteien, nach hier einzureichen. Die Liste muß enthalten:
1) Lfd. Nr., 2) Vorname, 3) Zuname, 4) Geburtsdatum und -ort, 5) Wohnort, 6) Politische Einstellung, 7) Bemerkungen über strafbare Handlung, Verdacht strafbarer Handlung, erfolgte Bestrafung.
Fehlanzeige ist erforderlich.

gez. von Pfeffer

b.) 1. 11. 1934

Geheim!

Unter Bezugnahme auf mein Rundschreiben vom 25. 10. 34 – 14^{04} – betreffend Übersendung von Listen über sämtliche Personen, die sich irgendwie homosexuell betätigt haben, ersuche ich auf Anweisung des Geheimen Staatspolizeiamts, die Listen nach folgendem Muster einzureichen:
Spalte 1) Lfd. Nr., 2) Vorname, 3) Zuname, 4) Geburtsdatum, 5) Geburtsort, 6) Wohnung, 7) Beruf, 8) Mitglied der NSDAP oder einer NS-Organisation, ggf. seit wann und welchen Dienstgrad, 9) Ist die Person wegen homosexueller Betätigung gerichtlich bestraft oder sind nur Vorgänge vorhanden? 10) Bemerkungen (über strafbare Handlung, Verdacht strafbarer Handlung, erfolgte Bestrafung).
Personen, die früher im dortigen Bezirk gewohnt haben, inzwischen aber verzogen sind, müssen unter Hinweis darauf ebenfalls mit aufgeführt werden.
Die Listen müssen spätestens am 20. 11. 34 hier vorliegen. Fehlanzeige erforderlich.

i.V. Hütteroth

122

Eingreifen des Staates im evangelischen Kirchenkampf

2. 11. 1934

StA Ma 180 LA Hersfeld 9511

Der Reichsminister des Innern hat nochmals angeordnet, daß im evangelischen Kirchenstreit jegliche Einmischung staatlicher Stellen zu unterbleiben hat. Ausgenommen sind lediglich solche Fälle, in denen ein polizeiliches Einschreiten nach allgemein-polizeilichen Grundsätzen begründet ist (z.B. *unmittelbare* tatsächliche Gefährdung der öffentlichen Sicherheit und Ordnung oder zur Unterstützung des Kirchenvorstandes in der Sicherung seines Hausrechts). Dabei ist jede Parteinahme für die eine oder andere kirchenpolitische Richtung zu unterlassen.

Nach wie vor ist gegen unsachliche und polemische Auseinandersetzungen im Kirchenstreit in *öffentlichen Versammlungen* (nicht Gottesdiensten und geschlossenen Versammlungen) einzuschreiten.

Flugblätter und Flugschriften polemischen und unsachlichen Inhalts sind zu beschlagnahmen.

Zusatz für den Landrat in Arolsen:

Das dortige Schreiben vom 31. 10. 34 I 7669 – findet hierdurch seine Erledigung.

gez. von Pfeffer

123

Beschlagnahme von Publikationen im Kirchenkampf

10. 11. 1934

StA Ma 165/3907

Sofort!

Abschrift zur Kenntnis und Beachtung.

Ich bitte, *sämtliche Verlagsanstalten und Druckereien* im dortigen Bezirk sofort entsprechend zu belehren und bei Verstößen durch Beschlagnahme der betr. Zeitschriften, Flugblätter usw. einzuschreiten und unverzüglich zu berichten.

In Vertretung:
Hütteroth

Abschrift

Ssd[?] Berlin Nr. 134 vom 9. 11. 1934.
pcq nf. Stapostellen.

Reichsminister des Innern hat in Abänderung der Runderlasse vom 17. 8. und 1. 11. 34 durch Erlaß vom 6. 11. 34 – VI 7770/3014 angeordnet, daß bis auf weiteres alle Veröffentlichungen in der Tagespresse, in Flugblättern und Flugschriften untersagt sind, die sich mit der evangelischen Kirche befassen, da sich in den letzten Tagen Fälle unangebrachter Berichte über evangelischen Kirchenkonflikt gemehrt hätten. Durch diesen Erlaß werden nach einem Ergänzungserlaß des Reichsmin. d. J. vom 7. 11. 1934 – VI 7841/3014 – auch Veröffentlichungen über die derzeitigen Verhältnisse der evangelischen Kirche in Deutschland in Kirchenzeitungen, Gemeindeblättern, Wochenblättern und Zeitschriften verboten. Ausgenommen sind amtliche Kundgebungen der Reichskirchenregierungen.

Gestapa Berlin II/2 a/II 1 B 1 –

124

Bürgerliche Geselligkeitsvereine

17. 11. 1934

StA Ma 180 LA Eschwege 1281

Geheim! Sofort!
Abschrift mit der Bitte um Bericht bis 5. 12. 1934.

gez. Hütteroth

Geheimes Staatspolizeiamt
– B Nr. 35209 II 1 E – Berlin, den 12. November 1934

Es ist festgestellt worden, daß noch bürgerliche Geselligkeitsvereine, und zwar unter dem Namen „Bürger-Vereine", „Bürger-Gesellschaft", „Casino-Gesellschaft" usw. bestehen. Derartige Institutionen haben im nationalsozialistischen Staat keine Daseinsberechtigung, da sie als reine Klassenvereinigung zu bezeichnen sind und der Bildung einer wahren Volksgemeinschaft hindernd im Wege stehen. Außerdem sind derartige Vereinigungen geeignet, den Mitgliedern aufgelöster Freimaurerlogen Gelegenheit zu Zusammenkünften und weiterer Arbeit zu bieten.

Ich ersuche um Feststellung und Bericht lt. anliegendem Muster, ob im dortigen Bezirk Vereinigungen bestehen, bei denen die Vermutung besteht, daß sie sich im angedeuteten Sinne betätigen.

Frist 15. Dezember 1934.

In Vertretung
gez. Flesch

125

Zersetzungstätigkeit bei SA und SS

19. 11. 1934

StA Ma 180 LA Eschwege 1281

Abschrift mit dem Ersuchen, die SA-, SS- und HJ-Führer entsprechend vertraulich zu verständigen.

gez. v. Pfeffer

Abschrift

Geheim!

Ssd. Berlin Nr. 138 vom 18. 11. 34 um 0.115 [!] Uhr
An alle Dienststellen der politischen Polizeien der Länder

Die illegale Organisation der früheren KPD ist bestrebt, alle geeigneten SA-Angehörigen zur Teilnahme an einem Kurs in Rußland zu gewinnen. Die geworbenen Teilnehmer sollen auf Umwegen nach Rußland gebracht werden. In dem Lehrgang selbst, der für die Teilnehmer kostenlos ist, sollen die Methoden behandelt werden, welche bei der beabsichtigten künftigen Zersetzungsarbeit innerhalb der nationalen Verbände als erfolgversprechend in Anwendung kommen sollen. Es besteht Grund zu der Annahme, daß die illegale KPD auf Weisung ihrer Zentrale im gesamten Reichsgebiet diese Werbungen durchzuführen versucht, bezw. versuchen wird, um auf diese Weise sich unter den SA- oder den SS-Angehörigen einen Stamm von Zersetzungsfachleuten heranzubilden. Ich ersuche daher, sofort nach hier zu berichten, falls Bestrebungen der vorgeschilderten Art beobachtet werden bezw. beobachtet worden sind. Unter allen Umständen ist derartigen Vorkommnissen besondere Aufmerksamkeit zuzuwenden.

Gestapa Berlin II 1 H 2

126

Grüßen mit geballter Faust

20. 11. 1934

StA Ma 180 LA Eschwege 1281

Es ist in letzter Zeit wiederholt gemeldet worden, daß frühere Kommunisten sich wieder mit geballter Faust begrüßen. Bestimmte Fälle konnten jedoch nicht angegeben werden.

Ich bitte, diesen Dingen besondere Aufmerksamkeit zuzuwenden und im Falle entsprechender Feststellungen die betr. Personen unverzüglich in Schutzhaft zu nehmen und gleichzeitig Schutzhaftantrag hier vorzulegen. Es hat sich gezeigt, daß die sofortige Inschutzhaftnahme wesentlich wirkungsvoller ist als die gerichtliche Bestrafung, da sie meist erst nach mehreren Wochen erfolgt. In besonders gelagerten Fällen wird von hier aus ggf. unabhängig von der Schutzhaft ein Strafverfahren eingeleitet.

Die Gendarmeriebeamten, die dem Kreis entsprechenden SA-, SS- und polit. Dienststellen bitte ich von dem Inhalt dieser Verfügung zu verständigen und sie zu ersuchen, etwaige Beobachtungen unverzüglich dem nächsten Gendarmerie- oder Polizeibeamten mitzuteilen.

gez. von Pfeffer

127

"Rote Hilfe"

26. 11. 1934

StA Ma 180 LA Hersfeld 1306

Vom ZK der KPD sind für die „Rote Hilfe" Richtlinien herausgegeben worden. Danach sollen u. a. in allen Leitungen unbedingt sozialdemokratische oder frühere sozialdemokratische Genossen vertreten sein, am besten solche, die den Arbeitern als langjährige Funktionäre bekannt sind. Auch soll versucht werden, bisherige Spender und Sympathisierende als feste Mitglieder zu gewinnen, um mit ihrer Hilfe weitere Freunde zu erfassen.

Ferner sollen die Bestrebungen der „Roten Hilfe" dahin gehen, neue Stützpunkte auf dem Dorfe zu schaffen, um die Verbindung zum Lande und zum Bauern wieder herzustellen. In Stadt und Land soll durch die „Rote Hilfe" in alle Gesang-, Turn- und Sportvereine sowie sonstige Kulturorganisationen, in die Arbeitsfront und alle übrigen Massenorganisationen der kommunistische Gedanke gebracht werden.

Ich ersuche, den Bestrebungen der „Roten Hilfe" besondere Beachtung zu schenken und vorkommendenfalls zu berichten.

i.V. Hütteroth

128

Antisemitische Parolen

27. 11. 1934

StA Ma 180 LA Eschwege 1281

Geheim!
Streng vertraulich!

Von verschiedenen Stellen ist die Frage der Aufstellung von Tafeln mit antisemitischen Aufschriften angeschnitten worden.
Die Staatspolizeistelle steht auf dem Standpunkt, daß Tafeln von jedermann auf seinem Privatgrundstück aufgestellt werden dürfen. Aus staatspolitischen Gründen dürfen jedoch die Tafeln nicht so aufgestellt werden,
1. daß sie ihrer Aufstellung und Aufmachung nach mit Bekanntmachungen der Ortspolizeibehörden bzw. der Gemeindeverwaltung verwechselt werden können,
2. daß sie auf öffentlichen Plätzen, Straßen und deren Rändern bzw. in unmittelbarer Nähe stehen,
3. daß die Aufschriften nicht als Stoff zur Greuelpropaganda von vorbeifahrenden Ausländern (z.B. durch Photographieren) verwertet werden können,
4. daß Aufmachung und Schrift nicht öffentliches Ärgernis erregen.
Das Aufstellen von Posten und die Aufforderung, „bei Juden nicht zu kaufen", ist unzulässig. Es ist jedoch nichts dagegen einzuwenden, daß für deutsche Geschäfte besonders geworben wird, z.B. durch Aufstellen von Schildern mit der Aufschrift „Kauft nur in deutschen Geschäften", „Deutsche kauft nur bei deutschen Händlern" usw.

gez. von Pfeffer

129

Horten von Rohstoffen

28. 11. 1934

StA Ma 180 LA Hersfeld 9408

Vertraulich!

Es besteht der Verdacht, daß Geschäftsleute in erheblichem Umfange Rohstoffe bei Spediteuren oder sonst auf Lager unterbringen, ohne sie in der vorgeschriebenen Weise angemeldet zu haben.
Sollten Fälle bekannt werden, in denen Rohwaren ohne die vorgeschriebene Anmeldung bei der Überwachungsstelle gelagert werden, um sie einstweilen dem Verkehr zu entziehen, bitte ich sofort zu berichten. Gleichzeitig ist die zuständige Überwachungsstelle zu benachrichtigen, damit diese Strafantrag stellen kann.
(Es wird darauf hingewiesen, daß für Fertigwaren, die über den gegenwärtigen Bedarf und über das übliche Maß hinaus an einzelne Stellen auf Lager genommen worden sind, eine Anmeldepflicht bisher noch nicht angeordnet ist.)

i.V. Hütteroth

130

Roter Frontkämpferbund (RFB)

30. 11. 1934

StA Ma 180 LA Eschwege 1281

Geheim!

Der RFB soll als proletarische Wehrorganisation im ganzen Reiche mit Unterstützung der Partei wieder auf- und ausgebaut werden.

Die Vereinigung der früheren Wehrorganisationen der Arbeiter, insbesondere des Reichsbanners (Heimannsberg-Gruppen, Schutzbund usw.) mit dem RFB wird erstrebt. Die politische Führung in diesen Organisationen, die in ihren unteren Einheiten entweder Kameradschaften, Rote Staffeln, Oktober-Gruppen, Revolutionsstürme oder sonstwie sich nennen, soll in Händen der Kommunisten liegen. Es soll darauf geachtet werden, daß beim Zusammenschluß mehrerer Organisationen die Funktionäre nichtkommunistischer Gruppen ihre Posten behalten und in die Leitungen genommen werden (Einheitsfrontbestrebungen der illegalen KPD).

Alle Wehrorganisationen im Orte oder im Betriebe, die nicht den Namen RFB tragen, sollen dem Bunde angeschlossen werden, um eine einheitliche Wehrorganisation des Proletariats zu schaffen. Richtlinien zur Bildung dieser Einheitsfront sind:

1) Herstellung der Gewerkschaftseinheit. Massenkampf gegen das Arbeitsgesetz.
2) Praktische Hilfe zur Streikvorbereitung. Abwehr von SA-Streikbrechern.
3) Aktive Abwehr der Maßnahmen der Polizei und der SS. Entlarvung von Spitzeln.
4) Kampf um Freilassung aller antifaschistischen Gefangenen.
5) Organisierung des Massenselbstschutzes gegen Aktionen des Staatsapparates.
6) Organisierung des Massenwiderstandes zur Verhinderung der Kriegsproduktion, der Luftschutzübungen und der Kriegspropaganda.
7) Zersetzung in Heer, Flotte, Polizei, SS, SA, Arbeitsdienst und HJ.
8) Schulung in allen Fragen des bewaffneten Aufstandes.

Die SA-Männer sollen aufgefordert werden, sich zu revolutionären Stürmen zu formieren, ihre militärischen Kenntnisse und ihre Waffen im Dienste der sozialistischen Revolution gemeinsam mit den Kameraden des RFB zu benutzen.

Die Bundesführung des RFB gibt den unteren Einheiten Anweisungen für den Zusammenschluß der proletarischen Wehrorganisationen und stellt diesen u. a. folgende Aufgaben:

a) Engster organisatorischer Zusammenschluß. – Prüfung der Verbindung von der Bundesführung bis zum letzten Kameraden.
b) Entschlossener Ausbau der kommunistischen Kader in den Rüstungsbetrieben.
c) Eroberung neuer Stützpunkte auf dem Lande unter den Bauern und den Landarbeitern.
d) Zersetzung der Arbeitsdienstlager und der Landhelfergruppen durch Aufnahme von RFB-Leuten.
e) Zurückgewinnung aller ehem. Reichsbanner-Kameraden, die in den Stahlhelm oder andere Formationen übergegangen sind, für die Klassenfront.
f) Zusammenarbeit mit katholischen Jungarbeitern im Kampf gegen den Nationalsozialismus.
g) Schulung und Stärkung der oppositionellen Elemente in den SA-Stürmen, Gewinnung der ausgeschlossenen und ausgeschiedenen SA-Männer.
h) Fester Kontakt mit den Gefangenen in den Konzentrations- und Moorlagern.

Im Interesse einer energischen und rücksichtslosen Bekämpfung der zu erwartenden Tätigkeit des RFB bitte ich, für engste Zusammenarbeit mit den örtlich maßgebenden Führern der angegebenen Organisationen Sorge zu tragen und über Wahrnehmungen sofort zu berichten.

gez. v. Pfeffer

131

Gewaltanwendung beim Sammeln

11. 12. 1934

StA Ma 180 LA Eschwege 1281

Geheim!

An die SA-Gruppe Hessen in Frankfurt/Main.

In einer Kreisstadt des Regierungsbezirks wurde kürzlich ein 72 Jahre alter Landwirt, der sich geweigert hatte, eine Sammelplakette für das Winterhilfswerk zu kaufen, beim 5. vergeblichen Sammelversuch tätlich angegriffen. Die Sammler waren SA-Männer. Der 72jährige Mann mußte zu seiner eigenen Sicherheit vorübergehend in Schutzhaft genommen werden.

Es ist dies nicht der einzige Fall, in dem für das Winterhilfswerk mit Gewalt gesammelt wurde. Rechtlich kann überhaupt niemand zum Kauf einer Plakette gezwungen werden. Die Sammlung für die Winterhilfe wirbt um Spenden und ist keine mit Gewalt einzutreibende Steuer.

Aber ganz abgesehen davon, ist es unerhört, wenn aus diesem Grunde SA-Männer mit einem über 70 Jahre alten Mann handgemein werden. Derartige Zwischenfälle schädigen das Ansehen der SA und der Bewegung.

Den Kreispolizeibehörden habe ich Abschrift dieses Schreibens übersandt mit der Bitte, die Angelegenheit mit den örtlichen SA-, SS-, PO- und HJ-Führern zu besprechen.

gez. von Pfeffer

132

Rentenzahlungen an Emigranten

12. 12. 1934

StA Ma 180 LA Hersfeld 9408

Betr.: Zahlung von Renten, Versorgungsbezügen pp. an Emigranten

Nach dem Ausbruch der nationalsozialistischen Erhebung haben viele deutsche Reichsangehörige das Reichsgebiet verlassen. Eine nicht unerhebliche Anzahl von ihnen sind Empfänger von Renten, Ruhegehältern, Versorgungsbezügen und ähnlichen laufenden Zahlungen. Die bisherigen Feststellungen haben ergeben, daß sich trotz der ihnen weiter belassenen Bezüge vielfach gerade diese Emigranten im Ausland in einer den Interessen des Reiches abträglichen Weise betätigt und die ihnen aus dem Reiche zufließenden Gelder zum Schaden des Reiches verwandt haben. Im Hinblick auf ihr deutschfeindliches Verhalten dürften zweifelsohne eine Reihe von Personen einer weiteren Zahlung nicht mehr würdig sein.

Um derartige Fälle festzustellen und bei den zuständigen Versicherungsträgern, Auszahlungsbehörden usw. das Ruhen der Renten pp., soweit dies nicht schon geschehen sein sollte, in die Wege zu leiten, ersuche ich, umgehend die dort geführten Emigrantenlisten auf Empfänger von Renten pp. nachzuprüfen. Eine genaue Aufstellung über diese Personen, sofern sie z. Zt. noch Renten pp. nach dem Ausland empfangen, ist mir nach folgendem Muster bis spätestens 31. 12. 1934 zu übersenden.

1.) Genaue Personalien des Renten- oder Ruhegehaltsempfängers.
2.) Letzter Aufenthaltsort dieser Person.
3.) Genaue Anschrift des Versicherungsträgers oder der Pensionskasse.
4.) Die Höhe der laufenden Bezüge, für den Monat berechnet.
5.) Der gegenwärtige Aufenthaltsort (soweit bekannt) u.
6.) Die Gründe der Emigration im Einzelfalle.

In den Fällen, in denen über das politische Vorleben des Emigranten oder über seine politische Tätigkeit im Auslande etwas bekannt ist, ist in der Aufstellung unter dem Abschnitt „Bemerkungen" ein kurzer Hinweis zu fertigen.

Über derartige Emigranten ist ein eingehender Bericht, und zwar für jede

132. Rentenzahlungen an Emigranten

Person auf besonderen Bogen, in dreifacher Ausfertigung zu erstatten und der zum 31. 12. 34 einzureichenden allgemeinen Aufstellung beizufügen.
In dieser Aufstellung sind vierteljährliche Nachträge einzureichen, und zwar jeweils zum 20. 3. 35, 20. 6., 20. 9., 20. 12. usw., erstmalig zum 20. 3. 1935.
Fehlanzeige ist erforderlich.
Im Hinblick auf die volkswirtschaftliche Wichtigkeit der Durchführung dieser Anordnung und die Auswirkung dieser Maßnahme im Einzelfalle mache ich besonders auf die gewissenhafte und fristgerechte Ausführung aufmerksam.

i.V. Hütteroth

133

Heilsarmee

13. 12. 1934

StA Ma 180 LA Eschwege 1929

Abschrift zur Kenntnis und mit dem Ersuchen, die Parteidienststellen zu unterrichten.

i. V. Hütteroth

Abschrift

Geheimes Staatspolizeiamt Berlin, den 8. Dezember 1934
II 1 B 1 72029/1840

An alle Staatspolizeistellen.

Betrifft: Heilsarmee

Der Führer und Reichskanzler hat sich kürzlich dahin ausgesprochen, daß er der Arbeit der Heilsarmee, die sich niemals politisch betätigt habe, nicht ablehnend gegenüberstehe und auch aus Gründen der Außenpolitik kein Vorgehen gegen sie wünsche.
Ich ersuche, entsprechend zu verfahren.

Im Auftrage
gez. Hartmann

134

"Stahlhelm" (NSDFB)

27. 12. 1934

StA Ma 180 LA Eschwege 1281

Geheim!

Die Tätigkeit des Stahlhelm, insbesondere alle stattfindenden Versammlungen des NSDFB, ersuche ich in Zukunft schärfstens zu überwachen. Gegebenenfalls ist vor Abhaltung solcher Versammlungen eingehend zu prüfen, ob sie nicht aus Gründen der öffentlichen Ruhe und Sicherheit zu verbieten sind.

Über alle besonderen Vorkommnisse sowie stattgefundenen Versammlungen ist umgehend zu berichten.

Ich erinnere an die unbedingte Amtsverschwiegenheit gerade bezüglich dieser Verfügung.

gez. v. Pfeffer

135

"Judenschilder"

3. 1. 1935

StA Ma 180 LA Eschwege 1281

Wie ich persönlich feststellen konnte, ist in zahlreichen Ortschaften meine Verfügung vom 27. 11. 1934 – 80[18] – betr. Judenschilder nicht durchgeführt worden. Ich ersuche nochmals, mit Nachdruck für die Beachtung der Anordnung zu sorgen, da ich sonst genötigt bin, Zwangs- und Disziplinarmaßnahmen gegen die verantwortlichen Gemeindeschulzen bei dem Herrn Regierungspräsidenten zu beantragen.

gez. von Pfeffer

136

Reichssportabzeichen bei Juden

6. 1. 1935

StA Ma 180 LA Hersfeld 1309

Betr.: Tragen des Reichssport- und Reichssportjugendabzeichens durch Juden

Das deutsche Reichssportabzeichen und das Reichssportjugendabzeichen wird grundsätzlich nur an Deutsche arischer Abstammung verliehen.

Ich ersuche daher, gegen alle Juden, die das mit dem Hakenkreuz gezierte deutsche Reichssportabzeichen bezw. Reichssportjugendabzeichen tragen, ein Strafverfahren wegen Zuwiderhandlung gegen das Gesetz über Titel, Orden- und Ehrenzeichen einzuleiten und mir im Falle eines Einschreitens zu berichten.

i.V. Herrmann

137

Sender der „Schwarzen Front"

10. 1. 1935

StA Ma 180 LA Hersfeld 1307

Seit Ende November ist ein Kurzwellensender der „Schwarzen Front" (Otto Strasser) in Tätigkeit, der fast täglich die unglaublichsten Lügen und Verleumdungen über Regierung und Staat verbreitet. Der Sender steht in der Tschechoslowakei. Er wird von einem Emigranten, der Rundfunktechniker ist, betrieben.

Ich ersuche, den Sender, der auch in Hanau, Fulda, Melsungen und Eschwege gehört worden ist, zu überwachen und über die Ergebnisse der Überwachung, soweit sie besonders beachtenswert oder vom strafrechtlichen Gesichtspunkt aus von Bedeutung sind, zu berichten. Die Angaben in den einzelnen Sendungen, daß in Kürze auch Sender in Hamburg, Frankfurt/Main, Breslau und München in Tätigkeit gesetzt werden, entsprechen nicht den Tatsachen. Hinsichtlich der Störung des Senders wird das weitere vom Geheimen Staatspolizeiamt aus veranlaßt.

gez. von Pfeffer

138

Alldeutscher Verband

11. 1. 1935

StA Ma 180 LA Eschwege 1281

Geheim!

Der „Alldeutsche Verband" tritt in letzter Zeit in der Öffentlichkeit stärker in Erscheinung mit öffentlichen Versammlungen, Werbung von Mitgliedern usw. Dabei ist beobachtet worden, daß Reaktionäre und frühere Freimaurer für die Veranstaltungen Interesse zeigten und daß in Einzelfällen die Reden mit der Politik des Führers nicht zu vereinbaren waren.

Ich ersuche um Bericht über die dortige Betätigung des „Alldeutschen Verbandes" und über die frühere und jetzige politische Einstellung und Betätigung der führenden Persönlichkeiten (mit Personalienangaben).

Fehlanzeige ist erforderlich. Frist 2 Wochen.

gez. v. Pfeffer

139

Personalbögen

21. 1. 1935

StA Ma 180 LA Eschwege 1281

Geheim!

Es liegt Veranlassung vor, darauf hinzuweisen, daß bei Ersuchen der Staatspolizeistelle auf Ausfüllung von Personalbogen auf folgendes geachtet wird:
Die Feststellung von Personalien hat je nach der Lage des Falles und unter Benutzung geeigneter Gelegenheiten so zu erfolgen, daß Personen, denen eine strafbare Handlung nicht nachgewiesen ist, sich nicht belästigt fühlen, oder Personen, die gar nicht wissen, daß sie Akten haben, erst durch ungeschickte Einholung der Angaben auf die bestehende Überwachung aufmerksam gemacht werden. Wenn z. B. staatsfeindliche Personen wegen des Verdachtes strafbarer Handlungen eingeliefert und vernommen werden, ist Gelegenheit gegeben, den Personalbogen zu vervollständigen und sie auch erkennungsdienstlich zu erfassen. In leichteren Fällen, in denen die Möglichkeit nicht besteht, muß es dem Geschick der tätig werdenden Beamten überlassen werden, für die Vervollständigung des Fragebogens durch eigene Beobachtung, Entnahme aus etwa vorgelegten Papieren usw. zu sorgen, ohne daß die Person bemerkt, daß sie registriert wird. Die Personalbeschreibung wird stets nur bei Anwesenheit der Person in geeigneter Weise oder auf Grund zufällig vorliegender Papiere, Paß usw. zu erreichen sein. Es ist unter allen Umständen zu vermeiden, daß die Betroffenen vorgeladen oder aufgesucht werden.

i.V. Hütteroth

140

Glockenläuten zur Saarabstimmung

25. 1. 1935

StA Ma 180 LA Hersfeld 1307

Ich ersuche um Mitteilung bis zum 3. 2. 1935, ob im dortigen Bezirk Geistliche das aus Anlaß der Saarabstimmung angeordnete Glockenläuten sowie die Beflaggung der Kirchen verweigert oder sonst verhindert haben. In jedem Falle ist über die Verweigerung des Glockengeläutes und der Beflaggung der Kirchen unter besonderer Berücksichtigung der näheren Umstände eingehend zu berichten. Von einer Vernehmung der in Betracht kommenden Geistlichen ist vorerst Abstand zu nehmen. Ihr bisheriges Verhalten (frühere und jetzige politische Betätigung) zum heutigen Staat ist, soweit der Staatspolizeistelle noch nicht bekannt, kurz zu kennzeichnen unter Angabe der genauen Personalien.

i.V. Hütteroth

141

Berufliche Umschulung der Juden

29. 1. 1935

StA Ma 180 LA Wildungen 1245

Die Tätigkeit der zionistisch eingestellten jüdischen Jugendorganisationen, die sich mit der Umschichtung zu Landwirten und Handwerkern zum Zwecke der Auswanderung nach Palästina befassen, liegt im Sinne der nationalsozialistischen Staatsführung. Wo es die auf diese Berufsumschichtung abgestellte Tätigkeit erforderlich macht, sind die Bundesmitglieder der zionistischen Verbände im Hinblick auf die auf Abwanderung nach Palästina gerichtete Tätigkeit nicht mit derjenigen Strenge zu behandeln, wie sie gegenüber den Angehörigen der sogenannten deutschjüdischen Organisationen (Assimilanten) notwendig ist. Es ist natürlich zu prüfen, ob die Umschichtung auch tatsächlich mit dem Ziele der Auswanderung erfolgt.
Auf meine Rundverfügung vom 11. 8. 34 – 80^{18f} – wird Bezug genommen.

i.V. Hütteroth

142

Rechtsberatungsstellen außerhalb der DAF

6. 2. 1935

StA Ma 180 LA Eschwege 1929

Dem Herrn Landrat
zur Kenntnis und ggf. weiteren Veranlassung. Über das Veranlaßte ersuche ich um Bericht bis z. 20. 2. 35. Fehlanzeige erforderlich.

i.V. gez. Dr. Hütteroth

Abschrift

Preußische Geheime Staatspolizei Berlin 25. 1. 35
Der stellvertretende Chef und Inspekteur
II 1 B 1 – 60 334/33/35

An alle Staatspolizeistellen.

Betrifft: Auflösung der nicht zur „Deutschen Arbeitsfront" gehörigen Rechtsberatungsstellen der „Katholischen Arbeiter- und Gesellenvereine"

Die von der „Deutschen Arbeitsfront" eingerichteten Rechtsberatungsstellen lassen darüber hinaus eine besondere Rechtsbetreuung durch konfessionelle Vereine entbehrlich erscheinen. Ihr Weiterbestehen verhindert die Vereinheitlichung des Arbeitsschutzes und trägt Rechtsunsicherheit und Unklarheit in die Bevölkerung.

Im Einvernehmen mit dem Herrn Reichs- und Preußischen Minister des Inneren ist daher die Auflösung der nicht zur Deutschen Arbeitsfront gehörigen Rechtsberatungsstellen konfessioneller Vereine, insbesondere der katholischen Arbeiter- und Gesellenvereine, gemäß § 14 PVG vom 1. 6. 1931 durchzuführen.

Um Erfolgsnachricht wird ersucht.

gez. Himmler

143

"Stahlhelm" (NSDFB)

13. 2. 1935

StA Ma 180 LA Eschwege 1281

Geheim! Eigenhändig!

Abschrift zur Kenntnis und Beachtung.
Alle entgegenstehenden Anordnungen sind hierdurch überholt. Meine Verfügung vom 27. 12. 34 – 42^{20} – G. 166 – ersuche ich, von den nachgeordneten Stellen der Kreispolizeibehörden, die sie etwa abschriftlich im Besitz haben, wieder einzuziehen und zu vernichten.

gez. von Pfeffer

Abschrift

Ft.ssd. Berlin Nr. 121 vom 12. 2. 35
An alle Staatspolizeistellen
Betr.: NSDFB

Jede Maßnahme gegen den Nationalsozialistischen Frontkämpferbund (Stahlhelm), die aus dem Verhältnis des NSDFB zu den Organisationen der Bewegung, aus der verschiedenen Auslegung des Gründungsaktes vom 28. 3. 34 oder aus Anlaß von Neuaufnahmen, Neugründungen von Ortsgruppen, aus Doppelmitgliedschaft, der Werbung aus den Nebenorganisationen, ungeklärten Eigentumsverhältnissen, usw. entspringt, bedarf in Zukunft mit sofortiger Wirksamkeit meiner ausdrücklichen vorherigen Genehmigung. Es ist in absehbarer Zeit mit einer endgültigen Klärung aller den NSDFB betreffenden Fragen zu rechnen. Dieser Erlaß berührt nicht jene Einzelfälle, bei denen gegen einzelne Mitglieder des NSDFB im Rahmen der Strafgesetze durch Einleitung eines Strafverfahrens vorzugehen ist. Alle bisherigen Anfragen finden damit ihre Erledigung.

Preuß. Geheime Staatspolizei
Der Chef und Inspekteur
gez. Himmler

144

Überwachung von Assimilanten-Versammlungen

20. 2. 1935

StA Ma 180 LA Wolfhagen 2329

In letzter Zeit mehrt sich die Zahl der Vorträge in jüdischen Organisationen, in denen Propaganda für das Verbleiben der Juden in Deutschland getrieben wird. Da ohnehin die Versammlungstätigkeit der Juden derart rege ist, sind alle Versammlungen der sogen. Deutschjuden (Assimilanten) d.h. insbesondere die des „Zentralvereins deutscher Staatsbürger jüdischen Glaubens" und des „Reichsbundes der jüdischen Frontsoldaten" zu verbieten, sofern es sich nicht um streng geschlossene Versammlungen dieser Organisationen handelt und *nur eingeschriebene* Mitglieder daran teilnehmen. Die Versammlungen der Zionisten sind grundsätzlich zu genehmigen und nicht zu behindern.

Auf mein Rundschreiben vom 29. 1. 35 – 80[18f] – nehme ich Bezug.

gez. von Pfeffer

145

Flaggenhissen durch Juden

20. 2. 1935

StA Ma 180 LA Eschwege 1281

Es ist wiederholt die Frage aufgeworfen worden, ob es Juden gestattet sein soll, an ihren Wohnungen und Häusern die deutschen Flaggen zu zeigen. In einigen Fällen ist durch das Hissen der Flaggen Unruhe in die Bevölkerung getragen worden, da die Juden nicht zur deutschen Volksgemeinschaft gehören.

Es wird daher angeordnet: Den Juden ist das Zeigen der Hakenkreuzflagge und der schwarz-weiß-roten Flagge nicht gestattet. Für die preußischen Fahnen muß das gleiche gelten.

Dagegen ist gegen das Hissen von Provinz- und Stadtfahnen, sowie Kirchenfahnen, nichts einzuwenden. Ebenso können jüdische Vereine und Synagogenfahnen von Juden gehißt werden. Das Zeigen jüdisch-zionistischer Fahnen ist sogar staatspolitisch gesehen erwünscht, da der Jude damit seinen artfremden, besonderen Rassecharakter betont.

Den Juden ist mündlich zu eröffnen, daß das Zeigen der Fahnen des Reiches für sie verboten sei, weil es eine Störung der öffentlichen Ruhe und Ordnung hervorrufen würde.

Ich ersuche, diese Verfügung den Ortspolizeibehörden, Gendarmeriebeamten, dem Kreisleiter sowie den SA- und SS-Führern mündlich bekannt zu geben. Eine schriftliche Weitergabe darf nicht erfolgen.

gez. von Pfeffer

146

Fastenpredigten politischen Inhalts

11. 3. 1935

StA Ma 180 LA Eschwege 1281

Geheim!

Betr.: Politischer Katholizismus

Die jetzt beginnende Fastenzeit bringt ein verstärktes innerkirchliches Leben, damit aber auch eine lebhaftere Tätigkeit der politisierenden Geistlichen mit sich.

Ich ersuche, insbesondere die nach dieser Richtung hin bereits bekannten Geistlichen im Auge zu behalten und über Fastenpredigten mit *politischem Inhalt* unverzüglich zu berichten. Besondere Beobachtung verdienen die Predigten und Reden der von Ort zu Ort reisenden Pater[!] des Jesuiten-, Franziskaner-Ordens usw. Die Erfahrungen haben gezeigt, daß diese Predigten vielfach stark politisch gefärbt sind.

Diese Verfügung darf weder im Wortlaut noch inhaltlich schriftlich weitergegeben werden.

gez. von Pfeffer

147

Maßnahmen gegen zurückkehrende Emigranten

14. 3. 1935

StA Ma 180 LA Eschwege 1281

Geheim!

Betr.: Maßnahmen gegen zurückkehrende Emigranten

Alle Emigranten, die nach dem 28. 1. 1935 über die Grenze zurückgekommen sind, und diejenigen, bei denen es zweifelhaft ist, ob sie schon vor oder erst nach dem genannten Zeitpunkt in das Reichsgebiet zurückgekehrt sind, sind unverzüglich in Schutzhaft zu nehmen. Diese Emigranten werden einem Schulungslager überwiesen. Als Emigranten sind hierbei alle Personen anzusehen, die das Reich nach der nationalsozialistischen Erhebung aus politischen Gründen verlassen haben, und zwar sowohl Arier wie Nichtarier. Bei Nichtariern kann grundsätzlich unterstellt werden, daß sie aus politischen Gründen ausgewandert sind, auch wenn sie angeben, daß sie sich im Ausland eine neue Existenz hätten gründen wollen.

Von jeder Inschutzhaftnahme eines Emigranten oder einer Emigrantin ist der Staatspolizeistelle sofort unter Berücksichtigung meiner Rundverfügung vom 18. Juni 1934 – 68[61a] – betr. Rückwanderung deutscher Emigranten Meldung zu erstatten.

Alles Weitere wird von hier veranlaßt.

i.V. Hütteroth

148

Abkündigungen

18. 3. 1935

StA Ma 180 LA Eschwege 1281

Die verbotene Abkündigung der Bekenntnis-Synode der Altpreußischen Union, die mit den Worten beginnt: „Wir sehen unser Volk von einer tödlichen Gefahr bedroht", ist in dem als Manuskript gedruckten „Mitteilungsblatt der Bekennenden Kirche Kurhessen-Waldeck" in ca. 4000 Exemplaren versandt worden. Die Liste der Empfänger wurde hier beschlagnahmt. Abschrift der Liste ist beigefügt.

Ich ersuche, bei den im dortigen Bezirk wohnhaften Empfängern die Beschlagnahme durchzuführen, gegebenenfalls ist nach Haussuchung nach dem Verbleib der Abkündigung zu forschen.

gez. von Pfeffer

149

Vertrauensratswahlen der DAF 1935

StA Ma 180 LA Hersfeld 1307

a.) Rundverfügung vom 1. 4. 1935

Die Vertrauensratswahlen 1935 finden am 12. und 13. 4. 1935 statt. Die Zeit vom 2. bis 12. 4. dient der Propaganda. Die Zeit vom 15. bis 25. 4. dient der Feststellung und Auswertung des Wahlergebnisses. Am 1. 5. 1935 wird die Verpflichtung der gewählten Vertrauensmänner vorgenommen.

Ich ersuche, auf diese Vertrauensratswahlen ein besonderes Augenmerk zu richten und alle noch so kleinen Vorkommnisse nach hier zu melden. Das Ergebnis der Wahlen ist bis zum 27. 4. 1935 mit eingehendem Bericht hier vorzulegen.

i.A. Schmitz

b.) Rundverfügung vom 10. 4. 1935

Unter Bezugnahme auf die Verfügung vom 1. 4. 1935 betreffend Vertrauensratswahlen der Deutschen Arbeitsfront 1935 ersuche ich, das Ergebnis der Vertrauensratswahlen unter folgenden Gesichtspunkten zu beurteilen: Als politisch unzuverlässig sind anzusehen:
1.) die Nichtwähler,
2.) die Wähler, die die Stimmzettel auf irgendeine Weise ungültig gemacht haben,
3.) die Wähler, die die Liste völlig durchstrichen haben.

In den Berichten ist weiter anzugeben, auf welche Umstände bei den in Frage kommenden Betrieben die ungünstigen Wahlergebnisse zurückzuführen sind, ferner die Zahl der Stimmberechtigten, der Nichtwähler, der negativ zu wertenden Stimmzettel und der abgegebenen gültigen Stimmen.

i.A. Schmitz

150

Verbot von Assimilanten-Versammlungen

2. 4. 1935

StA Ma 180 LA Wildungen 1245

Vertraulich!

Betr.: Jüdische Versammlungen

Unter Bezugnahme auf meine Rundverfügung vom 20. Februar 1935 – 80[18] – weise ich darauf hin, daß eine Bekanntgabe der für obige Verfügung maßgebend gewesenen Verbotsgründe unzulässig ist.

Versammlungen deutsch-jüdischer Organisationen sind in eigener Zuständigkeit zu untersagen und die örtlichen Verhältnisse zum Gegenstand des Verbots zu machen.

i.V. Hütteroth

151

Abkündigung der Bekenntnissynode

10. 4. 1935

StA Ma 180 LA Eschwege 1281

Geheim!

Betr.: Die verbotene Abkündigung der Bekenntnissynode der Altpreußischen Union

Z. Schreiben vom 9. 4. 35 – PP. 9-01 (20. 4.)

Auf Grund von Verhandlungen des Reichs-Min. d.I. mit der Bekenntnisfront darf die s. Zt. verbotene Abkündigung der Bekenntnissynode verlesen werden, wenn in einleitenden Worten darauf hingewiesen wird, daß sie sich nicht gegen Staat und Partei richtet.

Ich bitte, über alle Fälle von Verlesungen zu berichten, insbesondere wenn die Abkündigung ohne Einleitung verlesen werden sollte. Einzuschreiten ersuche ich jedoch nicht ohne vorherige Fühlungnahme mit der Staatspolizeistelle.

Diese Verfügung ist nicht schriftlich weiterzugeben.

i.V. gez. Dr. Hütteroth

152

Katholische Standesvereine

11. 4. 1935

StA Ma 180 LA Eschwege 1281

Geheim!

Es sind Bestrebungen erkennbar, die katholischen Standesvereine neu ins Leben zu rufen, und zwar entsprechend der organisatorischen Einleitung der DAF. Ich ersuche um entsprechende Beobachtung und gegebenenfalls Bericht. Bei amtsgerichtlichen Eintragungen ist vorsorglich Einspruch zu erheben und umgehend nach hier zu berichten.
Diese Verfügung ist nicht schriftlich weiterzugeben.

i.V. Hütteroth

153

Rechtsanwälte in Schutzhaftsachen

15. 4. 1935

StA Ma 180 LA Wolfhagen 2329

Die Schutzhaft ist eine staatspolitische Maßnahme, die lediglich der Dienstaufsichtsbeschwerde unterliegt (s. Reichsverwaltungsblatt 1935, Nr. 9 S. 168ff). Ein mit der Vertretung der Interessen eines Schutzhäftlings betrauter Rechtsanwalt besitzt also lediglich die Rechte, die jeder andere Staatsbürger geltend machen kann, der für einen Schutzhäftling eintritt. Die Mitwirkung von Rechtsanwälten ist nur insoweit zugelassen, als es sich um Abfassung und Einreichung von schriftlichen Gesuchen für einen Schutzhäftling handelt.

Eine Einsichtnahme in politische Vorgänge und Akten oder Mitteilung politisch-polizeilicher Vorgänge an Rechtsanwälte wie auch an Personen, die in Schutzhaftsachen vorstellig werden, ist unzulässig. Ebenso ist die Erteilung von Sprecherlaubnis an Rechtsanwälte oder sonstige mit der Wahrnehmung der Interessen eines Schutzhäftlings beauftragte Personen nicht zuzulassen, wenn dadurch der politisch-polizeiliche Zweck der Schutzhaft gefährdet wird.

i.V. Hütteroth

154

Schilder mit antisemitischen Aufschriften

15. 4. 1935

StA Ma 180 LA Eschwege 1281

Geheim!

Meine Rundverfügung vom 27. November 1934 – 80[18] – betr. Aufstellung von Schildern mit antisemitischen Aufschriften bleibt nach wie vor in Kraft, kann aber von jetzt ab weit ausgelegt und entgegenkommend gehandhabt werden.

Bei Meinungsverschiedenheiten zwischen staatlichen Behörden und Parteidienststellen bitte ich, rechtzeitig die Staatspolizeistelle anzurufen, damit zwischen Polizei und PO deswegen kein örtlicher Streit entsteht.

gez. von Pfeffer

155

Eingliederung „wilder" Sportvereine

3. 5. 1935

StA Ma 180 LA Hersfeld 9413

Vertraulich!

In letzter Zeit ist wiederholt beobachtet worden, daß aufgelöste und bereits liquidierte Sportvereine nichtnationalsozialistischer Tendenz versuchen, sich wieder zusammenzuschließen.

Ich ersuche daher, dem Vereinsleben der nichtorganisierten Sportvereine besondere Aufmerksamkeit zuzuwenden. Über Neugründungen oder Wiedererrichtung aufgelöster Sportvereine ist mit einer Stellungnahme, ob Bendenken politischer Art vorliegen, umgehend zu berichten. Sportliche Instanzen sind nicht zu befragen.

Für die Bearbeitung der Sportvereinsangelegenheiten sind folgende Richtlinien maßgebend:

Die geschlossene Übernahme eines wilden Vereins in einen nationalen Verein ist grundsätzlich abzulehnen, dagegen steht der Übernahme von Mitgliedern als Einzelmitglieder nichts im Wege. Dabei bleibt aber zu beachten, daß z. B. die Mitglieder eines Wassersportvereins nicht einem Turnverein beitreten, der eine Wassersportabteilung der gleichen Art (Schwimmer, Ruderer, Paddler) nicht besitzt. Liegen die Voraussetzungen nicht vor, besteht die große Gefahr, daß der bisher „wilde Verein" sein Eigenleben getarnt weiterführt. Für den Fall, daß ein nichtorganisierter Verein seine Mitglieder einem nationalen Verein zuführt, kann diesem auch das Vereinsvermögen restlos zufließen.

gez. von Pfeffer

156

Überwachung entlassener Schutzhäftlinge

8. 5. 1935

StA Ma 180 LA Wolfhagen 2329

Entlassene Schutzhaftgefangene und besonders gefährliche Staatsfeinde sind künftig einer dauernden Kontrolle zu unterziehen. Dies erscheint besonders notwendig bei einem etwaigen Wechsel des Wohnsitzes.
 Ich ersuche daher, der Staatspolizeistelle von dem Wegzug eines im dortigen Bezirk ansässigen früheren Schutzhäftlings oder eines besonders gefährlichen Staatsfeindes umgehend Kenntnis zu geben. Die Staatspolizeistelle wird dann jeweils die für den neuen Wohnort in Frage kommende Stelle benachrichtigen.
 Zur Durchführung dieser Anordnung ist es erforderlich, etwa vorhandene Meldekarten pp. dieser Personen mit dem Vermerk zu versehen: ,,Bei Wohnsitzwechsel Mitteilung an die Staatspolizeistelle geben". Die Ortspolizeibehörden sind in geeigneter Weise in Kenntnis zu setzen. Auch ist dafür zu sorgen, daß diese Vermerke den betreffenden Personen nicht bekannt werden.

gez. von Pfeffer

157

HJ-Streifendienst zu Pfingsten

a.) Rundverfügung vom 5. 6. 1935

StA Ma 180 LA Hersfeld 1308

Von der Reichsjugendführung wird für die Pfingstfeiertage ein besonderer Streifendienst eingesetzt. Die Angehörigen der nationalsozialistischen Jugendverbände sind angewiesen worden, den HJ-Streifen Auskunft über ihre Zugehörigkeit zu geben und die Ausweise vorzuzeigen. Bei nicht nationalsozialistischen Jugendgruppen soll lediglich die Zahl und das Alter der Teilnehmer festgestellt werden und welcher Jugendorganisation die betreffende Wandergruppe angehört. Der HJ-Streifendienst ist angewiesen worden, mit den örtlichen Polizeiorganen Fühlung aufzunehmen.

Ich bitte daher, die Gendarmeriebeamten des Bezirks entsprechend zu verständigen und sie anzuweisen, den HJ-Streifendienst ggf. bei Anforderung zu unterstützen.

Über besondere Vorkommnisse ist sofort zu berichten.

i.V. gez. Dr. Hütteroth

b.) Rundverfügung vom 7. 6. 1935

StA Ma 180 LA Hersfeld 1307

Im Anschluß an meine Rundverfügung vom 5. 6. 35 betreffend HJ-Streifendienst während der Pfingstfeiertage, wird mitgeteilt, daß jedes Einschreiten der HJ-Streifen gegen nicht-nationalsozialistische Jugendgruppen verboten ist. Die Streifen sind insbesondere nicht berechtigt, Gruppen anzuhalten, Personalienfeststellungen vorzunehmen oder diesen Gruppen irgendwelche Anweisungen zu geben. Ihrem Ersuchen um Hilfe ist jedoch im Rahmen der Gesetze weitgehendst entgegenzukommen.

Die Gendarmeriebeamten des Bezirks sind entsprechend zu verständigen.
Über besondere Vorkommnisse ist sofort zu berichten.

gez. von Pfeffer

158

Motorsport bei jüdischen Sportorganisationen

12. 6. 1935

StA Ma 180 LA Wildungen 1245

Es ist festgestellt worden, daß sich verschiedene jüdische Verbände, insbesondere die Ortsgruppen ,,Schild" im RJF und der jüdische Turn- und Sportverein ,,Bar Kochba" motorsportlich betätigen. Nach einem Erlaß des Geheimen Staatspolizeiamts ist in Zukunft jüdischen Sportorganisationen jede Tätigkeit im Automobil- und Motorsport grundsätzlich untersagt. Jüdische Kreise, die sich automobilistisch zusammenschließen wollen, sind darauf hinzuweisen, daß für diese Bestrebungen allein der ,,Autoklub 1927" zugelassen worden ist.

Ich ersuche daher, der sportlichen Betätigung jüdischer Verbände besondere Aufmerksamkeit zuzuwenden und über festgestellte Verstöße umgehend zu berichten.

i.A. Schmitz

159

Jüdisch geführte Ordensgeschäfte

17. 6. 1935

StA Ma 180 LA Hersfeld 1307

Es hat sich herausgestellt, daß das Feilhalten deutscher Ordensschnallen und Schleifen durch Juden in der Bevölkerung Beunruhigung hervorgerufen hat.
Da evtl. mit Ausschreitungen gegen solche Geschäfte gerechnet werden muß, in denen unter jüdischer Firma mit den Symbolen des Deutschen Reiches Handel getrieben wird, ersuche ich, im Namen der Staatspolizeistelle den jüdischen Ordensgeschäften auf Grund des § 1 der Verordnung des Herrn Reichspräsidenten zum Schutze von Volk und Staat vom 28. 2. 33 und des § 14 des Polizeiverwaltungsgesetzes den Handel mit deutschen Ordensauszeichnungen und deren Teilen mündlich zu untersagen. Gegebenenfalls ist zu berichten.

gez. von Pfeffer

160

Fahnen und Wimpel bei Fronleichnamsprozessionen

a.) 18. 6. 1935

StA Ma 180 LA Hersfeld 1307

Abschrift zur Kenntnis und Beachtung. Bei Verstößen ist umgehend zu berichten.

gez. v. Pfeffer

Abschrift

Staatspolizeistelle Kassel, den 18. 6. 35
Kassel

An das
Bischöfliche Generalvikariat
in Fulda

Wie mir der Regierungspräsident in Wiesbaden mitteilt, hat das Bischöfliche Generalvikariat in Limburg nach Wiesbaden berichtet, daß seitens der Stapo Kassel das Mitführen von geweihten Fahnen und Wimpeln der verbotenen katholischen Jugendorganisationen für die Fronleichnamsprozession gestattet sei. Diese Behauptung ist unwahr. Auch muß es auf einem Irrtum beruhen, wenn behauptet wird, es sei hierüber mündlich verhandelt worden.

Um Irrtümern vorzubeugen, weise ich ausdrücklich darauf hin, daß es unstatthaft ist, Fahnen und Wimpel, Uniformstücke oder andere Abzeichen der verbotenen Jugendorganisationen in der Öffentlichkeit zu zeigen, auch wenn es sich um eine kirchliche Prozession handelt.

Ich bitte, um Zusammenstöße mit der Polizei zu vermeiden, nötigenfalls die in Frage kommenden Pfarrer zu unterrichten, da ich die Beamten angewiesen habe, mit allen zur Verfügung stehenden Mitteln bei Verstößen gegen die Polizeiverordnung des Regierungspräsidenten vom 19. 4. 1934 einzuschreiten.

gez. von Pfeffer

b.) 24. 6. 1935

StA Ma 180 LA Wolfhagen 2404

Abschrift unter Bezugnahme auf mein Rundschreiben vom 18. 6. 35 – II/1 41 ⁰³/1 – zur Kenntnisnahme übersandt.

gez. von Pfeffer

Abschrift

An das
Bischöfliche Generalvikariat
in Fulda

Betr.: Verbot konfessioneller Jugendverbände
Bez.: Dort. Schreiben vom 21. 6. und 22. 6. 35

1. Die Meinungsverschiedenheiten in dem oben angeführten Schriftwechsel beruhen in erster Linie darauf, daß ,,kirchlich geweihte Fahnen" mit ,,geweihten Kirchenfahnen" verwechselt werden bezw. von Ihnen hier kein Unterschied gemacht wird. Gestattet sind ,,geweihte Kirchenfahnen", nicht aber ,,kirchlich geweihte Fahnen" der Jugendverbände, soweit diese unter das Verbot fallen.
2. Die Berufung auf die am 12. Mai 34 hier stattgefundene Besprechung aus Anlaß des Einschreitens des Landrats in Gelnhausen auf Grund der Verordnung des Regierungspräsidenten vom 19. 4. 34 ist eigenartig, da die Ausführungsbestimmungen, um die der Streit mit dem Regierungspräsidenten in Wiesbaden geht, überhaupt *erst am 24. 5. 34* erlassen worden sind. Aber zugegeben, daß diese Besprechung auch die Ausführung der Verordnung vom 19. 4. 34 betraf, so habe ich auch damals niemals zugegeben, daß ,,kirchlich geweihte Vereinsfahnen" der unter das Verbot fallenden Jugendverbände bei Prozessionen oder sonst in der Öffentlichkeit gezeigt werden dürfen; allerdings habe ich von vornherein zugegeben, daß gegen das Zeigen von ,,geweihten Kirchenfahnen", besonders bei Prozessionen in althergebrachter Weise, keine Bedenken beständen. – Aber selbst wenn von Ihnen meine damaligen Ausführungen anders verstanden waren, so war diese irrtümliche Auffassung doch zum mindesten durch die in Frage stehende Ausführungsbestimmung vom 24. 5. 34 restlos überholt.

gez. von Pfeffer

161

Jüdische Umschulungslager

29. 6. 1935

StA Ma 180 LA Hersfeld 1307

Ich ersuche um Bericht bis 25. 7. 35 über etwa im dortigen Bezirk vorhandene jüdische Umschulungslager. Der Bericht ist nach folgendem Muster einzureichen:
1.) Bezeichnung der Umschulungsstätte.
2.) Welche jüdische Organisation unterhält das Lager?
3.) Wer ist Eigentümer des Grundstücks? (Falls einer Organisation gehörig: Angabe, ob zionistisch oder assimilatorisch eingestellt).
4.) Wieviel Personen können untergebracht werden?
5.) Augenblickliche Stärke der Belegschaft.
6.) Zweck der Umschichtung.
7.) Wird Umschichtung zum Zwecke der Auswanderung oder zum Verbleib in Deutschland betrieben?
8.) Wem ist die Errichtung des Lagers gemeldet, und von welcher Behörde liegt die Genehmigung hierfür vor?

i.A. Schlüter

162

Geldsammlungen der Zionisten

3. 7. 1935

StA Ma 180 LA Hersfeld 1307

Von den zionistischen Organisationen werden seit einiger Zeit Geldsammlungen bei ihren Mitgliedern und Anhängern zur Förderung der Auswanderung, zum Bodenankauf in Palästina usw. durchgeführt. Diese Geldsammlungen bedürfen einer besonderen Genehmigung nicht, weil sie nur in einem enggeschlossenen Kreis von Juden veranstaltet werden. Die neuerdings durchgeführte Geldsammlung „Keren Hamenorah" deren Ertrag zur Förderung der Auswanderung nach Palästina und Umschichtung dienen soll, ist ebenfalls nicht genehmigungspflichtig. Ich ersuche, hiernach zu verfahren.

i.V. Hütteroth

163

Maßnahmen gegen zurückkehrende Emigranten

3. 7. 1935

StA Ma 180 LA Eschwege 2162

Geheim!

Die Rückwanderung politisch unzuverlässiger, insbesondere jüdischer Elemente, die nach dem 30. 1. 1933 das Reichsgebiet verlassen haben, hat in letzter Zeit Formen angenommen, die sich mit den innerpolitischen Notwendigkeiten des nationalsozialistischen Staates nicht vereinbaren lassen.
Bei jeder aus dem Auslande zurückkehrenden Person ist zu prüfen, ob die Voraussetzungen meiner Verfügung vom 14. 3. 35 – 68[61a] – gegeben sind. Hierbei ist zu beachten, daß grundsätzlich alle zurückkehrenden Juden als politische Flüchtlinge zu betrachten sind, ganz gleich ob sie aus wirtschaftlichen Gründen oder zum Zwecke ihrer Fort- bzw. Ausbildung das Reichsgebiet verlassen haben.
Bei arischen Rückwanderern, die nach dem 30. 1. 1933 Deutschland verlassen haben, ist im allgemeinen der Begriff des politischen Flüchtlings nur dann anwendbar, wenn die Betreffenden einer Organisation oder Partei angehört haben, die gegen das neue Deutschland gerichtet ist, oder wenn die Betreffenden den nat.soz. Staat in irgendeiner anderen Form angegriffen haben.
In Zweifelsfällen ist die Entscheidung der Staatspolizeistelle einzuholen.
Neuerdings versucht man, die Maßnahmen gegen zurückkehrende Emigranten in vielfältiger Form zu umgehen. Um die Schulungshaft zu umgehen, täuscht man vor, in Deutschland lebende Personen zu besuchen und danach wieder auszureisen. Sofern einem solchen Antrag überhaupt entsprochen wird, darf die Aufenthaltsdauer 10 Tage nicht überschreiten. Den Betreffenden ist während dieser Zeit eine tägliche Meldepflicht bei der Ortspolizeibehörde aufzuerlegen, im übrigen sind sie gleich den unter Polizeiaufsicht stehenden Personen zu behandeln. Sollte die auferlegte Meldepflicht nicht eingehalten werden oder das Verhalten der Betreffenden den Interessen des neuen Staates in irgendeiner Form zuwiderlaufen, sind sie sofort in Schutzhaft zu nehmen und die Staatspolizeistelle fernmündlich in Kenntnis zu setzen.

Die Bestimmungen meiner Verfügung vom 18. 6. 34 – 68[61a] – betr. Vernehmung zurückkehrender Emigranten, wird hierdurch nicht berührt.

Die genaueste Beachtung vorstehender Richtlinien und deren sorgfältige Durchführung ist mir im Hinblick auf die staatspolitische Wichtigkeit dieser Sache zur besonderen Pflicht gemacht. Ich ersuche deshalb, für eine lückenlose Erfassung der zurückkehrenden Emigranten und sofortige Berichterstattung Sorge zu tragen.

i.V. Hütteroth

164

„Rein weltliche Feiern" konfessioneller Vereine[1]

12. 7. 1935

StA Ma 165/1402

In letzter Zeit ist wiederholt beobachtet worden, daß die katholische Geistlichkeit *rein weltliche Feiern* und Feste veranstaltet hat, deren Programm und Verlauf kaum einen Zusammenhang mit der durch das Konkordat gewährleisteten Seelsorgetätigkeit erkennen lassen. Es erscheint vielmehr, daß diese Veranstaltungen eine Spitze gegen ähnliche der NSV, des WHW sowie der Gemeinschaft KdF sein sollen und das Ziel haben, die katholische Jugend auf diese weltliche Art den nationalsozialistischen Verbänden zu entfremden und an sich zu ziehen.

Rein weltliche Feiern der konfessionellen Vereine und Verbände, wie es z.B. die Fastnachtsveranstaltungen oder die Maifeiern sind, sind daher in Zukunft zu verbieten, da sie mit Religion nichts zu tun haben.

Ich ersuche, entsprechend zu verfahren.

i.V. Hütteroth

---

[1] Siehe dazu Stasiewski, Bd. 2 Nr. 188a (Anweisung Görings an die Stapostellen).

165

Verfahren bei Verwarnungen

19. 7. 1935

StA Ma 180 LA Wolfhagen 2329

Es hat sich in letzter Zeit wiederholt als notwendig erwiesen, staatspolizeiliche Verwarnungen aussprechen zu lassen. Die Staatspolizeistelle hat aus grundsätzlichen Erwägungen davon Abstand genommen, den betreffenden Personen eine schriftliche Verwarnung unmittelbar zuzustellen, sondern die Kreis-Polizei-Behörden mit der Erteilung der Verwarnung namens der Staatspolizeistelle beauftragt. Es empfiehlt sich nicht, daß die Kreis-Polizei-Behörden die Verwarnungen schriftlich erteilen. Ich ersuche daher grundsätzlich: staatspolizeiliche Ermahnungen und Verwarnungen in wichtigen Fällen persönlich zu erteilen oder durch den Vertreter im Amt aussprechen zu lassen oder einen besonders geeigneten leitenden Polizei- oder Gendarmerie-Beamten damit zu beauftragen. In geeigneten Fällen kann auch der Bürgermeister bzw. der Gemeindeschulze dazu herangezogen werden. Der örtlich zuständige Gendarmerie-Beamte wird jedoch zweckmäßigerweise nicht damit betraut. Bei Verwarnungen an Geistliche empfiehlt sich im allgemeinen die Vorladung zum Landrat oder dessen Vertreter persönlich.

i.V. Hütteroth

C. Ergänzende Materialien

166

Verbot des „Stürmers"

22. 7. 1935

StA Ma 180 LA Hersfeld 1307

Abschrift zur Kenntnis und weiteren Veranlassung.

i.V. gez. Dr. Hütteroth

Abschrift

FS. Dr. Berlin Nr. 35896 22/7 1015.

An alle Stapostellen und politischen Polizeien der Länder.
Dringend.

Auf Weisung des Führers und Ersuchen des Propagandaministers ist unter dem 20. 7. die Wochenschrift „Der Stürmer" in Nürnberg auf die Dauer von 3 Monaten (Drei Monaten) verboten worden, und zwar wegen versteckter Angriffe gegen Staatssekretär Lammers in der letzten Nummer 29 (Juli 1935). Eine Veröffentlichung oder Bekanntgabe des Verbots hat zu unterbleiben, auch ist wegen des sonst entstehenden Aufsehens von Beschlagnahme der Nr. 29 bis auf etwaige andere zentrale Weisung abzusehen.

gez.: Gestapa II/2 B 102/34

167

Vertrauensmänner des Pfarrervereins

23. 7. 1935

StA Ma 180 LA Eschwege 2162

Streng geheim!

Anliegend übersende ich Abschrift eines Schreibens[1], das offenbar von allen Vertrauensmännern des Pfarrervereins verbreitet wird. Der Inhalt des Schreibens, das bereits weitgehend in der Öffentlichkeit bekannt geworden ist, ist geeignet, die öffentliche Ordnung zu gefährden und die Pfarrer gegeneinander und gegen die Partei aufzuhetzen. Gegen die Verbreitung und die Maßnahmen, die in dem Schreiben verlangt werden, ist daher zunächst folgendes zu veranlassen:

1.) Der Vertrauensmann des Pfarrervereins für den dortigen Kreis ist zu ermitteln. Angeblich ist es der Pfarrer Wepler in Eschwege.
2.) Die genauen Personalien dieses Pfarrers bitte ich hierher zu melden und eine Äußerung über seine politische und kirchenpolitische Einstellung und Betätigung abzugeben.
3.) Es ist festzustellen, gegebenenfalls durch Befragung von Pfarrern oder sonstigen Personen, ob dort das anliegende Rundschreiben oder ein ähnliches Schreiben versandt worden ist.
4.) Von der Staatspolizeistelle wird über die Vertrauensmänner evtl. Postkontrolle verhängt werden, um das Ergebnis des Rundschreibens zu ermitteln. Über Maßnahmen gegen Pfarrer Wepler, Eschwege, ergeht besondere Verfügung.
5.) Die betreffenden Pfarrer sind sorgfältig zu überwachen.
6.) Größte Beschleunigung ist dringend geboten.

i.V. Hütteroth

---

[1] Anlage hier nicht abgedruckt.

168

Austritt aus dem ,,Stahlhelm" (NSDFB)

25. 7. 1935

StA Ma 180 LA Hersfeld 1307

Aus verschiedenen Kreisen wird gemeldet, daß die NSDFB-(Stahlhelm-) Führer den Mitgliedern, die aus dem Stahlhelm austreten wollen, die größten Schwierigkeiten bereiten mit der Begründung, daß Austrittssperre bestehe. Dies betrifft insbesondere SA-Männer, die gleichzeitig dem NSDFB angehören und nun aus dem NSDFB ausscheiden wollen. Hierdurch ist der politische Friede und die öffentliche Ordnung unmittelbar gefährdet.

Ich ersuche, allen Stahlhelmführern des dortigen Kreises sofort aufzugeben, keines ihrer Mitglieder am Austritt zu hindern, da andernfalls mit staatspolizeilichen Maßnahmen gegen die verantwortlichen Führer eingeschritten wird. Über Fälle der Zuwiderhandlung gegen diese Auflage bitte ich unverzüglich zu berichten. Die Kreisleitung der NSDAP, sowie die SA- und SS-Führer bitte ich entsprechend zu verständigen.

i.V. Hütteroth

169

Kindergottesdienst-Ausflüge

25. 7. 1935

StA Ma 165/3907

Zur Behebung von Zweifeln wird darauf hingewiesen, daß die im Rahmen der kirchlichen Kindergottesdienstarbeit veranstalteten Ausflüge keinerlei kirchenpolitischen Charakter tragen. Die Ausflüge, die im allgemeinen alljährlich einmal im Sommer stattfinden, dienen vielmehr ausschließlich der Erholung und Unterhaltung der den Gottesdienst besuchenden Kinder. Sofern der Leiter dieser Ausflüge hierbei eine Ansprache zu halten pflegt, trägt diese nicht den Charakter einer Predigt.

Es bestehen daher keine Bedenken, diese Ausflüge, soweit sie sich im evangelischen Kirchenvolk seit langem eingebürgert haben, den althergebrachten Wallfahrten und Prozessionen katholischer Glaubensgenossen gleichzustellen.

Um der Gefahr, den geschlossenen An- und Abmarsch der Kinder möglicherweise propagandistisch auszunutzen, vorzubeugen, muß von dem Leiter der Ausflüge jeweils verlangt werden, daß sich der An- und Abmarsch ohne Vorantritt von Posaunenchören, Mitführen von Wimpeln oder dergleichen vollzieht.

Im Zuwiderhandlungsfalle ist der Ausflug gegebenenfalls zu verbieten und nach hier umgehend zu berichten.

i.V. Hütteroth

170

Räumlichkeiten konfessioneller Jugendverbände

29. 7. 1935

StA Ma 180 LA Hersfeld 1307

Ich ersuche bis 10. 8. 1935 um eine listenmäßige Aufstellung sämtlicher Räume, in denen die konfessionellen Jugendverbände, insbesondere die katholisch-konfessionellen Jugendverbände, ihre Heimabende, Zusammenkünfte usw. abhalten, und um Bericht, ob nach der Art der Räumlichkeiten, der Bezeichnung der Zusammenkünfte und den sonstigen Merkmalen die Gewähr dafür gegeben ist, daß sich die Verbände nur mit rein kirchlich-religiösen Angelegenheiten befassen (Vergleiche § 1 der Verordnung vom 23. 7. 1935 betr. konf. Jugendverbände). Gleichzeitig ersuche ich, über den Besitzer der Räumlichkeiten und den Leiter der Veranstaltungen unter Angabe der genauen Personalien und der politischen Zuverlässigkeit zu berichten sowie die Sportgeräte festzustellen und anzugeben, die sich im Besitz der Verbände befinden.

i. V. Hütteroth

171

Materialsammlung gegen den „Stahlhelm"

1. 8. 1935

StA Ma 180 LA Eschwege 2162

Vertraulich! Geheim!

Ich ersuche um Vorlage von stichhaltigem Material und Bericht über alle Vorkommnisse, die den NSDFB (Stahlhelm) betreffen. Insbesondere ist auch über staatsfeindliche und die Bewegung verächtlich machende Äußerungen, die von Stahlhelmmitgliedern gemacht wurden, umgehend zu berichten.

i.V. Heinze

172

Evangelische Jugendlager

12. 8. 1935

StA Ma 180 LA Hersfeld 9408

Im Nachgang zu meiner Rundverfügung vom 5. 8. 35 – II/1 80[10] – betr. Betätigung der in die HJ eingegliederten evangelischen Jugendverbände wird mitgeteilt, daß in geschlossenen Lagern zu rein religiösen Zwecken Baden und leichte Freiübungen nicht als sportliche Betätigung im Sinne der Verordnung vom 23. 7. 35 gelten. Auch erstreckt sich das Verbot des Uniformtragens nicht auf das Tragen von HJ-Uniformen zu solchen Veranstaltungen.

i.V. Heinze

C. Ergänzende Materialien

173

Verbot unsittlicher Aushänge in Schaukästen

17. 8. 1935

StA Ma 180 LA Wolfhagen 2356

Vertraulich!

Es mehren sich die Fälle, in denen an Schaufenstern und in Schaukästen Zeitungen und Zeitschriften ausgehängt werden, die in Wort und Bild nicht die geringste Rücksicht auf das Schamgefühl der Bevölkerung und die Moral der Jugend nehmen. Hierdurch wird u.a. das Ansehen von Staat und Bewegung auf das Empfindlichste geschädigt.

Ich verbiete daher das öffentliche Aushängen von Zeitungen und Zeitschriften, die gegen deutschen Anstand und deutsche Sitte verstoßen.

Diejenigen, die gegen diese Anordnung verstoßen, sind zunächst zu verwarnen, und bei weiteren Verstößen ist ihnen ein angemessenes Zwangsgeld (oder Zwangshaft) anzudrohen. Im weiteren Wiederholungsfalle sind auch die Schaukästen zu beschlagnahmen und einzuziehen, bzw. ist die Schließung der Schaufenster zu veranlassen. Im Zweifelsfall ist die Entscheidung der Staatspolizeistelle Kassel einzuholen.

Über jedes Einschreiten auf Grund dieser Anordnung ist kurz zu berichten.

gez. von Pfeffer
SA-Gruppenführer

174

Jüdische Sportabteilungen und deren Betätigung

19. 8. 1935

StA Ma 165/3863

Vertraulich! Geheim!

Abschrift zur Kenntnis und Beachtung.

i.V. Heinze

Abschrift

Geheimes Staatspolizeiamt Berlin, den 9. August 1935
II/1 B 2 – 62206/J. 318/35

Vertraulich! Geheim!

An alle Staatspolizeistellen.

Betr.: Jüdische Sportabteilungen und deren Betätigung.

Die antisemitischen Ausschreitungen der letzten Zeit sind in der ausländischen Presse aufgebauscht wiedergegeben worden. Das jüdisch beeinflußte Ausland hat diese übertriebenen Nachrichten zum Anlaß genommen, die Durchführung der Olympiade 1936 in Berlin in Zweifel zu stellen. So ist bereits aus interessierten Auslandskreisen dem Herrn Reichssportführer der Vorschlag zu Verhandlungen mit der versteckten Absicht gemacht worden, die Olympiade nach Rom oder in eine andere Weltstadt zu verlegen.

Nach dem Willen des Führers soll die Olympiade 1936 jedoch unter allen Umständen in Berlin stattfinden. Um ihre Durchführung nicht zu gefährden, erscheint es angebracht, den dem Reichsausschuß jüdischer Sportverbände angeschlossenen Sportkreisen in Deutschland der von dem Herrn Reichssportführer zugesagten Betätigung bis zur Durchführung der Olympiade nach Möglichkeit Hindernisse nicht in den Weg zu legen. Eine generelle Regelung des jüdischen Sportes wird nach Ablauf der Olympiade erfolgen.

Es ist mir wiederholt berichtet worden, daß örtliche Stellen den jüdischen Sport durch Verbote und örtliche Auflagen unmöglich machten. Diese Behinderung erscheint im Hinblick auf die gegenwärtige Lage insbesondere bezüglich der dem Reichsausschuß angehörenden Vereine des Makkabi-Kreises und des RJF unangebracht.

Zur Sicherung der Durchführung der Olympiade 1936 bestimme ich bezüglich der Sportausübung der dem Reichsausschuß jüdischer Sportverbände angehörenden Sportkreise:

1.) Jüdischen Sportorganisationen soll die Betätigung auf eigenen Sportplätzen nicht behindert werden. Wo ermietete Hallen oder Plätze benutzt werden, ist im Einvernehmen mit den zuständigen Stellen eine Regelung dahin zu treffen, daß die sportlichen Übungen und der Zu- und Abgang zu den Sportstätten ohne nähere Berührung mit Nichtjuden reibungslos gesichert ist.

2.) Der Austragung von Meisterschaften und die Veranstaltung von Wettkämpfen jüdischer Sportvereine untereinander sollen polizeilicherseits nach Möglichkeit Schwierigkeiten nicht bereitet werden, sofern sich diese Veranstaltungen in angemessenen Grenzen halten, Nichtjuden hierzu keinen Zutritt haben und Störungen der öffentlichen Ruhe und Sicherheit nicht zu erwarten sind.

3.) Jüdischen Schwimmabteilungen ist nach Möglichkeit eine beschränkte Betätigung etwa derart zu geben, daß ihnen an bestimmten Tagen bezw. Abenden die Benutzung von Schwimmgelegenheiten unter der Bedingung freigestellt wird, daß sich die Juden getrennt von Nichtjuden unter sich befinden.

In Vertretung
gez. Dr. Best

175

Auskunfteien

20. 8. 1935

StA Ma 180 LA Hersfeld 1308

In letzter Zeit ist wiederholt beobachtet worden, daß sich die Auskunfteien bei Einholung ihrer Auskünfte immer noch vorzugsweise an Juden wenden und diese über die wirtschaftliche Lage deutscher Volksgenossen ausfragen. Besonders über Geschäftsleute, die parteiamtlich tätig sind, werden dabei naturgemäß äußerst schlechte Auskünfte erteilt. Verschiedene Fälle haben hierbei gezeigt, daß angesehene Firmen, die absolut zuverlässig sind, als kreditunwürdig bezeichnet wurden. Vor allem sollen sich hierbei die Kleinauskunfteien jüdischer Auskunftserteiler bedienen.

Ich bitte, in dieser Angelegenheit Ermittlungen anzustellen und darüber bis 3. 9. genau zu berichten.

Fehlanzeige erforderlich.

i.V. Heinze

176

Unauffälliges Öffnen der beschlagnahmten Briefpost

22. 8. 1935

StA Ma 180 LA Eschwege 2162

Streng vertraulich!

Betr.: Unauffälliges Öffnen der beschlagnahmten Briefpost
In letzter Zeit mehren sich die Fälle, daß durch die ungeschickte Behandlung von angehaltenen Briefen die Empfänger gemerkt haben, daß ihre Briefe von der politischen Polizei überwacht und geöffnet worden sind. In einem solchen Falle ist natürlich die Briefkontrolle völlig unwirksam; denn ein auf diese Art und Weise Gewarnter wird in Zukunft bezüglich seiner Post äußerst vorsichtig sein und vor allen Dingen die Briefe, die für die Polizei von Wichtigkeit sein können, sofort unter Deckadresse schicken lassen. Ich ersuche deshalb, die mit der Postüberwachung betrauten Beamten erneut zu einer peinlichst sorgfältigen Erledigung dieser Aufgabe anzuhalten.
Bei der Staatspolizeistelle Kassel bestehen folgende Verfahren für eine unauffällige Brieföffnung:

1. *Die Öffnung mit heißem Wasserdampf.* Das Gefäß muß eine ganz feine Öffnung haben, so daß der heiße Wasserdampf in einem winzigen Strahl herauskommt. Dann wird der Wasserdampf an der gummierten Fläche des Briefumschlages vorbeigeführt, so daß der übrige Brief in keiner Weise mit diesem Wasserdampf in Berührung kommt. Ist der Briefumschlag auf diese Art und Weise aufgemacht worden, so legt man diesen Briefumschlag geöffnet unter eine Presse, damit die durch den Wasserdampf gekrümmten Ränder sich sofort wieder glätten. In vielen Fällen ist es praktisch, die Seitenteile der Briefumschläge zu öffnen und nicht die Stellen, die vom Absender zugeklebt werden.

2. Eine zweite und einfachere Art ist die, daß man gutes *Saugpapier* (Löschpapier) vollkommen mit Wasser durchtränkt und schmale Streifen dieses getränkten Saugpapiers auf die zugeklebten (gummierten) Streifen des Briefumschlages legt, sie fest andrückt und nach kurzer Zeit wieder abhebt. Auf diese

176. Beschlagnahmte Briefpost

Weise läßt sich jeder Brief unbemerkt öffnen. Auch hier muß der geöffnete Briefumschlag in eine Presse gelegt werden.

Beim *Verschließen der Briefe* ist ganz besonders darauf zu achten, daß die gummierte Fläche mit Pelikanol hauchdünn bestrichen wird, so daß beim Zukleben in keiner Weise der Leim über die Ränder tritt. Bei sachgemäßer Ausführung obiger Anweisungen ist es fast ausgeschlossen, daß der Empfänger irgendetwas von einer Briefkontrolle merken kann. Ganz besondere Vorsicht ist beim Öffnen von Briefen geboten, die mit Tintenstift geschrieben sind.

i. V. Heinze

177

Voraussetzungen für Schutzhaft

28. 8. 1935

StA Ma 180 LA Wildungen 781

Immer wieder gehen hier Meldungen über Äußerungen von Hetzern und Meckerern ein, die im Interesse von Staat und Bewegung zum mindesten mit einigen Tagen Schutzhaft beantwortet werden müßten.

Schutzhaft kann in solchen Fällen aber nur dann verhängt werden, wenn die Ortspolizeibehörde oder der Hoheitsträger der Bewegung feststellt, daß durch die Äußerungen des Meckerers seine eigene Sicherheit gefährdet ist, weil die Bevölkerung nicht gewillt ist, sich derartige Äußerungen gefallen zu lassen und die Gefahr besteht, daß die erregte Menge durch Tätlichkeiten zur Selbsthilfe schreitet. Eine Schutzhaft aus diesem Grunde kann selbstverständlich aber nur unmittelbar nach dem Vorkommnis verhängt werden. Bedauerlicherweise tritt aber oft durch das langsame Arbeiten sowohl der Parteidienststellen als auch der Ortspolizeibehörden eine derartige Verzögerung ein, daß nicht einmal mehr der Tatbestand klar und eindeutig festgestellt werden kann.

Als Beispiel führe ich folgenden Fall an:

„Bei einer Pfingstkirmes machte ein Friseur Äußerungen über den politischen Leiter, die diesen persönlich und auch die Bewegung als solche herabsetzten. Am 30. Juli erstattete die Kreisleitung Anzeige beim Landrat. Mithin hat die Anzeige des Politischen Leiters über die Ortsgruppe bis zur Kreisleitung 50 Tage gebraucht. Der Landrat ließ Vernehmungen durch den Gendarmeriehauptwachtmeister machen, die weitere 17 Tage dauerten, bis die Angelegenheit der Staatspolizeistelle gemeldet wurde. Jetzt soll die Staatspolizeistelle – nach über 2 Monaten – den Betreffenden in Schutzhaft nehmen. Bei einer derartig langsamen Bearbeitung ist es natürlich vollkommen unmöglich, noch irgend etwas aus der Sache zu machen, da auch prompt die weiter vernommenen Zeugen erklärten, sich jetzt nicht mehr entsinnen zu können."

Ich mache ausdrücklich darauf aufmerksam, daß dieses zwar ein besonders krasser Fall, aber keineswegs ein Einzelfall ist.

Ich bitte die Herren Leiter der Kreispolizeibehörden, energisch die untergebenen Dienststellen darauf hinzuweisen, daß ein derart langweiliges Vorgehen der Polizei, besonders in politischen Angelegenheiten, völlig untragbar ist.

Dem Herrn Gauleiter habe ich diesen Fall ebenfalls gemeldet mit der Bitte, auch seinerseits die Politischen Leiter in gleichem Sinne anzuweisen.

v. Pfeffer

178

Hirtenbrief der deutschen Bischöfe

Betr.: Hirtenbrief der am Grabe des Heiligen Bonifatius in Fulda versammelten deutschen Bischöfe vom 20. 8. 1935

a.) Rundverfügung vom 30. 8. 1935

StA Ma 180 LA Hersfeld 1307

Vorstehender Hirtenbrief[1] ist bei Auftauchen sofort zu beschlagnahmen. Gegebenenfalls ist zu berichten.

i.V. Heinze

b.) Rundverfügung vom 31. 8. 1935

StA Ma 180 LA Hersfeld 1307

Eilt sehr! Noch heute!

Die Beschlagnahme des Hirtenbriefs wird aufgehoben.
Die Verlesung des Hirtenbriefs in den Kirchen ist nicht zu verhindern. Die Kirchen sind zu überwachen; über das Ergebnis ist umgehend zu berichten. Fehlanzeige erforderlich.
Frist: 3. 9. 35.

i.V. gez. Heinze

---

[1] Hirtenbrief hier nicht abgedruckt.

c.) Rundverfügung vom 27. 9. 1935

StA Ma 180 LA Hersfeld 1308

Gegen die Verlesung des Hirtenbriefes in den Kirchen und die Veröffentlichung in den kirchlichen Amtsblättern ist nicht einzuschreiten, dagegen ist jegliche entgeltliche und unentgeltliche Verbreitung des Hirtenbriefes, z. B. durch Veröffentlichung in den kirchlichen Anzeigern der einzelnen Pfarreien oder Pfarreibezirke, durch Verkauf in den Kirchen, Buchhandlungen und Kiosken und durch Verteilen als Flugblätter usw. zu verhindern.

Alle in der gekennzeichneten Art und Weise auftauchenden Exemplare des Hirtenbriefes sind sofort zu beschlagnahmen und in 4 Exemplaren nach hier zu senden.

Die Bekämpfung des Hirtenbriefes in der Presse durch Flublätter oder Plakate ist zu unterlassen, da hierdurch erst weite Volkskreise auf den Hirtenbrief aufmerksam gemacht würden.

gez. von Pfeffer

179

"Schmutz und Schund" ("Der Stürmer")

StA Ma 180 LA Hersfeld 9408

a.) 4. 9. 1935

Unter Bezugnahme auf meine Verfügung vom 17. 8. 35 – II/1 32^{00} – verweise ich ausdrücklich darauf, daß auch die nationalsozialistischen Zeitungen, z. B. "Der Stürmer", unter diese Verfügung fallen.

"Der Stürmer" Nr. 34 und 35, Seite 1, und ferner die Nr. 34, Seite 4, ("Der alte Jude") durfte auf Grund meiner oben angeführten Verfügung nicht ausgehängt werden. Die Aushänger der betreffenden Seiten dieser "Stürmer"-Nummern sind weisungsgemäß zu verwarnen.

Es geht nicht länger an, daß die Kreis- und Ortspolizeibehörden weiterhin die Augen vor der Schädlichkeit solchen Lesestoffes für die heranwachsende Jugend verschließen. Gegen Schmutz und Schund muß eingeschritten werden, und ich ersuche daher nochmals um strikte Durchführung meiner oben angezogenen Verfügung.

gez. von Pfeffer

b.) 5. 9. 1935

Entsprechend meiner Rundverfügung vom 4. 9. 35 – II/1 32^{00} – darf in der Nr. 36 des "Stürmer" das 3. Blatt mit den Artikeln "Das Scheusal von Ansbach" und "Dr. Martin Hagelberg" nicht ausgehängt werden.

Ich teile dieses nur als Beispiel mit. In Zukunft ist von dort selbständig zu entscheiden.

gez. von Pfeffer

180

Verfahren bei Schutzhaft

30. 9. 1935

StA Ma 180 LA Wildungen 781

Es besteht Veranlassung darauf hinzuweisen, daß
1. jeder Schutzhäftling *spätestens am Tage nach der Festnahme* erstmalig zu vernehmen ist,
2. die Angehörigen spätestens am Tage nach der Festnahme des Schutzhäftlings zu benachrichtigen sind.

i. V. Heinze

181

Weltliche Zusammenkünfte konfessioneller Vereine

30. 9. 1935

StA Ma 180 LA Eschwege 1929

Jetzt zu Beginn des Herbstes mehren sich wieder die Fälle, in denen konfessionelle Vereine und konfessionelle Gemeinschaften weltliche Zusammenkünfte veranstalten.

Die Erfahrung hat gezeigt, daß diese Zusammenkünfte geeignet sind, die vom nationalsozialistischen Staat angestrebte Volksgemeinschaft zu hindern, zumal von den Rednern oft, gewollt oder ungewollt, ein Gegensatz zur NSDAP herausgestellt wird. Hierdurch ist wiederholt so starke Unruhe in die Bevölkerung getragen worden, daß es zu Streit und Tätlichkeiten gekommen ist. Dies trifft ganz besonders dann zu, wenn diese Veranstaltungen bezw. Versammlungen in Gastwirtschaften oder daran angrenzenden Räumlichkeiten stattfinden.

Auf Grund der Verordnung zum Schutze von Volk und Staat vom 28. 2. 33 und des Erlasses des Reichs- und Preußischen Ministers des Innern vom 12. 5. 35 – III P 3712/9 – sowie unter Anlehnung an den Erlaß des Ministerpräsidenten gegen den politischen Katholizismus verbiete ich daher die Zusammenkunft konfessioneller Vereinsmitglieder in der Öffentlichkeit und in profanen Räumen, sofern sie voraussichtlich die Volksgemeinschaft oder die öffentliche Ruhe und Ordnung stören.

Tauchen Zweifel über die Voraussetzungen für ein Verbot auf, ist der örtliche Hoheitsträger der Bewegung rechtzeitig um seine Stellungnahme zu bitten. Die Erklärung des Hoheitsträgers der Bewegung ist nur dann maßgebend, wenn sie schriftlich unter Beidrückung des Dienstsiegels der NSDAP erfolgt.

Als weltliche Zusammenkünfte gelten Bierabende, gemütliches Beisammensein, Tanzkränzchen und Tanzstunden, Fastnachtsveranstaltungen, Ausflüge, Rundfahrten usw., auch wenn sie im Anschluß an religiöse Veranstaltungen stattfinden.

Als nicht weltliche Zusammenkünfte sind Weihnachtsfeiern, Vorführungen religiöser Stücke, Missionsvorträge usw. anzusehen, sofern während dieser Veranstaltungen keine Genußmittel verzehrt werden (Getränke, Tabak, Kaffee und Kuchen u.a.m.).

Von dieser Verordnung werden grundsätzlich Versammlungen und Veranstaltungen, ganz gleich welcher Art, in Kirchen, Betsälen und Vereinshäusern nicht betroffen.

Zuwiderhandlungen gegen diese Verordnung werden mit Zwangsgeld bis zu 150.–RM oder mit entsprechender Haft bestraft.

von Pfeffer

182

Unterbindung der Kapitalflucht bei Emigration

1. 10. 1935

StA Ma 180 LA Hofgeismar 3794

Abschrift[1]

Beim Landesfinanzamt Berlin besteht eine zentrale Nachrichtenstelle, die sich insbesondere mit Maßnahmen gegen alle Arten von Steuerhinterziehungen, Kapitalflucht, Vermögensschiebungen und dergleichen befaßt.

Im Hinblick darauf, daß in letzter Zeit Juden, deren Ausreise dem Landesfinanzamt verspätet zur Kenntnis kam, durch Steuerhinterziehung pp. eine finanzielle Schädigung des Reiches herbeigeführt haben, bittet der Präsident des Landesfinanzamtes Berlin, alle bekannt werdenden Fälle, in denen Juden und insbesondere jüdische Geschäftsleute die Ausreise vorbereiten, der zentralen Nachrichtenstelle zugleich unter Angabe der genauen Personalien und der Wohnung der Verdächtigen Nachricht zukommen zu lassen.

Ich ersuche daher, über jeden Einzelfall einer Ausreise von Juden sofort nach hier zu berichten.

i.V. gez.(Unterschrift)

---

[1] Erhalten als Abschrift des Landratsamts Bad Wildungen an die nachgeordneten Ortspolizeibehörden.

183

Neuausstellung von Pässen

2. 10. 1935

StA Ma 180 LA Hofgeismar 3794

In letzter Zeit mehren sich die Fälle, in denen deutsche Reichsangehörige, die sich im Ausland aufhalten, angeblich ihre deutschen Reisepässe verloren haben. Es ist nicht ausgeschlossen, daß diese angeblich in Verlust geratenen Reisepässe von Kommunisten für andere Zwecke verwendet werden.

Ich ersuche daher, mir alle Fälle, in denen der Paßverlust deutscher Reichsangehöriger in Rußland bekannt werden sollte, mitzuteilen. Bei der Berichterstattung ersuche ich, auch auf die Frage einzugehen, ob von den deutschen Auslandsvertretungen vor der Ausstellung der neuen deutschen Reisepässe Rückfrage bei den zuständigen deutschen Heimatbehörden gehalten worden ist, ob irgendwelche Bedenken hiergegen bestehen.

In den übrigen Fällen, in denen es sich um Paßverlust im Auslande oder Inlande handelt und die dort zur Kenntnis gelangen, ersuche ich nur dann um Bericht, wenn der Verdacht kommunistischer Machenschaften besteht.

i.V. Heinze

184

Laubhüttenfest der jüdischen Gemeinden

3. 10. 1935

StA Ma 180 LA Hersfeld 1308

Eilt sehr!

Herren Landräte
Fulda, Hünfeld, Hersfeld,
Schmalkalden
Herrn Oberbürgermeister
Fulda

Die jüdischen Gemeinden in Fulda, Gersfeld, Neuhof, Schmalnau, Flieden, Tann, Wüstensachsen, Hünfeld, Eiterfeld, Burghaun, Mannsbach, Rhina, Wehrda, Hersfeld, Niederaula, Schenklengsfeld, Schmalkalden und Barchfeld feiern am 7. 10. das Versöhnungsfest, am 12. und 13. 10. das Laubhüttenfest und am 19. und 20. 10. 35 das Schlußfest. Am Vorabend dieser Feste finden größere Gottesdienste statt. Besonders wird auf den Gottesdienst am Vorabend des Versöhnungsfestes (6. 10.) hingewiesen, der sich bis in die Nacht hinein erstreckt.
    Ich ersuche, für einen störungsfreien Verlauf der Veranstaltungen zu sorgen.
Ggf. ist umgehend zu berichten.

i.V. gez. Heinze

185

Schutzhaft gegen Bibelforscher

4. 10. 1935

StA Ma 180 LA Wildungen 781

Betr.: Schutzhaft gegen Bibelforscher

Personen, die sich für die Internationale Bibelforschervereinigung betätigen, sind in Schutzhaft zu nehmen unter sofortiger Anzeige hierher. Zunächst muß jedoch in jedem Falle versucht werden, richterlichen Haftbefehl zu erwirken. Handelt es sich um eine führende Person der IBV oder eine Person, die zum wiederholten Male tätig geworden ist, so ist Antrag auf Überführung in ein Konzentrationslager zu stellen. Dabei ist gleichzeitig über die wirtschaftlichen und Familienverhältnisse zu berichten.

i.V. Heinze

186

"Großdeutsche Feuerbestattung" (VVaG) in Berlin

8. 10. 1935

StA Ma 180 LA Eschwege 1929

Die „Großdeutsche Feuerbestattung" ist ein Versicherungsverein auf Gegenseitigkeit, in der alle Feuerbestattungskassen zusammengeschlossen sind. Diese Organisation lag vor der Machtergreifung im wesentlichen in Händen von Marxisten. Jetzt setzt sich der Vorstand dieses Vereins aus Mitgliedern der NSDAP zusammen, so daß die Gewähr dafür gegeben ist, daß der Verein in nationalsozialistischem Sinne geleitet wird. Die Leiter der Bezirksdirektionen und Bezirksverwaltungen sowie die Inspektoren werden vom Vorstand angestellt. Die Besetzung der Geschäfts- und Zahlstellen sowie die Anstellung der Hauskassierer erfolgt jedoch durch die Bezirksdirektionen bezw. Bez.Verwaltungen. Es besteht daher die Möglichkeit, daß diese im Außendienst tätigen Personen sich aus ehemaligen Marxisten zusammensetzen, die ihre Tätigkeit dazu benutzen, marxistische Propaganda zu treiben.

Um dem Vorstand die Bereinigung der Organisation von marxistischen Elementen zu ermöglichen, ersuche ich, Anfragen der Bezirksverwaltungen, Bezirksdirektionen oder sonstigen Kontrollbeamten der Großdeutschen Feuerbestattung über die politische Zuverlässigkeit von Personen, die als Geschäfts- und Zahlstellenleiter oder als Hauskassierer vorgesehen oder bereits tätig sind, nach sorgfältiger Prüfung, erforderlichenfalls nach Rückfrage bei der hiesigen Staatspolizeistelle in dem Sinne zu beantworten, daß der Betreffende für die in Aussicht genommene oder bereits ausgeübte Tätigkeit geeignet oder nicht geeignet erscheint.

Sollten sich im dortigen Bezirk Bezirksdirektionen und Bezirksverwaltungen der Großdeutschen Feuerbestattung befinden, so sind diese anzuhalten, sämtliche Personen, die von ihnen angestellt sind bezw. werden, der örtlichen Polizeibehörde zur Prüfung der politischen Zuverlässigkeit namhaft zu machen.

Gegenüber der „Neuen Deutschen Bestattungskasse", die der „Großdeutschen Feuerbestattung" nicht angeschlossen ist, ist entsprechend zu verfahren.

Z. Zt. dürfen auf Grund einer Satzungsänderung örtliche Versammlungen des Vereins ohne Zustimmung des Vorstandes nicht abgehalten werden. Der

Vorstand der „Großdeutschen Feuerbestattung" ist angewiesen worden, von jeder Erteilung der Genehmigung der Staatspolizeistelle Mitteilung zu machen. Ggf. werde ich der in Frage kommenden Kreispolizeibehörde Kenntnis geben.

Sollten dort Versammlungen der Feuerbestattungskassen abgehalten werden, über die eine Genehmigung durch den Vorstand nicht vorliegt, ist umgehend zu berichten.

i.V. Heinze

187

Verhinderung von Kapitalflucht durch jüdische Emigranten

18. 10. 1935

StA Ma 180 LA Hofgeismar 3794

Abschrift[1]

Betr.: Maßnahmen gegen finanzielle Schädigungen des Reichs durch abwandernde Juden

Vorgang: R[un]dverfügung vom 1. 10. 35 – II/1 80[18] –

Die Mitteilungen über ihre Ausreise vorbereitende Juden treffen bei der Zentralen Nachrichtenstelle beim Landesfinanzamt Berlin infolge zu langen Nachrichtenweges zuweilen erst ein, wenn der Zeitpunkt der Ausreise bereits verstrichen ist. Ich ersuche daher, künftig in jedem Falle von dort unmittelbar
1. dem örtlich zuständigen Finanzamt,
2. der Zollfahndungsstelle in Frankfurt/M., Gutleutstr.,
3. der Zentralen Nachrichtenstelle beim Landesfinanzamt, Berlin NW 40, Alt Moabit 144
auf dem schnellsten Wege Nachricht zu geben, unter Übersendung einer Abschrift hierher.

i.V. gez. (Unterschrift)

---

[1] Erhalten als Abschrift des Landratsamts Bad Wildungen an die nachgeordneten Ortspolizeibehörden.

188

"Devisenschieberlied"

19. 10. 1935

StA Ma 180 LA Hersfeld 9408

Da die unter dem Namen "Devisenschieber- oder Klosterlieder" verbreiteten Spottgedichte und -gesänge in einigen Versen eine Beleidigung des Papstes enthalten, die aus außenpolitischen Gründen nicht geduldet werden kann, ersuche ich, die Verbreitung und den öffentlichen Vortrag dieser Lieder in Zukunft zu unterbinden.
Gegebenenfalls ist zu berichten.

i.V. Heinze

189

Juden im Viehhandel

23. 10. 1935

StA Ma 180 LA Hersfeld 1308

Es wird immer wieder darüber geklagt, daß der Viehhandel auch heute noch fast restlos in den Händen der Juden liegt. In letzter Zeit sollen jüdische Händler dazu übergehen, auch Schlachtvieh zu überhöhten Preisen aufzukaufen, während auf den Viehmärkten Schlachtvieh zu angemessenen Preisen so gut wie überhaupt nicht angeboten wird. Dieser Zustand würde zur Folge haben, daß die Preise für Fleisch- und Wurstwaren trotz der Verbote und Anordnungen übermäßig erhöht würden. Es besteht daher die Vermutung, daß es sich bei diesen Maßnahmen um einen planmäßigen Angriff des Judentums handelt, der darauf abzielt, Unruhe und Unzufriedenheit in die Bevölkerung zu tragen.
  Ich ersuche, in dieser Richtung Ermittlungen anzustellen und mir bis zum 15. 11. 35 zu berichten.
  Fehlanzeige erforderlich.

i.A. Markhoff

190

Redeverbot gegen Dr. Martin Buber

5. 11. 1935

StA Ma 180 LA Hersfeld 1308

Betr.: Rundverfügung v. 25. 2. 35 – 51^{02} –

Dem Professor Dr. Martin Buber war bis auf weiteres jede Betätigung als Redner in öffentlichen Veranstaltungen und in geschlossenen Tagungen jüdischer Organisationen untersagt.

Buber ist von der Zionistischen Vereinigung für Deutschland hauptamtlich als Lehrer für die Mittelstelle jüdischer Erwachsenenbildung verpflichtet. Nachdem festgestellt worden ist, daß diese Arbeit völlig unpolitischen Charakter trägt und dazu angetan ist, die Auswanderung junger Juden nach Palästina zu fördern, ist das Redeverbot *bezüglich dieser Lehrtätigkeit* aufgehoben worden.

i.V. Heinze

191

Kirchenmusik am Totensonntag und in der Adventszeit

21. 11. 1935

StA Hersfeld 1308

Für Totensonntag und die Adventssonntage sind musikalische Darbietungen, wie beispielsweise Posaunenblasen auf Friedhöfen und Kirchtürmen, soweit es sich dabei um althergebrachte Veranstaltungen handelt, im Einvernehmen mit dem Herrn Reichs- und Preußischen Minister für die kirchlichen Angelegenheiten zu gestatten. Ich ersuche, entsprechend zu verfahren. Gegebenenfalls ist zu berichten.

i.A. Schlüter

192

Ausreise von Juden

3. 12. 1935

StA Ma 180 LA Hofgeismar 3794

Betr.: Ausreise von Juden

Zwecks Erfassung der Juden, die das Reichsgebiet in der Zeit vom 1. 10. 1934 bis zum 1. 10. 1935 verlassen haben, bitte ich, mir bis zum *20. 12. 1935* zu berichten
a) wieviel Auslandspässe für Juden in dem genannten Zeitabschnitt ausgestellt worden sind,
b) wieviel Fälle von jüdischen Abwanderungen in dem genannten Zeitraum außerdem – also in den Fällen, in denen bereits Auslandspässe vorlagen und nicht mehr beantragt zu werden brauchten – bekannt geworden sind.

i.V. Herrmann

193

Staatspolizeiliche Verfügungen

9. 12. 1935

StA Ma 180 LA Hersfeld 9411

Betr.: Staatspolizeiliche Verfügungen

Aus gegebenem Anlaß weise ich nochmals eindringlichst darauf hin, daß – um einer Anfechtungsmöglichkeit mit den Rechtsmitteln des Polizeiverwaltungsgesetzes aus dem Wege zu gehen –, sämtliche Maßnahmen staatspolizeilicher Art, die auf besondere oder generelle Anweisung der Staatspolizeistelle ergehen, dieses auch *nach außen hin* deutlich zu erkennen geben müssen.

Insbesondere gilt dies auch für Verfügungen auf Grund allgemeiner Verordnungen, wie etwa der Verordnung gegen konfessionelle Jugendverbände vom 23. 7. 35.

Ich ersuche daher, in Zukunft dementsprechend zu verfahren und jeweils die entsprechenden Worte ,,namens der Staatspolizeistelle für den Regierungsbezirk Kassel" in die Verfügung aufzunehmen.

gez. von Pfeffer

194

Weltliche Grabredner

9. 12. 1935

StA Ma 180 LA Hersfeld 9408

In letzter Zeit ist wiederholt festgestellt worden, daß Trauerfeierlichkeiten für verstorbene bekannte Marxisten durch Heranziehung weltlicher Grabredner in geschickter Weise zu marxistischen Kundgebungen ausgestaltet werden. Diese Taktik wird angewandt, um die ehemaligen Marxisten zusammenzuführen, ihnen das Gefühl der Zusammengehörigkeit zu geben und damit ihre marxistische Weltanschauung zu festigen.

Beim Auftreten weltlicher Grabredner ersuche ich daher, künftig nach folgenden Richtlinien verfahren zu wollen:

Ehemaligen Marxisten ist die *Genehmigung* zum Auftreten *stets zu versagen*.

Trauerfeierlichkeiten für bekannte Marxisten sind *regelmäßig zu überwachen*. Jeder Versuch, der Feier eine marxistische Tendenz zu geben, ist zu unterbinden.

Zur Durchführung dieser Aufgabe empfehle ich, mit den örtlichen Friedhofsverwaltungen in Verbindung zu treten, die jede Information über Art und Umfang solcher Feierlichkeiten geben werden.

Im allgemeinen ist anzustreben, das Auftreten weltlicher Redner auf wenige Ausnahmefälle zu beschränken.

Ich ersuche, umgehend eine personelle Überprüfung der dort als Grabredner bekannten Personen vorzunehmen und über als unzuverlässig befundene Sprecher innerhalb 2 Wochen zu berichten, damit ihnen das weitere Auftreten untersagt werden kann. Fehlanzeige nicht erforderlich.

Im übrigen bitte ich, im Fall eines notwendigen Verbots bezw. Einschreitens jeweils umgehend zu berichten.

i.V. Herrmann

195

Kirchlich-konfessionelle Veranstaltungen

9. 12. 1935

StA Ma 180 LA Hersfeld 9408

Vorgang: Mein Rundschreiben vom 10. 12. 1934

In letzter Zeit sind verschiedentlich Zweifel aufgetaucht, ob Veranstaltungen kirchlich-konfessionellen Charakters, die in kirchlichen Gemeindehäusern, Gemeinde- oder Konfirmandensälen stattfinden, als öffentliche im Sinne des Erlasses vom 7. 12. 34 anzusprechen und demgemäß zu verbieten sind.

Zur Behebung dieser Zweifel weise ich darauf hin, daß Veranstaltungen kirchlich-konfessionellen Charakters in der Kirche und kircheneigenen Gebäuden – darunter fallen Gemeindehäuser, Gemeinde- oder Konfirmandensäle – im Rahmen des Erlasses vom 7. 12. 34 erlaubt sind.

Ich ersuche, in Zukunft entsprechend zu verfahren.

gez. von Pfeffer

196

Jüdisches Winterhilfswerk

9. 12. 1935

StA Ma 180 LA Hersfeld 1308

Die Zentralwohlfahrtsstelle der deutschen Juden hat bei einer Berliner Firma eine größere Anzahl Werbeplakate für die jüdische Winterhilfe herstellen lassen und beabsichtigt offenbar, diese öffentlich auszuhängen. Diese Maßnahme ist unzulässig. Das jüdische Winterhilfswerk ist zwar genehmigt, bleibt aber eine interne Angelegenheit der Juden. Die Werbung der Zentralwohlfahrtsstelle ist daher lediglich auf den Kreis der jüdischen Gemeinschaft beschränkt und darf keinesfalls öffentlich erfolgen.

Ich ersuche daher, dafür Sorge zu tragen, daß Werbeplakate nur in Räumen der jüdischen Gemeinden oder in Synagogen angebracht und nicht in der Öffentlichkeit gezeigt werden.

Im Falle eines erforderlichen Einschreitens bitte ich, mir umgehend zu berichten.

i.V. Herrmann

197

Jüdische Tanzveranstaltungen

12. 12. 1935

StA Ma 180 LA Hersfeld 9416

In letzter Zeit mehren sich die Anmeldungen jüdischer Unternehmer und ehemaliger Kapelleninhaber über die Veranstaltungen von Tanzfestlichkeiten. Ferner ist aufgefallen, daß zu diesen Veranstaltungen auch Ariern Zutritt gewährt wurde.

Ich ersuche daher, in Zukunft jüdische Tanzveranstaltungen nur dann zu genehmigen, wenn die Antragsteller eine Bescheinigung darüber vorlegen, daß von der Reichskulturkammer gegen die Veranstaltung keine Bedenken erhoben werden und von den Veranstaltern die Gewähr gegeben wird, daß ausschließlich Juden die Veranstaltung besuchen.

i.V. Herrmann

198

Hissen der Reichsflagge durch Juden

6. 1. 1936

StA Ma 180 LA Hersfeld 9408

Meine Rundverfügungen vom 20. 2. und 20. 5. 35 – II/2 80[18] – betr. Hissen der Reichsflaggen durch Juden werden aufgehoben, da sie durch die Nürnberger Gesetze überholt sind.

Ich ersuche, strengstens darauf zu achten, daß von Juden die Reichsflagge nicht gehißt wird und die Reichsfarben nicht gezeigt werden.

Bei Verstößen bitte ich umgehend zu berichten.

i.V. Herrmann

199

Konzessionierung von Gesellenhäusern

9. 1. 1936

StA Ma 180 LA 1309

Vertraulich!

Betr.: Deutsche Kolpingsfamilie – Reichsverband katholischer Gesellenhäuser, Lehrlings- und Ledigenheime e.V. in Köln. – Konzessionserteilung

Ich bitte um Bericht bis zum 1. 11. 36, ob im dortigen Bezirk Konzessionserteilungen an Häuser des vorgenannten Reichsverbandes oder auch an andere Gesellenhäuser und dergl. bestehen.
Ggf. bitte ich um Angabe der einzelnen Fälle unter Beobachtung folgender Punkte:
a) Ist die Konzession in früheren Jahren (wann?) als persönliche Konzession an einen Präses übertragen worden? Befindet sich dieser Präses noch in dem betr. Orte, oder ist er überhaupt noch im Amt?
b) Ist die Konzession dem eingetragenen Verein oder der sonstigen juristischen Korporation, die Eigentümerin des Hauses ist, selbst übertragen worden (wann?), und läßt diese die Gaststätte etwa durch einen Angestellten (seit wann?) führen? Ist dieser „Angestellte" auch wirklich angestellt, werden für ihn Lohnsteuer-, Angestellten-, Invalidenversicherungs- oder Krankenkassenbeiträge von der Hausverwaltung abgeführt?
c) Ist die Konzession wie zu b) der betreffenden juristischen Person verliehen worden (wann?), hat diese aber den Betrieb etwa weiter verpachtet (wann?), wobei der Pächter die Gastwirtschaft auf eigene Rechnung führt?

i.V. Herrmann

200

Kaisergeburtstagsfeiern

24. 1. 1936

StA Ma 180 LA Eschwege 2162

Geheim!

Feiern vorstehender Art in geschlossenem Kreise sind nicht zu verhindern. Veranstaltungen in größerer Aufmachung, größeren Sälen usw. haben jedoch zu unterbleiben. Soweit möglich, sind die Veranstaltungen möglichst *vertraulich* zu überwachen, die Teilnehmer sind *unauffällig* festzustellen.

In Zweifelsfällen bitte ich, sich mit mir in Verbindung zu setzen.

Über das Ergebnis der Feststellungen bitte ich, mir, gegebenenfalls unter Aufführung der Teilnehmer, bis zum 5. 2. 1936 zu berichten.

i.V. Herrmann

C. Ergänzende Materialien

201

Verhinderung von Ausschreitungen gegen Juden

5. 2. 1936

StA Ma 180 LA Eschwege 2162

Fernmündlich voraus! Streng vertraulich!

Die Reichsregierung legt besonderen Wert darauf, daß es auf Grund der Ermordung des NS-Landesleiters W. Gustloff in Davos nicht zu Demonstrationen oder gar Ausschreitungen gegen Juden kommt.
Im Einvernehmen mit dem jeweiligen Kreisleiter ist unter allen Umständen zu verhindern, daß Einzelaktionen vorkommen. Sollte trotzdem von irgendeiner Seite nicht Disziplin gehalten werden oder sollten Provokateure auftreten, so ist energisch mit allen polizeilichen Mitteln einzuschreiten und unverzüglich fernmündlich zu berichten.

v. Pfeffer

202

**Vertretung katholischer Geistlicher
durch ausländische Geistliche**

11. 2. 1936

StA Ma 165/3936

Vorgang: Rundverfügung vom 18. 4. 35 – 41[03]/1 –

Nach Artikel 14 des Reichskonkordats dürfen katholische Geistliche in Deutschland nur dann ein Amt bekleiden oder eine seelsorgerische Lehrtätigkeit ausüben, wenn sie deutsche Staatsangehörige sind und in ihrem Studiengang bestimmte genau umschriebene Bedingungen erfüllt haben. Der Artikel 14 erstreckt sich auch auf solche Geistliche, die zur vorübergehenden Aushilfe oder zur gelegentlichen Vertretung in der Seelsorge oder in der Lehrtätigkeit auch in Grenzlanden aus außerdeutschen Gebieten kommen oder herangeholt werden. Nicht darunter fallen solche Geistliche, die als Besucher auf längere oder kürzere Zeit sich im Reichsgebiet aufhalten und dabei ihren allgemeinen priesterlichen Pflichten, z. B. Zelebration der Messe, Spendung der Sterbesakramente im Notfall, obliegen.

In einschlägigen Fällen bitte ich umgehend zu berichten.

i.V. Herrmann

203

Schilder mit antisemitischer Aufschrift

13. 2. 1936

StA Ma 180 LA Eschwege 2082

Betr.: Schilder mit antisemitischer Aufschrift

Vorgang: Meine Rundschreiben vom 27. 11. 34 und 15. 4. 35

Meine Rundverfügung vom 15. 4. 35 hat, wie verschiedene Einzelfälle zeigen, dazu geführt, daß das Rundschreiben vom 27. 11. 34 kaum noch beachtet wird. Insbesondere weise ich darauf hin, daß durch die Worte „In dieser Gemeinde" und „In diesem Orte" bei der Beschriftung der Tafeln „Juden ist der Zutritt in diesem Orte verboten" oder „Juden sind in dieser Gemeinde unerwünscht" ein amtlicher Charakter der Tafeln vorgetäuscht wird.

Ich ersuche daher nochmals, insbesondere mit Rücksicht auf die in diesem Jahre stattfindende Olympiade, um genaue Beachtung oben angeführten Rundschreibens.

Bis zum 1. V. 36 ist zu berichten, daß die Verfügung in allen Orten Beachtung gefunden hat und die in Frage stehenden Judenschilder entfernt oder geändert sind.

gez. von Pfeffer

204

Vereinigung thoratreuer Juden

18. 2. 1936

StA Ma 180 LA Eschwege 1929

Nach einem von mehreren Rabbinern unterzeichneten Aufruf ist beabsichtigt, eine ,,Vereinigung torahtreuer [!] Juden in Deutschland" zu gründen. Ziel und Zweck dieser Organisation ist die Schaffung einer nach allen Seiten hin unabhängigen torahtreuen[!] Organisation, sowie der Aufbau von ,,Erez Israel im Geiste der Torah"[!].
Im Hinblick darauf, daß bereits im ausreichenden Maße Vereinigungen mit gleichen Zielen bestehen und eine erhöhte Zuteilung von Auswanderungszertifikaten an Juden durch die vorgenannte Organisation nicht zu erwarten ist, vielmehr die Überwachung des Judentums hierdurch unnötig erschwert wird, ersuche ich, mir bei Neugründungen von derartigen örtlichen Vereinigungen umgehend zu berichten, damit ich durch Verbote einschreiten kann.

i.V. Herrmann

205

Vereinsneugründungen

20. 2. 1936

StA Ma 180 LA Hersfeld 9413

Allen jenen Vereinsneugründungen, die in ihrem Aufbau und ihrer Zielsetzung den heutigen Verhältnissen und der Auffassung von der Totalität der Volksgemeinschaft nicht Rechnung tragen, ist die Genehmigung zu versagen.
In einschlägigen Fällen bitte ich, mir unter genauer Mitteilung des Sachverhalts jeweils umgehend zu berichten.

i.V. Herrmann

206

Verbot jüdischer Veranstaltungen

13. 3. 1936

StA Ma 180 LA Wolfhagen 1888

In Einvernehmen mit dem Regierungspräsidenten werden die Kreispolizeibehörden angewiesen, bis zum Abschluß der Reichstagswahl sämtliche Veranstaltungen jüdischer Organisationen mit Ausnahme der Gottesdienste und Betübungen, in eigener örtlicher Zuständigkeit zu verbieten.

gez. von Pfeffer

207

Hirtenbriefe

20./21. 3. 1936

StA Ma 180 LA Eschwege 1280[1]

Funkspruch.

Stapo

Berlin Nr. 23884.
vom 20. 3. 1936.

Betr. Hirtenbriefe

In letzter Zeit hat die Zahl der zur Verlesung kommenden Hirtenbriefe erheblich zugenommen. Es ist zu vermuten, daß auch am nächsten Sonntag, dem 22. 3. 1936, Hirtenbriefe verlesen werden. Ersuche, einzelne katholische Kirchen daraufhin unauffällig zu überwachen. Zur Verlesung kommende Hirtenbriefe sind genau im Wortlaut sofort hierher zu berichten.

---

[1] Erhalten als Verfügung des Landrats, Eschwege 21. 3. 1936, an Ortspolizeibehörden

208

Weltliche Grabredner

1. 4. 1936

StA Ma 165/3936

Auftauchende Zweifelsfragen geben Veranlassung, in Ergänzung bzw. Abänderung vorstehender Rundverfg. folgendes anzuordnen: Gegen die Zulassung weltlicher Grabredner bestehen keine grundsätzlichen Bedenken, soweit ihre politische Zuverlässigkeit sowie moralische und sonstige Eignung außer Frage stehen.

Ehemaligen Kommunisten ist die Genehmigung zum Auftreten als Grabredner *stets* zu untersagen. In besonders gelagerten Fällen bitte ich, mir vorher eingehend zu berichten. Frühere Marxisten, sofern es sich nicht um *maßgebende und besonders aktiv tätig gewesene Funktionäre* handelt, können zugelassen werden, wenn sie nach dem Umbruch nicht mehr politisch hervorgetreten sind und die Gewähr dafür besteht, daß sie sich tatsächlich umgestellt haben und gewillt sind, an dem Wiederaufbau des Reiches positiven Anteil zu nehmen. Ich ersuche, in derartigen Fällen den Sachverhalt eingehend zu überprüfen und mir das Ermittlungsergebnis mit Stellungnahme von Fall zu Fall vorher so rechtzeitig vorzulegen, daß gegebenenfalls noch eine Entscheidung höheren Orts eingeholt werden kann.

Im übrigen sind von den maßgebenden Parteidienststellen als geeignet vorgeschlagene alte Parteigenossen nach ihrer personellen Überprüfung *bevorzugt* als Grabredner zu bestätigen.

gez. von Pfeffer

209

Tagesberichte und Ereignismeldungen der Staatspolizeistelle Kassel an das Geheime Staatspolizeiamt Januar 1934 bis Dezember 1935

(Regesten)

StA Ma 165/3949 [1934] und 165/3965 [1935] (soweit nichts anderes angegeben)

(EM = Ereignismeldung. – TB = Tagesbericht. – Ber. = Bericht)
Der Inhalt „nicht erhaltener" Berichte etc. wurde rekonstruiert nach Angaben aus überliefertem Material verschiedener Art.

EM 19. 1. 34

Entweichen von drei aus Marburg stammenden Arbeitsdienstwilligen aus dem Arbeitslager Rhoden, Kreis der Twiste in Arolsen.
(StA Ma 165/3863)

EM 5. 2. 34

Beseitigung eines Grenzsteines an der preußisch-thüringischen Grenze bei Herrenbreitungen, Kreis Herrschaft Schmalkalden, durch angetrunkene SA-Männer.
(StA Ma 165/3863)

EM 26. 2. 34

Entfernung der Amtsschilder am Post- und Arbeitsamt Brotterode, Kreis Schmalkalden, am 20. 2. durch KdF-Urlauber.

EM 26. 2. 34

Zwischenfälle bei einer Begrüßungsfeier für 300 KdF-Urlauber aus dem rheinisch-westfälischen Industriegebiet in Brotterode. Kritik an schlechten Lohnverhältnissen bei der örtlichen Zigarrenindustrie.

EM 28. 2. 34 (nicht erhalten)

Zertrümmerung von Fensterscheiben bei Juden in Wüstensachsen, Ldkr. Fulda (dazu Ber. v. 22. 3. 34).

209. Tagesberichte und Ereignismeldungen

EM 1. 3. 34

Nach betriebsinterner Streiterei verlangt die ns. Betriebszellenleitung der Kasseler Färberei und Druckerei AG gegen den Willen der Firmenleitung die Entlassung des Betriebsleiters Geduldiger (Jude und tschechoslowakischer Staatsangehöriger).
(StA Ma 165/3863)

EM 11. 3. 34

Überfall auf einen SA-Scharführer in Frankenberg am 3. 3., politische Motive nicht erkennbar.

EM 12. 3. 34

Festnahme des Kreisleiters und des Kreisfinanzwarts der Betriebsgruppe „Bau" der DAF in Kassel nach Kassenrevision unter dem Verdacht der Veruntreuung.

EM 15. 3. 34

Baumfrevel an Obstbäumen von NSDAP-Mitgliedern oder -Anhängern in Neuenschmidten, Kreis Gelnhausen, vermutlich aus politischen Motiven, da „Neuenschmidten und die Nachbargemeinden. . . . früher Hochburgen der KPD" waren.

Ber. 22. 3. 34

Feststellung zweier SA-Leute wegen Einwurfs von Fensterscheiben bei jüdischen Einwohnern in Wüstensachsen, Ldkr. Fulda.

EM 22. 3. 34

Beschädigungen an der Synagoge von Tann, Ldkr. Fulda, am 14./15. März 34.

EM 23. 3. 34

Bedrohung des Geschäftsführers der Bremer Zigarrenfabriken vorm. Biermann & Schörling, Niederlassung Wantried, Kreis Eschwege, Wilkens, nach Kündigung zweier der NSDAP angehörenden Mitarbeiter, deren Wiedereinstellung erzwungen wurde. Gegen Wilkens Schutzhaft angeordnet.

EM 26. 3. 34 (nicht erhalten)

betr.: Kreisleiter Puth in Schlüchtern.

EM 4. 4. 34

betr. dasselbe.

EM 5. 4. 34

Störung einer Sitzung jüdischer Repräsentanten im jüdischen Gemeindehaus von Gelnhausen durch Einwerfen von Fensterscheiben. Wegen wachsender „Erregung unter der Bevölkerung" Verbot der regelmäßigen Zusammenkünfte des jüdischen Jugendbundes.

EM 5. 4. 34

Zertrümmerung von Fensterscheiben bei Juden in Gensungen und Felsberg.

EM 9. 4. 34

Schutzhaft gegen ein Reichsbannermitglied, das am 8. 4. in Steinbach-Hallenberg, Kreis Schmalkalden, einen SA-Truppenführer niedergeschlagen hatte.[1]

EM 12. 4. 34

Schutzhaft gegen den Arbeiter Matthias Knauf aus Gelnhausen wegen Kritik an der NSDAP und ihrer Arbeitsbeschaffungspolitik.

EM 15. 4. 34 (nicht erhalten).

U.a. Beleidigung der SA und SS durch den ehemaligen Polizeiwachtmeister Wien in Haina, Kreis Frankenberg.[2]

EM 16. 4. 34

Verlesung eines päpstlichen Handschreibens „aus dem Vatikan, Ostern 1934" an die katholische Jugend Deutschlands gegen das Neuheidentum in den Gottesdiensten am 15. 4.
(StA Ma 165/3943)

---

[1] Urteil des AG Schmalkalden auf 4 Monate, 8 Tage Gefängnis (EM 22. 6. 34).
[2] Verurteilt zu Gefängnis durch das Schöffengericht Marburg (Ber. v. 8. 6. 34).

209. Tagesberichte und Ereignismeldungen

TB 16. 4. 34 (nicht erhalten)

U.a.: ,,politische, wirtschaftliche und kulturelle Betätigung des Judentums".

EM 24. 4. 34 (nicht erhalten)

U.a.: Verwarnung des ,,Bonifatius-Boten" in Fulda.

EM 26. 4. 34 (nicht erhalten)

Kommunistische Flugblätter in den Stadt- und Landkreisen Kassel und Hanau.

EM 27. 4. 34 (nicht erhalten)

Homosexuelle Vergehen auf Burg Ludwigstein an HJ-Angehörigen u.a.

EM 27. 4. 34

Wortwechsel zwischen dem Kreisleiter Adam, früher in Eschwege, und dem Landrat Dr. Deichmann, Kreis Eschwege, bei der Beerdigung des BM Stolzenberg von Eschwege am 25. 4.

EM 1. 5. 34

Ruhiger Verlauf des Tages der nationalen Arbeit in Kassel.
(StA Ma 165/3863)

EM 17. 5. 34

Tätliche Auseinandersetzungen anläßlich eines katholischen Pfarrabends in der Gemeinde Kassel, Kreis Gelnhausen, zwischen Teilnehmern und SA-Leuten; Festnahme des Kaplans Schmandt und des Fuldaer Rechtsanwalts König.
(StA Ma 165/3907)

TB 19. 5. 34 (nicht erhalten)

U.a. betr.: Gehringshof, Landkr. Fulda.

TB 23. 5. 34 (nicht erhalten)

U.a. betr.: Auflösung eines Zeltlagers des Nerother Wanderbundes.

TB 26. 5. 34 (nicht erhalten)

U.a. betr.: Urteil des OLG Kassel gegen die illegale KPD.

TB 31. 5. 34

Eingang von kommunistischem Propagandamaterial beim OLG Kassel als dem erkennenden Gericht für Hochverratsfragen für mehrere OLG-Bezirke.

TB 1. 6. 34 (nicht erhalten)

Verein Jüdische Landwirtschaft in Gehringshof, Landkreis Fulda.

TB 1. 6. 34

Einwurf von Fensterscheiben bei Juden in Fulda.

TB 2. 6. 34 (nicht erhalten)

U.a.: Druckschriften der Schwarzen Front.

TB 3. 6. 34

Kommunistische Flugblätter in Bergen, Ldkr. Hanau, und an der Landstraße Seckbach-Frankfurt a.M.

TB 4. 6. 34

Die beginnende Generalversammlung der Bonifatius-Vereine für das katholische Deutschland in Fulda wird beobachtet. – Besprechung mit den SS-Vertrauensmännern in den Stadt- und Landkreisen am 2. 6. 34: „Die Aussprache war in jeder Hinsicht fruchtbringend."

TB 6. 6. 34

Festnahme des Kraftwagenführers Gustav Peterk, wohnhaft Eschwege, wegen Beleidigung der „Alten Kämpfer". – Schutzhaft gegen den Ziseleur Wilhelm Schmidt, wohnhaft Neuenhaßlau, Kreis Gelnhausen, wegen Beleidigung der SA, gegen den Verwalter Adolf Hellenschmidt, wohnhaft Gut Entenfang, Kreis Gelnhausen, wegen Beleidigung der HJ, gegen den Arbeiter Johannes Becker, wohnhaft Kassel, unter dem Verdacht der Ermordung des Polizeiwachtmeisters Kuhlmann am 10. 6. 31 in Kassel. – Ungewöhnlich starke Beteiligung der Bevölkerung an der Tagung des Bonifatiusvereins (mit Glaubenswallfahrt von 10 000 Männern zum Fuldaer Dom) und an der Bischofskonferenz in Fulda. – Körperverletzung gegen den jüdischen Händler Salli Speier, wohnhaft Niederaula, im SA-Heim Niederaula. – Beschädigungen am Haus eines Juden in Bergen, Kreis Hanau. – Broschüre der Strasser-Bewegung an Ärzte des Bezirks.

TB 7. 6. 34

Staatsgefährdender Inhalt einer Reklamedrucksache für Toilettenseife (Hinweis auf Devisenlage des Reiches).
(StA Ma 165/3943)

TB 8. 6. 34

Festnahme des Zimmermanns Willi Weiland, wohnhaft Hofgeismar, wegen Verächtlichmachung der SA. – Anonyme Drohschreiben an Juden in Kassel. – Wiedereröffnung der Firma Woolworth in Kassel nach Wiedereinsetzung der zerstörten Fensterscheiben. – Einwurf von Fensterscheiben bei Juden in Bergen, Ldkr. Hanau, durch Angehörige von SA und SS. Anlaß dazu war ein „Artikel über den Boykott durch Woolworth" und die zu spät erfolgte Beschlagnahme der Zeitung „Der Stürmer"(!).

TB 9. 6. 34

Festnahme des kaufmännischen Gehilfen Erich Wicke, wohnhaft Kassel, wegen unberechtigten Tragens einer SS-Uniform. – Unruhe unter den Mühlenbesitzern wegen Ausbleibens der Roggenlieferungen und drohender Preiserhöhungen bei Mehl und Brot. – Versammlung der „Deutschen Christen" am 8. 6. 34 in Kassel mit 1 500 Personen. Redner grenzen sich von der „Deutschen Glaubensbewegung" ab. – Aufbrechen von Opferstöcken und Zerstörung einer Heiligenfigur in Hilders, Ldkr. Fulda, vermutlich durch HJ-Angehörige.

TB 10. 6. 34

Schutzhaft gegen den Juden Max Seliger, wohnhaft Bad Orb, da wegen eines Zeitungsartikels „Ausschreitungen gegen ihn zu erwarten waren".

TB 11. 6. 34

Propagandapostkarten der ,,Roten Hilfe" an das OLG Kassel. – Themen der Bischofskonferenz in Fulda ,,nach vertraulichen Mitteilungen": Jugendarbeit, Konkordat, Priesternachwuchs, kirchliche Vereine und katholische Presse. ,,Die vom Klerus getroffenen Maßnahmen zur Geheimhaltung waren mustergültig". – Starke Beteiligung am Fuldaer Katholikentag am 10. 6. 34.

TB 12. 6. 34

Geständnis des Arbeiters Johannes Becker vor der Staatspolizeistelle Kassel klärt den Mord an dem Polizeiwachtmeister Kuhlmann (vgl. TB v. 6. 6. 34) anläßlich kommunistischer Unruhen in Kassel. Weitere Festnahmen sind zu erwarten. – Selbstmord des Kasseler Notars und Rechtsanwalts Otto Brill, ,,deutschnationaler Stadtverordneter und als scharfer Gegner des Staatssekretärs Roland Freisler bekannt", nachdem das Reichsgericht eine Revision gegen ein ihn betreffendes Urteil wegen Untreue und Bilanzverschleierung vom 18. 12. 33 verworfen hatte.

TB 13. 6. 34

Mißhandlung eines SA-Mannes durch Vorgesetzte. – Öffentliche Sitzung des Landeskirchentages Hessen-Kassel am 12. ds.Mts. im Kasseler Rathaus: Stellungnahme Pf. Ritters in Marburg gegen die Wahl eines Landesbischofs und den Zusammenschluß der Kurhessischen und Waldeckischen Landeskirche. Tätlichkeiten durch SA-Männer auf den Tribünen bes. gegen Pfarrer Lueken aus Renda, Kreis Eschwege.
(StA Ma 165/3943)

TB 14. 6. 34

Festnahme des aus dem Arbeitsdienstlager Homberg entwichenen Erich Schütte. – Besprechung in Frankenberg mit örtlichen Staats- und Parteibehörden über die Zusammenarbeit und den ,,zweckmäßigeren Ausbau des Nachrichtendienstes der Staatspolizeistelle" am 13. 6. 34. – ,,Reibereien innerhalb der Bewegung und zwischen Dienststellen der Bewegung und Staatsbehörden" in Landgemeinden des Kreises Frankenberg. – Diebstahl von Schülermützen durch HJ-Führer in Großauheim, Ldkr. Hanau.

209. Tagesberichte und Ereignismeldungen

TB 15. 6. 34

Festnahme eines Geistesgestörten wegen Beleidigung des Führers. – Entweichen dreier Arbeitsdienstwilliger aus dem Arbeitslager Wetter, Ldkr. Marburg. – Gewaltsames Vorgehen von SA-Leuten gegen einen Kameraden in Großalmerode, Kreis Witzenhausen, wegen Dienstversäumnis. – Haftbefehl des AG Kassel gegen sechs Verdächtige in der Mordsache Kuhlmann (vgl. TB 6. u. 12. 6.), nämlich Johannes Becker, Johannes Engel, Karl Rathmann, Heinrich Kersten, Alfred Altmeyer, Willi Vanselow.

TB 16. 6. 34

Festnahme eines jüdischen Getreidehändlers in Treysa wegen versuchter Notzucht. – Körperverletzung an einem englischen Staatsangehörigen in Bad Wildungen durch SA-Truppführer wegen Nichtgrüßens eines Standers der SA führt zu dessen Ausschluß aus der SA und zur Einleitung eines Strafverfahrens. – Besprechung darüber vorgesehen. – Fahnengruß von Ausländern nicht zu verlangen.

TB 18. 6. 34

Flugblätter in Kassel. – Kuhmist vor dem Eingang der Synagoge in Niederaula.

TB 18. 6. 34

Schutzhaft gegen die Arbeiter Gustav Hering, wohnhaft Kassel, und Hans Hühner, wohnhaft Niederzwehren, Ldkr. Kassel, wegen Anstiftung zur Bildung von kommunistischen Zellen in der SA. – Verhaftung des SS-Sturmführers Eberhardt, wohnhaft Gelnhausen, am 17. 6. 34 in Schlüchtern auf Anordnung des Oberförsters Miethe. Erregung um Proteste von SS-Dienststellen dagegen und gegen „umfangreiche Vernehmungen im Landratsamt in Schlüchtern" durch Miethe, die von der Bevölkerung als „starker Erfolg des Juden Wolf" gewertet werden. – Eingang kommunistischer Flugblätter in Frankfurt. – Kritische Rede v. Papens in Marburg:

„Am 17. ds.Mts. fand in Marburg/Lahn in der Aula der Universität die Jahresversammlung des Universitätsbundes statt. Die Festrede hielt Vizekanzler von Papen. Seine Ausführungen haben bei der nationalsozialistischen Bevölkerung großes Aufsehen erregt. Die Presse hat über den Inhalt der Rede nichts gebracht. Nach fernmündlichem Bericht des Oberbürgermeisters von Marburg war der Inhalt der Rede ‚vernichtend‘, es sei kaum ein positives Wort gefallen, sondern fast nur Kritik geübt worden. Der Beifall sei durch die besondere Zusammensetzung der Zuhörerschaft zu erklären. Der Geschäftsführer des Universitätsbundes habe früher dem Zentrum nahegestanden."

TB 19. 6. 34

Rede des Vizekanzlers v. Papen in Marburg:

„Die Beurteilung der Rede in Marburg geht dahin, daß die Ausführungen des Vizekanzlers vor einem anders zusammengesetzten Zuhörerkreis (z.B. vor SA-Führern und Politischen Leitern) durchaus angebracht gewesen wären, daß es aber verfehlt war, sie vor den geladenen Gästen des Universitätsbundes zu halten. Der Teil der Professorenschaft, der in der Vergangenheit im Lager der Linken stand, sowie die reaktionären Kräfte hätten am lautesten Beifall gezollt. Der Führer der SA-Brigade 48 und der Führer der SA-Standarte J 11 haben die Veranstaltung aus Protest verlassen. Der Führer der Marburger Studentenschaft hat im Anschluß an die Rede ein Telegramm an die Reichskanzlei gerichtet. Bei dem Festessen im Anschluß an die Kundgebung waren SA-Führer und Politische Leiter nicht vertreten."

Starker Auftrieb auf den Schlachtviehmärkten bedroht die Preise. – Druckschriften der Schwarzen Front an Ärzte im Kreis Fulda. – Anprangerung eines jüdischen Schnapsfabrikanten in Schlüchtern wegen außerehelicher Beziehungen.

TB 20. 6. 34

Festnahme des Schuhmachers Albert Sostmann, wohnhaft Kassel, wegen unberechtigten Tragens des Braunhemds und des Parteiabzeichens. – Staatsfeindliche Handzettel bei Langenselbold/Hanau. – Propagandaschrift der Schwarzen Front.

TB 21. 6. 34

Weltanschauliche Vortragsveranstaltung des Dr. med. Karl Friedrich Gerstenberg aus Göttingen vom Tannenbergbund am 20. 6. in Kassel. – Homosexuelle Vergehen des Gauschulungsleiters in Kassel (lt. TB vom

27. 4. 34; nicht erhalten) auf der Burg Ludwigstein sowie eines Sturmführers der SA wurden gerichtlich mit Zuchthaus- bzw. Gefängnisstrafe geahndet. –

„Die Rede des Vizekanzlers von Papen in Marburg wird nach wie vor außerordentlich stark besprochen und gibt zu weiteren Gerüchten Anlaß. So erzählt man z.B. in Kassel, ‚der Vizekanzler sei wegen seiner Rede bereits in das Konzentrationslager gebracht worden.'

In Hanau wurde vertraulich festgestellt, daß führende Mitglieder des NSDFB am 19. ds.Mts. versuchten, eine Vervielfältigung der Rede des Vizekanzlers vorzunehmen, um diese Exemplare zu verteilen, da die Rede infolge des Verbots der Verbreitung durch die Presse nicht genügend bekannt sei. Die führenden Männer des NSDFB in Hanau werden überwacht. Zu einer Verbreitung der Rede ist es bisher nicht gekommen. Bei Gesprächen über die Rede wurde in diesen Kreisen geäußert, es würde ein Wunder sein, wenn Papen heil über die Grenze käme.

Die politische Spannung hat sich überhaupt in der letzten Zeit erheblich erhöht. Immer wieder werden neue Gerüchte in Umlauf gesetzt, die letzten Endes auf eine Schädigung des Ansehens der Regierung hinauslaufen. So wird z.B. behauptet, die Wirtschaft sei völlig bankrott – die Mark gelte im Ausland nur noch weniger als die Hälfte –, die außenpolitische Lage sei außerordentlich verfahren. Brüning würde wieder als Außenminister eingesetzt, um noch zu retten, was zu retten sei."

TB 22. 6. 34

Störung des stark von jüdischen Viehhändlern frequentierten Viehmarktes in Fulda durch SA-Männer. – Beschädigung jüdischer Häuser in Hersfeld. – Anonyme Postkarte an Röhm angehalten.

TB 23. 6. 34

Festnahme des Bäckers Max Reichenbach in Hersfeld wegen Bekenntnisses zum Kommunismus.[3] – Zusendungen an den früheren Ortsgruppenleiter der „Schwarzen Front" in Hanau, Heinrich Nix. – Verwüstung des Gartens des jüdischen Kaufmanns Moritz Hirsch in Bergen, Kreis Hanau.[4] Beurlaubung des Pfarrers Kohlhaußen in Großseelheim, Ldkr. Marburg, nach Äußerungen gegen die NS-Frauenschaft.
(StA Ma 165/3907)

---

[3] Verurteilung des Bäckers Max Reichenbach durch das Schöffengericht Kassel, dann Straferlaß, Grund nicht genannt (Ber. 30. 8. 34).
[4] Das Vorkommnis hatte augenscheinlich keinen politischen Hintergrund (Ber. v. 17. 7.).

782 C. Ergänzende Materialien

TB 24. 6. 34

Typographische Verbreitung der Rede v. Papens „an die ehemaligen Mitglieder der Rechtsparteien", sie findet großen Anklang.

TB 25. 6. 34

Festnahme des Glasmachers Heinrich Waldeck, wohnh. Grebenstein, Kreis Hofgeismar, wegen politischer Äußerungen.[5] – Beschlagnahme eines von Pfarrer Menge in Niederense, Kreis des Eisenbergs zu Korbach, verbreiteten Flugblattes über den Kirchenstreit. – Antijüdische Flugblätter, Aufschriften und Körperverletzungen in Fulda. – Haussuchung wegen eines Flugblattes der Bibelforscher in Marburg.

TB 26. 6. 34

Körperverletzung an einem deutsch-amerikanischen Juden, dem ausgewanderten Kaufmann Max Stern, in Fulda durch SA-Leute. – Vorträge des Jesuitenpaters Vinzent aus Trier vom 18.—23. 6. im Kasseler Lyzeum vor 130 Hörern enthielten scharfe Angriffe auf Maßnahmen der Regierung und die nationalsozialistische Weltanschauung und Werbung für die katholischen Jugendorganisationen. – Sachbeschädigungen an dem Haus des jüdischen Händlers Halle in Lohrhaupten, Kreis Gelnhausen; Schutzhaft für die betroffene jüdische Familie.

TB 27. 6. 34

Festnahme des Arbeiters Friedrich Dietrich, wohnhaft Veckerhagen, Kreis Hofgeismar, wegen Besitzes von Sprengstoff und Waffen. – Beschlagnahme von Druckschriften der Bibelforscher in Hanau. – Besprechung in Bad Wildungen hat die am 16. 6. berichtete Sache beigelegt; Wiederholung ist nicht zu befürchten. – Unruhe wegen Mordes an dem SA-Führer Woltzahn in Quetzin/Pommern[!] läßt Zusammenstöße zwischen SA und Stahlhelm befürchten.

TB 28. 6. 34

Festnahme eines HJ-Scharführers in Kassel wegen Beraubung eines Opferstocks und Beschädigung einer Heiligenfigur (lt. TB v. 9. 6. 34) sowie des Händlers Karl Hagelüken, wohnhaft Kleinenberg/Westf., wegen staats-

---

[5] Das Verfahren wurde eingestellt (Ber. v. 1. 11. 34).

feindlicher Propaganda in angetrunkenem Zustand. – Arrest und Prügel gegen einen Kameraden durch SA-Leute in Marköbel, Ldkr. Hanau, wegen „pflichtwidrigen Verhaltens".

Ber. v. 28. 6. 34 gem. Erl. v. 17. 5. 34

Die Ortsgruppen des Arbeiterradfahrerbundes „Solidarität" in Offenbach sind schon im Juli 1933 aufgelöst worden, und eine Neugründung ist nicht erfolgt.

TB 29. 6. 34

Im Anschluß an eine Versammlung der Deutschen Christen in Marburg am 28. 6. durch 500 Teilnehmer Bedrohung von Pfarrer Ritter ebd., der sich daraufhin in Polizeigewahrsam begibt. – In Bebra am 19. 6. Demonstration von SA, Polit. Leitern und Führern des NSBO gegen einen Reichsbahninspektor wegen Nichteinstellung von Alten Kämpfern. – Einzelheiten der Anprangerung und Mißhandlung des Schnapsfabrikanten Leo Stern sowie Schändung der Synagoge in Schlüchtern (vgl. TB 19. 6.). Besondere Intensität des Judenhasses in Schlüchtern mit etwa einem Zehntel jüdischer Einwohner. – Sachbeschädigung bei dem jüdischen Kaufmann Treiser in Kassel durch SA-Männer.

TB 30. 6. 1934

Auffindung von Sprengpatronen auf einem Kleeacker in Roßbach, Kreis Witzenhausen. – Sitzung des Landeskirchentags der Kurhessischen Landeskirche in Kassel am 29. 6. mit Beschlußfassungen durch deutschchristliche Mitglieder trotz Beschlußunfähigkeit einschließlich einer Wahl des Pfarrers Theys-Kassel zum Landesbischof, der „das Vertrauen des Gauleiters, des Oberpräsidenten und des Reichsbischofs genieße sowie weder Mitglied der NSDAP noch des Pfarrernotbundes und der Deutschen Christen. . . ., also vom Parteistandpunkt aus völlig neutral und deshalb der geeignete Mann" sei. – Mißhandlung des Arbeiters Heinrich Buchmann in Kassel wegen angeblichen Nichtgrüßens einer SA-Sturmfahne.
(StA Ma 165/3943)

Ber. 30. 6. 34

Schutzhaft gegen Pfarrer Ritter-Marburg. – Gemeindeblatt.
(StA Ma 165/3943)

784 C. Ergänzende Materialien

TB 2. 7. 34

Postalische Zusendung einer Schrift von Otto Strasser. – Schändung eines jüdischen Friedhofs und Beschädigung des jüdischen Gemeindehauses in Witzenhausen. – Desgl. jüdischer Wohnungen und Gewerberäume sowie der jüdischen MHRM-Schiffloge und Körperverletzungen in Fulda durch SA-Männer. – Kommunistische Flugblätter in Eidengesäß, Kr. Gelnhausen. – Überfälle von SA-Männern der Sportschule Hanau auf Zivilisten. – Einigung in der kurhessischen Landeskirche zwischen Einstweiliger Kirchenleitung und Deutschen Christen. – Bezirks- und Arbeitstagung der Galilleitung des Hechaluz in Kassel vom 29. 6. bis 1. 7. mit 250—300 überwiegend jungen Teilnehmern mit Vorträgen über Palästina, die Arbeit des Hechaluz, die Berufsumschichtung und Theodor Herzl.

TB 4. 7. 34

Besprechung mit den Spitzen von Verwaltung, Bewegung und Studentenschaft in Anwesenheit des Vertrauensmannes der Staatspolizeistelle, SS-Obersturmführer Koster, in Marburg am 3. 7. 34 über die Zusammenarbeit mit der Geh.Staatspolizei.

TB 5. 7. 34

Festnahme eines Gutsbesitzers in Friemen, Kreis Eschwege, wegen Verdachts homosexueller Handlungen. – Beleidigung eines evangelischen Vikars in Schlüchtern. – Erregung bei Bauern über die Kartoffelpreise. – Einsetzung des Vizepräsidenten des Landeskirchenamtes Hannover, Dr. Richter, zum Bevollmächtigten in der kurhessischen Landeskirche durch den Reichsbischof. – Scharfe Rede des Stellvertretenden Gauleiters von Berlin, Görlitzer, in Marburg am 3. 7. gegen die Marburger Rede v. Papens mit starkem Echo in der Bevölkerung.

TB 9. 7. 34

Festnahme des Schmieds Ludwig Schultheis, wohnhaft Kirchhain, wegen Verhöhnung des Deutschen Grußes.[6] – Versendung kommunistischer Flugblätter. – Zuspitzung der Gegensätze in der kurhessischen Landeskirche nach Amtsantritt Dr. Richters; Rundschreiben des Pfarrernotbundes.

---

[6] Verurteilt vom Schöffengericht Marburg zu 6 Monaten Gefängnis (Ber. 22. 8. 34).

TB 11. 7. 34

Streit um das Hausrecht im Gebäude des Landeskirchenamtes Kassel zwischen dem Kirchenkommissar Dr. Richter und der Einstweiligen Kirchenleitung am 10. 7. Diese verläßt das Haus unter Protest. – Schlägerei zwischen Angehörigen der SA, SS und des FAD und einem betrunkenen Reichswehrfeldwebel in Kassel. – Die Einziehung der Dreiturmseifenfabrik in Steinau, Kreis Schlüchtern, ist mit Verfügung des RP vom 6. 7. 34 erfolgt. Besprechung mit den Spitzen von Verwaltung und Bewegung im Kreise über den „allgemeinen Frieden" in der Bevölkerung, um „die Autorität des Staates und das Ansehen der Bewegung, das durch die in den letzten Monaten erfolgten verschiedenen Quertreibereien sehr gelitten hatte, wiederherzustellen".

TB 12. 7. 34

Zeitweilige Festnahme des „bei der nationalsozialistischen Bevölkerung sehr unbeliebten" Volksschulrektors Fischer in Fambach, Kreis Schmalkalden, wegen Organisierung eines Volksfestes am 8. 7. – Schlägerei zwischen SA und NSDFB in Weimar, Ldkr. Kassel. – Antichristliches Gedicht im Kasseler Jungvolk verbreitet. „Die Ermittlungen nach den Herstellern und Verbreitern sind mit Nachdruck aufgenommen worden. Gegebenenfalls wird ein Strafverfahren eingeleitet".

TB 13. 7. 34

Polizeihaft für den Schriftsteller Horst Bodemer, wohnhaft in Fritzlar, wegen staatsfeindlicher Äußerungen. – Gerüchte im Kreis Schmalkalden über Einführung der Zwangsbewirtschaftung. – Unruhe in der „nationalsozialistischen Bevölkerung" von Guxhagen, Kreis Melsungen, wegen bevorstehender Wiedereröffnung der jüdischen Schule und Anstellung eines Lehrers. – Tagung der Kirchengemeindevorstände des Kreises Rotenburg in Bebra gegen den zum Bischof der kurhessischen Landeskirche vorgesehenen Pfarrer Theys, gegen die Herrschaft des Führerprinzips in der Kirche sowie die Einschränkung der Selbständigkeit der Landeskirche mit Annahme einer Entschließung.

TB 16. 7. 34

Festnahme des Kaufmanns Hugo Köster in Kassel wegen Beschimpfung der Regierung in angetrunkenem Zustand sowie des Bezirksleiters der Aachen-Münchener Feuerversicherungsgesellschaft, Ernst Ewert, wohnhaft Kassel, wegen eines Buches gegen den Reichspräsidenten, das beschlagnahmt wurde. – Äußerung des katholischen Pfarrers Josef Kircher in Petersberg, Ldkr. Fulda, über die Ermordung Röhms ohne rechtliches Gehör. – Der fast nur von Deutschen Christen besuchte Landeskirchentag am 16. 7. beschließt die Eingliederung der kurhessen-waldeckischen Landeskirche in die Reichskirche und die Wahl von Pfarrer Theys in Kassel zum Landesbischof. – Der Landrat des Kreises Schmalkalden verbietet am 5. 7. eine Pfarrerkonferenz des Kirchenkreises gegen die Beschlüsse des Landeskirchentages, was als unzulässig abgelehnt wird.

TB 17. 7. 34

Rundschreiben des Bruderbundes der Bekenntnisgemeinschaft und des Bruderbundes Kurhessischer Pfarrer. – Schlägerei zwischen SA- und SS-Leuten in Heisebeck, Kreis Hofgeismar. – Diskriminierungen von Geschäftspartnern von Juden in Hofgeismar. – Anonyme Postkarten gegen Hitler.

TB 18. 7. 34

Festnahme des Schlossers Wilhelm Lier, wohnhaft Schmalkalden, PG und Alter Kämpfer, wegen kritischer Anmerkungen zu einer Führerrede[7]. – Aufruf des Bischofs von Fulda, katholische Kinder nur in katholische Heime zu schicken und Gebrauch von dem Fuldaer katholischen Kindererholungswerk zu machen. – Unrechtmäßiges Verbot der katholischen Jugendarbeit durch den Ortsgruppenleiter in Naumburg, Kreis Wolfhagen.

TB 19. 7. 34

Aufmarsch der Politischen Leiter des Gaues Kurhessen und Kundgebung der DAF in Anwesenheit von Dr. Ley mit 30 000 Teilnehmern. – Versammlung der Deutschen Glaubensbewegung in Marburg mit 100 Teilnehmern. – Unzulässige Boykottinitiativen des BM von Karlshafen, Kreis Hofgeismar, gegen Juden. – Schlägerei zwischen SA- und SS-Leuten in Eichenzell, Ldkr. Fulda. – Zurückhalten von Autoreifen durch Autohändler beobachtet.

Ber. 20. 7. 34 auf Anfrage des Gestapa vom 13. 6. 34 wegen der Tätigkeit von Bestattungskassen.

Eine Feuerbestattungskasse mit 69 Mitgliedern besteht in Schmalkalden und ist verdächtig, ein „Unterschlupf ehemaliger Marxisten" zu sein.

---

[7] Lier wurde zunächst verurteilt, dann amnestiert (Ber. v. 26. 7. und 18. 9. 34).

TB 20. 7. 34

Unruhe über Mangel an Frischgemüse. – Gerüchte über teilweise Einziehung der Sparguthaben durch den Staat. – Zusammenstoß des jüdischen Kaufmanns Josef Nussbaum in Gensungen, Kreis Melsungen, mit SA-Männern.

TB 21. 7. 34

Flugblätter der Roten Hilfe im Bahnhof Heldenbergen, Kr. Friedberg, über den Zusammenhang von Papenrede und Röhmaktion. – Hetze gegen Geschäftspartner von Juden durch SA-Männer in Immenhausen, Kreis Hofgeismar.

Nachtrag zum TB v. 21. 7. 34

Schreiben des neugebildeten Vertrauensrats des Bruderbundes der Bekenntnisgemeinschaft (Pfarrernotbund) für die Evangelische Landeskirche Hessen-Kassel und Waldeck über eine Rechtsverwahrung gegen die Eigenmächtigkeiten des vom Reichsbischof eingesetzten Bevollmächtigten der Landeskirche.
(StA Ma 165/3943)

TB 23. 7. 34

Sprengstoffanschlag gegen den jüdischen Viehhändler Löser Morgenroth in Gersfeld, Ldkr. Fulda, und Einwerfen von Fensterscheiben bei Juden in Rhina, Kreis Hünfeld; der Landrat ermittelt.

TB 24. 7. 34

Rundschreiben und Aktivitäten des Bruderbundes Kurhessischer Pfarrer (Pfarrer-Notbund). Gestapo rät der neuen Kirchenleitung äußerste Vorsicht bei Beurlaubungen und Suspendierungen von Pfarrern. – Kritische Äußerungen von Pfarrer Lotz in Pfieffe, Kreis Melsungen, über den Nationalsozialismus und Aktivitäten des Kreisleiters Dr. Reinhardt in Melsungen, der zur Terrorisierung des Landeskirchentags „Kasseler Altmarktschlacken" gedungen habe.
(StA Ma 165/3943)

TB 25. 7. 34

Auflösung eines katholischen Schülerlagers mit 90 Schülern auf dem

Oberdörnbachshof in Mahlerts, Kreis Hünfeld. – Antideutsche Propaganda bei jüdischer Zeitung in Tel Aviv. – Geschlossene Versammlung Ziegenhainer Pfarrer und Laien gegen den kurhessischen Kirchenkommissar.

Ber. 26. 7. 34 auf Runderlaß des Gestapa vom 25. 6. 34 wegen Verkäufen oder Scheinverkäufen von Logen.

Die Logen im Bezirk des Gestapostelle Kassel haben keinen Grundbesitz und auch keine Schenkungs- oder sonstigen Scheinverträge abgeschlossen. Nach dem Runderlaß waren zu berücksichtigen: in Eschwege die Julius-Bien-Loge mit 44 Mitgliedern, in Fulda die MHRM-Schiff-Loge mit 65 Mitgliedern, in Hanau die Ferdinand-Camburg-Loge mit 49 Mitgliedern, in Kassel die Sinai-Loge mit 114 Mitgliedern.

TB 26. 7. 34

Das Finanzamt Kassel hat die in Deutschland verbliebenen Vermögenswerte des nach Italien emigrierten Zierenberger Juden Max Israel beschlagnahmt.[8]
(StA Ma 165/3863)

TB 27. 7. 34

„In letzter Zeit eine besonders zielbewußte Werbetätigkeit" der katholischen Geistlichkeit im Kreise Hünfeld für die katholischen Jugendvereine, so in Großentaft durch Kaplan Hammer und in Oberufhausen, Kreis Hünfeld. – „Schwieriger Stand" von HJ und BDM.
(StA Ma 165/3943)

TB 27. 7. 34 (nicht erhalten)

Mißbrauch der Beichte. – Strafverfahren gegen Pfarrer Roth in Dietges, Kreis Fulda, wegen Kritik an der Regierung in einer Predigt.

TB 31. 7. 34

Mißhandlung der Juden David und Willi Katzenstein, wohnhaft Jesberg, Kreis Fritzlar, in Ellnrode, Kreis Fritzlar. – Ausnutzung der Beichte zur Anwerbung von Mädchen für den Agnesbund.

---

[8] Das AG Kassel hat dem Antrag des Oberstaatsanwalts auf Pfändung stattgegeben (Ber. v. 12. 10. 34, StA Ma 165/3863).

209. Tagesberichte und Ereignismeldungen

TB 1. 8. 34 (nicht erhalten)

Übergriffe der SA in Hanau.

TB 2. 8. 34

Plakate gegen Geschäftspartner von Juden in Gelnhausen.

TB 3. 8. 34

Festnahme wegen Urkundenfälschung. – Sitzung des Landeskirchentags am 2. 8. – Zusammensetzung der neuen Landessynode. – Vertrauensrat des Bruderbundes kurhessischer Pfarrer fordert Benennung von Vertrauensleuten der Kirchenkreise.
(StA Ma 165/3943)

TB 4. 8. 34

Festnahme des Elektromonteurs Richard Ortlepp, wohnhaft Kassel, wegen Beleidigung der Bewegung.

TB 6. 8. 34

Festnahme des Schneiders Max Greikowski, wohnhaft Fritzlar, wegen Beleidigung der Regierung. – Mißhandlung eines Juden auf dem Arolser Viehmarkt wegen „Umgangs mit einem christlichen Mädchen". – Gerüchte über Unterschlagungen und Flucht des Reichsjugendführers v. Schirach. – Gewalttätigkeiten in den Räumen der Kreisleitung von Bad Wildungen.

TB 7. 8. 34

Sachbeschädigungen bei Juden in Birstein, Kreis Gelnhausen, und in Mansbach, Kreis Hünfeld. – Fristlose Entlassung eines SA-Mannes und Alten Kämpfers als Lagerhalter des Konsumvereins in Bad Orb, Kreis Gelnhausen, wegen Unterschlagung.

TB 9. 8. 34

Festnahme des Landwirts August Müller in Liebenau, Kreis Hofgeismar, wegen staatsfeindlicher Äußerungen. – Schulungskurse für Siebenbürgener Lehrer in Kassel. – Vertrauensrat des Bruderbundes kurhessischer Pfarrer fordert in Rundschreiben zur Bildung der „Bekennenden Kirche in Kurhessen und Waldeck" auf.
(StA Ma 165/3943)

790 C. Ergänzende Materialien

TB 10. 8. 34

Festnahme des Arbeiters Georg Mänz in Hilmes, Kreis Hersfeld, wegen Beleidigung Hitlers, und des Schneidermeisters Lorenz Perseis, wohnhaft Erfurt, in Kassel wegen unberechtigten Tragens der SA-Uniform und einer Pistole. – Schändung des jüdischen Friedhofs in Flieden, Ldkr. Fulda. – Zahlungseinstellung des jüdischen Bankhauses Stern in Hanau; Erregung in der Stadt.[9]

TB 11. 8. 34

Festnahme des Heinrich Hirth, wohnhaft Hanau, wegen Verdachts der Verbreitung kommunistischer Flugblätter.

TB 16. 8. 34

Festnahme des Frh. v. Marschall in Hanau. – Beschlagnahme von Druckwerken durch die Post. – Klebezettel mit Parolen gegen Hitler in Kassel.

TB 18. 8. 34

Flugzettel in Kassel. – Beschädigung der Synagoge in Niederaula, Kreis Hersfeld.

TB 20. 8. 34

Festnahme der Arbeiter Heinrich Musmann und August Hönack, beide wohnhaft Vaake, Kreis Hofgeismar, wegen demonstrativen „Nein"-Stimmens bei der Volksabstimmung, und des Arbeiters August Westphal, wohnhaft Witzenhausen, wegen Abreißens von Wahlplakaten.[10]

TB 22. 8. 34

Festnahme des Arbeiters Karl Schröder, wohnhaft Kassel, wegen kommunistischer Äußerungen in einer Gastwirtschaft, des Arbeiters Gustav Ganswindt, wohnhaft Frankenberg, wegen abfälliger Äußerungen über mangelnde Redefreiheit und des Kreissparkassendirektors und Adjutanten der SA-Standarte 223 in Hofgeismar wegen Unterschlagung bei der Kreisspar-

---

[9] Der Bankier Alfred Stern, Inhaber des Bankhauses Gebrüder Stern in Hanau, wurde zu einer Geldstrafe von 12 000 RM verurteilt (Ber. v. 16. 11. 34. StA Ma 165/3863).
[10] W. wurde zu 3 Tagen Gefängnis verurteilt (Ber. v. 4. 9.).

209. Tagesberichte und Ereignismeldungen

kasse Hofgeismar. – Schild- und Sachbeschädigung gegen einen ,,Volksverräter" in Stammen, Kreis Hofgeismar.

TB 24. 8. 34

Festnahme des Kaufmanns Ferdinand Gratz, wohnhaft Schmalkalden, wegen feindseliger Äußerungen in einer Gastwirtschaft.[11] – Auffindung eines Sprengsatzes in der jüdischen Loge in Fulda.

TB 25. 8. 34

Rundschreiben des Bruderbundes der BK in Kurhessen und Waldeck vom 23. 8. (liegt bei).
(StA Ma 165/3943)

TB 1. 9. 34

Festnahme des Schäftemachers Ernst Spinger, wohnhaft Hanau, wegen Aufbewahrung von kommunistischem Propagandamaterial. – Beschlagnahme einer Schrift von Pfarrer Heppe in Cölbe, Ldkr. Marburg. – Artikel in der Waldeckischen Landeszeitung. – Fragebogenversendung von privater Seite an Auslandsdeutsche.

TB 5. 9. 34

Tödlicher Ausgang einer angeordneten Sterilisation bei einem Schizophreniekranken im Landeskrankenhaus Fulda.

TB 5. 9. 34 (Nachtrag)

Angehörige der SS-Sportschule in Korbach veranlassen bei Juden die Einziehung von Fahnen anläßlich der Beisetzung des Reichspräsidenten.

TB 7. 9. 34

Ernennung des ,,Saarabstimmungsberechtigten" Friedrich Alexander in Korbach zum Obmann für die Saarabstimmungsberechtigten am Ort durch die Berliner Geschäftsstelle des Saar-Vereins. A. ist Jude und hat selbst an der Abstimmung nicht teilgenommen, es herrscht Erregung.[12]

---

[11] Verurteilt vom AG Schmalkalden zu 6 Wochen Haft (Ber. v. 30. 8. 34).
[12] Die Geschäftsstelle wird Alexander seine Befugnisse wieder entziehen (Ber. vom 17. 9. 34) (StA Ma 165/3863).

TB 8. 9. 34

Pappdeckel mit nationalsozialismusfeindlichen Parolen in Mittelbuchen, Ldkr. Hanau. – Rundschreiben von Pf.Heppe-Cölbe, Ldkr. Marburg.
(StA Ma 165/3943)

TB 13. 9. 34

Beschlagnahme einer evangelischen Druckschrift aus Elsaß-Lothringen in Schmalkalden.
(StA Ma 165/3943)

TB 14. 9. 34

Widerrechtliches Verbot (durch den Ortspolizeiverwalter) jüdischen Religionsunterrichts an Sonntagen durch einen auswärtigen Lehrer in Gersfeld, Ldkr. Fulda. – Einwurf von Fensterscheiben bei Juden in Gudensberg, Kr. Fritzlar, und Bergen, Ldkr. Hanau, wohl durch SA- und SS-Leute.

TB 15. 9. 34

Versand von Drucksachen durch Pfarrer Ritter, Marburg, als Leiter des Bruderbundes Kurhessischer Pfarrer. – Einladungen zu einer Mitgliederversammlung des Bruderbundes in Marburg am 17. 9. – Strafantrag wegen Mißhandlung des Viehhändlers Felix Rosenstein in Niedenstein, Kreis Fritzlar, im Büro der NSDAP in Gudensberg.
(StA Ma 165/3943)

TB 17. 9. 34 (nicht erhalten)

U.a. Streit in der HJ.

TB 18. 9. 34

Festnahme der Arbeiter Heinrich Bieber, Heinrich Pfannmüller, Konrad Oefner und Johannes Schorr, alle wohnhaft in Lieblos, Kreis Gelnhausen, wegen Arbeit für die Rote Hilfe. – Vortrag der Ludendorff-Bewegung über Frauenfragen in Kassel am 17. 9. findet trotz Protesten von Staats- und NS-Stellen mit Genehmigung der Staatspolizei statt. – Zusammenstöße zwischen HJ und Angehörigen der katholischen Jungschar anläßlich der Wallfahrt von Fritzlarer Katholiken nach dem Düllberg am 16. 9. – Handgreiflicher Streit innerhalb des Jungvolks wegen Absetzung des Jungbannführers Weiss führt

209. Tagesberichte und Ereignismeldungen

zum Eingreifen des Gauleiters gegenüber dem Gebietsführer und zur Wiedereinsetzung (Hinw. auf TB 17. 9.; nicht erhalten).

TB 19. 9. 34

Festnahme des Schlossers Wilhelm Hermann, wohnhaft Schmalkalden wegen politischer Äußerungen auf einer Kirmes.[13] – Handschriftliche Zettel bei Rhoden, Kreis Arolsen, gefunden. – Geschlossene Versammlung des Bruderbundes in Marburg, einberufen von den Pfarrern Ritter und Heppe, mit 45 Teilnehmern.

TB 20. 9. 34

10jährige Gründungsfeier der Ortsgruppe Kassel des NSDFB mit 800 Teilnehmern. Aufmarsch und Gedenkfeier ohne Zwischenfälle. – Einwerfen von Fensterscheiben bei Juden in Gudensberg, Kreis Fritzlar.

TB 22. 9. 34

Einwerfen von Fensterscheiben bei Juden in Meerholz, Kreis Gelnhausen. – Versendung einer Druckschrift der Schwarzen Front.

TB 24. 9. 34

Rundschreiben des Bruderrats der BK.
(StA Ma 165/3943)

TB 25. 9. 34 (nicht erhalten)

Vernehmung von SA-Männern in Unterrieden, Kreis Witzenhausen, durch Gendarmerie wegen Demonstration gegen einen Nein-Stimmer.

TB 27. 9. 34

Auffindung einer „Arbeiterzeitung" in Hanau.[14] – Streitigkeiten von SA-Leuten mit Zivilisten in Holzhausen, Kreis Fritzlar.

TB 28. 9. 34

Wirtshausschlägerei zwischen SA-Leuten und Einwohnern in Hümme, Kreis Hofgeismar. – Übergriffe gegen Juden in Gudensberg, Kreis Fritzlar,

---

[13] Hermann durch das AG Schmalkalden verurteilt zu 3 Wochen Haft (Ber. v. 29. 9. 34).
[14] Nachforschungen blieben ohne Erfolg (Ber. v. 7. 1. 35).

angeblich durch den Ortsgruppenleiter. – Boykott jüdischer Geschäfte und Nichtbelieferung von Juden in Spangenberg, Kreis Melsungen.

Ber. v. 29. 9. 34

In Spangenberg weder „organisierter Boykott" noch „Gefahr für die Versorgung der jüdischen Bevölkerung" mit Lebensmitteln.
(StA Ma 165/3939 Bd. 1)

TB 5. 10. 34

Adventistische Vortragsreihe in Kassel mit Einschränkungen genehmigt. – Inschriften in Kassel. – „Reibereien" zwischen SA und NSDFB in Oberelsungen, Kreis Wolfhagen. – Flugzettel in Hersfeld.[15]

TB 6. 10. 34

Beschlagnahme einer in den Niederlanden gedruckten Zeitung. – Pfarrer Spiess, Ober-Kalbach, Kreis Schlüchtern, versucht Sicherstellung der Wahl eines bekenntnistreuen Nachfolgers.
(StA Ma 165/3943)

TB 9. 10. 34

Einwerfen von Fensterscheiben bei einem Juden in Kirchberg, Kreis Fritzlar. – Schändung des alten jüdischen Friedhofs in Fulda[16] – Rundschreiben der Internationalen Bibelforschervereinigung. – Schlägerei zwischen jüdischen Viehhändlern und SA-Männern in Heubach, Kreis Schlüchtern.[17]

TB 10. 10. 34

Festnahme des Arbeiters Karl Voss und des Maurers Eugen Döll in Berfa, Kreis Ziegenhain, wegen Bettelns, Landstreichens und staatsfeindlicher Äußerungen.[18]

---

[15] Darüber LR Hersfeld an Stapo, 4. 10. 1934: StA Ma 165/3949.
[16] Ermittlungen ohne Ergebnis, vermutlich Dummejungenstreich. Ber. vom 15. 11. 34.
[17] Dazu siehe Nachgang im Ber. v. 20. 10. 34. – Die Juden Michael und Fritz Flörsheim aus Meerholz erhielten vom AG Gelnhausen Gefängnisstrafe (Ber. v. 6. 11. 34).
[18] Verurteilt zu 4 $^1/_2$ bzw. 1 $^1/_2$ Monaten Gefängnis durch das Schöffengericht Marburg (Ber. v. 8. 11. 34).

TB 11. 10. 34

Ein Sprengstoffdiebstahl vom März 1932 in Rüdigheim-Niederklein, Kreis Kirchhain, hat jetzt auf die Spur der KPD geführt. Es schwebt ein Verfahren wegen Vorbereitung zum Hochverrat zum Nachteil gegen Zimmerling und Gen. bei dem Untersuchungsrichter des Volksgerichtshofes. Festnahme des Erdarbeiters Heinrich Nau, wohnhaft Groß-Seelheim, Ldkr. Marburg. − Schändung des jüdischen Friedhofes Rhina, Kreis Hünfeld.

TB 12. 10. 34

NS-Parolen und Einwerfen von Fensterscheiben bei Korbacher Häusern. − Zwischenfälle beim Viehmarkt in Korbach am 3. 10. zwischen Juden und Bauern auf der einen und Angehörigen der SS-Sportschule auf der anderen Seite. − Der Leiter der Sportschule ist davon als einem ,,verbotenen Eingriff in die Wirtschaft" informiert worden. − Abberufung des Gebietsführers für das Gebiet Kurhessen der HJ, Walter Fuhst, und des Jungbannführers Weiss in Kassel durch die Reichsjugendführung.

TB 13. 10. 34

Polizeiliche Auflösung eines nicht genehmigten Tanzvergnügens von 60 jüdischen Einwohnern im Saal der früheren jüdischen Schule in Abterode, Kreis Eschwege.

TB 15. 10. 34

Werbewoche des Reichsluftschutzbundes in Kassel. − Beschlagnahme eines Flugblatts mit christlicher Apologetik.
(StA Ma 165/3943)

TB 16. 10. 34

Schutzhaft für den Maurer Alfred Ludwig, wohnhaft Kassel, wegen Beteiligung an dem Sprengstoffdiebstahl in Rüdigheim-Niederklein (vgl. TB v. 11. 10.).

TB 19. 10. 34

Abhaltung von Bittgottesdiensten wegen der kirchenpolitischen Lage in Bayern und Württemberg durch die Pfarrer Ritter, Schmidmann und Schimmelpfeng in Marburg, Wibbeling in Langendiebach und Stauber in Cappel, Ldkr. Marburg. − Verteilung und Beschlagnahme von Flugblättern

gegen die Deutschen Christen in Marburg. – Beschlagnahme von Flugblättern der Bekenntnisbewegung in Schmalkalden.
(StA Ma 165/3943)

TB 20. 10. 34

Einwerfen von Fensterscheiben bei Juden in Gensungen, Kreis Melsungen, und Frankenau, Kreis Frankenberg. – Übergriffe von Angehörigen der SS-Sportschule in Korbach anläßlich des Viehmarktes. Die SS hat den Leiter „energisch zur Rechenschaft gezogen".

TB 22. 10. 34

Hirtenbrief des Bischofs von Fulda zur religiösen Betreuung in Arbeitsdienstlagern. – Kritik des Fuldaer „Bonifatiusboten" an staatlichen Maßnahmen der Erbgesundheitspflege. – Einwerfen von Fensterscheiben bei Juden in Gudensberg, Kreis Fritzlar. – Aktivitäten des Bruderbundes Kurhessischer Pfarrer, insbesondere der Pfarrer Bücking in Meineringhausen, Kreis Korbach, sowie Lotz und Bücking in Hersfeld und Heringen, Kreis Hersfeld.[19] Versammlung in Meerholz, Kreis Gelnhausen, mit den Pfarrern Ferdinand Schröter in Lohrhaupten, Kreis Gelnhausen, Wilhelm Handwerk in Niedergründau, ebd., Hans Schilling in Meerholz und Veith in Frankfurt a.M., früher Führer des Christlich-Sozialen Volksdienstes.
(StA Ma 165/3907)

TB 23. 10. 34

Pfarrer Langheinrich in Gersfeld verweigert die Durchführung von Trauungen von SA-Leuten. – Rundbrief der Bekenntnissynode.
(StA Ma 165/3943).

TB 24. 10. 34

Religiöser Vortrag des Jesuitenpaters Ferdinand Kasper in der katholischen Kirche St. Familia in Kassel über „Erbsünde und Rassegefühl". – Mißstimmung bei Verbrauchern und Milchhändlern über Preis- und Qualitätsverfall bei Milch. Stürmischer Verlauf einer Versammlung Kasseler Milchhändler am 23. 10. mit Angriffen gegen den Kurhessischen Milchversorgungsverband.

---

[19] StA Ma 180 LA Hersfeld 9692.

209. Tagesberichte und Ereignismeldungen

TB 25. 10. 34

Schlägerei zwischen Landespolizei sowie SA und SS in Hanau.[20] – Beurlaubung des Kreispfarrers Kaiser in Groß-Auheim, Ldkr. Hanau, und Zwischenfall bei der Einführung des Nachfolgers. – Bekenntnisversammlung mit Pfarrer Asmussen in der lutherischen Pfarrkirche in Marburg vor 1 000 Zuhörern. – Vorläufige Beurlaubung von Pfarrer Langheinrich in Gersfeld ,,wegen seiner kirchenpolitischen Einstellung und Betätigung"; Verhinderung der Vornahme einer Trauung.
(StA Ma 165/3943)

TB 26. 10. 34

Bittgottesdienst von Pfarrer Heck aus Gundhelm in Hutten, Kreis Schlüchtern, mit scharfen Angriffen auf den Rechtswahrer der Evangelischen Kirche, Jäger. – Starke antijüdische Propaganda in Korbach.

Ber. 26. 10. 34 gem. Erlaß des Gestapa vom 22. 10. 34.

Vortrags- und Reisetätigkeit von Prediger Walter Borngräber in Neuhof, Ldkr. Fulda, als Geschäftsträger des ,,Bundes gläubiger Lehrer und Akademiker". Aufbau, Zweck, Ziele und Leiter dieses Bundes.

TB 27. 10. 34

Festnahme des zwangspensionierten Polizeiwachtmeisters Lessmann in Gudensberg, Kreis Fritzlar, wegen staatsfeindlicher Äußerungen. – Festnahme eines tschechoslowakischen Staatsbürgers wegen Erpressungsversuchs. – Versammlungen und Rundbrief des Bruderbunds Kurhessischer Pfarrer: ,,Große Unruhe in der Bevölkerung, besonders den Landgemeinden und kleineren Städten. Die Gegensätze verschärfen sich von Tag zu Tag, und der Gedanke der Volksgemeinschaft erleidet schweren Schaden. Vielfach trägt auch ungeschicktes Verhalten politischer Leiter zur Verschärfung bei."
(StA Ma 165/3907)

TB 29. 10. 34

Kommunistische Flugblätter in Hanau. – Gut besuchte Versammlungen des Bruderbundes Kurhessischer Pfarrer in Kassel zur Erörterung kirchenpolitischer Fragen, so in Kassel, Spangenberg (Kreis Melsungen), Meineringhausen (Kreis Korbach), Arolsen. – Kirchengebet zugunsten der Ver-

---

[20] Verletzungen bei 22 SA- und SS-Männern. Die Landespolizei ist gegen 6 Wachtmeister dienststrafrechtlich eingeschritten, doch ohne Ergebnis (Ber. v. 7. 12. 34).

folgten in der UdSSR und der bedrängten Kirche in Württemberg durch Pfarrer Dannert in Haina, Kreis Frankenberg.

TB 30. 10. 34

Bekenntnisgottesdienst mit den Pfarrern Bäumler in Tann und Friedrich Graeber in Essen vor etwa 1000 Zuhörern in Tann, Ldkr. Fulda.
(StA Ma 165/3907)

TB 31. 10. 34

Festnahme des Hausdieners Reinhard Seiler, wohnhaft Hünfeld, wegen Bettelns und staatsfeindlicher Äußerungen.[21] – Verlesung der Botschaft der Bekenntnissynode vom 20. 10. in der Kirche von Niederzwehren, Ldkr. Kassel. – Einwerfen von Fensterscheiben und andere Sachbeschädigungen bei Juden in Wüstensachsen, Ldkr. Fulda, und Gelnhausen. – Versammlung der Deutschen Christen in Lohrhaupten, Kreis Gelnhausen. – Zusendungen der Schwarzen Front in Kassel.

TB 1. 11. 34

Bittgottesdienste in Veckerhagen und Vaake, Kreis Hofgeismar, und Flugblattverteilung in Westuffeln und Obermeiser, Kreis Hofgeismar, durch den Ortspfarrer. – Versammlung in Heinebach, Kreis Melsungen, zum Thema Kirchenstreit mit etwa 300 Besuchern.
(StA Ma 165/3907)

TB 3. 11. 34

Streit zwischen angetrunkenen SA-Leuten und Polizei in Kassel. – Absingen der Internationale durch ehemalige SPD-Mitglieder in Kirchbauna, Ldkr. Kassel, Strafverfahren eingeleitet.

TB 5. 11. 34

Festnahme des Kaufmanns Henschke, wohnhaft Steinbach-Hallenberg, Kreis Schmalkalden, wegen Verstoßes gegen § 3 VO v. 21. 3. 33, sowie des Ofensetzers Alwin Reffel, wohnhaft Schmalkalden, und des Schuhmachers Jakob Melniko, wohnhaft Kassel, wegen staatsfeindlicher Äußerungen. – Vorübergehende Schließung von Kasseler Fleischereibetrieben und Kolonialwarenläden wegen Verstoßes gegen die Preisverordnungen.

---

[21] Verurteilt durch das Schöffengericht Fulda zu 5 Monaten Haft (Ber. v. 5. 1. 35).

209. Tagesberichte und Ereignismeldungen

TB 6. 11. 34 (nicht erhalten)

Zahlenmäßiges Verhältnis von Bek. Kirche und Deutschen Christen

TB 6. 11. 34

Vorläufige Schließung von Lebensmittelhandlungen in Fulda wegen Verstoßes gegen die Preisverordnungen. – Preiskontrollen in Kassel.

TB 7. 11. 34

Kommunistisches Flugblatt in Niederzwehren, Ldkr. Kassel. – Bittgottesdienste der Bekenntnisgemeinschaft an verschiedenen Orten, z.B. in Niedermeiser, Kreis Hofgeismar, mit Pfarrer Wittekindt.

TB 8. 11. 34

Vorübergehende Festnahme des SA-Obertruppführers und Angestellten bei der Landesführung, Hans Stephan Bulick, wohnhaft Kassel, wegen Verbreitung von Gerüchten über Attentat auf Hitler. – Festnahme eines Feinmechanikers, wohnhaft im Landjahrheim in Wanfried, Kreis Eschwege, wegen Veruntreuung von Geldern im Landjahrheim. – Führung von sieben Zivilprozessen des Frankenberger Juden I.M. Katzenstein durch das dortige AG unter Schutz der Staatspolizei.

Ber. zum TB v. 8. 11. 34

Unterschlagungen im Landjahrheim in Wanfried, Kreis Eschwege, durch den Helfer führen zu dessen Verhaftung.[22]

TB 9. 11. 34

Festnahme des Telefonisten August Nuhn, wohnhaft Kassel, wegen Verbreitung eines kommunistischen Flugzettels und des Korbmachers Franz Lübke in Jesberg, Kreis Fritzlar, wegen Landstreicherei und Beleidigung der Reichsregierung.[23] – Angebliche Tätigkeit eines in Fulda in Haft sitzenden griechisch-katholischen Geistlichen für den tschechoslowakischen Geheimdienst. – Erfassung eines Exemplars der Roten Fahne. – Vorläufige Schließung von acht Bäckereien in Kassel wegen Untergewichts der Brote.

---

[22] Dazu siehe Bericht vom 14. 11. 34 mit Einzelheiten.
[23] Verurteilt vom AG Jesberg zu Gefängnisstrafe (Ber. v. 13. 1. 35).

800   C. Ergänzende Materialien

TB 10. 11. 34

Festnahme eines SS-Scharführers, zugleich Angestellten des Bezirksverbandes Kassel, wohnhaft Kassel, und eines Zellenwarts der DFG, zugleich Buchhalters, wohnhaft ebd., beide wegen Unterschlagung[24], sowie des Kaufmanns Konrad Fiege, wohnhaft ebd., wegen Verbreitung eines staatsfeindlichen Zeitungsartikels.

TB 12. 11. 34

Kommunistische Propaganda in der Bahn. – Festnahme des SA-Mannes Heinrich Schäfer, wohnhaft Helsa, Ldkr. Kassel, wegen Vorbereitung zum Hochverrat mit kommunistischen Reden. – Bittgottesdienste und Versammlungen der Bekennenden Kirche; Einladungen z.B. durch Pfarrer Bücking in Heringen, Kreis Hersfeld.

TB 13. 11. 34

Tagung der Landessynode der Kurhessisch-waldeckischen Landeskirche in Kassel am 12. 11. und öffentliche Kundgebung der Deutschen Christen am 13. 11. mit ca. 500 Teilnehmern ebd. – Schließung einer Konsumfiliale in Simmershausen, Ldkr. Kassel, wegen Preissteigerei.
(StA Ma 165/3907)

TB 14. 11. 34

Festnahme des Handelsvertreters Josef Peschel in Steinbach-Hallenberg, Kreis Schmalkalden, des Arbeiters Robert Göring, wohnhaft Kassel, und des Knechts Fritz Zocher, wohnhaft Kratzmühle b. Wanfried, Kreis Eschwege, alle drei wegen staatsfeindlicher Äußerungen. – Beschlagnahme katholischer Schriften.

TB 15. 11. 34

Schutz- bzw. Polizeihaft gegen einen Kasseler Juden und seine ,,deutschstämmige" Partnerin wegen Bedrohung durch eine aufgebrachte Menge.[25] – Verfahren wegen Devisenvergehens (Hortung von Dollars) gegen eine 84jährige Witwe in Kassel. – Miniaturausgabe der ,,Roten Fahne" entdeckt.

---

[24] Der erste wurde zu Zuchthausstrafe verurteilt (Ber. v. 14. 1. 35), der zweite zu dreijähriger Zuchthaus- und Geldstrafe (Ber. v. 12. 1. 35).
[25] Geldstrafe gegen den Zimmervermieter, Freispruch für den Juden (Ber. v. 18. 12. 35).

209. Tagesberichte und Ereignismeldungen

Ber. v. 15. 11. 34

Juden interpretieren an sie adressierte Aufforderungen zur Adolf-Hitler-Spende als Beweis ihrer "Anerkennung als Volksgenosse".

TB 16. 11. 34

Schließung von Bäckereien in Fulda. – Flugblatt-Beilage des Deutschen Pfarrerblattes.
(StA Ma 165/3907)

TB 17. 11. 34 (nicht erhalten)

Selbsthilfemaßnahmen der Bauern im Kreis Marburg gegen Wildschäden.

TB 20. 11. 34

Festnahme des Tapezierers und Polsterers Alois Eser, wohnhaft im Arbeitsdienstlager Haina, Kreis Frankenberg, wegen Verbreitung kommunistischer Flugblätter. – Einwerfen von Fensterscheiben bei Juden in Gudensberg und Kirchberg, Kreis Fritzlar. – Flugblätter der Bekenntnisbewegung.

TB 22. 11. 34

Schließung des Kasseler Konfektionsgeschäfts Goldberg und Haft gegen seinen Besitzer Isaak G. wegen Umgehung der Preisvorschriften.[26]

TB 27. 11. 34

Flugschrift der Bekennenden Kirche beschlagnahmt. – Einwerfen von Fensterscheiben bei Juden in Gudensberg, Kreis Fritzlar. – Schutzhaft gegen einen Kasseler Mietwucherer.

TB 28. 11. 34

Todesurteil gegen den Mörder des Polizeiwachtmeisters Kuhlmann vom 10./11. 6. 1931, Johannes Becker, wohnh. Kassel (dazu TB v. 6. 6., 12. 6., 15. 6.), Freispruch für die anderen drei Angeklagten durch das Schwurgericht Kassel. – Einwerfen von Fensterscheiben bei Juden in Fulda. – Zusendung einer Saarbrücker Zeitung "Deutsche Freiheit". – Ermittlungsverfahren gegen den Polizeikommissar in Bad Wildungen (PG), der durch Nicht-

---

[26] Verurteilung zu Geldstrafe (Ber. v. 12. 1. 35).

802   C. Ergänzende Materialien

rückzahlung von Darlehen an jüdische Geldgeber von diesen angeblich abhängig geworden war und Amtsvergehen begangen hatte. – Gelddiebstahl durch einen SA-Sturmführer, wohnhaft Kassel, bei seiner Firma sowie Veruntreuungen gegenüber der SA.

TB 29. 11. 34 (nicht erhalten)

Abberufung des Landesbischofs Theys durch den Reichsbischof Müller ist zu erwarten.

TB 30. 11. 34

Festnahme eines Gemüse- und Kohlenhändlers, wohnhaft Kassel, wegen Betrugs (Mindergewicht).[27] – Ordnungsstrafe gegen die Fa. Wachstuch- und Kunstlederwerke AG Kassel-Bettenhausen wegen ungerechtfertigter Preiserhöhung. – In Großalmerode, Kreis Witzenhausen, anhaltende Streitigkeiten zwischen dem örtlichen SA-Sturmführer einer- und Ortspolizeibehörde und Politischer Organisation andererseits.[28] – Gerüchte über Unterschlagungen von NSV-Geldern in Hanau sind unbegründet, führen aber zu schlechten Sammelergebnissen.

TB 1. 12. 34

Kommunistische Parolen in Kassel. – Geschlossene Tagung der BK in Marburg mit 50 Teilnehmern und mit Mitgliedern der ,,Einstweiligen Kirchenleitung". – Beschlagnahme des ,,Evangelischen Gemeindeblattes von Hanau-Stadt und -Land" mit Fragenkatalog des Pfarrers Scheig in Hanau zu kirchenpolitischen Fragen. – Entlassung von 20 Mitarbeitern der Kasseler Arbeitsfront wegen Arbeitsmangels oder schlechten Verhaltens. – Nachrichten aus dem Saargebiet. – Schlägerei in Kassel zwischen SS-Männern und einem Polizeibeamten.
(StA Ma 165/3907)

TB 3. 12. 34

Festnahme des ,,deutschnational eingestellten" Reisenden Heinrich Maack, wohnhaft Hamburg, in Wrexen, Kreis Arolsen, wegen NS-feindlicher Reden; M. beging Selbstmord in der Zelle. – Strafverfahren wegen Unterschlagung gegen den Ortsgruppenwalter der DAF in Kassel. – Einbruch

---

[27] Das Schöffengericht Kassel erkannte auf Freispruch (Ber. v. 4. 2. 35).
[28] Die Angelegenheit wurde ,,restlos bereinigt" (Ber. v. 21. 2. 35).

und Gelddiebstahl in einem Büro der NSV in Kassel. – Flugzettel bei Gudensberg, Kreis Fritzlar, aufgefunden.

TB 4. 12. 34

Festnahme eines Kartoffelhändlers und eines Büroangestellten, beide wohnhaft Kassel, wegen Kartoffelverschiebung aus Beständen der NSV.[29]

TB 5. 12. 34

Geschlossene Mitgliederversammlung der Bekennenden Kirche in Kurhessen und Waldeck in der Stadthalle Kassel mit 1 700 Teilnehmern. Vorträge der Pfarrer Putz, München, und Dr. Ritter, Marburg; keine Beanstandungen. – Vortrag des Schriftleiters im Ludendorff-Verlag, Hans Kurth, wohnhaft Haag bei München, mit 450 Zuhörern; keine Beanstandungen. – Durchsuchung mit Beschlagnahmen bei der Buchhandlung Oskar Kramer in Fulda.

TB 6. 12. 34

Öffentliche Erklärung des Bischofs von Fulda gegen einen Artikel der Fuldaer Zeitung.[30]

TB 7. 12. 34

Feier des Christkönigsfestes mit starker Teilnahme der katholischen Bevölkerung. – Bemerkenswerte Christkönigslitanei.

TB 8. 12. 34 (nicht erhalten)

Strafverfolgung gegen den Kreisbauernführer in Hünfeld wegen Erpressungsversuchs an einem Juden.

TB 10. 12. 34

Festnahme des Walter Bönning, wohnhaft Gottsbüren, Kreis Hofgeismar, wegen Beleidigung des Führers.[31] – Einwurf einer Schaufensterscheibe bei Juden in Schlüchtern. – Mißhandlung des jüdischen Viehhändlers Bernhard Adler aus Schlüchtern in Klosterhöfe, Kreis Schlüchtern, durch Arbeits-

---

[29] Verurteilung des Büroangestellten zu Zuchthaus- und Geldstrafe, Freispruch für den Händler durch das Schöffengericht Kassel (Ber. v. 13. 12. 34).
[30] Verlesung in allen Kirchen und Abdruck im Bonifatiusboten (Ber. v. 8. 12. 34).
[31] Einstellung des Verfahrens wegen mangelnden Beweises (Ber. v. 22. 2. 35).

dienstmänner. – Regierungsfeindliches Plakat in Hessisch Lichtenau, Ldkr. Kassel. – Sammelaktion zum Tag der nationalen Solidarität im Ldkr. Kassel wesentlich erfolgreicher als in der Stadt Kassel, weil dort „fast alle Festbesoldeten auf Veranlassung der Kreisleitung sich zu einer Spende von 5—10% des Monatseinkommens verpflichtet hatten". – Volksmenge vor dem Hause des Vorstehers des Kulturamts in Hersfeld, Reg.- und Kulturrat Görg („altes Stahlhelmmitglied") wegen Nichtbeteiligung an der Sammlung.

TB 11. 12. 34

Öffentliche Kundgebung der Deutschen Christen in der Stadthalle Kassel wurde staatspolizeilich untersagt und Verlegung in eine Kirche empfohlen. – Beschlagnahme von Flugblättern und Zeitschriften der Bekennenden Kirche. – Unterschlagung von Dienstgeldern durch den SA-Sturmführer des aktiven Sturms 24 und den beauftragten Sturmführer des SA-Sturms 4, beide wohnhaft in Kirchhain, unter Mitbeschuldigung des Kreissparkassendirektors ebd. – Körperverletzung gegen den Elektriker Heinrich Löwenstein, wohnhaft Korbach, durch SS-Männer, Grund nicht bekannt; L. „angeblich kein Jude".[32]

TB 12. 12. 34

Festnahme des praktischen Arztes Dr. med. Bruno Diercke, wohnhaft Wächtersbach, Kreis Gelnhausen, wegen Äußerungen gegen Staat und Bewegung in einem Privatbrief.[33] – Feier des „Chanukkah-Festes" in Kassel mit 1000 Teilnehmern „ohne politischen Einschlag"; keine Beanstandungen. – Eröffnung einer Geschäftsstelle als Einstweilige Kirchenleitung in Räumen der Inneren Mission in Kassel durch die im Juni ds.Js. abgesetzte Kurhessisch-Waldeckische Kirchenleitung unter Kirchenrat Merzyn und Metropolitan Dithmar. „Ein Teil der Pfarrer hält den Landesbischof, ein Teil diese neue Stelle für rechtlich zuständig. Die Bevölkerung steht diesem Doppelregime völlig fremd und ablehnend gegenüber."

TB 13. 12. 34

Festnahme des Studenten Franz Dücker, wohnhaft Mackenzell, Kreis Hünfeld, wegen Verächtlichmachung von Staat und Bewegung, sowie von sechs Personen in Hanau wegen des Verdachts illegaler kommunistischer Be-

---

[32] Dazu GStAPK I. HA Rep. 90 P Nr. 35 H. 3: Gestapa bestätigt grundlose Mißhandlungen.
[33] Verfahren eingestellt (Ber. 24. 1. 35).

tätigung. – Kritische Äußerungen des amtierenden Pfarrers von Großenlüder, Ldkr. Fulda, Hillenbrand.

TB 14. 12. 34

Festnahme des SS-Truppführers Karl Höhle und der SS-Sturmmänner Wilhelm Emde und Hans Kroll, alle wohnhaft in Korbach, wegen Mißhandlung des Elektrikers Löwenstein, wohnhaft ebd., (TB 11. 12. 34).[34]

TB 15. 12. 34

Pfarrer Angersbach in Helsa, Ldkr. Kassel, verweigert Beteiligung an einer Sammlung. – Tagung der Deutschen Christen in Kassel.
(StA Ma 165/3907)

TB 17. 12. 34

Festnahme des Schriftstellers und ehem. SA-Mitglieds Fritz Oefner, wegen feindseliger Äußerung über die SA.[35] – Rundschreiben der Leitung der „Bekenntnisgemeinschaft" (Pfarrer Heppe in Cölbe, Ldkr. Marburg) über die Rechtmäßigkeit der „Einstweiligen Kirchenleitung". – Einwerfen von Fensterscheiben bei Juden in Fulda. – Vortrag über den Kirchenstreit in Haina, Kreis Frankenberg, ohne Zwischenfälle.

TB 19. 12. 34

Teilbeschlagnahme einer Nummer des „Sonntagsbriefs" aus dem Bärenreiterverlag Kassel mit einer Protesterklärung des Landesbischofs Marahrens. – Einwerfen von Schaufensterscheiben in Felsberg, Kreis Melsungen.

TB 20. 12. 34

Einwerfen von Fensterscheiben bei Juden und jüdischen Einrichtungen in Volkmarsen, Kreis Wolfhagen, und in Fulda. – Verlesung der Erklärung von Bischof Marahrens in Langenhain, Kreis Eschwege, durch Pfarrer Eichhöfer aus Reichensachsen.

---

[34] Die beiden erstgenannten wurden von der Großen Strafkammer des LG Kassel zu Gefängnisstrafen verurteilt, Kroll freigesprochen (Ber. v. 25. 2. 35).
[35] Oefner erhielt Geldstrafe (Ber. 8. 8. 35).

TB 21. 12. 34

Einwerfen von Fensterscheiben bei jüdischen Geschäftsleuten in Tann, Ldkr. Fulda, u. a. durch einen SA-Mann.[36]

TB 22. 12. 34

Festnahme des Kürschnergesellen Karl Hente, wohnhaft Marburg, wegen abfälliger Bemerkung über das Winterhilfswerk. – Sendung des „Landschaftssenders Berlin" der Schwarzen Front mit Beschimpfungen Hitlers in Fulda abgehört. – Landesbischof Theys ist am 21. 12. 34 von seinem Amt zurückgetreten, desgl. das Mitglied des Landeskirchenamtes Pfarrer Velbinger. Die Leitung hat Pfarrer Veerhoff übernommen.

TB 28. 12. 34 (nicht erhalten)

Verhältnis von SA und SS zur Wehrmacht.

TB 29. 12. 34

Festnahme des Händlers Karl Lotze wegen „Rot-Front"-Rufens in Kassel. – Einwurf von Fensterscheiben bei Juden in Gudensberg, Kreis Fritzlar.

Ber. v. 4. 1. 35 (nicht erhalten)

Plan einer Inventar- und Vermögensaufnahme bei Logen.

TB 4. 1. 35

Auffindung von Exemplaren der Flugschrift „Der Gewerkschaftler" in Großauheim, Ldkr. Hanau.

TB 5. 1. 35

Konferenz der Bekenntnispfarrer des Kreises Eschwege in Niederhone, Kreis Eschwege, in Anwesenheit von etwa 150 Laien, auch Parteimitgliedern, am 2. 1. Ansprache des Marburger Professors v. Soden. – Vorwürfe der NSDAP gegen die „Kurhessische Landeszeitung" in Kassel wegen Abdruckes der Rede des Reichsinnenministers Frick „gegen" die Partei.

---

[36] Dieser wurde freigesprochen (Ber. v. 19. 6. 35).

209. Tagesberichte und Ereignismeldungen

TB 7. 1. 35

Beschädigungen von Häusern jüdischer Einwohner in Wüstensachsen, Ldkr. Fulda. – Zwei Versammlungen im evangelischen Gemeindehaus Fulda am 4. 1. mit Ansprachen v. Sodens, die eine für Pfarrer und Pfarrfrauen, die andere mit ca. 600 Teilnehmern. – Verbreitung eines Merkblatts der ,,Katholischen Aktion" in Tirol m. d. T. ,,Der betende Kanzler" (Dollfuß).

TB 8. 1. 35

60. Jahresversammlung der Israelitischen Lehrerkonferenz Hessens am 6. 1. in Kassel mit etwa 35 Personen und unter Beschränkung auf Schul- und Lehrerfragen. – Empfang von Sendungen des Landschaftssenders Berlin der ,,Schwarzen Front" in Melsungen und Eschwege mit Angriffen auf Hitler. – Erkrankung von etwa 50 Personen in Großalmerode, Kreis Witzenhausen, und Heiligenrode, Kreis Kassel, nach Genuß vom Fleisch einer Kuh, die der jüdische Händler David Appel aus Borken, Kreis Fritzlar, verkauft hatte. Darauf wird dieser in Schutzhaft genommen. – Einwurf von Fensterscheiben in Korbach wohl durch SS-Männer.

TB 9. 1. 35

Festnahme des Fabrikanten Wilhelm Günther aus Hanau wegen feindseliger Äußerungen gegen Deutschland auf Geschäftsreisen im Auslande. – Kommunistische Handzettel in Kassel.

TB 10. 1. 35

Festnahme des Salzhändlers Gottfried Weisbecker[!] und des Kraftfahrers Josef Kern in Bad Orb wegen Salzverkaufs zu überhöhten Preisen unter Aufstellung staatsgefährdender Gerüchte.[37] – Einwerfen von Fensterscheiben bei Juden in Gelnhausen.

TB 11. 1. 35

Sachbeschädigungen an jüdischem Haus in Vollmerz, Kreis Schlüchtern. – Schutzhaft für die Ehefrau Marie Gundlach in Rommerode, Kreis Witzenhausen, wegen abfälliger Bemerkungen über das Winterhilfswerk. – Verhaftung dreier Personen in Kassel wegen Vorbereitung zum Hochverrat durch Einführung und Verbreitung der ,,Roten Fahne" und Neuaufbau der KPD. –

---

[37] Das Verfahren gegen Weissbecker[!] und Gen. wurde eingestellt (Ber. v. 9. 7. 35). –

Verurteilung eines ehemaligen SA-Obersturmführers in Rückingen, Ldkr. Hanau, zu Zuchthausstrafe durch die Große Strafkammer in Hanau wegen Untreue in Tateinheit mit Unterschlagung.

TB 12. 1. 35

Verhaftung des Schriftsetzers Karl Vaupel in Wasenberg, Kreis Ziegenhain, wegen Beleidigung des Führers. – Rundschreiben der Einstweiligen Kirchenleitung der Landeskirche an die Pfarrer. – Gebet zur Saarabstimmung „nicht positiv genug".
(StA Ma 165/3907)

TB 16. 1. 35

Rundschreiben Gen. Ludendorffs an Offiziere mit dessen Anspruch, der eigentliche Sieger von Tannenberg zu sein. – Starke Tätigkeit des NSDFB im Kreis Gelnhausen, bes. in Fischborn und Udenhain. – Verbot eines Familienabends des NSDFB in Kassel, Kreis Gelnhausen, wegen Gefährdung der Sicherheit. – Sachbeschädigungen und Körperverletzungen gegen Juden und jüdische Einrichtungen in Hersfeld und Niederaula, Kreis Hersfeld.

TB 17. 1. 35

Exerzitien für katholische Jungführer und Jungmänner im St. Josefsheim in Hünfeld mit rein religiösem Charakter; keine Beanstandungen.

TB 18. 1. 35

Sachbeschädigungen und Einwurf von Fensterscheiben bei Juden in Gelnhausen. – Entwendung von Fahnen in Kassel. – Schutzhaft für den Holzhändler Anton Heller in Willingen, Kreis Korbach, der als Arbeitgeber wiederholt zu Terminen des Treuhänders der Arbeit nicht erschienen war.

TB 19. 1. 35

Die Staatspolizeistelle ermittelt gegen einen noch nicht gleichgeschalteten Konsumverein in Homberg, Kreis Fritzlar, „als marxistische Zelle". – Anhaltung einer mit der Post versandten Druckschrift über den evangelischen Kirchenstreit. – Schriften des Verlags „Junge Kirche" in Göttingen. – Besuche des Landesbischof Marahrens bei Kasseler Heeresdienststellen und katholischen Bischöfen, u. a. dem von Fulda.

TB 21. 1. 35

Festnahme von Anton Aich in Kassel wegen kommunistischer Umtriebe. – Vortrag des Düsseldorfer Jesuitenpaters Karl Klein am 20. 1. in einer katholischen Kirche in Kassel vor 800 Zuhörern gegen Rosenberg und den ,,Mythus". – Kommunistische Streuzettel in und um Bischofsheim, Ldkr. Hanau, verbreitet. – Schutzhaft für den Kreisverbandsführer des NSDFB in Hofgeismar, Karl Malzfeld, wegen Verbreitung unwahrer ,,Gerüchte über eine bevorstehende Revolution der SA" und für den Führer der NSDFB-Ortsgruppe in Eberschütz, Kreis Hofgeismar, Fritz Brenne, aus gleichem Grunde.

TB 22. 1. 35

Mitgliederversammlung des Sportbundes des Reichsbundes jüdischer Frontsoldaten am 19. 1. 35 in Kassel; Beschränkung auf Sportfragen. – Sicherstellungen von Büchern in Kasseler Leihbüchereien durch den SS-Abschnitt XXX. – Polizeihaft gegen den am 21. 1. 35 in Fulda von einer Menschenmenge von etwa 200 Personen bedrohten früheren Adjutanten der Gauführerschule in Weyhers, Ldkr. Fulda, Heinrich Kellings, der schon Februar 1934 wegen Unregelmäßigkeiten zeitweilig in Schutzhaft gewesen war.

TB 23. 1. 35

Einwurf von Fensterscheiben in Wehrda, Kreis Hünfeld, bei jüdischen Einwohnern. – Zusammenstoß zwischen der Polizei und SA-Sportschülern aus Klafeld bei Siegen in Marburg, nachdem diese weibliche Passanten belästigt hatten.

TB 24. 1. 35

Festnahme des Gastwirts Friedrich Braun in Lützelhausen, Kreis Gelnhausen, wegen Verächtlichmachung des Winterhilfswerks, und des Kaufmanns Robert Krönung in Gelnhausen wegen Kritik an Maßnahmen der Regierung.[38] – Schlägereien zwischen SA-Leuten in Hilders, Kreis Fulda. – Entrüstung bei Partei und HJ über die durch das Innenministerium verfügte Hinzuziehung der Amtsärzte bei der gesundheitlichen Betreuung der HJ.

---

[38] Krönung wurde am 16. 4. 35 vom Sondergericht Kassel zu 2 Monaten Gefängnis verurteilt (Bericht v. 4. 5. 35). – Das Verfahren gegen Braun wurde eingestellt (Ber. v. 6. 6. 35).

Ber. v. 24. 1. 35 (nicht erhalten)

Zerschlagung der KPD-Leitung in Kassel.

TB 25. 1. 35

Versammlung von 200 Mitgliedern der ,,Deutschgläubigen Gemeinde" in Hanau, die unter Vollziehung von individuellen Loyalitätsreversen der Mitglieder gegenüber dem ,,Dritten Reich" demnächst beim Amtsgericht neu eingetragen werden soll.

TB 26. 1. 35

Anläßlich eines öffentlichen Vortrags vor etwa 150 Personen des ,,Talmudforschers" Rosenthal in Kassel am 25. 1. zur Widerlegung der Kritik Pater Kleins an Rosenbergs ,,Mythus" (vgl. TB 21. 1.), der Verunglimpfungen der Person Jesu Christi enthielt, entstand Unruhe, so daß die anwesenden Beamten der Staatspolizeistelle eingreifen mußten. – Sendungen der ,,Schwarzen Front" in Eschwege abgehört.

TB 28. 1. 35

Gottesdienst in der Lutherischen Pfarrkirche in Marburg am 24. 1. mit Ansprache von Pf. Niemöller aus Dahlem, der auf neu bevorstehende Auseinandersetzungen hinwies. – Die Kreiswaltertagung in Schlüchtern am 26. 1. verlief ,,dank der getroffenen Vorkehrungen" ,,ohne größeren Zwischenfall".

Ber. 29. 1. 35 (nicht erhalten)

Auseinandersetzungen zwischen Landrat und Kreisleiter in Schlüchtern. – Holzhändler Heller in Willingen.

TB 30. 1. 35

Kommunistische Streuzettel in Hanau. – Versammlung der Zionisten, Ortsgruppe Kassel, am 29. 1. in Kassel; scharfe Kritik des Redners Dr. Pomeranz aus Frankfurt a. M. am Assimilantentum; kein Anlaß zu Beanstandungen.

Ber. 31. 1. 35 (nicht erhalten)

betr.: Konsumverein Homberg.

209. Tagesberichte und Ereignismeldungen

TB 31. 1. 35

20.—29. 1. Vorträge im Saal der landeskirchlichen Gemeinschaft in Kassel durch den Zeltevangelisten Ernst Krupka aus Vaihingen mit täglich etwa 1 000 Teilnehmern; kein Anlaß zu Beanstandungen.

TB 1. 2. 35

Festnahme der Arbeiter Konrad Dippel und Willi Golombiewski in Liebenau, Kreis Hofgeismar, wegen Kritik an Maßnahmen der Regierung. – Eine Vortragsveranstaltung des „Talmudforschers" Rosenthal mit 200 Hörern muß nach starker Unruhe wegen katholizismusfeindlicher Äußerungen durch die Polizei abgebrochen werden.

TB 2. 2. 35

Schutzhaft gegen neun Personen in Kassel wegen Verdachts der Verbreitung der „Roten Fahne" und Festnahme von fünf Personen in Hanau wegen Verbreitung kommunistischer Flugblätter. – Der Rechtsstreit zwischen der „Einstweiligen Kirchenleitung der Kurhessischen Landeskirche" (Dithmar, Merzyn) und der „Kirchenregierung" (Veerhoff, Happel) um die Nutzung des Gebäudes des Landeskirchenamts ist zugunsten der erstgenannten entschieden worden.

TB 4. 2. 35

Einwurf von Fenstern bei jüdischen Einwohnern in Fulda. – Beschlagnahme eines Radiogeräts bei dem Arbeiter Konrad Klingelhöfer in Reddehausen, Ldkr. Marburg, wegen Empfangs des Moskauer Rundfunks. – Rundschreiben unbekannter Herkunft gegen die Tariffestsetzung im Molkereigewerbe im Wirtschaftsgebiet Hessen. – Starkes Echo der Gerichtsentscheidung wegen des Gebäudes des Landeskirchenamts im evangelischen Kirchenvolk. – Volksmissionarische Vorträge des Pfarrers Hagen aus Berlin im Kreis Rotenburg durch den Bürgermeister in Richelsdorf, Kreis Rotenburg, am Orte unrechtmäßigerweise verboten.

Nachtrag: Als Verfasser des Rundbriefes ist der Inhaber der Kurhessischen Milchversorgung, Fritz Stolzenbach in Kassel, ermittelt und vorübergehend in Schutzhaft genommen worden. Ber. vom 25. 2. 35.

TB 6. 2. 35

Pfarrer Hagen ist nach einem Abendgottesdienst in Richelsdorf am 4. 2. durch Feindseligkeiten zum Abbruch seiner volksmissionarischen Tätigkeit im Kreis Rotenburg veranlaßt worden, doch richtete sich der Protest angeblich mehr gegen den NS-feindlichen Ortspfarrer Müller als gegen Hagen. – Einwurf der Fensterscheiben bei einem Bauern in Wehren, Kreis Fritzlar, wegen notorischer Nichtbeteiligung am Winterhilfswerk und an Veranstaltungen der NSDAP. – 1 Exemplar der „Roten Fahne" in einem Kasseler Briefkasten gefunden. – Demonstration vor der jüdischen Fleischerei David und Emma Appel in Borken, Kreis Fritzlar, als „Fleischvergiftern", daher für diese Schutzhaft angeordnet. – Anordnung der Vorzensur gegen die „Jüdische Wochenzeitung für Kassel-Hessen und Waldeck", wegen Abdrucks der Protesterklärung der Reichsvertretung der deutschen Juden gegen eine Rede Gauleiter Streichers anläßlich der Saarabstimmung.

Ber. 6. 2. 35 (nicht erhalten)

betr. Pfarrer Hagen.

TB 7. 2. 35

Festnahme des Kaufmanns Erich Löwenstein aus Treysa wegen unruhestiftender Äußerungen über die Geldwährung. – Keine Zwischenfälle bei der Durchreise des schwedischen Königs durch Kassel.

TB 8. 2. 35

Festnahme des Hoteldieners Friedrich Euler in Kassel wegen Beleidigung von Führer und SA. – Zerschlagung des gesamten technischen Apparats der illegalen KPD; Schutzhaft für bisher 37 Personen wegen Verteilung illegaler Schriften oder Ausübung von Funktionärstätigkeiten.

TB 9. 2. 35

Einwurf von Fensterscheiben bei einem Juden und der Judenschule in Wüstensachsen, Ldkr. Fulda.

TB 11. 2. 35

In Hanau insgesamt 41 Festnahmen sowie Beschlagnahmen im Zusammenhang mit der Zerschlagung der örtlichen KPD. – Führertagung der katholischen Jungmädchen am 1. 2. in Bad Soden, Kreis Schlüchtern, entspr.

am 28. 1. in Kassel. – Stiftungsfest der Loge ,,Zur Freundschaft" in Kassel; kein Grund zum Einschreiten, Personalien wurden festgehalten.

TB 12. 2. 35

Anschriften an jüdischen Geschäften in Fulda fordern zum Boykott auf. – Evangelisationsvorträge des Kapitänleutnants a. D. v. d. Lühe im Kreis Wolfhagen; kein Anlaß zu Beanstandungen.

TB 13. 2. 35

Streit zwischen dem Ortspfarrer Friedrich Rose und dem Bürgermeister und Ortsgruppenleiter in Wanfried über die Teilnahme von Parteigenossen an kirchlichen Veranstaltungen in geschlossenen Formationen. – ,,Religionsphilosophischer Vortrag" durch den Privatmann Wilhelm Hafner in Kassel, verworren und ohne Resonanz.

TB 16. 2. 35

Verhandlung am 14. und 15. 2. und Urteile des OLG Kassel gegen Sippel und Genossen wegen Vorbereitung zum Hochverrat. – Entdeckung einer Druckerei der KPD in Offenbach, zugleich Festnahme eines Kuriers aus Frankfurt. – Festnahme und Schutzhaft gegen den Milchhändler Seng aus Dörnigheim, Ldkr. Hanau, im Zusammenhang mit der Aushebung der KPD in Hanau, sein Geschäft vorläufig geschlossen.

TB 19. 2. 35

Besprechung mit den SS-Vertrauensleuten der Staatspolizei in Anwesenheit der Führer des SS-Abschnitts XXX am 16. 2., bes. des Oberführers Unger.

TB 20. 2. 35

Einwurf von Fensterscheiben bei Juden in Niederaula, Kreis Hersfeld. – Schließung einer Metzgerei in Hünfeld auf 2 Tage, deren Besitzer die Verteilung von Winterhilfswerkfleisch verweigert hatte. – Religionsphilosophischer Vortrag der Ludendorffbewegung in Hersfeld durch Dr. Gerstenberg aus Göttingen[39] mit etwa 200 Teilnehmern; kein Grund zum Einschreiten.

---

[39] Zu einem Vortrag ,,Religiöser Gehalt und Gotterkenntnis" des Dr. med. Karl Friedrich Gerstenberg, geb. 1893, Arzt in Göttingen, als Redner des Ludendorff-Verlags, siehe StA Ma 180 LA Wolfhagen 1888.

TB 21. 2. 35

Demonstrationen vor der jüdischen Schiffloge in Fulda führen zum Auseinandergehen der anwesenden jüdischen Versammlung. – Einwurf von Fensterscheiben bei Juden in Zwesten, Kreis Fritzlar, Sachbeschädigungen bei jüdischen Händlern in Niederurff, Kreis Fritzlar. – Senkung der Eierpreise allgemein sehr begrüßt.

TB 22. 2. 35

Schutzhaft gegen den ehemaligen Kommandeur der Kasseler Schutzpolizei, Otto Schulz (SPD), und den ehemaligen Stellvertr. Polizeipräsidenten, RegR Otto Schöny (SPD), in Kassel. – Andacht mit dem „Charakter einer kirchenpolitischen Versammlung" in der Kirche von Niederzwehren, Ldkr. Kassel, in Anwesenheit von Pfarrer Ritter, Marburg.

TB 23. 2. 35

Demonstrationen gegen den Juden Rosenzweig in Fulda wegen erlangter Räumungsurteile und gegen den Gerichtsassessor Appel als den zuständigen Richter. – Einwurf von Fensterscheiben bei Juden in Wehrda, Kreis Hünfeld. – Die „spontane Aktion der nationalsozialistischen Bevölkerung" Kassels gegen Schulz und Schöny hat „größte Befriedigung" erregt.

TB 25. 2. 35

Schändung von Grabsteinen auf dem jüdischen Friedhof in Breitenbach, Ldkr. Kassel.

Ber. vom 25. 2. 35

Beschlagnahme der Mitteilungen des evangelischen Pfarramtes Wanfried.

TB 26. 2. 35

Flugzettel bei Parteigenossen in Kassel.

TB 27. 2. 35

Festnahme des SS-Unterscharführers [. . .] in Kassel wegen Unterschlagung von Spenden und Beiträgen.

209. Tagesberichte und Ereignismeldungen

TB 1. 3. 35

Festnahme des ehemaligen Bankbeamten Peter Ritzer in Kassel wegen Beleidigung der Bewegung. – „Greuelpropaganda" in einem Flugblatt aus Fulda an die Deutschamerikaner in New York.

TB 4. 3. 35

Einwurf von Fensterscheiben bei Juden in Witzenhausen und Gelnhausen.

TB 5. 3. 35

Abdrucke des Räumungsurteils für das Landeskirchenamt wurden von der „Vorläufigen Kirchenleitung" an alle staatlichen und kommunalen Dienststellen im Regierungsbezirk übersandt.

TB 6. 3. 35

Einwurf von Fenster- und Schaufensterscheiben bei Juden in Hersfeld sowie in Somborn, Kreis Gelnhausen.

TB 7. 3. 35

Vortragskursus für Bekennende Pfarrer in der Kinderheilanstalt Bad Orb mit etwa 16 Pfarrern unter Leitung des Notbund-Pfarrers Heppe aus Cölbe bei Marburg.

TB 9. 3. 35

Festnahme des Adam Eckhardt, wohnhaft Heringen, Kreis Hersfeld, wegen unwahrer Behauptungen über die Reichsregierung.

TB 12. 3. 35

Das OLG Kassel hat entgegen ausländischen Pressemeldungen vorläufig die Vollstreckbarkeit des erstinstanzlichen Urteils in der Räumungsklage wegen des Landeskirchenamts ausgesetzt: Hauptverhandlungstermin ist im April. – Kundgebung des Evangelischen Bundes im Vereinshaus des CVJM Kassel. – Einbruch in die Synagoge von Holzhausen, Kreis Marburg.

TB 13. 3. 35

Festnahme der Wandergewerbetreibenden Frieda Bisenkamp in Eschwege wegen beleidigender Äußerungen über den Führer.[40] – Predigten der Bekenntnispfarrer wieder polemisch schärfer gegen das „Neuheidentum".

TB 14. 3. 35

Festnahme des HJ-Führers [. . .] in Kassel wegen Urkundenfälschung und Unterschlagung. – Schutzhaft gegen einen SA-Mann in Heckershausen, Ldkr. Kassel, und eine Halbjüdin, die demnächst heiraten wollten.

TB 15. 3. 35

Scharfe theologische und politische Äußerungen von Pfarrer Müller aus Dillenburg anläßlich einer Missionswoche in Mansbach, Kreis Hünfeld. – Theologische Polemiken von Pfarrer Laabs aus Ziegenhain anläßlich einer Missionswoche in Borken, Kreis Fritzlar. – Einwerfen von Fensterscheiben bei Juden in Gelnhausen. – Scharfe Urteile (Gefängnis) bei der Hauptverhandlung gegen Pabst und Genossen vor dem OLG Kassel am 14. 3. wegen Vorbereitung zum Hochverrat.

TB 16. 3. 35

Selbstmord des Pfarrers von Obervellmar angeblich wegen eines schwebenden Verfahrens nach § 175 StGB. – Vorträge des „Talmudforschers" Rosenthal aus Göttingen in Kassel und in den Landkreisen finden durch kirchlich gesinnte Zuhörer leidenschaftlichen Widerspruch und schädigen das Ansehen der NSDAP.

TB 18. 3. 35

Verhaftung des Rektors der dompfarrlichen Volksschule in Fulda wegen angeblichen Verdachts des Verbrechens nach § 174,1 StGB. – Einwurf von Fensterscheiben bei Juden (und vermeintlichen Juden) in Burghaun, Kreis Hünfeld, und in Hünfeld. – Am 25. 2. Ansammlungen in Gersfeld vor der Wohnung eines unbeliebten jüdischen Händlers, der derzeit flüchtig ist. – Kanzelabkündigung der Bekenntnissynode der altpr. Union ist im Bezirk nicht verlesen worden; zeitweilige Schutzhaft gegen fünf Pfarrer.

---

[40] Bisenkamp wurde am 13. 4. 35 staatanwaltschaftlich verwarnt (Ber. v. 6. 5. 35).

209. Tagesberichte und Ereignismeldungen

TB 19. 3. 35

Beschädigung eines Kruzifixes in Volkmarsen, Kreis Wolfhagen. – Verleumderisches Plakat gegen den Ortsbauernführer Mehring in Spielberg, Kreis Gelnhausen. – Bekenntnisgottesdienst in Hesserode, Kreis Melsungen, mit kämpferischen Predigten gegen die Deutschen Christen.

TB 20. 3. 35

Am 19. 3. Besprechung der Staatspolizeistelle Kassel in Fulda über die Bekämpfung des politischen Katholizismus mit den Spitzen von Bewegung und Verwaltung mit Referaten u. a. von dem SA-Gruppenführer, Polizeipräsidenten und Leiter der Stapo für den Reg.bez. Kassel, v. Pfeffer, und dem Reg.R. Dr. Hütteroth. – Die Einstweilige Kirchenleitung bezeichnet ihre Bekanntmachungen jetzt als „Amtsblatt". – Abendgottesdienst des evangel. Pfarrers Herrfurth aus Rodenbach, Provinz Oberhessen, in der Kirche in Marköbel, Ldkr. Hanau, am 10. 3. mit scharfen Angriffen auf die Deutschen Christen und den Reichsbischof Müller.

TB 21. 3. 35

Verfahren gegen die Arbeiter Kurt Pfeffermann und Hermann Kellner, beide wohnhaft Kassel, wegen Vorbereitung zum Hochverrat (Versuch der Gründung einer kommunistischen Jugendorganisation in Kassel) und Verurteilung durch das OLG Kassel zu je 1 Jahr Gefängnis.

TB 22. 3. 35

Einwurf von Fensterscheiben bei Juden in Niedermittlau, Kreis Gelnhausen, und Gelnhausen. – Neuerdings Exerzitien für Schulabgänger von katholischen Volksschulen in Fulda.

TB 25. 3. 35

Rundschreiben des Landesverbandes Thüringen des NSDFB betr. Übertritt von der SA zum NSDFB. – Kritische Predigt des Pfarrers Johann Elbrechtz in Heinebach, Kreis Melsungen, zum Heldengedenktag zieht mindestens Verwarnung durch die Staatspolizeistelle nach sich.

TB 26. 3. 35

Körperverletzung gegen den Juden Simon Frenkel in Rauisch-Holzhausen, Ldkr. Marburg[41], und gegen Besucher der Synagoge in Rhina, Kreis Hünfeld, hier zugleich noch Einschlagen von Fensterscheiben.

TB 27. 3. 35

Festnahme des Arbeiters Karl Lotze und des Schneiders Stephan Gusowski, beide wohnhaft Kassel, wegen Verächtlichmachung der Regierung in angetrunkenem Zustand. – Inschutzhaftnahme des Rittergutspächters Adam Keim in Altenburg, Kreis Melsungen, und seines Gasts, Viktor Wichura aus Kapstadt. – In Fulda Schaufenster eingeschlagen.

TB 28. 3. 35

Einwurf von Fensterscheiben und andere Sachbeschädigungen in Rhina, Kreis Hünfeld, wahrscheinlich durch Jugendliche.

TB 29. 3. 35

Einwurf von Fensterscheiben bei Juden und jüdischen Einrichtungen (Synagoge und Schule) in Witzenhausen. – Aufhängen eines Schildes gegen die Pächter der Gemeindejagd in Bellings, Kreis Schlüchtern (u. a. Gauleiter Sprenger sowie Kreisleiter und Bürgermeister) durch den Bauern Johann Heinrich Schmidt und Genossen.[42] – Frauenexerzitien im Marienheim in Bad Soden, Kreis Schlüchtern. Verdacht des Mißbrauchs von Exerzitien für Männer zu politischen Fragen. – Vortrag des Professors Bergmann über die Deutschreligion vor ca. 350 Zuhörern.

TB 30. 3. 35

Tätliche Auseinandersetzung zwischen SA- und HJ-Mitgliedern und jüdischem Kaufmann in Schlüchtern. – Versammlung des katholischen Akademikervereins Kassel mit 300 Teilnehmern; keine Beanstandungen. – Lt. Anordnung der Einstweiligen Kirchenleitung Fürbitte für Verfolgte im allgemeinen Kirchengebet des folgenden Sonntags vorgesehen. – Vortragsveranstaltung der Ludendorff-Bewegung in Kassel mit 400 Teilnehmern; keine Beanstandungen.

---

[41] Ein gegen den SS-Mann Nau eröffnetes Verfahren wurde später eingestellt (Ber. v. 27. 5. 35).
[42] Das Verfahren gegen Schmidt u. Gen. wurde eingestellt (Ber. v. 11. 5. 35).

209. Tagesberichte und Ereignismeldungen

TB 3. 4. 35

Festnahme des Händlers Willi Kässner, wohnhaft Düsseldorf, in Kassel wegen unberechtigten Führens des Parteiabzeichens.[43] – Volksmissionarische Vortragswoche des evangelischen Pfarrers Müller aus Dillenburg in Mannsbach, Kreis Hünfeld. Strafverfahren wird eingeleitet wegen der Äußerung, daß „Mitarbeiter des Führers vom Teufel irregeleitet" seien. – Kritische Erörterungen des Kirchenstreits auch in den Predigten des Ortspfarrers Willi Wolf ebd. – Verwarnung des Pfarrers Werner Vockenberg in Schwarzenhasel, Kreis Rotenburg, der in seinen Predigten von „satanischen" antichristlichen Bestrebungen hochstehender Persönlichkeiten gesprochen und damit Unruhe erregt hat. – Ein Vortrag im Haus des CVJM Kassel durch den Landesjugendpfarrer Lic. Walter Schäfer thematisierte die Auseinandersetzung mit der Deutschen Glaubensbewegung. – Tödliche Mißhandlung des Juden Moritz Moses aus Treysa in Ziegenhain, doch nicht aus politischen Gründen.

TB 6. 4. 35

Demonstration vor dem Hause des Juden Levi Hoffmann in Gudensberg, Kreis Fritzlar, nach dem Bekanntwerden eines Urteils des Schöffengerichts Kassel mit Gefängnis- und Geldstrafen gegen sechs Gudensberger SA- und HJ-Angehörige (vgl. TB v. 27. 11. 34). Die Namen der Verurteilten im Bericht vom 6. 4. 35.

TB 8. 4. 35

Eine weithin verlesene Kanzelabkündigung der Einstweiligen Kirchenleitung hat auf „Hunderte von evangelischen Pfarrern, die in der letzten Zeit verhaftet gewesen sind", hingewiesen. – Verstärkte Aktivitäten der katholischen Männer- und Arbeitervereine in Fulda und Umgebung. – Sachbeschädigung am Hause eines Juden in Altengronau, Kreis Schlüchtern. – Besuch von führenden Mitgliedern des früheren Kasseler Tannenbergbundes bei der Geburtstagsfeier Ludendorffs in Tutzing. (Anlage dazu: StA Ma 165/3907)

TB 10. 4. 35

Beschädigungen an einem jüdischen Schuhwarengeschäft in Marburg durch 20–30 Marburger Studenten. – Vertagung des Urteils im Rechtsstreit

---

[43] Das Verfahren gegen Kässner wurde später eingestellt (Ber. v. 27. 3. 35).

um das Gebäude des Landeskirchenamtes in Kassel. – Aushang von Fahnen durch Ludendorff-Anhänger anläßlich von dessen Geburtstag.

TB 11. 4. 35

Einwurf von Fensterscheiben bei Juden in Gelnhausen. – Ein SA-Mann bewirft in Tann, Kreis Fulda, Nachtwächter und Bürgermeister mit Steinen.[44]

TB 12. 4. 35

Ferienkinder des Caritasverbandes aus dem Industriegebiet werden im Landkreis Fulda Nationalsozialisten nicht zugewiesen. – Demonstration gegen eine Pfarrerswitwe in Spangenberg, Kreis Melsungen, wegen mangelnder Spendefreudigkeit.

TB 13. 4. 35

Festnahme der Arbeiter Georg Humburg, wohnhaft Harleshausen, und Wilhelm Tobi, wohnhaft Kassel, wegen Verbreitung der ,,Roten Fahne".[45] – Rundschreiben für Mitglieder der Bekennenden Kirche Kurhessen-Waldeck berichtet über Schutzhaftanordnungen gegen evangelische Geistliche. – Bürgermeister Schneider in Bad Soden-Allendorf ist neuer Gauobmann des ,,Gaues Kurhessen der Deutschen Christen". – Äußerungen des katholischen Pfarrers Graf in Giesel, Ldkr. Fulda, gegenüber Schülern gegen den Reichsjugendführer v. Schirach. – Schwere Körperverletzung an dem Bauern Georg Möller II in Rechtebach, Kreis Eschwege, wegen seiner Ablehnung von Bürgermeister und NSDAP, desgleichen an einem ihn besuchenden Reichswehrunteroffizier durch SA-Leute. – Rundschreiben der DC (Anlage) in StA Ma 165/3907.

TB 15. 4. 35

Verdunkelungsübung in Kassel ohne Zwischenfälle. – Vorgesehene Exerzitien im Marienheim Bad Soden, Kreis Schlüchtern, fallen angeblich wegen zu geringer Beteiligung aus.

---

[44] Verurteilung zu Geldstrafe (Ber. v. 6. 8. 35).
[45] Humburg und Tobi wurden zu Zuchthausstrafen verurteilt (Ber. v. 22. 7. 35).

TB 17. 4. 35

Katholische Presse-Aktivitäten. – Rundschreiben des „Lutherischen Rats Deutschland" an die evangelischen Kirchenleitungen. – Beschmierung der Häuser von Handelspartnern von Juden in Wittelsberg, Kreis Marburg. – Besprechung der Staatspolizeistelle mit den Spitzen von Bewegung und Verwaltung im Kreis Schmalkalden.

TB 18. 4. 35

Bedenklicher Hirtenbrief des Bischofs von Fulda.

TB 20. 4. 35

Festnahme des Maurerpoliers Hans Eschstruth, wohnhaft Kassel, wegen Beleidigung des Führers. – Selbstmord eines Kasseler SA-Mannes aus familiären Gründen. – Beschlagnahme „gefälschter" Blockschokoladenbestände bei der jüdischen Firma Elsbach eGmbH in Fulda.

TB 24. 4. 35

Beschlagnahme postalisch zugesandter Exemplare der „Sozialistischen Aktion". – Rundschreiben der Bekennenden Kirche Kurhessen-Waldeck über die Festnahme Bischof Marahrens'. – Apologetischer Vortrag des Jesuitenpaters Fritz Pieper in der Kirche St. Familia in Kassel.

TB 25. 4. 35

Rundschreiben des Pfarrers Heppe in Cölbe, Ldkr. Marburg, über Aufenthalts- und Redeverbote gegen evangelische Geistliche. – Einwerfen von Scheiben bei Juden in Gensungen, Kreis Melsungen, und in Gelnhausen.

TB 26. 4. 35

Entdeckung eines Lagers mit Infanteriemunition an der Straße Zeche Herkules-Ehlen, Ldkr. Kassel. – Unruhe in Kassel wegen anziehender Schlachtviehpreise; „Hetzer scheinen an der Arbeit".

TB 27. 4. 35

Festnahme des SA-Mannes Hermann Westermann, wohnhaft Zierenberg, Kreis Wolfhagen, wegen Tötung eines HJ-Führers und Verletzung eines anderen anläßlich einer Auseinandersetzung, sowie des Schuhmachers Fritz

Faber in Frankenberg wegen staatsfeindlicher Äußerungen. – Jahresfeier des CVJM-Kassel.

TB 30. 4. 35

Festnahme des Gastwirts Fritz Reitze, wohnhaft Kassel, wegen Beleidigung von Göring in angetrunkenem Zustand. – Schändung des jüdischen Friedhofes in Baumbach, Kreis Rotenburg.

TB 3. 5. 35

Vortrag mit rein religiösem Inhalt der Christian Science Society in Kassel vor etwa 500 Zuhörern. – Zusendung eines Flugblatts der SPD an ein früheres SPD-Mitglied. – Gottesdienst aus Anlaß einer Singwoche in Lieblos, Kreis Gelnhausen, ohne Störungen verlaufen, nachdem der dienstentlassene Pfarrer Herrfurth aus Rodenbach (Oberhessen) auf eine Ansprache verzichtet hatte.

TB 6. 5. 35

Flugblätter der „Deutschen Glaubensbewegung" in Kassel. – Rundschreiben der „Marianischen Jungfrauen-Solidarität" in Fulda erweisen Überschreitung des Reichskonkordats durch die katholische Jugend.

TB 8. 5. 35

Druckschrift der Katholischen Aktion „Die kirchliche Feier der Schulentlassung", herausgegeben durch den Generalsekretär des Bischofs von Fulda.

TB 10. 5. 35

Festnahme des Zellenwalters der DAF, [. . .], wohnhaft Hanau, wegen Einbehaltung einkassierter Mitgliedsbeiträge der DAF.[46] – Verlesen eines Hirtenbriefs des Bischofs von Fulda gegen Verdächtigungen der katholischen Jugendvereine am Ostermontag.

TB 13. 5. 35

Kanzelabkündigung in allen evangelischen Kirchen. – Vortrag von Prof. Dr. D. J. Witte-Berlin in Kassel über „Deutschglaube oder Christusglaube im Dritten Reich".

---

[46] Verurteilt zu 3 Monaten Gefängnis (Ber. v. 5. 7. 35).

TB 15. 5. 35

Versammlung der Deutschen Glaubensbewegung (Hauer-Reventlow) in Kassel mit 500 Besuchern.

TB 16. 5. 35

Durch das Arbeitsamt Kassel angeworbene Spezialarbeiter des Metallgewerbes aus dem Ruhrgebiet verweigern Arbeitsaufnahme wegen zu niedriger Löhne.

TB 17. 5. 35

Jüdisches Wohnhaus in Bad Salzschlirf, Ldkr. Fulda, beschmiert. – Geschlossener Ausspracheabend der Kasseler Südstadtgemeinde über Rosenbergs Mythus.

TB 21. 5. 35

Festnahme des [. . .], wohnhaft Kassel, SS-Mitglied und Kassierer der NS „Kurhessischen Landeszeitung", wegen Unterschlagung. – Einwurf einer Fensterscheibe bei jüdischem Kaufmann in Salmünster, Kreis Schlüchtern. – Vortrag des Jesuitenpaters Kurt Dehne in Kassel vor 600 Hörern; keine Beanstandungen.

TB 25. 5. 35

Explodierender Sprengkörper am Markt von Witzenhausen, wohl grober Unfug der Kolonialschüler.

TB 27. 5. 35

Festnahme des Ordenspriesters Leo Boeschen und des Klosterbruders Waldemar Wurth, beide aus Kloster Frauenberg in Fulda, wegen angebl. Devisenschmuggels. – Vortrag des Bekenntnispfarrers Putz aus München vor 1 500 Personen in Kassel. – Prospekt „Die österreichische Arbeitsanleihe 1935" in Kassel beschlagnahmt. – Der Verlauf der Einweihung des Heeresmuseums in Kassel am 26. 5. 35 führt zum Verlassen des Raumes durch den Regierungspräsidenten.

TB 28. 5. 35

Sachbeschädigungen an jüdischem Wohnhaus und Synagoge in Mansbach, Kreis Hünfeld. – Verkauf einer katholischen Broschüre gegen Rosenbergs Mythus. – Die Einstweilige Kirchenleitung verwehrt sich mit Rundschreiben gegen eine Rede des Gauleiters Sprenger vom 18. 5. über den Pfarrerstand und die Einstweilige Kirchenleitung und wird Anzeige erstatten; Durchsuchung ihrer Räume ist vorgesehen.

TB 29. 5. 35

Verbot der „Fuldaer Zeitung" auf acht Tage wegen eines richtigstellenden Artikels über die angeblichen Devisenschiebungen der Fuldaer Franziskaner (vgl. TB v. 27. 5.). – Vortrag gegen die Freimaurerei in Schmalkalden. – Presseerklärung der Schmalkaldener Loge.

TB 31. 5. 35

Ergebnislose Vermittlungstätigkeit des MinR Dr. Stahn vom Preußischen Kultusministerium im kurhessischen Kirchenkonflikt.

TB 1. 6. 35

Die Fuldaer Zeitung darf nach Einsetzung eines neuen Hauptschriftleiters aus dem Propagandaministerium (Landesstelle Kurhessen in Kassel), Meinardi, wieder erscheinen.

TB 3. 6. 35

Festnahme des Fensterputzers Friedrich Krümmling, wohnhaft Marburg, wegen Beleidigung des Führers.[47] – Fürbittgebet der Bekenntnisfront Kurhessen und Waldeck für die gefangenen und ausgewiesenen Pfarrer und Ältesten und Rundschreiben über neue Ausweisungen und Kirchenstreit. – Vorzensur gegen den Bonifatiusboten in Fulda wegen Auseinandersetzung mit Rosenbergs Schriften. – Sachbeschädigung an jüdischen Geschäften in Fulda. – Zeitweilige Schließung des Kaufhofs (vorm. Tietz) in Kassel.

---

[47] Das Verfahren gegen Krümmling wurde eingestellt (Ber. v. 29. 7. 35).

209. Tagesberichte und Ereignismeldungen

TB 5. 6. 35

Festnahme des Schriftsetzers Erich Behrend, wohnhaft Kassel, wegen kommunistischer Inschriften. – Sachbeschädigungen an jüdischen Geschäften in Eiterfeld, Kreis Hünfeld.

TB 6. 6. 35

Bekenntnisgottesdienst in Tann, Ldkr. Fulda, mit Ansprachen der Pfarrer Hans Zimmermann aus Mottgers, Kreis Schlüchtern, und Diegritz aus Burgsinn (Unterfranken).[48] – Schmierereien an einer katholischen Kirche in Kassel.

TB 7. 6. 35

Festnahme der Arbeiter Karl Reum, wohnhaft Schmalkalden, und Georg Lindner, wohnhaft Haitz, Kreis Gelnhausen, wegen Verächtlichmachung der Bewegung.[49]

TB 8. 6. 35

Festnahmen der Transportarbeiter Adam Hans Heiliger und Otto Friedrich Heiliger, beide wohnhaft Hanau, und des Formers Eduard[!] Burghard, wohnhaft Großauheim, wegen kommunistischer Inschriften.[50]

TB 11. 6. 35

Bundestag des Deutschen Wandervogels auf der Burg Ludwigstein, Kreis Witzenhausen, mit 280 Teilnehmern; keine Beanstandungen.

TB 12. 6. 35 (nicht erhalten)

Betr.: Einweihung des Heeresmuseums Kassel.

TB 14. 6. 35

Festnahme des Jungvolk-Stammführers in Witzenhausen wegen Vergehens gegen § 175 StGB mit Angehörigen des Jungvolks.

---

[48] Weitere Ermittlungen blieben ohne Erfolg (Ber. v. 29. 7. 35).
[49] Reum wurde vom AG Schmalkalden zu 4 Wochen Haft verurteilt (Ber. v. 17. 7. 35).
[50] Verurteilt zu hohen Haftstrafen durch das OLG Kassel (TB 30. 9. 35).

TB 18. 6. 35

Festnahme des Invaliden Wilhelm Schröder, wohnhaft Kassel, wegen kommunistischer Äußerungen. – Die St. Kunigundis-Kirche in Kassel von Salesianern übernommen. – Gerüchte über angebliche englische Interessen an der staatlichen Anerkennung der Bekenntnisfront.

TB 20. 6. 35

Festnahme eines jüdischen Kaufmannes, wohnhaft Hanau, wegen Sittlichkeitsvergehens an einem arischen Lehrmädchen.[51] – Abwerbungsversuche bei Deutschen Christen in Fulda durch Bekenntnispfarrer.

TB 22. 6. 35

Demonstrationen gegen den Modesalon des verhafteten Kaufmanns und ein arisches Geschäft in Hanau. – Vortrag der Ludendorff-Bewegung in Kassel mit etwa 600 Zuhörern aus Tannenbergbund, NSDAP, SA, SS, Landespolizei, Wehrmacht; keine Beanstandungen.

TB 24. 6. 35

Einschlagen von Fensterscheiben und Sachbeschädigungen an jüdischen Häusern in Gelnhausen.

TB 26. 6. 35

Verbreitung von Flugblättern in Fulda.

TB 29. 6. 35

Festnahme der Juden Michael, Adolf und Rosa Treiser in Kassel „wegen Verdachts des Devisenvergehens". – Kommunistische Propaganda in einer Bürgerschule in Kassel.

TB 30. 6. 35

Pflichtappell des NSDFB Marburg mit unmutiger Rede des NSDFB-Gauleiters Baier aus Rennerod über das Verhältnis des NSDFB zur Partei.

---

[51] Der Betreffende wurde zu 2 Jahren Gefängnis verurteilt (Ber. v. 8. 7. 35).

209. Tagesberichte und Ereignismeldungen

TB 1. 7. 35 (nicht erhalten)

Selbstmord eines Landwirts in Bad Orb wegen Übervorteilung beim Viehkauf durch einen Juden.

TB 2. 7. 35

Einwurf von Fensterscheiben bei jüdischen Häusern in Rhina, Kreis Hünfeld, und Gelnhausen. – Gewalttätigkeiten des Ortsgruppenleiters der NSHAGO und Ortsgruppenamtswalters der DAF, [. . .], in Gersfeld in angetrunkenem Zustand gegen Anhänger der Bekenntnisfront. – Rundschreiben der Einstweiligen Kirchenleitung und Verlautbarungen einzelner Pfarrer gegen den in Kassel anwesenden Reichsbischof.

TB 3. 7. 35

Unruhe in Kassel über Kartoffelmangel. – Polizeihaft gegen sechs Juden in Schenklengsfeld, Kreis Hersfeld, wegen angeblicher Provokation anläßlich eines Jugendfestes.

TB 4. 7. 35

„Formvollendet volkstümliche" Ansprache des Reichsbischofs in Kassel vor 2 000 Zuhörern. – Mitgliederversammlung der Kasseler Bekenntnisfront mit 260 Teilnehmern und einer Ansprache des Oberkirchenrats Koehler gegen den Reichsbischof. – Angriff auf einen durchreisenden holländischen Staatsangehörigen wegen Nichtgrüßens von SA-Fahnen in Kassel; die SA hat sich entschuldigt.

TB 5. 7. 35

Tagung des Kurhessischen Pfarrervereins in Marburg am 2./3. 7. mit 160 Personen unter staatspolizeilicher Überwachung. Ablaßgebet des Bischofs von Fulda. – Flugblatt der Deutschen Glaubensbewegung (Hauer-Reventlow), Ortsgruppe Kassel.

TB 6. 7. 35

Verletzung eines Chilenen wegen Nichtgrüßens von Fahnen in Kassel; SA und Polizei haben sich entschuldigt. – Schmierereien an Häusern von Juden in Kassel. – Einschlagen von Fenstern bei Juden in Zierenberg, Kreis Wolfhagen. – Streublätter wegen der angeblichen Devisenvergehen der katholischen Kirche in Marbach, Ldkr. Fulda. – Erfolgreich verlaufene Versammlungen des Reichsbischofs in Korbach und Marburg, hier mit zusammen 2 000 Personen. – NS-Transparent in Marburg gegen Juden und Katholische Kirche wurde entfernt.

TB 8. 7. 35

Der 5. Reichskriegertag des Kyffhäuserbundes in Kassel mit 200 000 Teilnehmern ist ohne Zwischenfälle und in loyaler Stimmung abgelaufen. Somit keinerlei Beanstandungen, ,,trotzdem . . . alle Beamten der Stapo und V-Männer zur Erforschung der Stimmung unter den Teilnehmern angesetzt" waren. – Einwurf von Fensterscheiben bei Juden in Hersfeld. – Gründung einer Ortsgruppe des zionistischen Landesverbandes Hechaluz in Wolfhagen.

TB 9. 7. 35

Erfolgreicher Besuch des Reichsbischofs in Gelnhausen.

TB 10. 7. 35

Festnahme des Invaliden Adam Bormann und des Maurers Konrad Finger wegen Beleidigung des Führers.

TB 11. 7. 35

Zusammenstöße zwischen jüdischen Viehhändlern und Bauern auf dem Viehmarkt in Fulda, der geschlossen werden mußte.

TB 12. 7. 35

Festnahme des kaufmännischen Angestellten Ernst Euler in Hanau wegen Verächtlichmachung der Reichsregierung und des Führers desgl. des Jungvolkstammführers in Fulda wegen Vergehens nach § 176 StGB. – Ein Sommerlager der zionistischen Jugendgemeinschaft Habonim Noar Chalusi, Ortsgruppe Fulda, wurde genehmigt.[52] – Amtsenthebung des Landesgemeindeleiters der Deutschen Glaubensgemeinschaft Loewié und des Propagandaleiters Urbach wegen unbefugter Verbreitung von Flugblättern.

---

[52] Der Antrag wurde zurückgezogen (Ber. v. 15. 7. 35).

TB 13. 7. 35

Verbot einer Versammlung des Kreisbruderrats der BK für den Kirchenkreis Fulda in einem Saal der Inneren Mission wegen Gefährdung der öffentlichen Ordnung infolge angedrohter Sprengung „durch kirchenpolitische Gegner".

TB 15. 7. 35

Einwerfen von Fensterscheiben bei einem jüdischen Kaufmann in Salmünster, Kreis Schlüchtern. – Öffentliche Versammlung der Deutschen Glaubensbewegung in Kassel mit 180 Zuhörern.

TB 16. 7. 35

Einwerfen von Fensterscheiben in einem jüdischen Geschäft in Kassel. – „Hetzmaterial" vom Zug aus verteilt. – Rundschreiben der BK Kurhessen-Waldeck.
(StA MA 165/3907)

TB 17. 7. 35

Die Kasseler Loge zur Freundschaft beschließt am 16. 7. 35 einstimmig unter Aufsicht der Staatspolizei ihre Auflösung. – Sachbeschädigung an einem jüdischen Geschäft in Kassel. – Schutzhaft für den Vertreter der Auto-Union in Kassel, Kaufmann Karl Behrens, wegen „parteigegnerischer" Äußerungen.

TB 18. 7. 35

Kommunistische Flugzettel in Kassel.

Ber. 19. 7. 35 (nicht erhalten)

Hirtenbrief des Bischofs von Fulda betr.

TB 19. 7. 35

Festnahmen der Arbeiter Ludwig Almenroth und Georg Döring, des Rohrlegers Jakob Vogel und des Schuhmachers Karl Werner, alle wohnhaft in Kassel, wegen des Absingens kommunistischer Lieder. – Ein nicht angemeldetes Jugendlager des Evangelischen Jugendwerks in Abterode, Kreis Eschwege, hat sich unter Druck der HJ „freiwillig" aufgelöst. – Gründung einer katholischen Jungschar durch den Kuratus Brodmann in Elters, Ldkr. Fulda.[53]

TB 20. 7. 35

Einleitung eines Strafvergehens gegen den katholischen Pfarrer Heinrich Lecher, wohnhaft Steinhaus, Ldkr. Fulda, wegen nicht genehmigter Haussammlung.

TB 22. 7. 35

Hirtenbrief des Bischofs von Fulda über das Verhältnis der katholischen berufsständischen Organisationen zur Deutschen Arbeitsfront. – Versendung von Publikationen der „Schwarzen Front". – Rundschreiben der deutschen antifaschistischen Bühnenangehörigen. – Kritische Äußerungen des Pfarrers in Schwebda, Kreis Eschwege, Otto Wittekindt, während einer Predigt.

TB 23. 7. 35

Festnahme von 18 Personen, die verdächtigt werden, „führend an dem Neuaufbau der KPD beteiligt zu sein", nämlich Schlosser Eduard Wilhelm, wohnhaft Harleshausen, Invalide Justus Krug, wohnhaft Kassel, Arbeiter Ernst Lohagen, wohnhaft Kassel, Paula Lohagen, ebd., Schmied Heinrich Waldeck, wohnhaft Harleshausen, Schlosser Traugott Eschke, ebd., Schlosser Günther Schmitz, wohnhaft Kassel, Händler Walter Bönning, ebd., Stenotypistin Käthe Westhoff, ebd., Schlosser Heinrich Prior, ebd., Maschinenschlosser Walter Buda, ebd., Zahntechniker Kurt Finkenstein, ebd., Kaufm. Angestellter Erich Weinert, ebd., Kontoristin Ilse Neese, ebd., Blumenbinder Paul Jörg, ebd., Kraftfahrer Karl Prior, ebd., Anni Oheim geb. Handwerk, ebd., Kaufmann Georg Pretz, ebd. – Rundschreiben von Vertrauensmännern des kurhessischen Pfarrervereins an die Pfarrer wegen angeblicher Zustimmungen zu der Rede des Gauleiters vom 18. 5. 1935.

TB 24. 7. 35

Verknappung von Speisekartoffeln, Obst und Beerenfrüchten.

---

[53] Die Gründung der Jungschar wurde wieder zurückgezogen (Ber. v. 22. 7. 35).

209. Tagesberichte und Ereignismeldungen

TB 25. 7. 35

Verhaftung dreier weiterer Kommunisten. – Vorübergehende Entlassung von 300 Arbeitern beim Bau des Flugplatzes Fritzlar. – Selbstauflösung des Bürgervereins in Bad Wildungen. Die Sammlung von Unterschriften zugunsten eines Bekenntnispfarrers für die Nachfolge auf der Kreispfarrerstelle wurde in Fulda verboten. – Überwachung des katholischen Pfarrers Gnau in Großentaft, Kreis Hünfeld, wegen seiner Predigten. – Der NSDFB erschwert Austritte bes. von SA-Männern. – Anprangerung von Käufern in jüdischen Geschäften in Hofgeismar.

TB 26. 7. 35 (nicht erhalten)

U.a.: Verhaftung von KPD-Mitgliedern in Kassel. – Auflösung der Loge „Braunfels zur Beharrlichkeit/St. Johannis-Konvent" in Hanau.

TB 27. 7. 35

Beschlagnahme von Materialien im Zusammenhang mit der Verhaftung der KPD-Bezirksleitung, 20 weitere Verhaftungen sind zu erwarten. Verbot des Tragens von Abzeichen und Uniformen sowie aller öffentlichen Versammlungen im Kreis Schmalkalden. – „Freiwillige" Selbstauflösung der Loge „Braunfels zur Beharrlichkeit/St. Johannis-Konvent" in Hanau. – Predigt des katholischen Pfarrers Eduard Nüdling in Mackenroth, Ldkr. Fulda, gegen die Deutsche Glaubensbewegung. – Starke Werbung für den katholischen Jungfrauen-Verein im Ldkr. Fulda. – Auflösung eines unangemeldeten Jugendlagers der Baptisten in Asmushausen, Kr. Rotenburg.

TB 27. 7. 35

Festnahme des Webers Gregor Lotz, wohnhaft in Schlüchtern, wegen Beleidigung des Führers. – Angriff auf den jüdischen Kaufmann Elion Frankenhuis aus Holland in der Badeanstalt von Bad Wildungen. – Entfernung unkorrekter Hakenkreuzfahnen in Kassel.

TB 29. 7. 35

Beraubung von Opferstöcken in Kassel. – Amtsverrichtung des Pfarrers Eichhöfer in Reichensachsen, Kreis Eschwege, in der Gemeinde Schwebda, Kreis Eschwege, und deshalb Verhängung von Polizeihaft gegen ihn. (StA Ma 165/3907)

Ber. 29. 7. 35 (nicht erhalten)

U.a. Urteil gegen Kuratus Roth.

TB 30. 7. 35

Unruhe unter Bauern über Gebührenzahlung an die Ortssammelstellen beim Frühkartoffelverkauf. – Pappschild mit Warnung vor der Aufrüstung bei Großalmerode, Kreis Witzenhausen, aufgefunden.

TB 31. 7. 35

Polizeihaft für einen jüdischen Händler, wohnhaft in Heubach, Kreis Schlüchtern, wegen unsittlichen Verhaltens. – Einschlagen von Fensterscheiben bei Ansammlungen gegen Juden in Hersfeld (Bäckerei Sally Hirsch). – Festnahme des Invaliden August Lange und des Schlossers Heinrich Götzmann, beide wohnhaft Kassel, wegen führender Tätigkeit in der KPD.

TB 1. 8. 35

Festnahme der Arbeiter Otto Bornkessel und Albert Schäfer, beide wohnhaft Kassel, wegen „politischer Schlägerei". – Schutzhaft gegen Emilie Löwenstein, wohnhaft Korbach, wegen Anspeiens des örtlichen SS-Führers auf der Straße, und des Schlossers Georg Nolte, wohnhaft Korbach, wegen abfälliger Äußerungen über Hitler und Göring. – Kommunistische Schriften im Ldkr. Hanau aus einem Zug geworfen.

TB 5. 8. 35

Beschlagnahmter Brief des Pfarrers Volkenand aus Obergude, Kreis Rotenburg. – Eine Versammlung des Katholischen Arbeitervereins in Hanau am 26. 7. besprach Fragen der Doppelmitgliedschaft in konfessionellen Arbeitervereinen und der DAF.

TB 6. 8. 35

Festnahme des Buchdruckers Adolf Kaiser, wohnhaft Marbach, Ldkr. Marburg, wegen einer politischen Äußerung.[54] – Verlesung kirchenamtlicher Äußerungen zum Sterilisierungsgesetz und zur kirchlichen Jugendarbeit durch den katholischen Dechanten Hardebusch in Eppe, Kreis Korbach.

---

[54] Das Verfahren wurde eingestellt (Ber. v. 24. 10. 35).

209. Tagesberichte und Ereignismeldungen

TB 10. 8. 35

Autobusausflug der katholischen Jugend in Höchst, Kreis Gelnhausen, wird verboten. – Übernahme von Ferienpflegekindern wird von früheren Zentrumsangehörigen in Fritzlar boykottiert.

TB 12. 8. 35

Beschädigung eines „Stürmerkastens" in Eckweissbach, Ldkr. Fulda. – Öffentliche Anprangerung eines jüdischen Viehhändlers und seiner Familie sowie des Bauern Adam Bartholomäus, wohnhaft Bebra, wegen Handels zur Gottesdienstzeit. – Festnahme des jüdischen Auszüglers Moses Lilienfeld, wohnhaft Niederaula, wegen Beleidigung arischer Personen und der SA. – Gefängnisstrafe für einen Notstandsarbeiter, wohnhaft Gotthards, Kreis Hünfeld, wegen Unterschlagung von Mitgliedsbeiträgen der DAF.

TB 13. 8. 35

Einwurf von Fensterscheiben in der Synagoge in Witzenhausen. – Verteilung von Traktaten der Bibelforscher in Ginseldorf, Ldkr. Marburg. – Öffentliche Anprangerung und Schutzhaft für den Landwirt Hermann Lecher und den Landhelfer Willi Lotter, beide wohnhaft Momberg, Kreis Marburg, wegen Ausstattung einer Vogelscheuche mit SA-Uniformteilen.

TB 15. 8. 35 (nicht erhalten)

U.a. Verhaftung von KPD-Anhängern.

TB 16. 8. 35

Beschmieren von Häusern jüdischer Einwohner in Wohra, Ldkr. Marburg. – Einwurf von Fensterscheiben und Schmierereien gegen Geschäftspartner von Juden in Argenstein, Ldkr. Marburg. – Sachbeschädigung bei einem Juden in Lohra, Ldkr. Marburg, wegen intimer Beziehungen zu einer arischen Frau. – Katholische Geistliche bevorzugen Zivilkleidung zur Tarnung. – Exerzitien für Priester der Diözese Fulda im Priesterseminar Fulda mit rein religiösem Inhalt. – Predigt des Dechanten August Gnau, wohnhaft in Großentaft, Kreis Hünfeld, über die Verfolgung der katholischen Kirche. – Schändung der evangelischen Kirche in Frieda, Kreis Eschwege.

TB 19. 8. 35

Einwurf von Fensterscheiben und Spottschilder an der Kasseler Synagoge. – Bedrohung und vorübergehende Schutzhaft für zwei Bewohner von Friedewald, Kreis Hersfeld, wegen Handels mit Juden. – Maßnahmen gegen drei Juden in Oberaula, Kreis Ziegenhain, die einen Jungen wegen angeblicher Anbringung eines Plakats an der Synagoge geschlagen hatten. – Schutzhaft gegen den jüdischen Rechtsanwalt Alfons Müller in Schmalkalden wegen Verbreitung von Gerüchten über den Gauleiter Sauckel. – Praktiken der Umgehung von Devisen- und Postsperren durch Juden. – Strafantrag gegen zwei katholische Bewohner wegen der Entfernung antikatholischer Plakate der Gauleitung Kurhessen. – Flugblatt von Bekenntnispfarrern abgefangen.

TB 20. 8. 35

Einwurf von Fensterscheiben bei Juden in Schlüchtern durch HJ-Mitglieder, die daraufhin ausgeschlossen wurden. – Kommunistischer Flugzettel in Hanau. – Sportliche Betätigung einer katholischen Jungschar in Großentaft, Kreis Hünfeld, unter Führung des Kaplans Rudolf Hammer. – Schutzhaft für den Gemeindeförster Grunow in Brotterode, Kreis Herrschaft Schmalkalden, ,,wegen dauernder Hetzerei gegen Staat und Bewegung".

TB 21. 8. 35

Verwarnung für den Arbeiter August Beuscher, wohnhaft Ulmbach, Kreis Schlüchtern, wegen Verächtlichmachung der DAF und Schutzhaft für den Kriegsinvaliden August Römhild, wohnhaft Hergesvogtei, Kreis Schmalkalden, wegen Äußerungen über die Funktionäre der NSDAP. – Anordnung verstärkter Bittgebete für Frieden und Freiheit für die Kirche durch den Bischof von Fulda.

TB 22. 8. 35

Einwurf von Fensterscheiben bei Juden in Fulda. – Anonymes Schreiben an einen Beteiligten der Anprangerungsaktion in Bebra (TB 12. 8.). – Zerstörung einer Christusstatue in Fulda. – Beschlagnahme eines ,,Wirtschaftlichen Mitteilungsblatts" der Handelskammer der UdSSR in Moskau.

TB 23. 8. 35

Schutzhaft gegen die drei ehemaligen SPD-Mitglieder Heinrich Schneider, Schlachter, August Fricke und Ludwig Lind, beide Bäcker, alle wohnhaft

Kassel, wegen Herabsetzung der DAF. – Festnahme von drei KPD-Mitgliedern in Hannoversch Münden. – Auflösung einer katholischen Pfadfindergruppe nach einem Auftritt in Formation und Uniformen anläßlich einer Wallfahrt zur Liebfrauenheide bei Kleinkrotzenburg, Ldkr. Offenbach/Main. – Tumulte wegen angeblicher Mißstände in dem Kasseler Karlshospital der Inneren Mission. Die Stadt Kassel beabsichtigt Übernahme.

TB 24. 8. 35

Schutzhaft für den Juden Max Rosin, Kaufmann, wohnhaft Kassel, wegen selbstbewußter jüdischer Reden in der Öffentlichkeit. – Einwurf von Fensterscheiben in Hoof, Ldkr. Kassel, durch SA-Männer. – Sammlung verbotener konfessioneller Verbände im „Roten Kreuz" von Großauheim, Ldkr. Hanau, durch den katholischen Arzt Dr. Freisfeld.

TB 26. 8. 35

Einleitung eines Strafverfahrens gegen Dr. med Hermann Reuter, wohnhaft Borken, Kreis Fritzlar, Mitglied des NSDFB, wegen des Erzählens von politischen Witzen. – Einwurf von Fensterscheiben und Entfernung eines Plakats gegen die Zerstörung von jüdischem Eigentum in Kassel.

TB 27. 8. 35

Volksmissionsfest, Jugendversammlung und Mitarbeitertagung am 25. 8. in Marburg unter Leitung bekennender Pfarrer wie Pastor Busch aus Witten, Pfarrer Geller, Marburg, Diakon Jourdan, Kassel. – Verbot der Abhaltung von Religionsunterricht für den Kaplan Himmelmann in Ulmbach, Kreis Schlüchtern, wegen Nichtgebrauchs des Hitlergrußes. – Drucksache mit Gebeten im Zusammenhang mit der Seligsprechung des Kaplans Faulhaber.

TB 28. 8. 35

Aufläufe vor dem jüdischen Schuhgeschäft Knobloch in Kassel. – Gerüchte über die Devisenprozesse.

TB 29. 8. 35

Schmierereien an jüdischen Geschäften in Kassel. – Rundschreiben der Bekennenden Kirche Kurhessen-Waldeck. – Verdacht verbotener Aktivitäten gegen den früheren Gewerkschaftssekretär und Reichstagsabgeordneten Paul Vogt, früher Meiningen, jetzt Erfurt.

TB 30. 8. 35

Gründung eines „Vereins zur Bekämpfung von Juden und Judenknechten" im Kreis Schlüchtern.[55]

TB 31. 8. 35

Festnahme des Kaufmanns Willi Kahl, wohnhaft Kassel, wegen kommunistischer Äußerungen.

TB 3. 9. 35

Festnahme des Politischen Leiters und Angestellten beim Preußischen Hochbauamt II Kassel [. . . .], wohnhaft in Kassel, wegen Unterschlagung. „Von der Staatspolizeistelle ist in vorstehenden Fällen ausnahmsweise nichts weiter veranlaßt worden, weil die Taten bereits vor Bekanntwerden des Erlasses des Reichs- und Preußischen Ministers betr. Terrorakte gegen Juden begangen worden sind und Strafantrag nicht vorlag."

TB 5. 9. 35

Sachbeschädigungen am Hause eines Juden in Wüstensachsen, Ldkr. Fulda, desgl. bei einem jüdischen Gastwirt in Ungedanken, Kreis Fritzlar. – Überfall auf den jüdischen Geschäftsreisenden Ludwig Nachmann aus Gemünden/M., z.Zt. wohnhaft Flieden, Ldkr. Fulda. – Pfarrer Wintzer in Eschwege lehnt Vertretung des Bekenntnispfarrers Eichhöfer in Reichensachsen, Kreis Eschwege, ab.

TB 7. 9. 35

Menschenansammlung von 250 Personen vor einem jüdischen Geschäft in Kassel von Schutzpolizei zerstreut.

TB 10. 9. 35

Schutzhaft gegen den Schlosser Wilhelm Appel, wohnhaft Harleshausen, Ldkr. Kassel, wegen Verdachts der Verteilung kommunistischer Flugblätter.

---

[55] Diese Gründung wird „nach dem Ergebnis der Besprechung in der Landrätekonferenz . . . auch von der hiesigen Gauleitung für unerwünscht gehalten" (Vermerk des RP 30. 9. 35).

TB 11. 9. 35

Ratsherren der Stadt Felsberg, Kreis Fritzlar, haben eine „Judenordnung" herausgegeben. – Graue Windjacken als Erkennungszeichen für Zugehörigkeit zur „Eisernen Front". – Festnahme des Arbeiters Andreas Lang und des Scherenschleifers Anton Feustel, beide z.Zt. auf Wanderschaft mit dem Wohnwagen, wegen Äußerungen u.a. über den Reichstagsbrand. – Vorgehen gegen eine Fleischersfrau in Besse, Kreis Fritzlar, wegen Verbreitung von Gerüchten.

TB 13. 9. 35

Schutzhaft gegen den Schneidermeister Wilhelm Wagner, wohnhaft Kirchhain, und den Schreiner Konrad Breul, wohnhaft Kassel, beide „alte Marxisten", wegen Kritik an Maßnahmen der Regierung bzw. Beleidigung des Führers, und des Althändlers Lazar Raps wegen Herabsetzung von Staat und Partei. – Urteil im Schnellverfahren (4 Wochen Haft) gegen den Maurer Lorenz Schäfer, wohnhaft Dietershausen, Ldkr. Fulda, wegen Erzählens politischer Witze. – Neugründung des 1933 „gleichgeschalteten" Sportvereins „Rot-Weiß" in Korbach durch frühere Mitglieder, die „überwiegend der Freien Turnerschaft, KPD, SPD und sonstigen dem Nationalsozialismus feindlichen Organisationen" angehören; der Verein wird verboten werden. – Die Beschlagnahme eines „Merkblattes für Kirchenvorstände" der Einstweiligen Kirchenleitung über die Beurteilung der Rechtslage der Landeskirche wird vorbereitet.[56] – Gerüchte über Auseinandersetzungen zwischen dem Reichsbischof Müller und dem neu eingesetzten Kirchenminister Kerrl sind stark verbreitet. – Einwerfen von Fensterscheiben bei jüdischen Kaufleuten in Wehrda, Kreis Hünfeld, und Adorf, Kreis Korbach, tätlicher Angriff auf die Inhaber der Fa. V. Löwenstein in Gensungen, Kreis Melsungen, Beschmierung von jüdischen Geschäften und Häusern in Rotenburg durch Angehörige von Partei und SA. – Glassplitter in Brotlieferungen für die NS-Verfügungstruppe in Arolsen. – Kritik des Landwirts Konrad Jordan, wohnhaft Weichersbach, Kreis Schlüchtern, an der NSDAP.

TB 18. 9. 35

Juden verschicken Briefsendungen nicht mit der Post, sondern als Expreßgut mit der Bahn und an Mittelsleute. – „Rekrutenexerzitien" geplant in Fulda, Bad Soden, Fritzlar, Heiligenstadt und Friedrichroda (Thür.).

---

[56] Dazu StA Ma 180 LA Hersfeld 1308.

TB 21. 9. 35

Kommunistische Inschriften in Marburg; vgl. folgenden TB.

TB 24. 9. 35

Juden beantragen zahlreich Reisepässe und Führungszeugnisse. – Sachbeschädigungen bei Juden in Wolfhagen und Marburg. – Schutzhaft in Bruchköbel, Ldkr. Hanau, gegen den jüdischen Händler Siegmund Traub, wohnhaft Heldenbergen, Kreis Friedberg, wegen feindseliger Äußerung gegen Hitler.[57] – Jude polemisiert in der Bahn gegen den Nationalsozialismus. – Wegen der Inschriften lt. TB v. 21. 9. in Marburg 7 ehem. KPD-Angehörige festgenommen, von denen „einer der SA-Res., einer der DAF und einer der NSKOV" angehört. – Der Klavierstimmer Wilhelm Stellbrink, wohnhaft Marburg, steht im Verdacht, Kurier der KPD zu sein.

TB 25. 9. 35

Schutzhaft gegen den arischen Viehhändler Wilhelm Helferich, wohnhaft Rengersfeld, Ldkr. Fulda, wegen Verkaufs von minderwertigem Vieh, gegen Paul Becker, wohnhaft Nackenheim[!], Kreis Schlüchtern, wegen Anzweiflung der arischen Abstammung von Goebbels, und den Angestellten Christian Schmidt[58], wohnhaft Marburg, wegen Charakterisierung der Sozialversicherung „als größten Volksbetrug" und anderer KPD-freundlicher Äußerungen. – Erpressung und Körperverletzung gegen den jüdischen Viehhändler Abraham Sommer, wohnhaft Heinebach, z.T. durch SA-Männer wegen eines Viehverkaufs. – Gerüchteverbreitung durch einen Hausierer in Cölbe, Kreis Marburg, feindliche Äußerungen gegen Hitler durch einen Händler in Wetter, Kreis Marburg (vgl. TB v. 7. 10. 35).

TB 26. 9. 35

Zusätzlicher Religionsunterricht in Kassel, Kreis Gelnhausen, durch den katholischen Pfarrer Ferdinand Krah und den Kaplan Josef Lier, beide wohnhaft ebd. – Flugblätter des Landesvereins für Innere Mission Hessen-Kassel an die evangelischen Pfarrer.

---

[57] Verfahren eingestellt (Randbem. 19. 2. 36)
[58] Das Verfahren gegen Schmidt wurde eingestellt, doch verlor er seine Stellung beim Marburger Finanzamt (Ber. v. 4. 3. 36).

209. Tagesberichte und Ereignismeldungen

TB 27. 9. 35

Denunzierendes Schreiben eines Pfarrers in Wetter, Ldkr. Marburg, an die NS-Ortsleitung Wetter gegen die Marburger Stadtmission und ihren Leiter.[59] – Sender Straßburg hat die Erklärung der Hakenkreuzfahne zur alleinigen Reichsfahne schon vorher bekanntgegeben.

TB 30. 9. 35

Die Fieseler-Flugwerke in Kassel unterhalten Geschäftsbeziehungen zu der jüdischen Holzfirma Wittowski in Berlin. – Geschlossene Versammlung von 20 Anhängern der Bekenntnisfront unter Pfarrer Viering in Willingen, Kreis Korbach. – Verurteilung der drei Hanauer Kommunisten Edmund[!] Burghard, Adam Heiliger und Otto Heiliger zu Zucht- und Gefängnisstrafen wegen Anbringung kommunistischer Aufschriften auf der Hanauer Mainbrücke am 3./4. 6. 35 (vgl. TB 8. 6. 35).

TB 2. 10. 35

Juden versuchen, durch Einschaltung von Strohmännern das Gesetz über die Beschäftigung weiblicher arischer Angestellter unter 45 Jahren zu unterlaufen. – Einwerfen von Fensterscheiben in Tann, Kreis Fulda, und Spangenberg, Kreis Melsungen. – Der Ortsgruppenleiter von Ziegenhain, Hoos, animiert zum Viehverkauf an Juden. – Vom Kreisbauernführer in Ziegenhain, Möller, aufgekauftes Vieh wird von ihm an Juden weiterverkauft. – Selbstauflösung der „Burg" (Loge) „Philipp der Großmütige" in Kassel. – Hirtenwort des Bischofs von Fulda zum Winterhilfswerk und zur Herbstlebensmittelsammlung. – Schließung dreier jüdischer Fleischereien in Karlshafen, Kreis Hofgeismar, wegen Unsauberkeit.[60]

TB 3. 10. 35

Verhaftung des früheren Bergmanns Hans Schultz, auf Wanderschaft, wegen kommunistischer Reden. – Broschüren der Bibelforscher. – Flugblätter der Bekennenden Kirche Kurhessen-Waldeck. – „Große Erregung" wegen Butterknappheit auf dem Kasseler Wochenmarkt.

---

[59] Abschrift beiliegend.
[60] Verfahren eingestellt (Randbem. v. J. 1936)

TB 5. 10. 35

Einwerfen von Fensterscheiben bei jüdischen Häusern in Fronhausen, Ldkr. Marburg. – Gerüchte über angebliche Kosten der reichsbischöflichen Kirchenführung.

TB 7. 10. 35

Schutzhaft gegen die Hausierer Wilhelm Wagner und Josef Simmer, beide wohnhaft Marburg, wegen abfälliger Äußerungen gegen die Regierung und den Führer (vgl. TB 25. 9.).[61] – Entfernung einer Hakenkreuzschleife auf dem Kasseler Hauptfriedhof.

TB 8. 10. 35

Angesichts der Butterknappheit „tumultartige Scenen" auf dem Kasseler Wochenmarkt und „allgemeines Fett- und Butterkaufen" in der Stadt. – Hektik auf dem Viehmarkt bei sehr reduziertem Auftrieb.

TB 9. 10. 35

Sachbeschädigung bei einem jüdischen Kaufmann in Bischofsheim, Ldkr. Hanau. – Nötigung an dem Juden Josef Rapp, wohnhaft Niedenstein, Kreis Fritzlar, durch einen SA-Mann. – Einleitung eines Strafverfahrens gegen den Sattler August Möller, wohnhaft Hettenhausen, Ldkr. Fulda, wegen Verbreitung eines Gerüchts über vorübergehende Absetzung des Reichskriegsministers v. Blomberg und des Generals Frh. v. Fritsch durch Hitler. – Planung einer bislang am Ort unüblichen weltlichen Erntedankfeier für die katholische Pfarrjugend durch den katholischen Pfarrer Hillenbrand in Großenlüder, Ldkr. Fulda. – Exerzitien für Arbeitsdienstpflichtige im Marienheim, Bad Soden, Kreis Schlüchtern. – Versuch in Allendorf, Ldkr. Marburg, die Sportabteilung der (katholischen) „Deutschen Jugendkraft" selbständig zu organisieren, wurde als „reine Umgehung des Verbots der sportlichen Betätigung für konfessionelle Vereine" gegenüber dem Abteilungsführer, Sattlermeister Konrad Görge, mit Zwangsgeld belegt. – „Propagandafeldzug" der Kreisleitung der NSDAP in Fulda gegen den „politischen Katholizismus". – Einleitung eines Strafverfahrens gegen den Arbeiter Karl Seibert, wohnhaft Holzhausen, Kreis Hofgeismar, wegen Äußerungen gegen den Reichsarbeitsdienst.

---

[61] Das Verfahren gegen Simmer wurde 1936 eingestellt (siehe Randbem.)

209. Tagesberichte und Ereignismeldungen

TB 10. 10. 35

Festnahme des Melkers Christian Vogt, wohnhaft Wolfsanger, Ldkr. Kassel, ,,wegen Verdachts kommunistischer Umtriebe" sowie von insgesamt 64 Personen ,,im Verlauf der weiteren Aktion gegen die Bezirksleitung Kassel und ihre Untergliederungen der illegalen KPD" in Hannoversch Münden. ,,Es handelt sich hierbei um die gesamte Unterbezirksleitung, die organisatorisch zur Bezirksleitung Hessen-Waldeck gehört". – Festnahme des Emil Pflug in Gemünden, Kreis Frankenberg, wegen Beleidigung des Führers und der Reichsregierung.[62] – Andrang zu den Butterständen auf dem Kasseler Wochenmarkt mit ,,tumultartigen Scenen" und Plünderung von Ständen. Erregung über Ablieferung von Butter durch die Milchversorgungsbehörde ,,nicht nach Kassel, sondern an andere Gebiete". – Versammlung der zionistischen Ortsgruppe Kassel am 9. 10. 35 in der Murhardschen Bibliothek mit 500 Teilnehmern unter Leitung des Rechtsanwalts Kugelmann. Rabbiner Dr. Hirsch aus Berlin forderte für die in Deutschland verbleibenden Juden die ,,Schaffung eines Kreditsystems für kleinere und mittlere jüdische Betriebe", kulturelle Organisationen, jüdische Volks- und Höhere Schule und für Emigranten die Einrichtung von Berufsschulen sowie Sammlungen zum Ankauf von Ländereien in Südpalästina.

TB 11. 10. 35

Erneut 11 Verhaftungen im ,,Verlauf der weiteren Aktion gegen die Bezirksleitung Kassel und ihre Untergliederungen der illegalen KPD", darunter 9 ehemalige SPD Mitglieder im Kreis Hannoversch Münden. – Kommunistische Parolen in Kassel. – Schändung der Synagoge in Meerholz, Kreis Gelnhausen. – Schutzhaft gegen jüdische Viehhändler und ihren Geschäftspartner, Bauer Simon Rudolf aus Sand.

TB 15. 10. 35

Festnahme des Bäckers Karl Emde, wohnhaft Kassel, wegen Verbreitung ,,tollster Gerüchte" nach seiner Entlassung aus dem Konzentrationslager Rehde, und des Sattlers Hermann Franke, wohnhaft ebd., wegen Verdachts der Tätigkeit für die KPD. – Einwerfen von Fensterscheiben in der Synagoge von Frankenau, Kreis Frankenberg. – Versammlung des katholischen Akademikervereins in Kassel mit 200 Teilnehmern. – Erneut 10 Festnahmen im Verlauf der Aktion gegen die KPD.

---

[62] Pflug wurde 1936 bestraft. (Randbem.)

TB 17. 10. 35

Vorübergehende Schließung der Fleischergeschäfte Theodor Meininger in Hanau und Peter Gerhardt in Witzenhausen wegen überhöhter Preise.

TB 20. 10. 35

Noch immer Butterknappheit auf dem Wochenmarkt in Kassel. Tumulte durch die Marktbeamten unterbunden.

TB 21. 10. 35

Zeichen der „Eisernen Front" im Kreis Bad Wildungen. – Mitgliederbriefe der Bekennenden Kirche Kurhessen-Waldeck über Beiträge. – Festnahme von zwei Angestellten der DAF in Hanau wegen Unterschlagung.

TB 23. 10. 35

Sachbeschädigung und Körperverletzung an dem jüdischen Viehhändler Israel Rosenbaum, wohnhaft Oberzell, Kreis Schlüchtern, und seiner Ehefrau. – Kameradschaftsabend des Evangelischen Männerwerks in Hanau mit 80 Teilnehmern unter Leitung von Pfarrer Göckel mit einem Vortrag von Studienrat Dr. Otto Rasch mit „versteckten Angriffen gegen die Regierung".

TB 29. 10. 35

In Chile erschienene regierungs- und bewegungsfeindliche Schrift.

TB 31. 10. 35

Kommunistische Inschriften in Hersfeld. – Aufgefangener Brief aus Paris. – Flugblatt gegen Zwangssterilisierung. – Brandstiftung in Hundelshausen, Kreis Witzenhausen, durch einen Geisteskranken.

TB 2. 11. 35

Entschließung der Einstweiligen Kirchenleitung und Beitritt zur Erklärung der Vorläufigen Leitung der Deutschen Evangelischen Kirche. – Auflösung der Sportabteilung DJK des Jungmännervereins in Dammersbach, Kreis Hünfeld, wegen „reger Tätigkeit gegen die HJ und den BDM". – Entspannung auf dem Wochenmarkt in Kassel.

TB 4. 11. 35

Einwerfen von Fensterscheiben bei Juden und in der Synagoge in Heinebach, Kreis Melsungen. – Artikel des Bonifatiusboten in Fulda. – Sachbeschädigungen bei Juden in Schmalnau, Ldkr. Fulda, und Frankenau, Kreis Frankenberg, durch SA-Leute. – Betrug beim Verkauf von Wein. – Auffindung eines Gewehrs.

Ber. 4. 11. 35 (nicht erhalten)

betr.: Pfarrer Menge in Niederense.

TB 6. 11. 35

Rundschreiben der Bekennenden Kirche Kurhessen-Waldeck und ihres Bruderrats, hrsg. von den Pfarrern Heppe in Cölbe und Ritter in Marburg.

TB 8. 11. 35

Illustrierte macht den Führer verächtlich – Schutzhaft gegen die Jüdin Ruth Haller, wohnhaft Niederzwehren, Ldkr. Kassel, und den Maler Jakob Carl, wohnhaft Kassel, wegen illegaler Betätigung für den KJVD in Kassel.

TB 11. 11. 35

Festnahme des Flößers Wilhelm John, wohnhaft Speele, Kreis Holzminden, wegen erfundener Angaben über eine in Speele angeblich bestehende „kommunistische Terrorgruppe".

TB 13. 11. 35

Verächtlichmachung der Reichsregierung durch den katholischen Stukkateur Peter Schneider, wohnhaft Niederselters, tätig in Kassel. – Versammlung von Anhängern der Ludendorff-Bewegung in Korbach mit etwa 120 Personen, darunter „ein großer Teil Parteigenossen, SA- und SS-Männer". – Bittschreiben an den Reichskriegsminister und Selbstverstümmelung des Bibelforschers Hermann Balz aus Roda, Bez. Kassel. – Gerüchte über angebliche Mißstände in der Gauamtswalterschule Walkemühle, Kreis Melsungen.

TB 14. 11. 35

Schändung des alten Judenfriedhofs in Fulda, evtl. durch Kinder oder Unwetter.

Ber. 15. 11. 35 auf eine Rückfrage des Regierungspräsidenten vom 9. 11. zum Lagebericht für Oktober 1935, wegen der behaupteten Preissteigerungen seit 1933:
Außer bei Kartoffeln und Brot betragen die Preissteigerungen bei Lebensmitteln und bei „Kleinigkeiten des täglichen Bedarfs" von Oktober 1933 bis Oktober 1935 in Kassel entgegen den Zahlen des Reichsindex mindestens 25, öfter mehr, Prozent; dazu detaillierte Aufstellung als Anlage.

TB 16. 11. 35

Neue Unruhe auf dem Kasseler Wochenmarkt wegen Beschlagnahme von angebotenen Butterbeständen durch den Milchversorgungsverband Kurhessen. – Rempeleien unpolitischer Art zwischen Frauen beim Anstehen auf dem Fleischmarkt. – Predigt des Pfarrers in Wolfershausen, Kreis Melsungen, Christian Nolte, gegen „die Verehrung von Rasse und Blut". – Streitigkeiten in einer Gastwirtschaft in Kassel anläßlich der Betriebsfeier eines jüdischen Betriebs.

TB 19. 11. 35

Anonyme Zusendung macht Winterhilfswerk verächtlich.

TB 23. 11. 35

Rede des Reichsministers Dr. Goebbels in der Kurhessenhalle bei Kassel vor 25 000 Zuhörern. – Unruhe auf dem Kasseler Wochenmarkt nach erneuten („zum vierten Mal") Beschlagnahmen von Butter durch die Landesbauernschaft im Ldkr. Kassel.

TB 5. 12. 35

Gedenkmünze der „marxistischen Bewegung" im Ldkr. Fulda gefunden. – Festnahme des Landjahrgruppenführers im Landjahrheim Bischhausen, Kreis Eschwege, wegen Verdachts des Vergehens gem. § 175 StGB. – Festnahme eines Landwirts aus Neuenbrunslar, Kreis Melsungen, wegen Belästigung des Oberpräsidenten.

TB 7. 12. 35

Erfassung der Schrift „Wirtschaftsinformationen", 2. Hälfte November 1935. – Ausreichende Butterversorgung in Kassel, leichter Engpaß bei Eiern.

TB 10. 12. 35

Vortrag des Evangelischen Bundes in Kassel vor 130 Zuhörern; keine Beanstandungen. – Festgenommen wegen kommunistischer Inschriften wurden der Former Albert Hilmann und der Brenner Theodor Gerecht, beide wohnhaft Rommerode, Kreis Witzenhausen.

TB 14. 12. 35

Leichte Preiserhöhungen bei Gemüse auf dem Kasseler Wochenmarkt.

TB 21. 12. 35

Öffentliche Versammlung des Preußischen Landesverbandes jüdischer Gemeinden, Berlin, am 8. 12. 35 in Bebra, Kreis Rotenburg, mit dem Vortrag geistlicher Lieder durch den Berliner Sänger Max Mansfeld und einem Referat von Dr. Ludwig Landauer, Berlin, ,,Vom Gott der Propheten"; keine Beanstandungen. – Reiches Gänseangebot auf dem Kasseler Wochenmarkt, aber knappe Butter.

210

Nachtrag zum Lagebericht der Staatspolizeistelle Kassel vom 5. 10. 1934 betr. „Unsoziale Praxis der Arbeitsämter"

18. 10. 1934

StA Ma 165/3863 (3 Seiten)

In meinem Bericht über die politische Lage vom 5. 10. 34 – 14^{30} – hatte ich unter Hinweis auf einen Bericht des Landrats in Schmalkalden die Praxis der Arbeitsämter bei der Arbeitsvermittlung für junge Mütter beanstandet. Ich bin der Angelegenheit sofort nachgegangen und habe festgestellt, daß die in dem Bericht des Landrats gegebene Schilderung, die ich in meinem Lagebericht wörtlich angeführt habe, richtig ist.

Bei der Vermittlung von Arbeitskräften für die im Landkreis Schmalkalden vorherrschende Zigarrenindustrie greifen die Arbeitsämter auf die erwerbslosen Zigarrenarbeiterinnen zurück. Der Vermittlung unterliegen auch verheiratete Frauen. Die wirtschaftlichen Verhältnisse dieser Gegend bringen es mit sich, daß die Ehefrau die Hauptunterstützungsempfängerin ist und für den erwerbslosen Ehemann nur einen Zuschlag erhält.

Es ist in letzter Zeit in mehreren Fällen vorgekommen, daß vorwiegend junge Mütter aus der Gemeinde Steinbach-Hallenberg für die dortige Zigarrenfabrik Rinn und Cloos vermittelt wurden. Es waren Mütter, deren Kinder etwa 4 bis 5 Monate alt sind. In einem dieser Fälle handelte es sich um die Mutter eines 4 Monate alten Kindes, das außerdem noch an einem eitrigen Ausschlag, dem sogenannten Milchgrind, leidet. Da die Säuglinge von den Müttern gestillt wurden und der mütterlichen Pflege dringend bedurften, wurde das Arbeitsangebot von den Frauen abgelehnt. Die Folge davon war eine 6wöchige Sperrfrist für die Unterstützung. Nach Ablauf dieser Frist wurde das Arbeitsangebot erneuert, von den betreffenden Frauen jedoch nochmals abgelehnt, da die Kinder noch nicht das Alter erreicht hatten, in dem sie fremden Menschen überlassen werden konnten. Hierauf erfolgte dann die endgültige Zahlungseinstellung der Krisenunterstützung. Die Betroffenen fielen der Wohlfahrtspflege der Gemeinde zur Last. In der Regel vergehen dann etwa 2 Wochen, bis auf Grund schriftlicher Unterlagen die Wohlfahrtsunterstützung gewährt wird. Bis zu diesem Zeitpunkt sind die Familien vielfach der bittersten Not preisgegeben. Die Bevölkerung des Kreises Schmalkalden ist der Ansicht, daß das Arbeitsamt mit Vorliebe junge Mütter vermittelt, obwohl andere Arbeitskräfte zur Verfügung stehen, ledig-

210. Unsoziale Praxis der Arbeitsämter

lich um die Erwerbslosenziffer schneller herunterzudrücken. Eine Prüfung der Angelegenheit in Steinbach-Hallenberg ergab jedoch keine Anhaltspunkte für diese Annahme.

Bestimmungsgemäß erhält derjenige keine Unterstützung, der sich *ohne berechtigten Grund* weigert, eine Arbeit anzunehmen. Ein berechtigter Grund liegt aber nach dem Gesetz vor, wenn die Versorgung der Angehörigen nicht hinreichend gesichert ist. In Zweifelsfällen müßten m. E. der Kreisarzt, die Kreisfürsorgerin und die örtliche Leitung der NS-Volkswohlfahrt darüber gehört werden, ob diese Voraussetzungen gegeben sind. Die Härte, von der die Mütter im Kreise Schmalkalden betroffen werden, liegt offenbar in der teilweise zu schroffen Handhabung dieser gesetzlichen Vorschriften durch die Arbeitsvermittlungsbehörden.

Die bisherige Praxis darf nicht fortgesetzt werden, weil dadurch die Leute nur zu Gegnern des nationalsozialistischen Staates erzogen werden. Die politische Einstellung der Bevölkerung des Kreises Schmalkalden ist zuverlässig nationalsozialistisch. Es wird jedoch überall öffentlich und scharf bemängelt, daß das Vorgehen des Arbeitsamtes gegen die Mütter nicht mit dem Willen des Führers und dem Hilfswerk „Mutter und Kind" in Einklang steht.

Ich bitte daher, durch den Präsidenten der Reichsanstalt für Arbeitslosenversicherung veranlassen zu wollen, daß die Arbeitsämter die gesetzlichen Vorschriften über die Arbeitsvermittlung so auslegen, wie es den Interessen des Familienschutzes und dem gesunden Volksempfinden entspricht. Der Hauptgrund dieser Mißstände liegt aber m. E. in der Tatsache, daß die Frauen und nicht die Männer die Unterstützungsempfänger in der Familie sind.

gez. von Pfeffer

Abschrift dem Herrn Regierungspräsidenten mit der Bitte um Kenntnisnahme vorgelegt.

211

Bericht der Staatspolizeistelle Kassel über die Wahlen zu den Vertrauensräten im Bereich der Staatspolizeistelle

9. 5. 1935

StA Ma 165/3863 (3 Seiten)

Betr.: Vertrauensratswahlen. Erlaß v. 4. 4. 35. – B Nr. 32875 II 1 E 754/35

Die Vertrauensratswahlen sind im hiesigen Staatspolizeistellenbezirk reibungslos verlaufen. Die Wahlbeteiligung betrug durchschnittlich 85—90 %. In den meisten Fällen setzten sich die fehlenden Stimmen aus Kranken und Beurlaubten zusammen.

Bei der Firma Henschel und Sohn in Kassel waren 6055 Personen stimmberechtigt, abgegeben wurden 5430 Stimmen, darunter 8 ungültige.

Die Zahl der Wahlberechtigten bei der Großen Kasseler Straßenbahn AG betrug 564 Personen. Hiervon haben sich 546 an der Abstimmung beteiligt, darunter waren 2 Stimmen ungültig, 221 Ja-Stimmen, 34 Personen haben die aufgestellte Liste abgelehnt, und in 289 Fällen sind Einzelpersonen in den Listen gestrichen worden. Das schlechte Abstimmungsergebnis wird darauf zurückgeführt, daß der Vertrauensrat kurz vor der Wahl durch Anschlag anordnete, daß die bisherigen Abzüge für das Winterhilfswerk künftig dem Wehrdank zur Verfügung gestellt werden müssen. Hinzu kommt noch, daß die Zahl der Arbeitsstunden auf Grund einer Neueinteilung von 46 auf 48 Stunden gestiegen ist und während bisher bei 6 Arbeitstagen der 7. und 8. Tag dienstfrei war, ist jetzt bei 8 Arbeitstagen erst der 9. und 10. Tag dienstfrei. Hinzu kommt, daß die Straßenbahner vor der Machtergreifung fast alle Marxisten waren.

In Fulda wurden in mehreren Betrieben über 15 % Nein-Stimmen abgegeben. Persönliche Gehässigkeiten zwischen Belegschaft und Vertrauensratsmitgliedern sollen die Ursache hierfür sein. Politische Gründe sollen hierbei keine Rolle spielen.

In Marburg ist lediglich bei der Fa. Metallwarenfabrik Seidel das Wahlergebnis als ungünstig zu bezeichnen. Wahlberechtigt waren 43 Personen, abgegeben wurden 42 Stimmen, davon waren 2 ungültig, bei 19 Stimmzetteln waren einzelne Namen durchstrichen und durch andere ersetzt worden. Der Grund hierfür ist darin zu suchen, daß die vorgeschlagenen Personen den Wählern nicht zusagten.

211. Wahlen zu den Vertrauensräten

Ein Arbeiter der Vereinigten Jutespinnerei in Hersfeld lehnte es trotz wiederholter Aufforderung ab, sich an der Wahl zu beteiligen. Es soll sich hier um einen Sonderling handeln, der sehr zurückgezogen lebt. Politisch ist er bisher nicht in Erscheinung getreten.

Bei der Dreiturmseifen-Industrie in Steinau, Kreis Schlüchtern, waren von 290 abgegebenen Stimmen 36 ungültig, 108 Stimmzettel wurden abgeändert. Die Zahl der ungültigen und abgeänderten Stimmen sind in der Zusammensetzung des Vertrauensrates zu suchen. Die Firma hatte früher ihren Sitz in Schlüchtern. Bei Verlegung des Betriebes nach Steinau ist die Belegschaft fast ausnahmslos mitgezogen. Im Laufe der letzten Jahre ist eine große Anzahl Arbeiter aus Steinau eingestellt worden. Die Arbeiter aus Schlüchtern haben nun teilweise die vorgeschlagenen Vertrauensleute aus Steinau abgelehnt und die Steinauer die Schlüchterner.

Von den Wahlberechtigten des Forstamtes Mottgers-Nord, Kreis Schlüchtern, haben von 167 Wahlberechtigten 93 nicht gewählt. Die Wahlberechtigten wohnen in den umliegenden Ortschaften des Forstamtes; sie hätten daher zum größten Teil zum Wahllokal einen Fußmarsch von einer Stunde und mehr zurücklegen müssen. Die Mehrzahl bewirtschaftet noch eine kleine Landwirtschaft. Bei der ungünstigen Frühjahrswitterung haben es die meisten vorgezogen, das am Wahltage günstige Wetter zur Feldbestellung auszunutzen. Nach Ansicht des Landrats in Schlüchtern waren die Wahlberechtigten über den Wert der Wahl auch nicht genügend aufgeklärt.

Im übrigen sind keine bemerkenswerten Beobachtungen gemacht worden.

v. Pfeffer

212

Pressenotiz über die Arbeit der Staatspolizeistelle Kassel

9. 12. 1933

StA Ma 165/3 849

Der Polizeipräsident in Kassel – Staatspolizeistelle

An den Herrn Regierungspräsidenten

Betr.: Pressenotiz über Bekämpfung des Marxismus

Ohne Verfügung

Nachdem das Geheime Staatspolizeiamt vor kurzem eine ausführliche Presseveröffentlichung über seine Tätigkeit herausgegeben hat, beabsichtige ich, die anliegenden Ausführungen über die Tätigkeit der Staatspolizeistelle der Presse zur Verfügung zu stellen. Die Veröffentlichung ist so gehalten, daß Nachteile daraus nicht erwachsen können. Die hiesige Staatspolizeistelle hat im Gegensatz zu vielen anderen Staatspolizeistellen und Polizeipräsidien bisher in völliger Anonymität und gerade auch aus diesem Grunde außerordentlich erfolgreich in der Bekämpfung des illegalen Kommunismus gearbeitet.

Da jedoch in letzter Zeit die Zeitungen oft um Nachrichten über Dinge gebeten haben, die ohnehin teilweise in der Öffentlichkeit bereits bekannt geworden sind, trage ich keine Bedenken, die anliegende Pressenotiz herauszugeben. Ich bitte daher um Zustimmung.

v. Pfeffer

Pressenotiz

Der Geheimen Staatspolizei (Staatspolizeistelle Kassel) ist es im Laufe der Monate Oktober und November gelungen, in Kassel die illegale Organisation der KPD aufzudecken. Das Büro der Bezirksleitung konnte ausgehoben und das gesamte Organisationsmaterial beschlagnahmt werden. Gegen 14 Funktionäre ist Haftbefehl erlassen worden. Sie haben wegen Vorbereitung zum Hochverrat schwere Zuchthaus- und Gefängnisstrafen zu erwarten. In

Kassel und Umgebung wurden ferner der neu organisierte Kommunistische Jugendverband Deutschlands aufgerollt und dabei 8 Personen festgenommen.

Eine erfolgreiche Polizeiaktion hat im Stadt- und Landkreis Fulda einige Tage vor der Wahl stattgefunden. Es gelang, eine Anzahl Schußwaffen mit Munition zu beschlagnahmen. Eine Reihe verdächtiger Personen wurde festgenommen. Auch sie werden sich wegen Vorbereitung zum Hochverrat zu verantworten haben. Gegen einen Teil der Festgenommenen ist bereits Haftbefehl erlassen.

Auch im Kreise Schlüchtern und im Kreis Schmalkalden konnten ein illegaler Apparat der KPD lahmgelegt und die Funktionäre festgenommen werden.

213

Aufstellung der Zahl der Juden in den Kreisen
des Regierungsbezirks Kassel

4. 8. 1935

StA Ma 165/3863

Der Regierungspräsident

An die
Landesstelle Kurhessen des Reichsministeriums für Volksaufklärung und Propaganda

Kassel

Unter Bezugnahme auf das Schreiben vom 1. Juli 1935 teile ich nachstehend die Kopfzahl der Juden aus folgenden Kreisen mit:

Stadtkreis Kassel	2500
Stadtkreis Fulda	942
Stadtkreis Marburg	193
Landkreis der Twiste (Arolsen)	114
Landkreis der Eder (Wildungen)	191
Landkreis des Eisenbergs (Korbach)	178
Landkreis Eschwege	680
Landkreis Frankenberg	391
Landkreis Fritzlar-Homberg	602
Landkreis Fulda(-Gersfeld)	359
Landkreis Hersfeld	410
Landkreis Hofgeismar	176
Landkreis Hünfeld	284
Landkreis Kassel	111
Landkreis Marburg(-Kirchhain)	704
Landkreis Melsungen	479
Landkreis Rotenburg	403
Landkreis Witzenhausen	135
Landkreis Wolfhagen	228
Landkreis Ziegenhain	609
	9689

213. Juden im Regierungsbezirk Kassel

Ich bemerke hierbei, daß für den Stadtkreis Kassel die genaue Kopfzahl nicht angegeben werden kann, weil nicht alle Juden, besonders die getauften, als Juden bekannt sind. Hinzu kommt eine gewisse Ungenauigkeit durch den dauernden Zu- und Wegzug von Juden.[1]

---

[1] Eine andere Aufstellung in StA Ma 165/3863 (ohne Datum) faßt die Kreise unter dem Gesichtspunkt einer „Kasernierung" [der Juden] in zwei Gruppen zusammen:
„Kasernierung in Kassel": Kreise Hofgeismar, Wolfhagen, Fritzlar-Homberg, Melsungen, der Eder, der Twiste, des Eisenbergs, Frankenberg, Witzenhausen, Kassel-Stadt, Kassel-**Land.**
„Kasernierung in Bebra": Kreise Marburg (-Stadt und -Land), Ziegenhain, Rotenburg, Hersfeld, Hünfeld, Fulda (-Stadt und -Land), Eschwege.

214

Anordnung der Staatspolizeistelle Kassel betr. Einziehung des
Vermögens der Philosophisch-politischen Akademie e.V.
mit Sitz in Melsungen

25. 2. 1935

StA Ma 180 LA Wildungen 780

Das Geheime Staatspolizeiamt hat gemäß § 1 der Verordnung des Reichspräsidenten zum Schutze von Volk und Staat vom 28. 2. 1933 (RGBl. I S. 83) in Verbindung mit § 14 des Polizeiverwaltungsgesetzes die
„Philosophisch-politische Akademie e.V. Sitz Melsungen"
und die
„Gesellschaft der Freunde der Philosophisch-politischen Akademie e.V."
mit sofortiger Wirkung für den Umfang des preußischen Staatsgebiets aufgelöst und verboten. Das Vermögen der Organisation wird beschlagnahmt und eingezogen, soweit das noch nicht geschehen war (Walkemühle).[1]

Zuwiderhandlungen gegen diese Anordnung werden nach § 4 der Verordnung vom 28. 2. 1933 bestraft.

Ich ersuche, etwa noch vorhandenes Werbematerial und Vermögen zu beschlagnahmen.

Über das Veranlaßte erbitte ich um Bericht bis 15. 3. 35. Fehlanzeige nicht erforderlich.

In Vertretung
gez. Dr. Hütteroth

---

[1] Die Walkemühle, Kreis Melsungen, eine Einrichtung der Philosophisch-politischen Akademie e.V., wurde am 28. 3. 1933 von der SA besetzt und übernommen, dann umgestaltet zur Gauamtswalterschule I des Gaues Kurhessen der NSDAP. Dazu: Kasseler Neueste Nachrichten vom 30. 6. 1933 (mit Abbildungen) und BA R 18/6040. – Die Philosophisch-politische Akademie ihrerseits war eine Schöpfung des Göttinger Philosophen Leonhard Nelson (1882—1927), des Begründers der „Neufriesschen Schule", einer auf den Grundsätzen eines liberalethischen Sozialismus beruhenden wissenschaftlichen Ethik und Politik.

215

Bericht des Geheimen Staatspolizeiamts an den Preußischen
Ministerpräsidenten betr. „Sturmschar"

7. 4. 1934

GStAPK I. HA Rep. 90 P Nr. 54 (2 Seiten)

In den Kreisen Gelnhausen und Schlüchtern hatte sich die Sturmschar nach ihrem Verbot nach wie vor betätigt. Die Sturmscharen haben wiederholt Aufmärsche in Uniform veranstaltet und Wehrsportübungen abgehalten.

Da den Landräten zweifelhaft erschien, ob der katholische Jugendverband „Jungschar" sich betätigen dürfe, hat der Polizeipräsident in Kassel als Leiter der Staatspolizeistelle für den Regierungsbezirk Kassel unter dem 21. Februar 1934 an die Landräte des Staatspolizeistellenbezirks folgende Verfügung erlassen:

„Gemäß Funkspruch des Geheimen Staatspolizeiamts Nr. 1 vom 1. 7. 33 waren die Geschäftsstellen des Friedensbundes Deutscher Katholiken, des Windthorst-Bundes, der Kreuzschar, der Sturmschar, des Volksvereins für das Katholische Deutschland und [des] Volksvereinsverlags GmbH, des katholischen Jungmännerverbandes sowie der Personenvereinigungen, die als Fortsetzung dieser Vereinigungen und Verbände anzusehen sind, zu schließen und deren Schriftmaterial und sonstiges Vermögen sicherzustellen. Mit Funkspruch des Geheimen Staatspolizeiamtes vom 6. 7. 33 Nr. 162 ist angeordnet worden, daß die Geschäftsstellen des Kath. Jungmännerverbandes wieder zu öffnen und sichergestelltes Material freizugeben sei. Danach besteht also das Verbot der ‚Sturmschar' nach wie vor. Ich ersuche, für seine Beachtung Sorge zu tragen."

Auf Grund dieser Verfügung ist der Landrat in Gelnhausen gegen die Sturmscharen und zugleich auch gegen die Jungscharen, die er für eine Unterorganisation der Sturmscharen hielt, eingeschritten. Die Staatspolizeistelle in Kassel hat darauf den Landrat in Gelnhausen ersucht, die von ihm angeordneten Maßnahmen gegen die Jungscharen sofort aufzuheben, da die Jungschar eine Schülerorganisation des Katholischen Jungmännerverbandes ist, die mit der Sturmschar nichts zu tun hat und nicht verboten ist.

Der Herr Reichsminister des Innern hat mit Erlaß vom 16. März 1934 – III 5170/1. 3. – das Geheime Staatspolizeiamt in dieser Sache unmittelbar um Bericht ersucht.

Den anliegenden, dem Herrn Reichsinnenminister erstatteten Bericht bitte ich weiterzuleiten.

216

Bericht der Staatspolizeistelle Kassel an den Regierungpräsidenten in Kassel über Preissteigerungen 1933—1935

15. 11. 1935

StA Ma 165/3939 Bd. 2 (3 Seiten)

(Zum Lagebericht für den Monat Oktober 1935)

Es ist richtig, daß ich den Durchschnitt bezüglich der Preissteigerung der Haushaltsführung nach den Ausgaben einer Handarbeiter-Familie genommen habe. In meinem Lagebericht wurden an dieser Stelle ja auch die Arbeitslöhne der Handarbeiter erörtert.

Zunächst füge ich eine Statistik von den hauptsächlichsten Lebensmitteln bei, die von meinem Marktmeister nach den Marktpreisen auf dem Königsplatz zusammengestellt ist. Bei den hier aufgeführten Waren liegt das Mittel noch erheblich höher als 25 %. So ist es aber nicht nur bei den Lebensmitteln, sondern auch bei allen anderen Sachen, besonders aber den Kleinigkeiten des täglichen Bedarfs. Es kostete zum Beispiel ein Flicken auf einen Kinderschuh vor 2 Jahren etwa 40 bis 50 Pfg., heute jedoch 75 bis 90 Pfg. Ebenso ist es mit den Preisen für das Geraderichten von Schuh-Absätzen, was ich aus den Rechnungen meines eigenen Haushalts ohne weiteres feststellen kann. Ein Kinderbett, was ich vor 2 Jahren habe streichen lassen, kostete damals 6,- RM. Vor einigen Wochen ließ ich ein ganz gleiches Bett von demselben Handwerker streichen; es kostete 10,- RM. Als ich den Handwerker zur Rede stellte, wies er auf das starke Steigen der Farben- und Ölpreise hin.

Meine Frau schreibt z.B. das Haushaltsgeld genau auf. Wir haben unseren Lebensstandard bisher nicht im geringsten erhöht, trotzdem mußte das Haushaltungsgeld fast um 30 % heraufgesetzt werden.

Von 2 in der Textilbranche stehenden Kaufleuten verschiedener Geschäfte habe ich erfahren, daß in der Zeit von 1933 bis Oktober 1934 eine Steigerung der gesamten Textilwaren von über 25 % im Durchschnitt stattgefunden hat. Die Senkung, die im Jahre 1935 eingetreten ist (etwa 10 %) – also immer noch 15 % über dem Stand von 1933 –, sei lediglich auf die Herabsetzung der Qualität zurückzuführen. Also ist hier offensichtlich die Preissenkung lediglich nur eine scheinbare.

Das einzige, was bisher nicht gestiegen ist, sind Kartoffeln und Brot. Für mich steht es fest, daß, wenn ein gewissenhafter Beauftragter von Geschäft zu

216. Preissteigerungen 1933–1935

Geschäft geht und dort die festliegenden Preise nachprüft und glaubwürdige Hausfrauen nach den Preisen von Kinderkleidung, Flickereien bei Schuster und Schneiderin und Bedarfsgegenständen des täglichen Haushalts befragt, auch hier mit Bestimmtheit eine Preissteigerung von mindestens 25 % bewiesen wird.

Leider lassen sich diese kleinen Ausgaben des Haushalts statistisch nicht richtig erfassen, da die Handwerker bei kleineren Reparaturen an Festpreise nicht gebunden sind und dann sagen können, ja, dieses oder jenes hat sehr viel mehr Arbeit gemacht als damals.

Zusammenfassend glaube ich daher unbedenklich sagen zu können, daß meine Behauptung im Lagebericht, die Teuerung betrage mindestens 25 %, nicht als übertrieben angesehen werden kann.

v. Pfeffer

Es kosteten im	Oktober 1933	Oktober 1935	Mehr	Prozent
1 kg Erbsen	0,50 RM	0,70 RM	0,20 RM = 40	%
1 kg Bohnen	0,44 RM	0,64 RM	0,20 RM = 45,5	%
1 kg Linsen	0,62 RM	0,73 RM	0,11 RM = 18	%
1 kg Wirsing	0,15 RM	0,24 RM	0,09 RM = 60	%
1 kg Weißkohl	0,12 RM	0,18 RM	0,06 RM = 50	%
1 kg Rotkohl	0,16 RM	0,24 RM	0,08 RM = 50	%
1 kg Möhren	0,18 RM	0,20 RM	0,02 RM = 11	%
1 kg Landbutter	2,60 RM	2,80 RM	0,20 RM = 8	%
1 kg Kalbfleisch	1,46 RM	2,12 RM	0,66 RM = 45	%
1 kg Rindfleisch	1,46 RM	1,64 RM	0,18 RM = 13	%
1 kg Hammelfleisch	1,60 RM	2,12 RM	0,52 RM = 33	%
1 kg Schweinefleisch	1,62 RM	1,76 RM	0,14 RM = 9	%
1 kg Schmalz	2,00 RM	2,20 RM	0,20 RM = 10	%
1 kg Speck, fett	1,80 RM	2,00 RM	0,20 RM = 9	%
1 kg Speck, mager	2,00 RM	2,18 RM	0,18 RM = 9	%
1 kg Leberwurst	2,02 RM	2,30 RM	0,28 RM = 13	%
1 kg Blutwurst	1,88 RM	2,18 RM	0,30 RM = 16	%
1 kg Kochwurst	1,62 RM	1,88 RM	0,26 RM = 16	%
1 kg Preßkopf	1,92 RM	2,24 RM	0,32 RM = 17	%
1 kg Schwartem.	1,42 RM	1,78 RM	0,36 RM = 25	%
1 kg Wurstefett	1,40 RM	1,68 RM	0,28 RM = 20	%
1 kg Salatöl	1,15 RM	1,48 RM	0,33 RM = 29	%
1 kg Rüböl	1,05 RM	1,36 RM	0,31 RM = 30	%

217

Bericht der Staatspolizeistelle Kassel an das Geheime Staatspolizeiamt über die Bischofskonferenz und die Generalversammlung des Bonifatiusvereins in Fulda

7. 6. 1934

StA Ma 165/3943

Schon der Fronleichnamstag am 31. 5. 34 wurde unter großer Beteiligung der katholischen Bevölkerung Fuldas in diesem Jahr gefeiert. Mehr als in den Vorjahren beteiligte sich die Bevölkerung an dieser Prozession. Die Beflaggung der Stadt ausschließlich mit Kirchenfahnen war insofern bemerkenswert, als selbst Straßenzüge, durch die die Prozession nicht führte, geflaggt waren. Von Mund zu Mund war eine rege Propaganda für die Fronleichnamsprozession gemacht worden.

Die Bischofskonferenz selbst wurde in diesem Jahr umrahmt von der Generalversammlung des Bonifatiusvereins und der sogenannten Bonifatiusoktav, und zwar vom 3. bis 10. Juni 1934. Die feierliche Eröffnung der Bischofswoche war am Sonntag, dem 3. Juni 1934. Am 3. 6. 34 sprachen im Dom zu Fulda die Bischöfe:
Staatsrat Dr. Berning aus Osnabrück und der Bischof von Meißen.

Neu in diesem Jahr war die sogenannte Glaubenswallfahrt der katholischen Männer und Jungmänner am 5. 6. 34 zum Dom, zum Grabe des heiligen Bonifatius. In Sonderzügen und sonstigen Verkehrsmitteln wurden die Männer und Jungmänner Fuldas und der näheren und weiteren Umgebung zu der um 21 Uhr stattfindenden Kundgebung nach Fulda gebracht. Von den einzelnen Stadtkirchen aus setzten sich die Teilzüge um 20 Uhr zum Dom hin in Bewegung. Es waren ca. zehntausend Männer und Jungmänner, die im Dom die Predigt des Bischofs von Rottenburg anhörten. Auf dem Domplatz hatte sich eine nach Tausenden zählende Menge zusammengefunden, da die Predigt durch aufgestellte Lautsprecher übertragen wurde. Sämtliche Predigten hatten das Thema: ,,Furchtlos und treu". Nach der Predigt wurde gemeinschaftlich das Glaubensbekenntnis von allen Beteiligten laut gebetet, und das Lied: ,,Fest soll mein Taufbund immer stehen" beendigte diese große Kundgebung. Die Glaubensandacht war gegen 22 Uhr beendet, so daß die auswärtigen Teilnehmer wieder mit Sonderzügen und Lastautos in ihre Heimatdörfer abtransportiert werden konnten.

Bemerkenswert war, daß in Fulda bis zum Dienstag mit den Reichsflaggen nicht geflaggt war; selbst die kommunalen Anstalten wie Landesleihbank, Landeskrankenhaus und Kreissparkasse hatten nur die Kirchenfahnen gehißt. Erst nach Aufforderung des Oberbürgermeisters, am Dienstag, dem 5. 6. 34, erschienen auch die Reichsflaggen im Straßenbild.

Die Bischofswoche findet in diesem Jahr am 10. 6. 34 ihren Abschluß in dem sogenannten Fuldaer Katholikentag. An diesem Tage finden in sämtlichen Kirchen Fuldas und in den größeren Orten der Diözese besondere Predigten führender katholischer Geistlicher statt.

Die eigentliche Bischofskonferenz begann am Dienstag, dem 5. 6. 34, mit einem Pontifikalamt und der Predigt des Bischofs Dr. Bares von Berlin. Anschließend war die Eröffnungsandacht der Bischofskonferenz durch Kardinal Bertram aus Breslau. An der Bischofskonferenz nahmen 22 deutsche Bischöfe teil. Sie tagt unter dem Vorsitz des Fürstbischofs Bertram im Inneren des Priesterseminars in Fulda. Die Sitzungen sind täglich von 9 bis gegen 12 Uhr. Zuerst war diese Tagung in der sogenannten Bibliothek, einem alleinstehenden Haus neben dem Dom, vorgesehen. Nach vertraulichen Mitteilungen tagt die Konferenz offiziell mit allen Bischöfen und den Privatsekretären. Außerdem soll sich aber ein ganz bestimmter kleiner Kreis zu ganz internen Sitzungen zusammenfinden.

Hohe Domherren äußerten sich über die augenblickliche Lage der katholischen Kirche sehr ernst und pessimistisch, wie überhaupt ein sehr ernster Ton und eine gewisse Besorgnis bei der jetzigen Bischofskonferenz vorherrscht. Auf diesen Ton waren auch die Predigten abgestimmt. Über den Inhalt der Predigten füge ich eine besondere Niederschrift des Ermittlungsbeamten bei.[1]

Man kann sich des Eindrucks nicht erwehren, daß diese Glaubenswallfahrt, die nicht landesüblich war und in diesem Jahr zum erstenmal veranstaltet wurde, eine gewisse Protestaktion bzw. ein Generalappell der katholischen Bevölkerung der Diözese darstellte. (Lautes gemeinsames Beten des Glaubensbekenntnisses und Singen des Liedes: „Fest soll mein Taufbund usw.").

Die Hauptabsicht der Kundgebung, die katholische Bevölkerung fest an die Kirche zu ketten und den durch den Umsturz gelockerten Einfluß wiederzugewinnen, um dann auch bedingungslose Zustimmung bei der mehr oder weniger getarnten römischen Kirchenpolitik zu haben, dürfte von den Geistlichen erreicht werden.

gez. von Pfeffer

---

[1] Anlage zum Bericht mit dem „wesentlichen Inhalt" der Predigten der Bischöfe siehe in StA Ma 165/3943

218

Bericht der Staatspolizeistelle Kassel an das Geheime Staatspolizeiamt über den Evangelischen Kirchenstreit

18. 9. 1934

StA Ma 165/3943

Abschrift

Geheimes Staatspolizeiamt
III.B.1. – 1491/34   Berlin, den 6. September 1934

Betr.: Evangelischer Kirchenstreit

Um zu einem möglichst genauen Bild über den Stand des evangelischen Kirchenstreites zu gelangen, ersuche ich hiermit die Staatspolizeistellen bis zum 20. September ds. Js. um einen umfassenden Bericht über die Entstehung, bisherige Entwicklung und den Stand des evangelischen Kirchenstreites mit besonderer Berücksichtigung der Verhältnisse des jeweiligen Regierungsbezirkes.

Im Auftrage:
gez. Appel

[Bericht]

I. Entstehung und Entwicklung

Bis zum Juni ds.Js. konnte von einem Kirchenstreit in Kurhessen (mit Ausnahme in Waldeck) nicht gesprochen werden. Vereinzelt traten allerdings Pfarrer in der Öffentlichkeit als Gegner des Reichsbischofs auf; es bot sich ihnen jedoch kein Anlaß, gegen die örtlichen Verhältnisse Stellung zu nehmen. Mit der Einstweiligen Kirchenleitung der Kurhessischen Landeskirche in Kassel unter Leitung des Oberkirchenrats D. Merzyn waren alle im allgemeinen einverstanden. Der Oberpräsident, der Regierungspräsident und der Gauleiter sowie fast die ganze Geistlichkeit und auch die Bevölkerung waren mit der Wahl des D. Merzyn zum Landesbischof zufrieden. Kurz vor der Wahl änderte jedoch die Gauleitung ihre Ansicht und wies die Pol. Leiter an, dafür zu sorgen, daß Pfarrer Theys und nicht D. Merzyn zum Landesbischof gewählt würde. Durch diese unerwartete Wendung kurz vor der Wahl entstand ein wildes Durcheinander unter den Mitgliedern des Landeskirchentages, das sich schnell auf weitere Kreise ausdehnte. Zum Zwecke der Eingliederung der Kurhessischen Landeskirche in die Reichskirche und zur Wahl eines Landesbischofs wurde am 12. Juni ein Landeskirchentag abgehalten.

Nur durch Berufung auf die Parteidisziplin und durch einen handgreiflichen Terror konnte die Wahl des D. Merzyn verhindert werden. Im übrigen hatte dieser Landeskirchentag nur den Erfolg, daß nunmehr der Streit in der breitesten Öffentlichkeit bekannt wurde. Am 30. 6. 34 fand wiederum eine Sitzung des Landeskirchentags statt, in der trotz Beschlußunfähigkeit wegen Fortbleibens der meisten Beteiligten der Pfarrer Theys zum Landesbischof gewählt wurde. Da die Wahl formell nicht rechtsgültig zustandegekommen war, wurde vom Reichsbischof ein Kirchenkommissar eingesetzt mit dem Auftrag, alle zur Herstellung des kirchlichen Friedens notwendigen Maßnahmen zu treffen. Die ,,Einstweilige Kirchenleitung" wurde von ihm des Amtes enthoben, und der restliche Landeskirchentag beschloß unter seiner Leitung die Eingliederung der Kurhessisch-waldeckischen Landeskirche in die Reichskirche sowie die Wahl des Pfarrers Theys in Kassel zum Landesbischof. Zum kommissarischen Präsidenten des Landeskirchenamtes ernannte er den Amtsgerichtsrat Happel in Korbach.

Während dieser ganzen Zeit betrieben die Mitglieder und Anhänger des ,,Pfarrer-Notbundes" unter Führung der Pfarrer Ritter in Marburg und Heppe in Cölbe b/Marburg eine sehr lebhafte Propaganda gegen den Reichsbischof, den von ihm eingesetzten Kirchenkommissar und gegen den zum Landesbischof gewählten Pfarrer Theys. Sie gründeten einen besonderen ,,Vertrauensrat des Bruderbundes", um ihre Stoßkraft zu verstärken, und trugen fortgesetzt erhebliche Unruhe in die Bevölkerung durch Versammlungen, Predigten, Verteilung von Flugblättern usw. Zwei Kirchenblätter wurden wegen unsachlicher und gehässiger Berichterstattung unter Vorzensur gestellt. Gegen Pfarrer Ritter wurde ein Strafverfahren wegen Beleidigung der SA eingeleitet. Eine Anzahl von Pfarrern wurde von der Staatspolizeistelle und durch das Landeskirchenamt ernstlich verwarnt. Demgegenüber bemühte sich der zum Landesbischof gewählte Pfarrer Theys, der keiner kirchenpolitischen Richtung und keiner politischen Partei angehört hat, die Gegensätze nach Möglichkeit auszugleichen. Eine gewisse Beruhigung trat erst ein, als durch den Reichsminister des Innern alle kirchenpolitischen Erörterungen in Versammlungen und in der Presse sowie durch Flugblätter verboten wurden.

Bei der Wahl am 19. 8. 34 hat sich der Kirchenstreit nicht merkbar ausgewirkt.

Über bemerkenswerte Einzelheiten im Verlauf des Kirchenstreits habe ich jeweils durch Tagesmeldung oder besonders Bericht erstattet.

II. Der jetzige Stand des Kirchenstreits

Nachdem die Bestimmungen über das Verbot der öffentlichen Erörterung des Kirchenstreits wieder gelockert worden sind, tritt eine Anzahl von Geistlichen aus den Reihen des „Bruderbundes Kurhessischer Pfarrer" wieder stärker in den Vordergrund und versucht, im Volk Propaganda zu machen. Man sieht ein, daß der Kirchenstreit im wesentlichen bisher eine Angelegenheit der Pfarrer war, die die Fühlung mit dem Volke nicht richtig besaßen. Jetzt will man mehr und mehr das Volk dafür interessieren und für die Anschauungen des „Bruderbundes" gewinnen. In der breiten Öffentlichkeit stößt dieses Bestreben aber nur noch auf sehr geringes Interesse. Man sieht keinen wirklichen inneren Grund für die Streitigkeiten, da Glaube und Bekenntnis vollkommen unangetastet geblieben sind. Von den nachgeordneten Behörden und Vertrauensmännern der Staatspolizeistelle wird übereinstimmend berichtet, daß als erkennbare Folge des Kirchenstreits lediglich die Tatsache festgestellt werden muß, daß das Ansehen der evangelischen Kirche in der Bevölkerung immer mehr zurückgeht.

Bei den dem Notbund angehörigen Pfarrern handelt es sich zum Teil um reaktionäre Kräfte, zum Teil aber auch um Persönlichkeiten, die rückhaltlos für den nationalsozialistischen Staat eintreten und sich dagegen wehren, daß ihre Gegnerschaft gegen den Reichsbischof und die „Deutschen Christen" als Stellungnahme gegen den Nationalsozialismus ausgelegt wird.

Vor kurzem ist der „Bruderbund Kurhessischer Pfarrer" erweitert worden in die Vereinigung „Bekennende Kirche Kurhessen und Waldeck". Der bisherige Vertrauensrat hat sich aufgelöst, und es hat sich ein „Bruderrat" gebildet, dessen führende Vertreter die Pfarrer Heppe in Cölbe b/Marburg und Ritter in Marburg sind. Die sogenannte „Bekenntnisfront" hat mehrere geschlossene Versammlungen abgehalten, die gut besucht waren. Als Redner traten Präses Koch aus Oeynhausen, Pastor Asmussen aus Hamburg, Rechtsanwalt Fiedler aus Leipzig und Professor von Soden aus Marburg auf. Im Anschluß an die Versammlungen sind wie schon oft Schriften der „Deutschen Glaubensgemeinschaft" verteilt worden, um in dem nicht unterrichteten Laien den Glauben zu erwecken, als beabsichtigten die „Deutschen Christen", zu denen auch der Reichsbischof und der Rechtswalter der Deutschen Evangelischen Kirche gehören, die Bibel und Christus überhaupt abzuschaffen und dafür den Wotanskult oder etwas ähnliches Heidnisches einzuführen. In der gesamten hessischen Bevölkerung ist weit und breit der Glauben verbreitet, „Deutsche Christen" und „Deutsche Glaubensbewegung" seien eins. Der Versuch, diesen allgemeinen Glauben durch Verteilung von Flugschriften und schiefe mündliche Darstellung der Sachlage zu nähren, wird von den gerecht denkenden kirchlichen Kreisen als höchst verwerflich empfunden.

Wie hoch sich die Beitrittserklärungen zur „Bekenntnisfront" belaufen, ist nicht einwandfrei festzustellen, es sei denn durch eine Haussuchung bei ihren führenden Mitgliedern. Man kann aber wohl annehmen, daß etwa 200 Pfarrer (etwa $^2/_5$ der Pfarrer Kurhessens) dieser Richtung angehören oder nahestehen. Eine Liste der Pfarrer, die nach Mitteilung des Landeskirchenamts der Bekenntnisgemeinschaft angehören, wird als Anlage beigefügt.[1] Von den restlichen $^3/_5$ der Pfarrer kann man $^2/_5$ als Anhänger der Landeskirche und $^1/_5$ als „Neutrale" bezeichnen. Der Landesbischof hat wiederholt versucht, durch Verhandlungen mit der Gegenseite den Streit beizulegen, und er hat dabei großes Entgegenkommen bewiesen. Seine Bemühungen waren jedoch ohne Erfolg. Die Kirchenregierung ist der Überzeugung, daß die Mehrzahl der Pfarrer des „Bruderbundes" als Mitläufer anzusehen ist und nur wenige gesonnen sind, den Kampf bis zum Ende durchzufechten. Zu diesen wenigen gehören vor allem Professor von Soden in Marburg, Pfarrer Ritter in Marburg, Pfarrer Heppe in Cölbe, Pfarrer Maurer in Michelbach, Kreispfarrer Laabs in Ziegenhain, Pfarrer Slenczka, Lieberknecht, Oehme und Koehler in Kassel, Pfarrer Eichhöfer in Reichensachsen, Pfarrer Wibbeling in Langendiebach (der in Hanau eine Versammlung in der wallonisch-niederländischen Kirche, die nicht zur Landeskirche gehört, abgehalten hat), Pfarrer Bücking in Mengeringhausen und Rechtsanwalt Dr. Blesse in Kassel.

In den Kirchenvorständen hat es wiederholt lebhafte Auseinandersetzungen zwischen Pfarrern und nationalsozialistischen Mitgliedern und politischen Leitern gegeben. Wiederholt ist Pfarrern, die der „Bekenntnisgemeinschaft" angehören, das Mißtrauen ausgesprochen worden. In solchen Fällen versuchen die Pfarrer unter Umgehung des Kirchenvorstandes, in der Stille von Haus zu Haus für ihre Anschauung zu werben. Wo eine solche Werbung nicht stattfindet, ist vom ganzen Kirchenstreit in der Bevölkerung nichts zu merken.

Inzwischen hat die Bekenntnisfront eine eigene „Notsatzung für die Bekenntnisfront Kurhessen und Waldeck" herausgegeben, die ich anliegend in Abschrift beifüge. Danach sollen eigene Kreis- und Landessynoden gebildet

---

[1] Anlage hier nicht abgedruckt.

und es soll der Versuch gemacht werden, eine neue Kirche innerhalb der bestehenden Kirche zu gründen. Endgültige Schritte nach dieser Richtung hin werden aber offenbar deshalb nicht getan, weil die neue „Bekenntniskirche" keinerlei finanziellen Rückhalt und auch nicht den genügenden Anhang in der Bevölkerung haben würde.

In dem Rundschreiben, das die vorläufige Notsatzung für die Bekenntniskirche enthält, findet sich ferner eine Weisung des „Bruderrats", den im Kirchengesetz vom 9. 8. 34 geforderten Diensteid nicht zu leisten. Die Propaganda für die Nichtablegung des Eides ist in den letzten Wochen immer lebhafter geworden. Vor kurzem haben fast alle Pfarrer ein Amtsblatt der Evangelischen Landeskirche in Bayern erhalten, in dem von der Bayerischen Kirchenregierung scharf gegen den geforderten Eid Stellung genommen wird. (Vgl. Tagesbericht vom 15. 9. 34 – 14[31] – Ziffer II/1).

Die neue Flaggen-Verordnung des Reichsbischofs über die Beflaggung der Kirchen mit den Reichsflaggen wird in kirchlichen Kreisen lebhaft bemängelt. Man sieht nicht ein, warum in Zukunft nur die beiden Reichsflaggen und nicht wie bisher neben den Reichsflaggen die Kirchenfahne gezeigt werden soll. Durch die Verordnung ist die Kirchenfahne völlig bedeutungslos geworden.

Zusammenfassend kann gesagt werden:
1. Der ganze Kirchenstreit hätte in Kurhessen vermieden werden können, wenn man nicht erst überall den D. Merzyn propagiert und im letzten Augenblick wieder fallengelassen hätte, um einen anderen vorzuschieben.
2. Trotz aller Bemühungen gelingt es den Pfarrern nicht mehr, das Volk in den Kirchenstreit hineinzuziehen, wenn die Pressebeschränkungen wie bisher bleiben.
3. Der Kirchenstreit wird sich in Kurhessen im nächsten Jahr zwangsläufig totgelaufen haben.

v. Pfeffer

219

Bericht der Staatspolizeistelle Kassel über die kirchenpolitische Entwicklung in der Evangelischen Kirche.

(Ergänzung zum Lagebericht vom 5. 11. 1934)

6. 11. 1934

StA Ma 165/3907

Die kirchenpolitische Entwicklung der letzten Zeit habe ich in meinem Bericht über die politische Lage (Abschnitt D und E) ausführlich geschildert. Ich nehme im übrigen Bezug auf die fernmündliche Unterredung des dortigen Dezernenten mit seinem Vertreter und mache in Ergänzung des Lageberichts noch folgende Angaben:

Von den etwa 500 Pfarrern des Regierungsbezirks gehören ca. 30 % dem ,,Pfarrer-Notbund" (Bekenntnisgemeinschaft) an oder stehen ihm nahe. Von den übrigen 70 % bekennen sich höchstens 1/3 bedingungslos zur Glaubensbewegung ,,Deutsche Christen", die übrigen Pfarrer gehen ihren amtlichen Verpflichtungen nach, ohne sich viel um die kirchenpolitischen Fragen zu kümmern. Gegen die nationalsozialistische Zuverlässigkeit dieser letzten Gruppe bestehen keinerlei Bedenken. In den Reihen des ,,Pfarrer-Notbundes" finden sich eine Anzahl reaktionärer Elemente; jedoch ebensoviel Geistliche, deren politische Zuverlässigkeit man nicht in Zweifel ziehen kann. Bemerkenswert ist, daß die meisten jungen Pfarrer und Pfarramtskandidaten der ,,Bekenntnisgemeinschaft" angehören oder ihr nahestehen. Sie sind z.T. Angehörige der SA.

In Kreisen der Pfarrer und Gemeindeglieder, die weder zu den ,,Deutschen Christen" noch zur ,,Bekenntnisgemeinschaft" zu zählen sind – das ist die Mehrheit der evangelischen Bevölkerung – vertritt man sehr lebhaft die Meinung, daß die kirchenpolitischen Auseinandersetzungen völlig überflüssig und für Volk und Kirche schädlich sind. Diese Richtung würde es lebhaft begrüßen, wenn die ,,Bekenntnisgemeinschaft" (Pfarrer-Notbund) sowohl wie die ,,Deutschen Christen" aufgelöst, alle kirchenpolitischen Auseinandersetzungen verboten und die Pfarrer auf ihr rein seelsorgerisches Arbeitsgebiet im Sinne des Evangeliums verwiesen würden. Politische Zuverlässigkeit wird bei diesen Pfarrern als eine Selbstverständlichkeit angesehen. Ihre Stellung zum Reichsbischof ist schwer festzustellen; sie sind ihm als dem Leiter der Deutschen Evangelischen Kirche wohl gehorsam, würden es aber lieber sehen, wenn eine Persönlichkeit an der Spitze stände, die ganz unbelastet, vom Kirchenstreit völlig unberührt und ohne alle kirchenpolitischen Bindungen das Amt führen würde.

Im Entwurf gezeichnet:
von Pfeffer

In Vertretung:
Hütteroth

220

Bericht der Staatspolizeistelle Kassel an das Geheime Staatspolizeiamt über den Evangelischen Kirchenstreit

29. 11. 1934

StA Ma 165/3907

Gelegentlich einer Aussprache über schwebende Angelegenheiten im Kirchenstreit suchte mich gestern der Landesbischof Theys auf. Im Verlauf dieser Aussprache teilte mir der Landesbischof vertraulich folgendes mit: Die s.Zt. erfolgte Absetzung der „Einstweiligen Kirchenleitung der Ev. Landeskirche von Kurhessen und Waldeck" durch den vom Reichsbischof eingesetzten Kirchenkommissar sei nach Ansicht der maßgebenden Stellen in Berlin ungesetzlich gewesen. Es stehe daher, wie ihm in Berlin im Büro des Reichsbischofs mitgeteilt worden sei, die unmittelbare Wiedereinsetzung aller abgesetzten Kirchenbeamten bevor. Er selbst müsse dann auch zurücktreten, und es sei bereits eine andere Pfarrstelle für ihn vorgesehen. In diesem Zusammenhang überreiche ich anbei in Abschrift ein Schreiben der „Einstweiligen Kirchenleitung der Evangelischen Landeskirche Kurhessen und Waldeck" an den Herrn Oberpräsidenten.

Auf Grund der ganzen Vorkommnisse und insbesondere deshalb, weil die Partei bzw. der Gau, wenn auch im Hintergrunde, stark an der Absetzung der „Einstweiligen Kirchenleitung" interessiert waren, halte ich eine Wiedereinsetzung der damals abberufenen Kirchenbeamten für völlig untragbar. Hierdurch würde ganz ohne Frage das Ansehen der PO schwer geschädigt werden. Es bleibt den Aktivisten, die sich in den Kirchenstreit gemischt haben, dann nur noch übrig, entweder sich als die Blamierten zurückzuziehen oder durch Hervorrufung von Unruhen mit Gewalt die Wiedereinsetzung zu verhindern.

Ich bin davon überzeugt, da es sich um einflußreiche Persönlichkeiten der Bewegung handelt, daß man mit Unruhen rechnen muß. Wie dem aber auch sei, beides wäre im Interesse des Staates und der Bewegung gleich unerwünscht.

M.E. kann man wohl die derzeitigen Kirchenbeamten abberufen und sie durch neue dritte, absolut unbeteiligte bzw. kirchenpolitisch unbelastete Personen ersetzen, aber nicht die alten wieder einsetzen.

gez. von Pfeffer

C. Ergänzende Materialien

221

Das Personal der Staatspolizeistelle Frankfurt a.M.

1. 6. 1933

HStA Wi 483/714

a) Planmäßige Beamten der Staatspolizeistelle, am 1. 6. 33 vorhanden:

Krim.Pol.Rat Dräger,	Krim.Ass. Kappert,
Krim.Komm. Dr. Schäfer,	Krim.Ass. Cugini,
Krim.Bez.Sekr. Sieber,	Krim.Ass. Balser,
Krim.Sekr. Ehrenpreis,	Krim.Ass. Fritz II,
Krim.Sekr. Mühleck,	Krim.Ass. Müller III,
Krim.Sekr. Lustig,	Krim.Ass. Steffen,
Krim.Sekr. Poth, 7[1]	Krim.Ass. Welker,
Krim.Sekr. Jung,	Krim.Ass. Vogler, 14[3]
Krim.Sekr. Schreiber,	Krim.Ass. Wegner,
Krim.Sekr. Kleh[2],	Krim.Ass. Hatzmann,
	Krim.Ass. Wesch,
	Krim.Ass. Kunz,
	Krim.Ass. Fengler,
	Krim.Ass. Gutsche.

Außerdem: Vom Innendienst:
Pol.Insp. Sander,
Pol.O.Sekr. Gerlach,
Pol.O.Sekr. Gippert.

b) Beamtenstellen, die am 1. 6. 33 noch nicht besetzt waren:

2 Krim.Kommissare, 2 Krim.Bezirkssekretäre, 1 Krim.Sekretär, 8 Krim.-Assistenten.

---

[1] Handschriftlicher Zusatz
[2] Handschriftlicher Zusatz
[3] Handschriftlicher Zusatz

222

Übersicht über die bei der Staatspolizeistelle Frankfurt a.M. tätigen höheren Verwaltungsbeamten und oberen Kriminalbeamten vom Kriminalkommissar aufwärts. Stand: 1. 11. 1934

GStAPK I. HA Rep. 90 P Nr. 6

Lfd. Nr.	Amtsbez.	Name	geb. am:	Dienststellung:	Zur Staatspolizeistelle versetzt durch Erl. v.	Akt.Z.	Angehöriger der PO.	SA.	SS.
1	Pol.Präs.	Beckerle	4. 2. 02	Leiter	4. 9. 33	Pr. MdI. Z 5089 II	ja	ja	—
2	Kr.Pol.Rat	Dräger	21. 6. 96	Leiter d. Außendienstes	13. 6. 33	MdI. II B I 559/33	ja	ja	—
3	Kr.K.	Dr. Schäfer	15. 8. 01	Dezernatsleiter	seit Bestehen	—	—	—	ja
4	Kr.K.	Künlemann	30. 11. 99	Dezernatsleiter	28. 7. 33	Verfügung d. Pol.Präs. in Ffm.	ja	—	—

Als Vertreter des Leiters ist der als ständiger Vertreter des Polizeipräsidenten in Frankfurt am Main angeforderte höhere Verwaltungsbeamte vorgesehen. Am 1. November 1934 war die Stelle des ständigen Vertreters unbesetzt.

C. Ergänzende Materialien

223

Nachweisung aller männlichen Kräfte des Innen- und Außendienstes der Staatspolizeistelle für den Reg.Bez. Wiesbaden in Frankfurt a.M. nach dem Stande vom 25. 6. 1935

(*Handschriftlich hinzugefügt:* Leiter: RAss Geigenmüller)

GStAPK I HA Rep. 90 P Nr. 14 H.2

Name Zu- und Vorname	Dienst- bezeichnung	Geburts- tag und -jahr	Geb.-Ort	Eintritt in die Gestapo (Monat, Jahr)	Von wel- cher Be- hörde über- nommen?	Bemerkun- gen (Mitgl. der PO, SA, SS sowie SD)
\multicolumn{7}{c}{A) Innendienst.}						
Droescher, Ernst	Polizei-Inspektor	6. 12. 1886	Magdeburg	1. 5. 1935	Pol.Verw. Suhl	PO u. SD
Gerlach, Heinrich	Polizei-Inspektor	7. 2. 1889	Hanau/M.	1. 3. 1933	Pol.Verw. Frankfurt	PO u. SD
Gippert, Hans	Polizei-Inspektor	12.11.1905	Hanau/M.	1. 4. 1934	Pol.Verw. Frankfurt	PO u. SD
Wolf, Gustav	Polizei-Amtsgehilfe	19.10.1877	Bad Orb	1. 4. 1934	Pol.Verw. Frankfurt	PO u. SD
\multicolumn{7}{c}{B) Außendienst.}						
Bluhm, Wilhelm	Kriminalrat	3. 1. 1899	Berlin	16. III. 1934[1] 15. 3. 1935	Pol.Verw. Stettin	PO u. SD
Dr. Schäfer, Karl	Kriminalkomm.	15. 8. 1901	Hanau/M.	Dez. 1926	Pol.Verw. Frankfurt	SD
Laue, Hans	Kriminalkomm.	25. 9. 1891	Wogmanns Pr. Eylau[2]	1. 3. 1935	Pol.Verw. Frankfurt	PO u. SD
Schüller, Josef	Kriminalkomm.	12. 6. 1901	Hersel Kr. Bonn	1. 11. 1934	Stapo Erfurt	PO u. SD
Wüst, Georg	Hilfs.Krim. Kom.	18. 6. 1908	München	1. 2. 1934	Pol.Polizei München	SS
Mühleck, Augustin	Kr.Bez.Sekr.	1. 6. 1878	Mülfingen[3]	4. 3. 1933	Pol.Verw. Frankfurt	PO u. SD
Englisch, Josef	Kr.Bez.Sekr.	9. 3. 1894	Pilz[4]	1. 4. 1933	Pol.Verw. Wiesbaden	PO u. SD
Lustig, Franz	Krim.Sekr.	6. 1. 1882	Klein Sawadden[5]	1. 4. 1933	Pol.Verw. Frankfurt	PO u. SD
Schreiber, Otto	Krim.Sekr.	3. 12. 1878	Hanau/M.	4. 3. 1933	Pol. Verw. Frankfurt	PO
Poth, Georg	Krim.Sekr.	6. 4. 1884	Offenbach	1. 4. 1933	Pol.Verw. Frankfurt	PO u. SD

223. Innen- und Außendienst der Stapostelle Frankfurt a. M.

Name Zu- und Vorname	Dienst- bezeichnung	Geburts- tag und -jahr	Geb.-Ort	Eintritt in die Gestapo (Monat, Jahr)	Von welcher Behörde übernommen?	Bemerkungen (Mitgl. der PO, SA, SS sowie SD)
Jung, Heinrich	Krim.Sekr.	9. 4. 1881	Dillenburg	1. 5. 1933	Pol. Verw. Frankfurt	PO u. SD
Langer, Kurt	Krim.Sekr.	18. 5. 1892	Gleiwitz	1. 5. 1935	Pol. Verw. Wiesbaden	PO u. SD
Kappert, Gustav	Krim.Ass.	4. 10. 1880	Leetza[6]	1. 3. 1933	Pol. Verw. Frankfurt	PO u. SD
Steffen, Karl	Krim.Ass.	6. 2. 1883	Wellnitz[7]	1. 3. 1933	Pol. Verw. Frankfurt	PO u. SD
Meise, Heinrich	Krim.Ass.	15. 4. 1888	Wattenscheid	1. 3. 1933	Pol. Verw. Frankfurt	PO u. SD
Bauer, Wilhelm	Krim.Ass.	19. 12. 1887	Hanau/M.	1. 4. 1935	Pol. Verw. Frankfurt	PO u. SD
Wegner, Karl	Krim.Ass.	25. 3. 1891	Iglicsysna/W. Pr.[8]	1. 3. 1933	Pol. Verw. Frankfurt	PO u. SD
Kaiser, Felix	Krim.Ass.	14. 6. 1892	Würtsch-Helle[9]	3. 11. 1933	Pol. Verw. Frankfurt	PO u. SD

Außendienst.

Name Zu- und Vorname	Dienst- bezeichnung	Geburts- tag und -jahr	Geb.-Ort	Eintritt in die Gestapo (Monat, Jahr)	Von welcher Behörde übernommen?	Bemerkungen
Müller, Hans	Krim. Ass.	19.11.1892	Wickersheim[10]	3. 3. 1933	Pol. Verw. Frankfurt	PO u. SD
Steffens, Hubert	Krim. Ass.	18.10.1895	Clotten (Mosel)	1. 4. 1935	Pol. Verw. Frankfurt	PO u. SD
Gabbusch, Hans	Krim. Ass.	1. 12. 1897	Driesen[11]	1. 7. 1933	Pol. Verw. Frankfurt	PO u. SD
Kunz, Lorenz	Krim. Ass.	9. 10. 1898	Neu-Isenburg	11. 5. 1933	Pol. Verw. Frankfurt	PO, SA, SD
Kuttruff, Hans	Krim. Ass.	6. 2. 1898	Baden-Baden	1. 8. 1933	Pol. Verw. Frankfurt	PO u. SD
Wozniewsky, Alois	Krim. Ass.	24. 6. 1898	Goscieradz[12]	1. 4. 1935	Pol. Verw. Frankfurt	PO u. SD
Fengler, Gotthold	Krim. Ass.	14.10.1898	Hermannsdorf/Schl.	1. 3. 1933	Pol. Verw. Frankfurt	PO u. SD
Ostwald, Paul	Krim. Ass.	7. 10. 1898	Argeningken[13]	1. 8. 1933	Pol. Verw. Frankfurt	PO u. SD
Wesch, Erich	Krim. Ass.	25. 3. 1899	Berlin	28. 2. 1933	Pol. Verw. Frankfurt	PO u. SD
Bach, Richard	Krim. Ass.	20. 9. 1899	Gelnhausen	1. 8. 1933	Pol. Verw. Frankfurt	PO u. SD
Mohr, Fritz	Krim. Ass.	18.12.1899	Schleswig	1. 7. 1933	Pol. Verw. Frankfurt	PO u. SD
Schäfer, Heinrich	Krim. Ass.	3. 12. 1897	Ilbeshausen[14]	11.11.1933	Pol. Verw. Frankfurt	PO u. SD
Datz, Ludwig	Krim. Ass.	5. 12. 1898	Mainz	1. 4. 1935	Pol. Verw. Frankfurt	PO u. SD
Schmidt, Heinrich	Krim. Ass.	5. 6. 1889	Jübar[15]	1. 3. 1933	Pol. Verw. Wiesbaden	SA (SAL)

872 C. Ergänzende Materialien

Name Zu- und Vorname	Dienst- bezeichnung	Geburts- tag und -jahr	Geb.-Ort	Eintritt in die Gestapo (Monat, Jahr)	Von wel- cher Be- hörde über- nommen?	Bemerkun- gen (Mitgl. der PO, SA, SS sowie SD)
✓ Macpolowski, Waldemar	Krim. Ass.	14. 8. 1900	Küstrin	1. 3. 1933	Pol. Verw. Wiesbaden	SA (SAL)
Diehl, Adam	Krim. Ass.	5. 7. 1895	Biebrich	21. 3. 1933	Pol. Verw. Wiesbaden	SA
		Kanzlei-Angestellte.				
Meer, Gordian	Kanzlei-Angestellter	27.10.1901	Gabelbacher-greut[16]	14.1.1935	Pol. Verw. Frankfurt	SA
Koburg, Günther	Kanzlei-Angestellter	19. 4. 1912	Frankfurt	16. 6. 1933		SA

[1] Handschriftlicher Zusatz
[2] wohl Wogau, Reg.bez. Königsberg, Kr. Preußisch Eylau
[3] nicht identifiziert, evt. Wülfingen, Reg.bez. Hannover, Kr. Springe
[4] Reg.bez. Breslau, Kr. Frankenstein
[5] Reg.bez. Gumbinnen, Kr. Angerburg
[6] Reg.bez. Merseburg, Kr. Wittenberg
[7] in Böhmen
[8] Reg.bez. Marienwerder, Kr. Strasburg
[9] Reg.bez. Liegnitz, Kr. Lüben
[10] Unterelsaß, Kr. Straßburg
[11] Reg.bez. Frankfurt a.O. oder Reg.bez. Düsseldorf, Kr. Mörs
[12] Reg.bez. u. Ld.kr. Bromberg
[13] Reg.bez. Gumbinnen, Kr. Tilsit
[14] Volksstaat Hessen, Prov. Oberhessen
[15] Reg.bez. Magdeburg, Kr. Salzwedel
[16] Freistaat Bayern, Reg.bez. Schwaben

223. Innen- und Außendienst der Stapostelle Frankfurt a. M.

Name Zu- und Vorname	Dienst- bezeichnung	Geburts- tag und -jahr	GebOrt	Eintritt in die Gestapo (Monat, Jahr)	Von wel- cher Be- hörde über- nommen?	Bemerkun- gen (Mitgl. der PO, SA, SS sowie SD)
		Außendienst, Kriminalangestellte.				
Dauer, Adolf	Krim. Angest.	29.10.1896	Nienburg[17]	1. 10. 1933 (1. 5. 33)	SS	SS
Diebold, Gotthilf	Krim. Angest.	31. 1. 1895	Oferdingen[18]	1. 10. 1933 (1. 5. 33)	SS	SS
Hildebrand, Paul	Krim. Angest.	15. 3. 1898	Cronenberg[19]	15. 5. 1933 (1. 5. 33)	SS	SD(?)
Kleiss, Karl	Krim. Angest.	7. 8. 1892	Gießen	1. 10. 1933 (1. 5. 33)	SS	SS
Pfitsch, Erich	Krim. Angest.	3. 1. 1912	Frankfurt	20. 4. 1934	SA	SA
Schmidt, Josef	Krim. Angest.	23.10.1898	Heuthen[20]	1. 10. 1933 (1. 5. 33)	SS	SS
Steinmetz, Wilhelm	Krim. Angest.	26. 7. 1900	Frankfurt	1. 6. 1935	SA	SA
Wetzel, Otto	Krim. Angest.	7. 1. 1901	Frankfurt	1. 10. 1931 (1. 5. 33)	SS	SS
Pape, Henri	Krim. Angest.	5. 8. 1912	Schleswig	10.12.1934	SS	SD
Hauback, Rudolf	Krim. Angest.	17.11.1909	Biebrich	1. 6. 1933	SS	SS
Leimer, Willi	Krim. Angest.	25. 7. 1912	Neuwied	1. 6. 1933	SS	SS
Nehr, Franz	Krim. Angest.	11.11.1909	Frankenthal[21]	1. 6. 1933	SS	SS
Bruhn, Fritz	Krim. Angest.	25. 9. 1914	Elmshorn	3. 5. 1935	SS	SS
		Kraftfahrer.				
Wannemacher, Heinrich	Kraftfahrer	11. 4. 1907	Frankfurt	8. 4. 1935	SS	SS

[17] Nienburg (Weser). Reg.bez. Hannover, oder Nienburg (Saale), Anhalt, Kr. Bernburg, oder Nienburg, Gem. Hunnebrock, Prov. Westfalen, Kr. Herford
[18] Württemberg, OA Tübingen
[19] Bayern, Reg.bez. Pfalz, Kr. Kusel oder Reg.bez. Düsseldorf, Kr. Mettmann
[20] Reg.bez. Erfurt, Kr. Heiligenstadt
[21] Alle 7 Gemeinden dieses Namens in Petzolds Gemeinde- und Ortslexikon des Deutschen Reiches, 2. Aufl., 1911, liegen außerhalb des Reg.bez. Wiesbaden

874 C. Ergänzende Materialien

224

Bericht der Staatspolizeistelle Frankfurt a.M. über eine Versammlung der Bekenntnisgemeinschaft in Frankfurt a.M.

11. 9. 1934

GStAPK I. HA Rep. 90 P Nr. 78 H.4 (3 Seiten)

Der Bruderrat der hiesigen Bekenntnisgemeinschaft hatte seine Mitglieder zu einer geschlossenen Versammlung für den 10. September 1934, 20 Uhr, in den großen Saal des Volksbildungsheims eingeladen. Es sollten sprechen:
Pastor Asmussen (Altona) über: Kirche und Bekenntnisgemeinde,
Rechtsanwalt Dr. Fiedler (Leipzig) über: Die Rechtslage der Deutschen Evangelischen Kirche.
Zutritt hatten lediglich die eingetragenen Mitglieder der Bekenntnisgemeinschaft, die sich entsprechend ausweisen mußten.
Die Überwachung erfolgte durch den Unterzeichneten, den Krim.-Assistent Schäfer II und den Krim.-Angest. Heusel.
Die Versammlung, die von etwa 900—1000 Personen beiderlei Geschlechts besucht war, wurde von Rechtsanwalt Dr. Wilhelmi um 20.30 Uhr eröffnet. Er führte einleitend aus, daß die Bekenntnisgemeinde in Frankfurt a.M. nicht mehr an der Peripherie, sondern im Haupttreffpunkt des Kirchenkampfes stehe. Man dürfe nicht zulassen, daß Pfarrer Veidt den Frankfurtern genommen werde. Um dies zu erreichen, müßten alle gesetzlichen und legalen Mittel angewandt werden. Bezüglich des gegen Pfarrer Veidt angestrengten Dienststrafverfahrens könne er keine Mitteilungen machen, da das Verfahren noch in der Schwebe sei. Er gab lediglich das erstinstanzlich erkannte Urteil auf Strafversetzung bekannt. Nach den Ausführungen bezüglich Pfarrer Veidt setzte lebhafter Beifall ein.
Dr. Wilhelmi gab den Anwesenden weiter bekannt, daß der zweite Redner durch Vorkommnisse in Stuttgart am Erscheinen in Frankfurt verhindert sei und erteilte hierauf um 20.40 Uhr dem Hauptredner, Pastor Asmussen, das Wort.
Dieser gab in 3 Punkten eine Übersicht über die Entwicklung des Kirchenkampfes bis zum heutigen Stande. Als ersten Punkt nannte er die Epoche Hossenfelder, des ersten Reichsleiters der Deutschen Christen. Er streifte hierbei die bekannte Sportpalastversammlung in Berlin und führte rückschauend aus, daß der Kampf gegen das „Heidentum" schon früher bestanden habe, nur wurde er nicht von der Allgemeinheit erkannt. Als Beispiel

224. Versammlung der Bekenntnisgemeinschaft Frankfurt a. M.

führte er den Ausspruch eines Hamburger Pastors an und die Tatsache, daß ein anderer Pfarrer statt mit Wasser aus ästhetischen Gründen mit „Rosenblätter"[!] getauft habe.

Durch die Vorkommnisse, die durch die Sportpalastversammlung gekennzeichnet seien, sei dann plötzlich die Gefahr erkannt worden. Dies zeige u.a. der Aufschwung der jetzt 32 Seiten starken Zeitung „Die junge Kirche", die heute von 21 000 Lesern gehalten werde. In der ersten Epoche habe sich die „Irrlehre" unverfälscht an das Tageslicht gebracht.

Den 2. Punkt überschrieb er „Epoche Dr. Oberheid" und stellte von dieser fest, daß sie der „Gewalt unverhüllt" zur Anwendung verhalf. Es seien urkundlich beweisbar (d.h. in Wirklichkeit noch mehr) 1 000 Disziplinierungen von evangelischen Geistlichen vorgekommen. Aber alle Angriffe auf die Pastorenschaft mit den Mitteln moderner Technik haben sich als unwirksam erwiesen. Der Redner ging dann zum 3. Punkt über und stellte fest, daß es der Pfarrerschaft ohne fremde Hilfe und trotz der Ungleichheit des Kampfes gelingen werde durchzuhalten. Diese Ausführungen wurden mit lebhaftem Beifall aufgenommen.

Pastor Asmussen führte weiter aus, wenn es unserem Führer gelingen werde, sämtliche Arbeitslosen wieder in den Arbeitsprozeß einzureihen, wenn in Deutschland Friede, Freiheit und Zufriedenheit einziehen würden, so sei dies eine große Gabe Gottes, aber über dieser Gabe stehe die Gabe des heiligen Geistes.

In seinen weiteren Ausführungen kam er auf den Eid zu sprechen, der von den Pfarrern verlangt werde, und stellte fest, daß das klare Durchdenken des Wortlautes des Eides erkennen lasse, „daß die Verkündigung des Evangeliums dem Führer des Deutschen Volkes unterstellt sei." Er verwahrte sich in diesem Zusammenhang gegen Versuche politischer Diffamierung und stellte fest, daß Pfarrer auf allen Kriegsschauplätzen ihre Vaterlandsliebe unter Beweis gestellt hätten. Heute seien allerdings Leute mitführend tätig, die nicht in der Lage waren, in Flandern gewesen zu sein.

Er verwies dann kurz auf die Verhältnisse in Württemberg und sagte hierzu, wenn die Pastorenschaft dem Volke zurufen solle: „Seid untertan der Obrigkeit, die Gewalt über euch hat", dann müsse die Pastorenschaft von der Reichskirchenregierung verlangen, daß ein Gesetz Gesetz bleibe. Von der 1933 geschaffenen Reichskirchenverfassung sei lediglich noch der Paragraph in Anwendung, der dem Reichsbischof uneingeschränkte Machtbefugnis einräume und damit dem Artikel 48 der Weimarer Verfassung gleichkomme. Die Unterstellung, man wolle seitens der Bekenntnisgemeinschaft Nachrichten über den Kampf zum Nachteil des Deutschen Reiches ins Ausland gelangen lassen, wies er zurück. Nicht die „Times" werde von den Bekenntnispastoren mit Nachrichten versorgt, sondern die Bekenntnispastoren würden die neuesten Nachrichten u.a. aus der „Times" erfahren. Der Einladung nach Fanö sei man trotz herzlichster Einladung nicht gefolgt, weil man entweder in stummer Lüge hätte schweigen müssen oder offen die Zustände zugeben. Diese Auseinandersetzungen seien aber nicht für das Ausland bestimmt.

In seinen abschließenden Ausführungen ermahnte er die Anwesenden ebenfalls, sich schützend hinter den herausgewachsenen Führer Veidt zu stellen.

Nach Beendigung seiner Ausführungen gab er noch anhand eines überreichten Zettels bekannt, daß in Stuttgart 2 Oberkirchenräte aus dem Amte entfernt seien, die Pfarrerschaft habe sich jedoch mit 80 bis 85 % einmütig hinter den Landesbischof Wurm gestellt. Nach einem kurzen Vorspruch beteten die Anwesenden gemeinsam laut das Vaterunser.

Dr. Wilhelmi dankte hierauf dem Referenten für seine Ausführungen, teilte mit, daß sich die Geschäftsstelle der Bekenntnisgemeinschaft nunmehr Taubenstraße 5 befinde, worauf die Versammlung die 4 Strophen von „Ein feste Burg ist unser Gott . . ." anstimmte. Hierauf wurde die Versammlung geschlossen.

gez. Heusel,	gez. Schäfer II	gez. Mühleck
Krim.-Angest.	Krim.-Ass.	Krim.-Bezirkssekretär

225

Bericht der Staatspolizeistelle Frankfurt a.M. über das Limburger Domjubiläum (Fragment)

20. 8. 1935

HStA Wi 483/7217 (8 Seiten)

Nachstehend erstatte ich Bericht über den bisherigen Verlauf der Feierlichkeiten anläßlich der 700-Jahr-Feier des katholischen Domes in Limburg an der Lahn. Auf den Tagesbericht vom 12. 8. 1935 nehme ich Bezug.

Vorweg bemerke ich, daß seitens des Bischöflichen Ordinariates alles getan wird, um die einzelnen Veranstaltungen zu gewaltigen katholischen Kundgebungen zu gestalten. Zur Beförderung der auswärtigen Teilnehmer werden Extrazüge eingelegt. Ein weiterer Teil legt den Anmarschweg in Personenomnibussen zurück.

Zur Übertragung der einzelnen kirchlichen Handlungen aus dem Dome wurde eine Lautsprecheranlage eingebaut. Zwei Lautsprecher wurden für die Übertragung auf dem freien Platz vor dem Dome angebracht, weitere siebzehn Lautsprecher innerhalb der Stadt auf dem Prozessionswege eingebaut. Eine Leitung führt unmittelbar zur Limburger Stadtkirche.

Der Staatspolizeistelle und wohl auch dem Regierungspräsidenten persönlich war von einer derartigen unnötigen und offensichtlich nur zu demonstrativen Zwecken vorgenommenen Häufung von Lautsprechern vorher nichts bekanntgeworden. Eine solche Häufung liegt nach Auffassung der Unterzeichneten auch nicht im Rahmen der vom Geheimen Staatspolizeiamt für diesen besonderen Fall gegebenen Richtlinien.

Wie der Unterzeichnete inzwischen an Hand der von ihm beigezogenen schriftlichen Unterlagen festgestellt hat, ist die Sache folgendermaßen gelaufen:

Der Bürgermeister [von] Limburg berichtet unter dem 16. 7. 1935 durch die Hand des Landrats in Limburg an den Regierungspräsidenten unter anderem, daß gegen die Anbringung der Lautsprecheranlage auf den Prozessionswegen polizeilicherseits keine Bedenken bestehen. Der Bericht ist von den[!] Bürgermeister Limburg[!] namens Hollenders[1], der zugleich Kreisleiter der NSDAP ist, persönlich unterzeichnet. Der Landrat vermerkt eben-

---

[1] Randvermerk „PN" (wohl = Personenname)

falls persönlich unter dem 19. 7. 1935 auf dem Berichte, daß auch er keine Bedenken habe. Der frühere politische Dezernent bei der Regierung, Regierungsassessor Kleffel[2], erklärt unter dem 24. 7. 35 sein Einverständnis – wie der Regierungspräsident dem Unterzeichneten persönlich erklärt hat, ohne dessen Wissen und Einverständnis.

Vom Verkehrsverein Limburg[3] wird (angeblich zur Belebung des Fremdenverkehrs) die abendliche Anstrahlung des Domes durchgeführt, die zeitlich mit der Domfeier zusammenfällt.

Die Stadt Limburg zeigt sehr reichen Flaggenschmuck in den Farben des Bistums und verschiedentlich auch schwarz-weiß-rot.

Soweit bekannt, hat die Gauleitung an die Parteigliederungen ein Verbot der Beflaggung mit Hakenkreuzfahnen erlassen, das befolgt wird. Hakenkreuzfahnen sind nirgends zu sehen.

Da sich am Hauptfeiertage, Sonntag, dem 11. 8. 1935, herausgestellt hatte, daß die Übertragung auf alle 19 Lautsprecher eine erhebliche Belästigung der an den Feierlichkeiten nicht teilnehmenden Bevölkerung, insbesondere der ein Drittel ausmachenden protest. Bewohner darstellt, wurden die Feierlichkeiten am Donnerstag, dem 15. 8. 1935, außer auf die beiden am Domplatze aufgestellten Lautsprecher nur auf die unmittelbare Leitung zur Stadtkirche und auf fünf weitere Lautsprecher übertragen, die auf dem Prozessionswege zwischen Dom und Stadtinnerem angebracht sind.

Auch diese Übertragungen stellten immer noch eine starke Belästigung dar und führten zu manchen Beschwerden.

Ferner waren auf Grund verschiedener Meldungen für den bevorstehenden Sonntag, dem[!] Tage der Männer (18. 8. 1935), Störungen zu befürchten. Außerdem war gedroht worden, man wolle die Lautsprecher herunterschießen, wenn sie nicht entfernt würden. Deshalb wurde auf Veranlassung des Unterzeichneten dem Bischöflichen Ordinariat durch den Bürgermeister der Stadt Limburg als Ortspolizeibehörde nach vorherigem Benehmen mit dem Regierungspräsidenten in Wiesbaden und dem Landrat in Limburg auf Grund des § 14 des Polizeiverwaltungsgesetzes die polizeiliche Auflage gemacht, alle Übertragungen nur noch auf die beiden Lautsprecher vor dem Dome und nach dem Innern der Stadtkirche zu beschränken. Es sei noch bemerkt, daß das Ordinariat sich nach Meldung der Polizei Limburg nicht an die mit ihr getroffene Abmachung gehalten hatte, die Lautsprecher in der Stadt nur während der Prozession gehen zu lassen, sondern sie am 11. 8. 1935

---

[2] Randvermerk „PN".
[3] Randvermerk „PJ".

bis 22.30 Uhr und auch am 15. 8. 1935, an dem überhaupt keine Prozession stattfand, gehen ließ.

Hinsichtlich der einzelnen Hauptveranstaltungen berichte ich wie folgt:

a) Am Sonntag, dem 11. 8. 1935, mußte das für 8 Uhr im Dome vorgesehene Pontifikalamt, das vom Päpstlichen Nuntius Cäsare[!] Orsenigo zelebriert werden sollte, ausfallen, da dieser angeblich infolge Erkrankung nicht erschienen war. Anstelle dieses vorgesehenen Pontifikalamtes fand um 7.30 Uhr eine stille Messe statt, die erweitert war durch eine Predigt des Berliner Dompredigers Dominikanerpaters Marianus Vetter[4] und durch das erstmalige Vortragen einer neuen „Christ-König-Messe" von Josef Haas (Worte von Daufenbach[!]). Dieses Wechsellied wahrt im wesentlichen die hergebrachten Formen, hat aber eine betont lebendigere Haltung als die anderen, seit Jahrhunderten überkommenen Texte dieser Art.

Dominikanerpater Vetter knüpfte in seiner Predigt an die Baugeschichte des Domes an, der ein Zeugnis der ewigen Gottesherrschaft sei. Er stelle – auf dem Fels wehrhaft gegen die Lahn gebaut – ein Symbol der Felshaftigkeit der Kirche Christi dar. Der Redner erläuterte dann an diesem Beispiel die ewige Sendung der Kirche Petri, um zu bekunden, daß es von der Bindung an die Kirche Petri keine Lockerung geben dürfe. Es komme deshalb auch nicht in Frage, die Kirche nach Menschenrecht und Menschengesetz zu bauen. Wer den Felsen Petri verlasse, der baue auf Sand, der ständig in Gefahr stehe, von den Stürmen der Jahrhunderte unterminiert zu werden.

Der Redner erläuterte sodann das Gelände des Domes, dessen sieben Türme das Symbol der sieben Sakramente seien. So offenbare dieses Gotteshaus die christliche Welt als eine Art Christus-Burg, als eine Christ-Königsburg über der Lahn. Das Domjubiläum biete aber auch Anlaß, nach vorwärts zu schauen, nicht nur an die Vergangenheit zu denken. Die neue Christ-Königs-Messe, die heute zum ersten Male erklungen sei, werde mit ihrem Schwur (an dieser Stelle trug der Redner die letzten Verse: „Dein ist die Erde, Dein sind die Völker, treu Dir zu dienen stehn wir bereit," in Worten vor) die Herzen der deutschen Katholiken erobern.

Der Redner schloß: „Deutschland muß leben, und wenn wir sterben müssen." Dieses Bekenntnis sei auch nach der Katholiken Art. Sie faßten es nur noch tiefer und inniger und sagen: „Christus muß in Deutschland leben, und wenn wir sterben müssen." Nach Schluß dieser Predigt wurde die Messe zu Ende geführt, die etwa um 8.45 Uhr beendet war. Die Teilnehmer am Got-

---

[4] Randvermerk „PN".

tesdienste und die Geistlichkeit kehrten dann nach der Stadt und in die Pfarrhäuser zurück.

Um 10.00 Uhr fand als Hauptakt das Pontifikalamt statt. An dem Amte nahmen der Kardinalerzbischof Metropolitan[!] von Köln, Dr. Schulte[5], der Bischof von Trier, Dr. Bornewasser[6], der Bischof von Limburg, Vertreter der Bischöfe von Mainz und Speyer und große Teile des Klerus aus der Diözese Limburg teil.

Kurz nach Beginn des Pontifikalamtes hielt der Bischof Dr. Antonius [Hilfrich] die Begrüßungsansprache und führte folgendes aus:

In festlicher Hochstimmung begrüße er in seiner Kathedrale alle zum Feste Versammelte.

In Liebe, Verehrung und Treue gedachte Bischof Antonius zunächst des Heiligen Vaters, der in einem besonderen Schreiben diesen Festtag gedeutet und Se. Eminenz, den Hochwürdigsten Herrn Kardinal bevollmächtigt habe, am Schlusse des Gottesdienstes den Päpstlichen Segen zu erteilen. Im Namen des Domkapitels und aller Diözesanen begrüßte er Se. Eminenz als unseren Metropoliten, der zum ersten Male in dieser Eigenschaft seinen Einzug in diese ehrwürdige Kirche gehalten habe, und dankte ihm, daß er durch seine Mitwirkung die Feier hebe. In Ehrfurcht gedachte er Se. Exzellenz des Hochwürdigsten Herrn Apostolischen Nuntius Orsenigo, der trotz seines leidenden Zustandes zur Reise nach Limburg entschlossen gewesen sei, aber zuletzt einen Rückfall erlitten und deshalb zu seinem größten Bedauern habe absagen müssen. Er begrüßte weiter, auf alttrierischem Boden, Se. Exzellenz den Hochwürdigsten Herrn Bischof Franz Rudolf von Trier, Missionsbischof Raible[7], die Domdekane und Domkapitulare von Mainz und Trier, Abt Eberhard von Marienstatt, den Klerus, die Herren der staatlichen und städtischen Behörden, insbesondere den Vertreter des zuständigen Ministeriums. Wir sind, so erklärt der Bischof, dankbar den Behörden, die für die Unterhaltung des Domes zu sorgen haben, daß sie trotz der Not der Zeit im Hinblick auf die heutige Feier das Werk der Restauration des Domes unternommen und vollendet haben. Er begrüßte dann noch das Haupt der fürstlichen Familie von Isenburg, Franz Josef Fürst zu Wied, die Vertreter aus den Pfarreien der Diözese, die Kirchenvorstände und katholischen Vereine.

Gegen 16 Uhr begann die Prozession, die sich vom Dome durch die Straßen der Stadt und zurück zum Dom bewegte.

---

[5] Randvermerk „PN".
[6] Randvermerk „PN".
[7] Randvermerk „PN".

An den Feierlichkeiten an diesem Tage, soweit sie im Dom und in der Stadtkirche stattfanden, nahmen an 6000 Personen teil, an der Prozession beteiligten sich ungefähr 8000 Personen mit über 300 Fahnen. Zu Zwischenfällen kam es nicht.

Abschrift einer eingehenden Predigtniederschrift füge ich als Anlage bei. Weiter verweise ich auf den Inhalt des beigefügten St. Georgsblattes vom 18. 8. 1935.

b) Als Fortsetzung der Domfeierlichkeiten fand am Donnerstag, dem 15. 8. 1935, der „Domfesttag der katholischen Frauen" statt.

Das Pontifikalamt zelebrierte Missionsbischof Raible-Berlin unter Mitwirkung des Domchores.

Die Festpredigt hielt Bischof Dr. Ehrenfried aus Würzburg.[8]

Diözesanbischof Dr. Antonius [Hilfrich][9] – Limburg – hielt nach beendeter Prozession, die gegen 16.00 Uhr begann, die Schlußansprache am Freialtar, der an dem Dome errichtet ist.

Die Veranstaltungen wurden durch Lautsprecher auf den Domplatz und in die Stadtkirche übertragen, außerdem erfolgte während der Prozession die Übertragung auf fünf Lautsprecher, die auf dem Wege [b]zw. am Dome und im Stadtinnern aufgestellt sind (s. oben).

Am Abend des gleichen Tages fand die feierliche Weihe der umgebauten Domorgel statt, wobei Stadtpfarrer Fendel[10] die liturgische Weihe übernahm.

Die Teilnehmerzahl an diesem Tage wird auf ca. 15000 Personen geschätzt. Auch an diesem Tage ereigneten sich keine Zwischenfälle.

c) Am Sonntag, dem 18. 8. 1935, wurde der „Domfesttag der katholischen Männer und Jungmänner" durchgeführt.

Dem Aufzuge zum Dom um 9.15 Uhr folgte um 9.30 Uhr das Pontifikalamt.

Missionsbischof Raible – Berlin – hielt die Predigt. Seine Ausführungen standen unter dem Leitwort „Du bist Christus, der Sohn des lebendigen Gottes". Er stellte fest, daß der alte katholische Glaube im Lahngau „noch treu und fest verwurzelt sei" in den Herzen der Bewohner. Er endete mit den Worten: „Fest soll mein Taufbund ewig stehen, ich will die Kirche immer sehen." Die Predigt war nicht zu beanstanden.

---

[8] Randvermerk „PN". – Matthias Ehrenfried, Bischof von Würzburg 1924–1948. NDB 4, 354.
[9] Randvermerk „PN".
[10] Randvermerk „PN".

Um 15.00 Uhr folgte eine zweite Predigt, die von dem Dominikanerpater Pleines – Berlin[11] – gehalten wurde. Er nannte die Veranstaltung eine „Feier- und Bekenntnisstunde". Seine Ausführungen hatten zum Gegenstande das Kreuz Christi, das alles überstehe. Ein Kreuz sei eingemeißelt in den Grundstein dieses Domes, der Grundriß habe die Form eines Kreuzes, und Kreuze zierten die beiden Türme des Domes. Er bezeichnete die sich daran anschließende Prozession als eine „Kreuzesprozession".

Der Mensch müsse auf Gottes Seite stehen, nicht in Gottesferne, sondern in Gottesnähe. Das Leben Christi müsse ihn durchleben, durchbluten und ergreifen.

Der Pater endete mit den Worten: „Gott wird sein, wenn andere Menschen nur noch Gegenstand von Schulaufsätzen seien. O, heiliges Kreuz, sei uns gegrüßt. Heiliges Kreuz, bleibe bei uns, bleibe auf unseren Kathedralen, bleibe in unseren Familien, bleibe auf den Gräbern unserer gefallenen Brüder; komme zu uns und zeige der Welt gegenüber, daß hier welche liegen, die im Kreuze gelebt, gestorben und gesiegt haben."

Anschließend hierzu gab der Generalvikar Goebel[12] des Bischöflichen Ordinariates das eingangs erwähnte Polizeiverbot der Lautsprecherübertragung bekannt. Hierbei begannen die Anwesenden in der Kirche durch lautes Murmeln ihren Unwillen hierüber kund zu tun, vor der Kirche wurden Pfui-Rufe ausgebracht. Der neben Goebel auf der Kanzel stehende Geistliche verhinderte durch Gesten das weitere Aufkommen und die Fortsetzung der Mißfallensäußerungen. Goebel gab ferner bekannt, daß Musikkapellen nicht hätten [ab]geschafft werden können, weil das Polizeiverbot unvermittelt und erst kurz vorher erlassen worden sei.

Die Prozession bewegte sich ohne Gesang, dessen anfängliches Aufkommen sofort von der Prozessionsleitung unterdrückt wurde, und Musikbegleitung „im stillen Gebet" durch die Straßen der Stadt. Mitgeführt wurde die heilige Kreuzesreliquie.[13] Sie sollte offensichtlich zugleich Protestdemonstration gegen das erwähnte Polizeiverbot sein.

Nach beendeter Prozession sprach der Diözesanbischof Dr. Antonius [Hilfrich] vom Freialtar aus die Schlußworte. Er knüpfte an die vorangegangene Predigt vom Kreuze Christi an und ermahnte die anwesenden „katholischen Männer und katholischen Väter", in Treue zur katholischen Kirche zu stehen, das Vernommene mit in die Familie zu nehmen und die Jugend zur

---

[11] Randvermerk „PN".
[12] Randvermerk „PN".
[13] Randkorrektur: Die „Schweigende Prozession".

Treue zur katholischen Kirche und den katholischen Vereinigungen anzuhalten. Die Lehre der christlich-katholischen Kirche sei kein Mythus[!], keine Legende, sondern lautere Wahrheit, offenbart durch die heilige Schrift.

Die Teilnehmerzahl betrug etwa 4 200 Mann mit ungefähr 35 Fahnen und Bannern. Auffallend war, daß die Jungmänner so gut wie nicht vertreten waren. Die Teilnehmer gehörten überwiegend der ländlichen Bevölkerung an, unter ihnen waren viele frühere SPD- und auch KPD-Angehörige, sogar ein ehemaliger KPD-Funktionär. Auch viele ehemalige Mitglieder des Stahlhelms waren vertreten. Ebenfalls sollen zahlreiche Beamte und Parteigenossen mitgezogen sein. Ich habe einen Teilnehmer gesehen, der Parteiabzeichen trug. Auch SA-Abzeichen sind gesehen worden.

Anlaß zu polizeilichem Einschreiten war nicht gegeben.

Am 18. 8. 35 gegen 14.00 Uhr machte der Direktor des ,,Nassauer Boten" telefonisch davon Mitteilung, daß mehrere Personen im Begriffe seien, die Kirchenfahnen und Girlanden vor dem Verlagsgebäude abzureißen.

Die zuständige Ortspolizeibehörde schritt sofort ein, die Täter wurden jedoch nicht ermittelt.

An dieser Stelle bricht das nur in Abschrift aus der Staatspolizeistelle Darmstadt überlieferte Schriftstück ab.

226

Politischer Lagebericht des Regierungspräsidenten in Wiesbaden
an den Reichs- und Preußischen Minister des Innern

30. 4. 1935

GStAPK I. HA Rep. 90 P Nr. 87 H.4 (17 Seiten)

1. Allgemeine Übersicht über die innerpolitische Entwicklung
im Berichtsmonat

Die allgemeine Lage ist z.Zt. als sehr ruhig zu bezeichnen. Es sind *keine wesentlichen Änderungen* in Erscheinung getreten. Verstimmung über schleppenden Geschäftsgang in Kaufmannskreisen, über geringe Beschäftigung in Handwerkerkreisen, über Preiserhöhungen auf dem Fleischmarkt, Streitigkeiten im konfessionellen Lager tun der doch allgemein vorherrschenden Zuversicht auf Fortschritte in der gesamten wirtschaftlichen und politischen Entwicklung keinen erheblichen Abbruch.

Die Rückgliederung der Saar und die Einführung der allgemeinen Wehrpflicht wurde in allen Schichten der Bevölkerung überaus freudig aufgenommen und fanden in spontanen Kundgebungen der Bevölkerung ihren Ausdruck, insbesondere bei dem mit großer Freude und aufrichtiger Begeisterung aufgenommenen Besuch des Führers und Reichskanzlers vom 20.—23. März in Wiesbaden. Die seinerzeit bei dem Austritt des Deutschen Reiches aus dem Völkerbund in Erscheinung tretende Besorgnis der Bevölkerung des ehemals besetzten Gebietes über außenpolitische Verwicklungen, Sanktionen der ehemaligen Feindmächte, Erschwernisse auf dem Weltwirtschaftsmarkt, sind diesmal bei der Verkündung der allgemeinen Wehrpflicht vollkommen verstummt. Das unbedingte Vertrauen der Bevölkerung zu dem Friedenskurs der deutschen Außenpolitik findet hierin seinen besonderen Ausdruck.

2. Stand und Tätigkeit der staatsfeindlichen Bestrebungen

a) Marxismus, Kommunismus, SPD

Die bereits im letzten Lagebericht erwähnte Aktion gegen die *illegale KPD* konnte erfolgreich zu Ende geführt werden. Der hiesigen Staatspolizei gelang es im Berichtsmonat, die illegale KPD vernichtend zu schlagen. Außer der

Festnahme der weiblichen Oberberaterin, der am 15. 1. 1904 zu Wanne geborenen Ehefrau Maria Krollmann, sowie des Bezirkstechnikers Süd-West, des am 30. 11. 1905 zu Wuppertal-Barmen geborenen Max Dalhaus, erfolgte die Festnahme des BL-Leiters, des AG-Leiters, des Bez.-Technikers, des Kassierers, des Inspekteurs der „Roten Hilfe", des Leiters der IAH, des Leiters der RGO sowie zahlreicher Stadtteilinspekteure und anderer Funktionäre. In Zusammenarbeit mit den benachbarten Staatspolizeistellen Darmstadt, Mainz, Offenbach sowie Hanau gelang es auch diesen, dort die Unterbezirke aufzurollen. Einschließlich der Spitzenfunktionäre sind durch die Staatspolizeistelle insgesamt etwa 70 Personen im Zusammenhang mit dieser Aktion festgenommen worden.

Interessant ist die Feststellung, daß in letzter Zeit im hiesigen Bezirk Juden in führenden Funktionärstellungen waren. So war der neue Bezirksleiter ein Jude, der Techniker der „Roten Hilfe" ein abgebauter jüdischer Gerichtsassessor, der Verbindungsmann der RGO ein polnischer jüdischer Kaufmann, der Leiter der JAH gleichfalls ein jüdischer Kaufmann.

Von allgemeinem Interesse dürfte noch sein, daß die Funktionäre Decknamen hatten, die schon rein äußerlich ihre Funktionen kennzeichneten. So hatte der BL-Leiter den Decknamen „*B*runo", der Org.-Leiter den Decknamen „*O*tto", der Techniker den Decknamen „*T*homas". Ferner hatten die führenden Funktionäre im hiesigen Bezirk sämtlich das EK-Band sowie das Band der Hessischen Tapferkeitsmedaille in Form einer selbstangefertigten Rosette im Knopfloch. In dieser Form im Knopfloch angebracht, diente es als Erkennungszeichen.

SPD und *SAP* sind im Berichtsabschnitt nicht in Erscheinung getreten.

b) Monarchistische Bestrebungen. Ultramontanismus und Liberalismus.

Besondere Beobachtungen sind nicht gemacht worden.

c) Opposition

Die *Schwarze Front* und der *Tannenbergbund* haben sich nicht bemerkbar gemacht.

Im März konnte eine verbotene *Bibelforscher*-Versammlung ausgehoben werden. Anwesend waren 11 Personen, davon 4 Männer und 7 Frauen. Es wurde hierbei Material über staatsfeindliche Bestrebungen aufgefunden. In den vorgefundenen Flugschriften befanden sich folgende bezeichnete Stellen:

„1. Der Schmelzofen 1. Teil, Seite 13: „. . . Wann immer Jehovas Zeugen vor die Gerichte gestellt werden, steckt Satan dahinter . . .",

2. Der Schmelzofen 2. Teil, Seite 3: „. . . Die treuen Zeugen werden Jehovas Geboten bis zum letzten Atemzuge gehorchen, sie werden dem Feinde nicht nachgeben, noch sich durch die Androhung von Gewalt aufhalten lassen . . .",

Seite 5: „. . . Hitler und sein Stab von Beamten stehen ohne Zweifel unter der Kontrolle der sichtbaren Macht Satans und seiner ruchlosen Verbündeten, die zusammen gegen Jehovas Zeugen Krieg führen . . .",

3. Löwenrachen 1. Teil, Seite 11: „. . . Daß ein solches Gesetz nötig wäre zum Schutze des Volkes gegen die als *Nazismus* bekannte ruchlose Bewegung, die jetzt Deutschland beherrscht. Dabei wissen die Befürworter dieses Gesetzes sehr wohl, daß ihr eigentliches Ziel die Vernichtung der Zeugen Jehovas ist. In Deutschland wirken die römisch-katholische Hierarchie und die Nazis Hand in Hand. Die Nazis gehen darauf aus, Jehovas Zeugen zu töten, und die römisch-katholische Hierarchie verfolgt dasselbe verruchte Ziel . . ."

Die treibende Kraft, der am 19. 11. 1896 zu Steinbach geborene Kriegsbeschädigte Arnold Daub, wurde festgenommen und dem Richter vorgeführt. Es konnte die Beobachtung gemacht werden, daß die illegale Tätigkeit der Bibelforscher vornehmlich auf dem Lande wieder um sich greift.

3. Wirtschafts- und Agrarpolitik

a) Allgemeines

Im Berichtsabschnitt haben sich die ursprünglich mit einiger Besorgnis aufgenommenen *Anordnungen des Reichsnährstandes* mehr und mehr eingespielt. Das Publikum hat sich auch, soweit es in manchen Bestimmungen nicht die letzte Lösung sieht, vorläufig mit den Anordnungen abgefunden. Soweit Erhöhungen der Lebenshaltungskosten eingetreten sind, wurden sie durch den Eintritt in den Erwerb und den erhöhten Einnahmeanfall tragbarer. Die täglichen Vorgänge der Weltwirtschaft sind für die *Exportindustrie* nicht zu großem Optimismus angetan. Trotzdem kann man aber feststellen, daß mit Ausdauer und Findigkeit stets neue Wege gesucht werden, um den notwendigen Devisenanfall herbeizuführen. Die Industrie- und Handelskammern bemühen sich, durch schnelle und aufmerksame Bereitstellung aller Hilfsmittel und durch Hinweis auf die Notwendigkeit die Exportinitiative zu erhalten.

Über die *Tätigkeit des Preiskommissars* hat sich die Wirtschaft inzwischen ein zutreffendes Bild gemacht, wozu ein am 11. 3. 1935 von dem Herrn

226. Lagebericht des RP Wiesbaden 1935

Preiskommissar in Darmstadt gehaltener Vortrag, dem zahlreiche Wirtschaftsführer mit größtem Interesse folgten, wesentlich beigetragen hat.

Es wird darüber Klage geführt, daß der *hiesige Bezirk nicht hinreichend mit öffentlichen Aufträgen, insbesondere Heereslieferungen,* berücksichtigt wird. Die Auftragsvergebung ist auf Grund einer von der Industrie- und Handelskammer in Frankfurt a.M. angestellten Erhebung sehr gering.

b) Industrie

Bei den meisten Industriezweigen hat die günstige Geschäftsentwicklung angehalten, insbesondere bei der optischen, chemischen, Auto-, Maschinen-, Textil-, Nahrungsmittel- und Elektroindustrie. Selbst die Industrie der Steine und Erden, eine Haupterwerbsquelle des Bezirks, die bisher besonders darniederlag, weist Ansätze zu einer wirtschaftlichen Belebung durch den verstärkten Ausbau des Straßennetzes auf. Ausgenommen hiervon ist jedoch immer noch die *Marmorindustrie*. Die Förderung in 1934 betrug etwa 1/3 der Förderung in 1929. Die Einfuhr ausländischen Marmors sollte daher noch mehr als bisher eingeschränkt werden, da bei voller Ausnutzung des eigenen Gesteins die deutschen Marmorbrüche in der Lage sind, den weitaus größten Teil des Bedarfs nicht nur in der Menge, sondern auch der Güte nach zu decken. Insbesondere durch die Verwendung des nassauischen Marmors bei öffentlichen Bauten könnte sein Absatz gefördert werden.

Das *Lederzurichtungsgewerbe* leidet einmal unter Preisunterbietungen, da noch immer nicht die erstrebte Preisregelung eine endgültige Form gefunden hat, ferner aber auch durch die Schwierigkeit der Beschaffung der ausländischen Ziegen- und Schaffelle. Die Beschäftigung ist daher sehr mangelhaft. Da man zudem den Lohnveredelungsverkehr für Rohware ausländischen Eigentums im Hinblick auf die Förderung der Fertigwarenindustrie stark unterbindet, besteht in den Kreisen dieser Zurichter die Befürchtung, daß der Ausländer sich gezwungen sieht, nicht etwa die deutsche Fertigware zu kaufen, sondern seine ausländischen Rohwaren in anderen Staaten zurichten zu lassen. Auch durch die starke Beeinträchtigung dieses Lohnveredelungsverkehrs ist teilweise die Minderbeschäftigung in diesen Betrieben entstanden.

c) Handel

Die Lage im Groß- und Einzelhandel ist *unverändert,* nur der Geschäftsgang im Lebensmitteleinzelhandel und Möbeleinzelhandel hat sich weiter befriedigend entwickelt.

d) Handwerk

Am Ende des Berichtsabschnittes hat sich als Folge der Saison eine gewisse *Belebung* bemerkbar gemacht. Bei den *Bauhandwerkern* wird damit gerechnet, daß die Bautätigkeit dieses Frühjahres die des vergangenen Jahres übersteigen wird.

Das *Metzgerhandwerk* stand unter der Einwirkung des Anziehens der Rindviehpreise in einer lebhaften Bewegung mit dem Ziele einer Erhöhung des Rindfleischpreises. Die Bewegung wurde offenbar planmäßig geleitet. An vielen Orten versuchten die Metzgerinnungen eigenmächtig, die Fleischpreise zu erhöhen und setzten den Einwirkungen der Verwaltungsbehörden offenen Widerstand entgegen. Ich habe daher an mehreren Stellen Ladenschließungen anordnen und Ordnungsstrafen verhängen müssen. Das besondere Kennzeichen der Bewegung bestand darin, daß die Großstädte, insbesondere Frankfurt a.M., sich darin ziemlich zurückhielten, während der Schwerpunkt in die Landstädte verlegt wurde. Die Handwerkskammer wurde anscheinend möglichst ausgeschaltet. Auf Grund der durch den Herrn Reichspreiskommissar und den Herrn Oberpräsidenten ergangenen Anweisungen und im engen Einvernehmen mit dem Schlachtviehverwertungsverband in Frankfurt a.M. habe ich die Fleischpreiserhöhung, über die im Publikum bereits lebhafter Unwille entstanden war, überall wieder rückgängig gemacht und die alten Preise wiederhergestellt. Lediglich in den an Wiesbaden und Frankfurt a.M. angrenzenden Landkreisen wurde die Angleichung an die städtischen Preise zugestanden und außerdem denjenigen Metzgern, die aus sozialen Erwägungen ihre Preise bisher besonders niedrig gehalten hatten, gestattet, an den Durchschnittspreis der Umgebung heranzugehen. Die Bewegung scheint nunmehr einstweilen ihr Ende gefunden zu haben. Da die Viehpreise jedoch erheblich gestiegen sind, ist die Gewinnspanne des Metzgers im allgemeinen nicht unbeträchtlich gefallen, und es ist daher damit zu rechnen, daß die allgemeine wirtschaftliche Lage dieses Gewerbes, die bisher trotz der erheblichen Klagen noch als zufriedenstellend angesehen werden mußte, in Zukunft eine Verschlechterung erleidet, die sich in dem Zugrundegehen der schwächsten Betriebe ausdrücken könnte.

[e)] Landwirtschaft

Die Landwirte klagen zum Teil noch über bestehende *Futterknappheit* und die dadurch bedingte Beschaffung von Kraftfuttermittel zu hohen Einkaufspreisen, so daß es ihnen schwer fällt, schlachtreifes Vieh abzusetzen.

Die wirtschaftliche Lage des *Gemüsebaues* hat sich in den vergangenen Monaten sehr verschlechtert. Es erscheinen ausländische Gartenbauerzeugnisse in einem früher nie gekannten Umfange auf dem Markt, insbesondere ist in den letzten Monaten die Frankfurter Großmarkthalle täglich mit spanischem Kopfsalat überschwemmt. Die unvermeidliche Folge ist, daß die Erzeugnisse des heimischen Gartenbaues zum großen Teil überhaupt unverkäuflich bleiben und der Vernichtung anheimfallen, zum anderen Teil zu völlig ungenügenden Preisen abgesetzt werden müssen. Unter den Gemüsegärtnern herrscht daher bittere Enttäuschung und Unruhe. Dagegen machte sich eine sehr starke Knappheit auf dem Zwiebelmarkt bemerkbar mit dem Ergebnis, daß die Preise stark anzogen und sich gegen das Vorjahr verdoppelt haben.

Auf dem *Obstmarkt* sind die Zufuhren an ausländischem Obst, besonders an amerikanischen Äpfeln, in diesem Jahre bedeutend geringer als in den Vorjahren. Die verminderte Zufuhr hat dazu geführt, daß die deutschen Äpfel seit längerer Zeit auf dem Markte vorherrschen und Preise erzielt worden sind, die von einem großen Teil der Bevölkerung nicht gezahlt werden können und teilweise auch dem Wert der Äpfel nicht entsprechen.

f) Löhne

Die Wünsche nach höherem Einkommen sind überall latent, wenn auch die zunehmende Ansicht der volkswirtschaftlichen Zusammenhänge die Disziplin gefördert hat. Die Erklärungen des Führers der Deutschen Arbeitsfront, Dr. Ley, zum 1. Mai über die Inangriffnahme der gerechten Regelung der Lohnfrage sind mit großer Befriedigung aufgenommen.

g) Arbeitsbeschaffung

Im hiesigen Bezirk befindet sich eine Reihe von Vorkommen lebenswichtiger Metallerze, so z. B. Kupfer, das bisher stark vom Ausland aus eingeführt wurde. Zum Abbau von Kupfererzen gibt die Reichsanstalt für Arbeitslosenversicherung und Arbeitsvermittlung Zuschüsse in Form der Grundförderung, um damit zur Arbeitsbeschaffung und zur Verbesserung unserer Devisenlage beizutragen. Dieses Vorgehen muß im Interesse der Gesamtwirtschaft außerordentlich begrüßt werden. Jedoch ist in Einzelfällen festgestellt, daß die Zuschüsse nur gewährt werden, wenn tatsächlich Erze der genannten Art gefördert werden; nicht dagegen werden Zuschüsse gezahlt, wenn Erzgruben aufgeschlossen werden. Die Aufschlußarbeiten von Erzgruben sind aber derart kostspielig und stellen nur Verlustgeschäfte dar, daß die Auswirkung der genannten, sehr begrüßenswerten Bestimmung in den meisten Fällen eine negative sein wird. Es wird gewünscht, daß die gleichen Zuschüsse aus der Grundförderung dann gewährt werden, wenn zum mindesten Aufschlußarbeiten in solchen Gruben erfolgen, bei denen das Auffinden von lebenswichtigen Erzen sehr wahrscheinlich ist, zumal auch durch Aufschlußarbeiten in erheblichem Umfang mehr Arbeiter beschäftigt werden.

Bei den Vermittlungen zur *Notstandsarbeit* nach auswärts sind vereinzelt Schwierigkeiten durch die Weigerung, auswärtige Notstandsarbeit anzunehmen, aufgetreten, konnten jedoch im allgemeinen bei Androhung entsprechender Erziehungsmaßnahmen überwunden werden.

h) Siedlungs- und Wohnungswesen

Die letzten Erlasse des Herrn Reichsarbeitsminister über die *Ablösung der Kredite für die vorstädtischen Kleinsiedlungen* sind sehr vielgestaltig und gehen von dem Grundsatz aus, daß die Baukosten nur 3 000 RM betragen dürfen. Dies bedeutet in der geschäftlichen Handhabung, daß die in den Stadtrandsiedlungen angelegten Reichsmittel nicht zur Ablösung kommen werden, da eine Förderung der eigentlichen Kleinsiedlung auf dem von den Erlassen bezeichneten Wege unmöglich ist. Es ist nicht ohne weiteres verständlich, wie man mit einem Betrage von 3 000 RM rechnen konnte, da dieser Betrag erfahrungsgemäß in fast allen Mittel- und Großstädten nicht zugrunde gelegt werden kann.

Im übrigen nimmt die *Wohnungsnot* immer mehr zu, und es besteht die große Gefahr, daß sich der Miethausbau, wie in den Nachkriegsjahren, immer mehr in den Vordergrund drängt, wenn auf dem Gebiet des Siedlungswesens nicht baldigst durchgreifend fördernde und wirklich sachverständige Maßnahmen ergriffen werden. Es erscheint deshalb dringend erforderlich, daß über die Auswirkung des Gesetzes zur Förderung des Wohnungsbaues vom 15. März 1935 möglichst Klarheit erzielt wird. Nur dann wird verhütet werden können, daß das Baujahr 1935 für den Wohnungsbau und das Siedlungswesen verloren geht.

In diesem Zusammenhange wird erwähnt, daß auf dem Gebiet der Bodenbeschaffung mit Hilfe eines entsprechenden *Landesplanungsgesetzes* bald Durchgreifendes geschehen sollte, da andernfalls die Landbeschaffung für die Kleinsiedlung, die sich in den meisten Städten schon jetzt sehr schwierig gestaltet hat, mehr oder weniger undurchführbar wird.

Ferner wird wiederholt auf die Notwendigkeit gesetzgeberischer Maßnahmen auf dem Gebiete der *Innenstadtgesundung* hingewiesen, schon um in der Frage der Parkplätze zu befriedigenden Lösungen zu kommen.

In den Kreisen der Hausbesitzer ist durch die Inanspruchnahme der ab 1. April 1935 eingetretenen *Hauszinssteuersenkung* als Staatsanleihe eine Mißstimmung eingetreten, da die Hausbesitzer nach Bekanntwerden der

25%igen Hauszinssteuersenkung bereits teilweise eine neue Mietregelung in Form eines Mietnachlasses mit ihren Mietern vereinbart haben.
Ein anderer Teil will mit Hilfe der Hauszinssteuersenkung notwendige Reparaturen ausführen lassen. Es sind nun angeblich bei verschiedenen Hausbesitzern durch diese Neuregelung Schwierigkeiten entstanden.

4. Kulturpolitik

Schwierigkeiten im *Verhältnis der Schule zur Hitler-Jugend* sind nicht mehr bekannt geworden.
In der letzten Zeit treten Bestrebungen der *NS-Kulturgemeinde* hervor, nicht nur neben den sonstigen Kulturveranstaltungen bei den Kunstvereinen mit eigenen Veranstaltungen, insbesondere Ausstellungen, hervorzutreten, sondern diese Vereinigungen in sich aufgehen zu lassen und schließlich das Recht zu solchen Veranstaltungen für sich zu beanspruchen. Die *Kunstvereine,* in sich zusammengeschlossen und der Reichskulturkammer angegliedert, können sich auf die Anordnungen der Reichskammer berufen, die ihre Unterstützung anempfiehlt und ihnen bestimmte Aufgaben zuweist. Werden daneben nicht nur von der NS-Kulturgemeinde, sondern auch von den Künstlergesellschaften Sonderveranstaltungen durchgeführt, so tritt hier eine Zersplitterung, die nicht gegenseitige Förderung, sondern Beeinträchtigung des Erfolges herbeiführt, ein. Zusammenschluß und Zusammenarbeit muß nicht nur örtlich, wie schon eingeleitet, sondern auch von oben her erstrebt werden.

5. Juden, Freimaurer

Die Judenschaft versucht, die wirtschaftliche Verarmung und die Abtrennung von den arischen und staatlichen Bildungsstätten wie überhaupt von kultureller Beteiligung außerhalb ihres Kreises durch eine geistige und seelische Erstarkung ihrer jüdischen Weltanschauung wettzumachen. Dies lassen sowohl die wachsende Schülerzahl der jüdischen mittleren und höheren Schulen wie auch die zahlreichen Veranstaltungen, Vorträge und dergl. erkennen.
Der Einfluß der jüdischen Händler bei den Landwirten und Bauern ist im starken Wachsen. Vielfach macht sich auf dem platten Lande der restlose Ankauf des verfügbaren Schlachtviehes durch Juden, welche über den regulären Satz liegende Preise bieten, bemerkbar. Der jüdische Anteil im Viehhandel

auf dem Lande wird teilweise bis zu 80 % geschätzt. Die *Abwehrmaßnahmen gegen den wirtschaftlichen Einfluß des Judentums* haben sich im Berichtsabschnitt im Rahmen der gesetzlichen Möglichkeiten gehalten.

Die arischen Geschäfte im Regierungsbezirk und im Gau Hessen-Nassau sowohl in den Großstädten wie auf dem flachen Lande sind etwa seit Weihnachten, wo sich in Frankfurt a.M. die berichteten Ausschreitungen gegen jüdische Geschäfte ereignet hatten, in steigendem Maße dazu übergegangen, Schilder mit der Aufschrift „Deutsches Geschäft" anzubringen. Diese Maßnahme ist von der Gauleitung in die Wege geleitet und wird nicht ohne Druck seitens der Partei, insbesondere der NS-HAGO, in immer weiterem Umfange durchgeführt. Es hat sich in den von Ausländern stark besuchten Großstädten, insbesondere in Wiesbaden, das auf den Besuch reicher Ausländer entscheidenden Wert legt, gezeigt, daß die Ausländer, sei es aus Mißverständnis, sei es aus feindseliger Haltung heraus, in Geschäften mit diesen Schildern nicht einkaufen, also die nichtarischen Geschäfte bevorzugen. Da die Lage der meisten Geschäfte wirtschaftlich so ist, daß sie kaum einen Kunden entbehren können, hat sich bei manchen Geschäften ein gewisser Widerstand gegen die von der Partei propagierte Anbringung der Anschrift „Deutsches Geschäft" geltend gemacht. Es ist mir bekannt geworden, daß arische Geschäfte, die sich weigerten, das Schild anzubringen, von unbekannter Hand mit einem Schild „Judenknecht" beklebt worden sind. Auch in der örtlichen Parteipresse (Nassauer Volksblatt) ist wiederholt zum Ausdruck gekommen, daß auch in deutschen Geschäften, die das erwähnte Schild nicht anbringen, nicht gekauft werden solle. Wenn nunmehr in den letzten Tagen durch das DNB die Nachricht verbreitet wird, daß nach Auffassung des Präsidenten des Werberates der deutschen Wirtschaft und des Reichsministers für Volksaufklärung und Propaganda vor einer endgültigen Regelung die willkürliche Verwendung derartiger Schilder und Bezeichnungen unerwünscht sei, so ergibt sich hieraus eine Zwiespältigkeit in der Auffassung zwischen zentralen Stellen und den örtlichen Parteistellen, die in der Bevölkerung schwerlich verstanden wird und zu Schwierigkeiten führt.

In Wetzlar ist noch als antisemitische Propaganda die Aufstellung eines Schaukastens für die Zeitung „Der Stürmer" auf einem freien Platz zu erwähnen. Der Schaukasten trug zunächst die Inschrift: „Schlagt den Juden, wo ihr ihn trefft!". Diese Inschrift ist inzwischen beseitigt worden. Außerdem befinden sich an beiden Seiten des Schaukastens zwei hölzerne Judenköpfe als Karikaturen. Ferner ist durch die Verbindung der im Schaukasten befindlichen Inschriften mit der Bezeichnung von in Wetzlar lebenden jüdischen Persönlichkeiten eine besondere Propaganda gegen das Judentum in Wetzlar eingeleitet. Es ist von mir veranlaßt worden, daß die Inschriften beseitigt werden, soweit sie gegen lebende unbescholtene jüdische Persönlichkeiten Stellung nehmen.

6. Besonderes

a) Landjahr

Bei der Vornahme des Aushebungsgeschäftes ist vereinzelt eine nicht ausreichende Teilnahme der Lehrer beobachtet worden. Um dies für die Folge zu verhüten, wird sich empfehlen, durch entsprechende allgemeine Anordnungen die Beteiligung der Lehrer am Aushebungsgeschäft sicherzustellen. Offene *Widerstände gegen das Landjahr* wurden in früher kommunistisch eingestellten Stadtbezirken, so z.B. in Frankfurt a.M.-Fechenheim und -Heddernheim festgestellt, wo einzelne Väter versucht haben, die Teilnahme ihrer Kinder am Landjahr zu verhindern. Ein versteckter Widerstand konnte z.T. in stark bekenntnismäßig katholisch eingestellten Kreisen beobachtet werden. In einer ganzen Reihe von Fällen gelang die Durchführung der Verschickung ins Landjahr nur durch die Androhung von Zwangsmaßnahmen.

Es werden z.Zt. Feststellungen getroffen über die Fälle, in denen zur Durchführung der Verschickung ins Landjahr Zwang angewendet werden mußte; nach Abschluß derselben wird Sonderbericht an den Herrn Reichs- und Preuß. Minister für Wissenschaft, Erziehung und Volksbildung erstattet.

b) Hitler-Jugend

Im März 1935 wurde der Gebietsführer der Hitler-Jugend, Kramer, in Wiesbaden wegen Verfehlungen seines Amtes enthoben. Gelegentlich der Untersuchung durch Beauftragte der Gestapa, die sich im Anschluß an die Festnahme des ehemaligen Gebietsführers auch auf andere Führer der Hitler-Jugend erstreckte, erschoß sich der Oberbannführer der Hitler-Jugend, Erich Seifert, im Hitler-Jugendhaus Wiesbaden bei seiner Festnahme.

c) NSDFB (Stahlhelm)

Über den NSDFB (Stahlhelm) ist auf Grund des Erlasses des Preußischen Ministerpräsidenten vom 28. Februar 1935 – StMP 77 – am 7. März 1935 unter I 3 P.70/07/129 (Geh.) – ein Sonderbericht erstattet worden. Neue, allerdings örtlich bedingte Spannungen traten bei den Veranstaltungen der Heldengedenkfeiern am 17. März 1935 auf. Der NSDFB weigerte sich an einzelnen Orten, an der gemeinsamen Feier mit der NSDAP und den NS-Gliederungen bzw. Wehrverbänden teilzunehmen oder veranstaltete getrennte Feiern, da er den nach seiner Ansicht gebührenden Platz bei der Aufstellung nicht eingeräumt erhalten hatte. Dieses Verhalten des Stahlhelms hat starkes Befremden erregt.

d) Luisenbund

Im Kreise St. Goarshausen sind wiederholt Zusammenkünfte ehemaliger Angehöriger des früheren Luisenbundes beobachtet worden. Die Zusammenkünfte, bei denen die Teilnehmerzahl um etwa 10 Personen schwankte, fanden meistens in Privathaushaltungen statt. Politische Überwachung wird ausgeübt.

e) Polizeibeamtenschaft

Die Stimmung innerhalb der Polizeibeamtenschaft ist gut. Zersetzende Erscheinungen sind nicht bekannt geworden.

gez. Zschintzsch

Beglaubigt
Seyerle
Regierungs-Büroassistent

227

Politischer Lagebericht: NSDAP und ihre Gliederungen, des Regierungspräsidenten in Wiesbaden an den Reichs- und Preußischen Minister des Innern

1. 5. 1935

GStAPK I. HA Rep. 90 P Nr. 87 H. 4 (2 Seiten)

Das Verhältnis zwischen Partei und Staat ist im Berichtsabschnitt – sowohl was meine Dienststelle anbelangt, als auch bei den nachgeordneten Dienststellen – ein durchaus gutes gewesen. Insbesondere haben sich auch die wiederholt berichteten Schwierigkeiten zwischen dem Landrat und dem Kreisleiter im Landkreise Biedenkopf allmählich behoben.

Ein besonderer Fall, der in dem dortigen Erlaß vom 25. April 35 – III S II Fol. V 4 v. – behandelt worden ist, hat mir Veranlassung zu folgender Überlegung gegeben:

Ohne Zweifel können und werden sich Schwierigkeiten daraus ergeben, daß die Parteigerichte Urteile abgeben über das dienstliche Verhalten von Beamten. Viel häufiger werden indessen die Fälle sein, in denen Parteigerichte sich mit dem außerdienstlichen Verhalten von Beamten unter dem Gesichtspunkt der Schädigung der Partei zu befassen haben. Da aber das Verhalten außerhalb des Dienstes zugleich Gegenstand des förmlichen oder nichtförmlichen Dienstverfahrens sein kann, sehe ich die Möglichkeit verschiedener Beurteilung des Verhaltens des Beamten. Eine solche verschiedene Beurteilung ist schon deshalb zu erwarten, weil der gleiche Tatbestand, nämlich das unwürdige Verhalten außerhalb des Amtes, von ganz verschiedenen Persönlichkeiten beurteilt wird, nämlich einmal von Beamten beim förmlichen und nichtförmlichen Disziplinarverfahren und andererseits regelmäßig von nichtbeamteten Personen bei den Parteigerichten. Dagegen scheint es mir richtig zu sein, daß ein Beamter, der sich unwürdig der Partei gegenüber verhält, auch schwerlich als Staatsbeamter tragbar ist, und umgekehrt. Mir scheint es daher zweckmäßig zu sein, ganz allgemein in eine Prüfung der Frage einzutreten, ob und in welcher Weise das Dienstverfahren, dessen Verhältnis zum ordentlichen Strafverfahren bereits gesetzlich geregelt ist, auch in ein Verhältnis zum Verfahren vor dem Parteigericht gebracht werden könnte.

gez. Zschintzsch
Beglaubigt
Hohlweg, Regierungskanzlist

228

Berichterstattung in politischen Angelegenheiten (Kirchenpolitik) des Regierungspräsidenten in Wiesbaden an den Reichs- und Preußischen Minister des Innern

1. 5. 1935

GStAPK I. HA Rep. 90 P Nr. 87 H.4 (8 Seiten)

1. Evangelische Kirche

Der Kirchenstreit innerhalb der evangelischen Kirche hat im Laufe des Berichtsabschnitts wieder bedeutend schärfere Formen angenommen.

In einigen Fällen wurden Bekenntnispfarrer seitens des Landesbischofs durch andere, hinter der Landeskirche stehende Pfarrer ersetzt. Die früheren Stelleninhaber leisten indessen der Versetzung keine Folge. Sie berufen sich auf das angeblich unrechtmäßige Zustandekommen der landeskirchlichen Behörden und bezeichnen das Amtieren der genannten Behörde für ungesetzlich und nicht rechtsverbindlich. In vielen Gemeinden stehen sowohl der Kirchenvorstand als auch fast die ganze Kirchengemeinde hinter den Bekenntnispfarrern. Sie lehnen die neu versetzten Pfarrer ab und bezeichnen den früheren, anderwärts versetzten Pfarrer als den „ihrigen". Die weitere Entwicklung in solchen Fällen geht oftmals dahin, daß die Gehälter für die versetzten Pfarrer gesperrt werden, Kirchen geschlossen werden müssen (z.B. die Nicolaikirche am Römerberg in Frankfurt/M.) oder, wie in Wiesbaden-Bierstadt, Protestkundgebungen gegen die vom Landesbischof eingesetzten Pfarrer stattfinden, zu denen sich nicht nur bekenntnistreue evangelische Christen, sondern auch früher durchaus kirchenfeindliche, marxistisch eingestellte Elemente einfinden, die derartige Gelegenheiten ihren Zwecken nutzbar zu machen trachten. Es muß immer wieder mit aller Deutlichkeit auf die Gefahr hingewiesen werden, die in diesen Vorkommnissen liegt. Sie führt zur Untergrabung der staatlichen Autorität und zur Zerschlagung der politisch erzielten Volksgemeinschaft.

Am 4. März 1935 wurde eine von der Bekenntnisfront in 4 000 Exemplaren herausgegebene Druckschrift „Die Rechtslage der Evangelischen Landeskirche Nassau-Hessen" auf Veranlassung der Gauleitung durch die hiesige Staatspolizeistelle beschlagnahmt, da in ihr nicht nur die Rechtsgrundlagen der Landeskirche, sondern auch die politische Einflußnahme der NSDAP auf

228. Bericht des RP Wiesbaden zur Kirchenpolitik 1935

die Auswahl der Synodalen geschildert wird. Es heißt in den betr. Ausführungen:

„Von einer Entsendung aus den Gemeinden war überhaupt keine Rede, von einer Berufung in das Kollegium ebensowenig, vielmehr ernannte jeder der Bevollmächtigten auf eigene Faust die auf seine bisherige Landeskirche entfallenden Synodalen.

Damit war wegen Unterlassung der kollegialen Zusammenarbeit und Überschreitung der Befugnisse die Zusammensetzung der Synode verfassungswidrig: Es war überhaupt keine verfassungsmäßig gebildete Synode vorhanden.

Hierzu kommt noch, daß die Auswahl der Synodalen in Hessen und Nassau unter rein politischen Gesichtspunkten erfolgte, so daß von den 30 Mitgliedern der Synode 28 nationalsozialistische Parteigenossen und nur 2 Frankfurter Nichtparteigenossen waren.

Es ist allgemein anerkanntes Kirchenrecht, daß die Synodalen der Landessynode Vertreter der ganzen Landeskirche und an Aufträge und Weisungen ihrer Wähler nicht gebunden, vielmehr verpflichtet sind, ihre Stimme nach eigener Überzeugung abzugeben . . .

Dementgegen hat eine dem Landesbischof Dietrich bekannte Stelle zum 25. November 1933 die Synodalen zu einer Besprechung nach Darmstadt eingeladen, in der sie, und zwar getrennt nach Parteizugehörigkeit, über ihr Verhalten bei der Synode instruiert, die zu wählenden Bischofskandidaten benannt und die Parteigenossen auf die zu beobachtende Parteidisziplin hingewiesen wurden . . ."

Die Verlesung der Kanzelabkündigung der altpreußischen Union vom 5. März 1935, in der gegen eine neue Religion Stellung genommen wird, erfolgte im hiesigen Bezirk nicht. Die Mehrzahl der Pfarrer gab die von ihnen geforderte schriftliche Erklärung ab, diese Erklärung im Kirchenvolk nicht zu verbreiten. Aber auch die übrigen Pfarrer, von denen diese Erklärung nicht zu erhalten war, nahmen von einer Verlesung Abstand, da die evangelische Kirche des hiesigen Bezirks der altpreußischen Union nicht angeschlossen ist. In Verfolg dieser Ereignisse fand jedoch eine Versammlung der meisten evangelischen Pfarrer der Bekenntnisfront des Landeskirchenbezirks Hessen-Nassau statt, in der die Verlesung einer eigenen Kanzelabkündigung gegen die neue Religion für den 24. März 1935 beschlossen wurde. Da inzwischen auf Grund höherer Weisung ein Einschreiten in diesen Fällen nicht mehr stattfinden sollte, konnte die Verlesung dieser Kanzelabkündigung nicht verhindert werden. Ihr Inhalt wich nur geringfügig von dem der Kanzelabkündigung der altpreußischen Union vom 5. März 1935 ab.

Von sonstigen Vorkommnissen sei erwähnt, daß am 7. April 1935 der

Landesbischof Marahrens, der Führer der Vorläufigen Kirchenregierung, in Frankfurt am Main gepredigt hat, nachdem sein Auftreten in Darmstadt durch Verhaftung unmöglich geworden und er über die hessischen Landesgrenzen abgeschoben worden war.

2. Katholische Kirche

Die Kämpfe auf der evangelischen Seite werden von der katholischen Kirche aufmerksam verfolgt; insbesondere der Kampf der evangelischen Bekenntnisfront gegen die neue Religion findet in katholischen Kreisen lebhaften Widerhall und geistige Unterstützung. Trotz der scheinbaren, nur äußerlichen Zurückhaltung der katholischen Kirche besteht die latente Spannung fort, da die katholische Kirche immer wieder für sich Aufgabengebiete in Anspruch nimmt, die an sich dem nationalsozialistischen Staate vorbehalten sind, oder staatliche Einrichtungen innerhalb des Kirchenvolkes herabsetzt.

Diese Spannung zwischen Katholischer Kirche und Staat trat im Laufe des Berichtsabschnitts besonders beim Kampf um die katholische Jugend, bei der Aushebung zum Landjahr und in zahllosen, die Grenze des Erlaubten überschreitenden kritischen Ausführungen der katholischen Presse in Erscheinung.

Selbst in den kleinsten Orten erfolgt die Gründung katholischer Jungknaben- und -mädchenvereine. In groß angelegten, propagandistisch aufgezogenen kirchlichen Veranstaltungen werden sowohl die Jugend als auch die Elternschaft auf den „unbedingt notwendigen Zusammenschluß der katholischen Jugend" als „Bollwerk gegen Antichristen und Neuheidentum" hingewiesen.

Eine für den 24. März 1935 in der Frankfurter Festhalle geplante „Große katholische Feierstunde" wurde auf Grund des Erlasses des Preußischen Ministerpräsidenten vom 7. Dezember 1934 nicht genehmigt. Daraufhin wurde der „Bekenntnistag der katholischen Jugend" am 24. März 1935 im Dom zu Frankfurt/M. gefeiert. Etwa 8—9000 katholische Jugendliche aus der ganzen Diözese Limburg und aus dem Saargebiet huldigten dort dem Diözesanbischof. Außer diesem waren der Generalpräses Wolker und der Diözesanpräses der Saarländisch-katholischen Jugendvereine, Müller-Saarbrücken, anwesend.

In der katholischen Pfarrkirche zu Johannisberg wurde eine dreiwöchige Mission von 3 auswärtigen Ordensgeistlichen abgehalten. Die Werbung wurde nicht öffentlich betrieben, sondern spielte sich von Haus zu Haus und in der Kirche ab. Die Werbung ist bei der weiblichen Jugendorganisation in Johannisberg auf fruchtbaren Boden gefallen, indem die Jugendgruppe des

228. Bericht des RP Wiesbaden zur Kirchenpolitik 1935

Marienvereins in dieser Zeit einen neuen Zuwachs von etwa 8 Mädchen erhalten hat, die in der Kirche feierlich verpflichtet worden sind. Dieser Erfolg ist wohl in allererster Linie auf das Wirken des in früheren Lageberichten mehrfach erwähnten Pfarrers Labonte zurückzuführen, der seinen Einfluß auch auf seine während der Mission in Johannisberg tätigen Amtsbrüder geltend gemacht haben dürfte.[1]

Im Kreise St. Goarshausen ordnete ein katholischer Geistlicher entgegen jahrzehntelanger Ortsüblichkeit bei zwei kurz aufeinanderfolgenden Beerdigungen von 2 katholischen Jungen, die der Hitlerjugend angehörten, an, daß der Kreuzträger nicht an der Spitze des Leichenzuges gehe, sondern hinter den Abordnungen der HJ. Es sollte damit augenfällig werden, daß diese Abordnungen nicht zum eigentlichen kirchlichen Leichenzug gehörten.

Auch der im letzten Lagebericht bereits erwähnte Mißbrauch des Züchtigungsrechts wurde erneut festgestellt. Der an der katholischen Volksschule in Wetzlar Religionsunterricht erteilende Kaplan Herzmann hat übermäßig nur solche Jungen gezüchtigt, die dem Jungvolk angehören, so daß in drei Fällen von den Vätern der Jungen gegen Herzmann Strafantrag wegen Körperverletzung gestellt wurde. Herzmann machte beim Züchtigen der Jungen die Bemerkung, jetzt könnten sie wieder zur Hitlerjugend gehen, das sei doch ihr Deckmantel.

Die Einstellung der katholischen Geistlichkeit zum Landjahr ist durchaus negativ. In diesem Zusammenhang seien wörtlich die Ausführungen des Hirtenbriefes der Bischöfe Preußens zum Schul- und Erziehungssonntag wiedergegeben, dessen Veröffentlichung u.a. im Amtsblatt des Bistums Limburg vom 18. April 1935 erfolgt ist:

„Große Sorge bereitet uns das sogenannte Landjahr. Unsere 13- bis 14-jährigen Kinder, über 30000 in diesem Jahr, werden im entscheidenden Entwicklungsalter ohne Trennung nach Bekenntnissen in den Landjahrheimen erzogen. Diese konfessionelle Mischung wird als einer der Zwecke des Landjahres angesehen, um ‚die konfessionellen Gegensätze zu überbrücken'. Was dieser Ausdruck bedeutet, ist nicht klar. Jedenfalls verlangen die Bischöfe, daß nicht statt der erhofften Eintracht eine religiöse Gleichgültigkeit oder Verwirrung in die Seelen unserer Kinder gebracht wird. Diese Gefahr besteht offensichtlich bei der Mischung im kindlichen Alter."

Mit dieser Argumentation versucht die katholische Geistlichkeit, die Elternschaft von der Verschickung ihrer Kinder zum Landjahr abzuhalten.

---

[1] Christian Labonte (1868–1943), Pfarrer in Johannisberg 1907–1936. Freundliche Mitteilung des Bistumsarchivs Limburg.

Diese von der Kirche eingeleitete Propaganda hat bei der Aushebung der Landjahrkinder wiederholt dazu geführt, daß Eltern ihre Kinder von der Verschickung fernhielten. So mußten vor einigen Tagen 4 Väter solcher vom Landjahr ferngehaltenen Kinder in Schutzhaft genommen werden. Erst nach Verhängung der Schutzhaft kamen die Kinder zum Vorschein und konnten ins Landjahr verschickt werden. Der Bischof in Limburg nahm die Inschutzhaftnahme zum Anlaß, sofort einen telegrafischen Protest hierher zu richten; diese Einmischung des bischöflichen Ordinariats läßt erkennen, daß die katholische Bevölkerung in ihrem Widerstand gegen das Landjahr durch die Kirche bestärkt wird.

In ihrem Kampf findet die katholische Kirche ein gefährliches Werkzeug in der ihr zur Verfügung stehenden Presse. Bereits im letzten Lagebericht wurde darauf hingewiesen, daß das in Limburg erscheinende ,,Sankt Georgs-Blatt" in kurzer Zeit seine Auflageziffer verdoppelt hat. Die schon nicht mehr versteckten Angriffe gegen den Staat oder von ihm ins Leben gerufene Einrichtungen nehmen immer mehr zu. Ich habe bereits mit Sonderberichten vom 6. und 25. März 1935 – I 3 P Nr. 40[10] – unter Beifügung von Exemplaren des St. Georgs-Blattes auf das gefährliche Treiben der katholischen Presse hingewiesen und möchte in diesem Zusammenhang erneut die Aufmerksamkeit hierauf lenken.

gez. Zschintzsch

Beglaubigt:
Hohlweg
Regierungskanzlist

229

Lagebericht des Regierungspräsidenten in Wiesbaden
(Auszug betr. Juden und Freimaurer)

30. 8. 1935

GStAPK I. HA Rep. 90 P Nr. 36 H. 1 (3 Seiten)

Wie schon im Vorbericht erwähnt, ist es mehrfach vorgekommen, daß Juden versucht haben, den landwirtschaftlichen Handel (Vieh- und Futtermittel) durch höhere Preisangebote an sich zu ziehen. Obwohl in einzelnen Fällen Bauern teilweise der Versuchung unterlegen sind, scheint dieses Bestreben der jüdischen Händler, vor allem in der letzten Zeit, zunichte gemacht worden zu sein. Diese Verhältnisse haben häufig zu Boykottmaßnahmen und zu Gewalttätigkeiten gegen Juden geführt; aber auch wo hierzu keine Veranlassung gewesen ist, hat, wie zu Anfang des Berichtes kurz erwähnt, eine verstärkte antijüdische Propaganda eingesetzt. Sie wird auf vielerlei Art und Weise durchgeführt. Teils werden Schaukästen angebracht, die entweder den „Stürmer" enthalten oder aber sonstige Druckschriften oder Zeichnungen, die auf Juden und deren Übergriffe hinweisen. Die Stürmerkästen insbesondere werden nicht etwa vom Verlage, sondern – wie sich aus zahlreichen Zeitungsnotizen ergibt – teils von unteren SA-Dienststellen oder Parteidienststellen aufgestellt. Mitunter gehen diese Veröffentlichungen aber, die von untergeordneten Stellen vorgenommen werden, über das von Parteiseite Gewollte weit hinaus, und häufig sind diese Stellen verantwortlich dafür, daß das Vorgehen des Publikums gegen die Juden das zulässige Maß übersteigt. An vielen Orten ist man dazu übergegangen, durch Anbringen von Schildern die Benutzung mancherlei Einrichtungen zu untersagen. So ist z.B. das Seedammbad in Bad Homburg, das von einer GmbH verwaltet wird, in jüngster Zeit für Juden gesperrt worden, soweit sie sich nicht durch eine Kurkarte ausweisen. Auch in dem Schwimmbad in Kronberg ist ein Schild angebracht, daß Juden unerwünscht seien. Das Gleiche ist in Königstein i/Ts. festzustellen, wo diese Maßnahme besonders von der SA durchgeführt wird. Seitens eines SA-Truppführers ist einem Polizeibeamten gedroht worden, es werde ihm der Dolch in den Bauch gerannt, wenn er dazu übergehen sollte, das Schild zu entfernen. In Köppen i/Ts. konnte festgestellt werden, daß der SA-Scharführer [. . . .] vor jüdischen Geschäften Posten gefaßt hatte und jeden, der das Geschäft betrat, namentlich festhielt. Auch vor Angriffen gegen Personen und Sachen ist man nicht zurückgeschreckt. So hat man vor einer

Synagoge in Wiesbaden-Biebrich ein Schild angebracht, die Juden sollten nach Jerusalem gehen. Auf dem Judenfriedhof in Bornich (Kreis St. Goarshausen) sind von unbekannten Tätern etwa 25 Grabsteine umgeworfen worden. In der Synagoge in Kröffelbach wurde ein Einbruch verübt. Vor dem Genesungsheim in Oberstedten bei Bad Homburg hatte sich Mitte Juli eine Ansammlung gebildet, und es wurden mehrere Steine in die Fenster des Genesungsheimes geworfen. Wenige Tage später sind auf das Genesungsheim verschiedene scharfe Schüsse abgegeben worden. In Diez a.d. Lahn rottete sich die Menge vor einem jüdischen Waisenhaus zusammen und versuchte mit Leitern in das Gebäude einzudringen. Sie erreichte, daß die Polizeibehörde sich der Insassen – etwa 50 Personen, meistens Kinder – annahm und sie nach Frankfurt am Main abschob. Besonders heftig hat sich die Volkswut in Gladenbach ausgelassen, wo in 3 Häusern, die von Juden bewohnt waren, Verwüstungen angerichtet wurden, indem man in die Häuser eindrang und dort die Wasserleitungen aufdrehte bzw. abriß, so daß die Anwesen vom Wasser völlig vernichtet wurden.

In den meisten Fällen konnten die Täter nicht ermittelt werden, obwohl fast immer erkenntlich war, daß hinter den Maßnahmen Parteimitglieder steckten. Das hat sich insbesondere bei einem Vorfall in Wiesbaden am 26. 8. 1935 gezeigt. Es hatte sich eine Menge von etwa 500 Personen vor einem jüdischen Metzgerladen versammelt und dort eine Fensterscheibe eingeworfen. Mit Rücksicht auf den Erlaß des Herrn Reichs- und Preuß. Ministers des Innern vom 20. 8. 1935 – III P 3710/59 – ging die Polizei sofort gegen die Menschenmenge energisch vor. Dabei wurde von seiten Einzelner Widerstand geleistet, was die Polizei veranlaßte, zu Festnehmungen zu schreiten. Es konnte festgestellt werden, daß es sich bei den Festgenommenen ausnahmslos um SA-Angehörige handelte. Derjenige, der sich als erster gegen die Polizei wehrte und einem Polizeibeamten in den Leib trat, war ein SA-Sturmführer der Obersten SA-Führung aus München. Besonders bedauerlich war, daß am folgenden Abend, wenn auch in geringerem Ausmaße, sich diese Aktion wiederholte und daß der Polizeibeamte, der gerade Streife hatte, von der Menge verhöhnt und verlacht wurde.

Der gesamte Vorfall ist z.Zt. noch bei der Staatspolizeistelle in Ffm. in Bearbeitung.

230

Lagebericht des Regierungspräsidenten in Wiesbaden (Auszug)

31. 12. 1935

GStAPK I. HA Rep. 90 P Nr. 4

6. Besonderes

In den Berichtsmonaten konnte ich die Feststellung treffen, daß in zwei Fällen Lehrer, die gleichzeitig dem Sicherheitsdienst der SS angehörten, Meldungen über ihre Vorgesetzten nicht nur an mich, sondern auch dem Sicherheitsdienst und dem NS-Lehrerbund machten. Das hat dazu geführt, daß die betr. Meldung bei 3 Stellen zum Gegenstand eines Verfahrens gemacht wurde. Allerdings konnte das Vorhandensein der 3 Meldungen noch so rechtzeitig festgestellt werden, daß nicht jede Stelle gesondert entschieden hat. Ich muß es als einen Mangel bezeichnen, wenn Beamte gleichzeitig dem Sicherheitsdienst der SS angehören. Selbst wenn die betr. Beamten besten Willens sind, eine Sache tatkräftig aufzuklären, wird in der Mehrzahl der Fälle doch ein Gewissenskonflikt entstehen, der vermieden werden könnte, wenn eine derartige Duplizität der Mitgliedschaft nicht vorhanden wäre. Ich möchte daher anregen, daß von höherer Stelle aus angeordnet wird, daß eine solche Doppelmitgliedschaft eines Beamten in Zukunft zu unterbleiben hat.

pp. *[Bearbeitungsvermerke]*

231

Politischer Lagebericht des Oberpräsidenten der Provinz Hessen-Nassau an den Reichsminister des Innern für Monat Juli 1934

9. 8. 1934

BA R 18/1561

In den Anlagen überreiche ich die politischen Lageberichte der Regierungspräsidenten in Kassel und Wiesbaden über die innerpolitische Entwicklung innerhalb der beiden Regierungsbezirke im Monat Juli ds. Js. Die beiden Berichte vermitteln ein durchaus erschöpfendes und wahrheitsgetreues Bild der politischen Gesamtlage in der mir unterstellten Provinz Hessen-Nassau, so daß ich mir zwecks Vermeidung unnötiger Wiederholungen nur vorbehalten möchte, die folgenden ergänzenden Ausführungen zu machen.

Zu 1. Allgemeine Übersicht über die innerpolitische Entwicklung

Die derzeitige Grundstimmung in der Bevölkerung der Provinz ist ruhig. Eine auch hier in den verflossenen Monaten sich immer mehr steigernde Nervosität und Gereiztheit in allen Kreisen der Bevölkerung, die sich auch trotz energischster Abwehrmaßnahmen gegen Nörgler und Kritiker nicht bannen lassen wollte, hat seit den Ereignissen des 30. Juni mit der dann einsetzenden Säuberungsaktion der SA und seit der großen Führerrede am 13. Juli einer ruhigeren Auffassung Platz gemacht. Immerhin läßt es sich nicht verkennen, daß die letzthin geschehenen Ereignisse in Österreich, die feindselige Haltung des Auslandes, der Tod des Reichspräsidenten und nicht zuletzt auch die von den Regierungspräsidenten im einzelnen dargestellten wirtschaftlichen Schwierigkeiten die Bevölkerung mit neuer Sorge erfüllen. Die Folge ist, daß die staatsfeindlichen Elemente hier und da in der Provinz wieder eine regere Tätigkeit zu entfalten versuchen, ohne jedoch vorläufig eine über ihre vereinzelten Stützpunkte hinausgehende Resonanz finden zu können.

Zu 2. Stand und Tätigkeit der staatsfeindlichen Bestrebungen

In erster Linie sind es die Kommunisten, die auf Grund der oben erwähnten Geschehnisse glauben, die Zeit sei für eine lebhaftere Propaganda ihrer Bestrebungen jetzt besonders günstig. Jedoch haben sich ihre Bemühungen im großen und ganzen in äußerst bescheidenem Rahmen gehalten, und es muß mit Genugtuung festgestellt werden, daß es der KPD bisher nicht gelungen ist, einen wirksamen illegalen Apparat in der Provinz in Tätigkeit zu setzen. In Frankfurt a.M. ist man dabei, eine neue Organisation aufzubauen, aber die Staatspolizeistelle ist unterrichtet und wird zur gegebenen Zeit zugreifen.

Von Wichtigkeit scheint mir zu sein, daß neuerdings auch die SPD sich stellenweise wieder zu regen beginnt. Ehemalige Funktionäre der SPD haben für bestimmte Firmen eine Tätigkeit als Handlungsreisende aufgenommen, um so unter diesem Deckmantel höchst wahrscheinlich staatsfeindliche Propaganda und Agitation betreiben zu können. Entsprechende Abwehrmaßnahmen sind bereits getroffen worden. Im übrigen ist irgendeine illegale Betätigung von früheren Angehörigen der SPD und ihrer Nebenorganisationen hier nicht beobachtet worden.

Zu 3. Kirchenpolitik

a) Evangelische Kirche

Die Schwierigkeiten in der Kurhessischen Landeskirche hatten sich in letzter Zeit so zugespitzt, daß der Reichsbischof sich veranlaßt sah, einen Kirchenkommissar einzusetzen. Auf Grund der Anordnung dieses Kirchenkommissars über eine vereinfachte Mehrheitsbildung im Landeskirchentag ist dann ein Landesbischof gewählt und die Eingliederung in die Reichskirche beschlossen worden. Der Pfarrer-Notbund, der sich jetzt „Bruderbund Kurhessischer Pfarrer" nennt, hat darauf sofort seine Opposition angesagt und in einem Rundschreiben an sämtliche Pfarrämter zum Ungehorsam gegen die neue Kirchenleitung aufgefordert, die jedoch ihrerseits einstweilen von Disziplinarmaßnahmen gegen die bisher verhältnismäßig nur geringe Zahl von oppositionellen Pfarrern abgesehen hat.

In Nassau hat sich die Opposition in dem Bruderrat der Bekenntnisgemeinschaft für Hessen-Nassau zusammengefunden, die auch aus dem früheren Pfarrernotbund erstanden ist.

So sehr diese Vorgänge zu bedauern sind, so hat sich doch in der Bevölkerung der Kirchenstreit nicht so bedenklich ausgewirkt, wie dies ursprünglich erwartet wurde. Zurückzuführen ist das in erster Linie darauf, daß Auseinandersetzungen über den Kirchenstreit in öffentlichen Versammlungen, in der Presse und in Flugblättern untersagt worden sind. Diese Verfügung des Herrn Reichsministers des Innern hat sich bereits außerordentlich bewährt. Die große Masse der evangelischen Bevölkerung steht den kirchlichen Streitigkeiten, bei denen es sich weniger um Glauben und Bekenntnis als um formale Fragen handelt, völlig verständnislos gegenüber.

b) Katholische Kirche

Im allgemeinen ist festzustellen, daß in der Einstellung der katholisch-kirchlichen Kreise zum nationalsozialistischen Staate ebensowenig eine Besserung eingetreten ist wie in dem Verhältnis jener Kreise zu den Organisationen der NSDAP. Immerhin sind auch, trotz des für das Gebiet der Provinz von mir veranlaßten Verbots des Aufmarsches der kath. Jugendorganisationen, des Tragens von einheitlicher Kleidung und des Mitführens von Wimpeln außerhalb von kirchlichen Prozessionen, die dienstlichen Beziehungen zwischen den beiden Bischofsstühlen und mir unverändert höflich und korrekt geblieben. Die Ausführungen des Regierungspräsidenten in Wiesbaden lassen aber erkennen, welche Erbitterung dieses durchaus notwendige Verbot auf katholischer Seite ausgelöst hat. Erfreulich ist, daß nach Erlaß des Verbots die fortgesetzten Reibereien zwischen den katholischen Jugendverbänden und der HJ fast vollständig aufgehört haben. Um so nachhaltiger hat dafür das Bestreben einer Anzahl Geistlicher eingesetzt, die katholische Jugend unter ihrer Führung zu behalten und sie von dem Eintritt in die HJ zurückzuhalten. Mitbehilflich hierbei ist neuerdings auch die „Katholische Aktion", die unter Voranstellung von kathol. Jugendorganisationen und Caritas alle Mittel in Bewegung setzt, die Werbekraft von HJ, BDM und NSV zu beeinträchtigen.

Zu 4. Wirtschafts- und Agrarpolitik

Während sich im Handel und Handwerk im großen und ganzen eine ruhigere Entwicklung angebahnt hat, beginnen in verschiedenen Industriezweigen (Textil-, Leder-, Maschinen-, Tabak- und Gummi-Industrie) infolge des immer fühlbarer werdenden Boykotts des Auslandes und ungenügender Zuteilung von Devisen Schwierigkeiten aufzutreten, die, falls nicht bald Abhilfe kommt, zunächst Arbeitsverkürzung, sodann aber auch Betriebseinstellungen und Arbeitsentlassungen zur Folge haben werden.

Unverhältnismäßig gedrückter aber als in der Industrie, im Handel und Handwerk ist die Stimmung auf dem Lande. Die Regierungspräsidenten haben im einzelnen die verschiedentlichen Gründe, die diese Verstimmung der ländlichen Bevölkerung verursacht haben, des näheren erläutert und insbesondere auf die großen Schäden hingewiesen, die durch streckenweise schwere Unwetter und die außerordentliche Dürre in ihren Bezirken zu verzeichnen sind. Da infolge der Unmöglichkeit, den Rindviehbestand wegen des mangelnden Futters durch den Winter hindurch zu bringen, der Landwirt versucht, möglichst preiswerte, d.h. noch junge und in gutem Futterzustande befindliche Tiere abzusetzen, ist dringend zu befürchten, daß durch das Verbleiben der alten unverkäuflichen und abgemolkenen Tiere eine auf Jahre hinaus spürbare Auslese nach der schlechten Seite hin getroffen wird. Hier ist unbedingt notwendig, daß durch Verarbeitung dieser Tiere auf Konserven und Gefrierfleisch mit staatlicher oder Reichshilfe die Möglichkeit geschaffen wird, die Gebiete besonders zu entlasten, die am härtesten von der Futterknappheit betroffen sind. Die Neuregelung der Milchwirtschaft, der Butter- und Eierversorgung sowie das Erbhofgesetz mit allen seinen Folgeerscheinungen werden sich in ihrer endgültigen Auswirkung erst übersehen lassen, wenn weitere praktische Erfahrungen abgewartet worden sind.

Zu 5. Kulturpolitik (insbesondere Presse)

Die ,,Historische Kommission für Hessen und Waldeck" konnte bei ihrer Jahresversammlung einen erfreulichen Fortgang ihrer Arbeiten, besonders das Erscheinen neuer Publikationen buchen.

Die heute so stark in den Vordergrund getretene Wissenschaft der Vorgeschichte hat, getragen von den Vertrauensmännern der beiden Regierungsbezirke, durch Veranstaltung von Ausgrabungen (z.B. bei Marburg und Kassel) wichtige Bodenfunde gewonnen; die verständnisvolle Mitarbeit des Freiwilligen Arbeitsdienstes der NSDAP bedeutet dabei eine merkliche Förderung. Zugleich sucht eine sehr vermehrte Aufklärungsarbeit in der Presse die Anteilnahme aller Volksgenossen zu erwecken, die leider vielfach noch sehr zu wünschen übrig läßt.

Die schon seit mehreren Jahren veranstalteten Festspiele in Marburg und Frankfurt erfreuten sich eines guten Besuches. Aufgeführt wurden in Marburg der ,,Sommernachtstraum" und ,,Käthchen von Heilbronn", in Frankfurt a.M. ,,Wallenstein" und die ,,Jungfrau von Orleans". Die Römerfestspiele wurden außerdem von einer Ausstellung ,,Frankfurter Kunst und Kultur des 16. und 17. Jahrhunderts" begleitet. Von weiteren Ausstellungen hebe ich nur die folgenden hervor: ,,Wie schauten Sie den 1. Mai" im Städelschen Kunstinstitut in Frankfurt a.M. ,,Mittelalterliche Wand- und Glasmalerei" im Landesmuseum zu Wiesbaden, verbunden mit einer Tagung der Glastechnischen Gesellschaft. ,,Historische Geweihe aus Kurhessen" im Hessischen Landesmuseum zu Kassel.

Die letztgenannte Ausstellung, die unter dem Protektorat des Herrn Ministerpräsidenten Göring steht, wurde in Zusammenarbeit mit dem Provinzjägermeister und dem Geweihforscher K. Lotze veranstaltet, um alle Interessenten auf die rassischen Grundlagen der Wildhege aufmerksam zu machen.

In Besprechungen zwischen den in Frage kommenden Vereinen, dem Reichsbund für Volkstum und Heimat, der Kreisfilmstelle der NSDAP usw.

sind, wenigstens in Kassel, die Umrisse eines kulturellen Arbeitsprogramms für den kommenden Winter aufgestellt worden.

Zu 6. NSDAP und ihre Gliederungen

Wie in dem Bericht eines Landrats im Regierungsbezirk Wiesbaden ausgeführt ist, hat dort ein Gauredner in einer öffentlichen Versammlung erklärt: „Es muß eindeutig festgestellt werden, daß der Ortsgruppenleiter der Vorgesetzte des Bürgermeisters, der Kreisleiter der Vorgesetzte des Landrats und der Gauleiter der Vorgesetzte des Regierungspräsidenten ist." Dieser Ausspruch illustriert die Berichtsausführungen der beiden Regierungspräsidenten über das derzeitig noch immer recht schwierige Verhältnis der Parteidienststellen und Behörden. Zahlreiche tägliche Reibereien und Verdrießlichkeiten von behördlichen Organen und auch Parteistellen müssen noch immer auf diese Schwierigkeit letzten Endes zurückgeleitet werden. Besonders haben es die Bürgermeister, auch als Parteigenossen, deshalb nicht leicht, sich durchzusetzen und die Führerstellung einzunehmen, die ihnen das Gesetz zuweist. Wie aus vielen Berichten der Landräte hervorgeht, besteht jedenfalls in der Bevölkerung der Eindruck, daß das Schwergewicht bei den Amtswaltern liegt und diese und nicht die Staatsbehörden ausschlaggebend seien. Wenn ferner sich in letzter Zeit die Fälle häufen, daß Angehörige der SA in Fällen, in denen sie in eigener oder in einer fremden Sache polizeilich zu vernehmen sind, dem Gendarmeriebeamten oder der Ortspolizeibehörde gegenüber die Aussage mit der Begründung verweigern, sie dürften aufgrund eines Befehls der Standarte ohne Wissen und Willen ihres SA-Dienstvorgesetzten nichts aussagen, so entspricht auch dieses Verhalten derselben Anschauung und Grundauffassung, wie sie den oben angedeuteten Vorkommnissen zugrunde liegt. Hierin liegt ein Gefahrenmoment, das keinesfalls unterschätzt und durch irgend eine völlig eindeutige Lösung beseitigt werden sollte.

Ganz ähnliche Beobachtungen lassen sich schließlich auch, wie dies wohl nach dem oben Gesagten nur natürlich ist, bei der HJ feststellen. Zu den entsprechenden Ausführungen des Regierungspräsidenten in Wiesbaden im Zusammenhange mit den Schulen äußert sich meine Schulabteilung folgendermaßen:

„Berechtigt ist die Sorge des Regierungspräsidenten in Wiesbaden über die Tatsache, daß sich die HJ seit der nationalen Revolution als eigenen Rechtes gefühlt hat, ja, als außerhalb der gewöhnlichen Rechtsordnung stehend. Soviel bekannt, ist das nicht nur gegenüber der Schule und gegenüber den Eltern geschehen. Für diese Tatsache bedarf es keiner Einzelbelege, sondern das ist die ständige Beobachtung gewesen. Aber selbst der Staatspolizei gegenüber liegen Fälle von Unbotmäßigkeit vor. So hat für Nassau, wo HJ Mützen von Schülern höherer Schulen nebst einer Strohpuppe, die den stellvertretenden Leiter der Hohen Landesschule darstellte, in öffentlicher Kundgebung verbrannt [wurden], der Herr Oberpräsident den hiesigen Polizeipräsidenten beauftragen müssen, in einer Besprechung mit allen Beteiligten die öffentliche Ordnung sicherzustellen. Zu dieser Besprechung erschien der Gebietsführer der HJ, Kramer, trotzdem er die Ladung erhalten hatte, nicht. Es bedurfte erst der Anrufung des Obergebietsführers, um Kramer zum Erscheinen zu bewegen. Seit dem energischen Eingreifen des Polizeipräsidenten ist jetzt in Hanau [wohl: Nassau] in dieser Beziehung Ruhe, und auch die unbedeutenden Zusammenstöße, wie sie sich in Weilburg und Dillenburg ereignet hatten, haben sich nicht wiederholt.

Bezeichnend ist, daß ernsthafte Schwierigkeiten für die höheren Schulen nur im Gebiet 13 Hessen-Nassau hervorgetreten sind. Im Gebiet 14 Kurhessen sind auch Reibungen aufgetreten; sie konnten aber stets bald behoben werden, und die Gebietsführung hat anerkennenswert mitgeholfen. Wenn der Wiesbadener Regierungspräsident besonders das Fernbleiben von Schülern ohne Urlaub hervorhebt, so ist das ein besonders augenfälliger Beweis jener Grundhaltung der HJ, die man als die Ursache wichtiger nehmen sollte als das Symtom[!]. Dieses hat die Abteilung für höheres Schulwesen mit ziemlichem Erfolge dadurch bekämpft, daß sie die Urlaubserteilung auch für HJ-Zwecke von dem Antrag der Eltern abhängig machte, mindestens von einer schriftlichen Zustimmung. Das hat sichtlich das Verantwortungsbewußtsein der Eltern gestärkt, die schon fast nicht mehr wagten, sich gegenüber ihren eigenen Kindern als Autorität zu fühlen. Dann haben diese Verfügungen auch die Autorität der Schule gestärkt, zumal diesseits übrigens in nur ganz wenigen Fällen schärfere Schulstrafen angeordnet oder genehmigt worden sind. In dieser Beziehung darf eine weitere Klärung auch von der Einführung des Staatsjugendtages erwartet werden, den der Herr Reichsminister für Wissenschaft, Erziehung und Unterricht bei der Frankfurter Reichstagung des NS-Lehrerbundes als den Friedensschluß zwischen HJ und Schule bezeichnet hat.

Soll dieser Wunsch in Erfüllung gehen, so ist es freilich erforderlich, daß die oben gekennzeichnete Grundhaltung der HJ eine Änderung erfährt. Der Jugend hat man fast zu oft bestätigt, daß einen besonders wertvollen Beitrag zu ihrer Erziehung sie selbst zu leisten hat. So ist es recht, daß sie auch selbst zu einem erheblichen Teile die Führer stellt. Darüber hinaus muß aber die HJ wie jede Organisation des nationalsozialistischen Staates wissen, daß das Ganze mehr ist als der Teil; d.h., auf die HJ angewandt, daß auch sie die anderen Erziehungsmächte anerkennen muß. Dazu wird helfen der von dem Wiesbadener Regierungspräsidenten gewünschte Hinzutritt von Junglehrern aller Art in die Führerschaft. Auch die Abteilung für höheres Schulwesen beobachtet schon jetzt manchen Studienreferendar, Assessor und selbst Studienrat, der günstigen Einfluß in der HJ ausübt, öfter noch solche Lehrerinnen beim BDM. Noch wichtiger wird, im Bereiche der Schule, die kommende Schulreform sein. Sie darf keineswegs die Aufgabe der Erziehung nur den Bünden zuteilen (HJ, BDM) und nur die der Wissensübermittlung, die dann schnell zum öden Pauken führen müßte, der Schule überlassen. Gerade weil die Jugend diesen Gegensatz klischeemäßig zu empfinden glaubt, muß die Welt der Erwachsenen sich sorgfältig hüten, diesem verzeihlichen, aber irrigen Hochgefühl Nahrung zu geben. ,,Für die Erziehung der Schuljugend im nationalsozialistischen Staate sind Schule, Reichsjugendführung (HJ-Bewegung) und Elternhaus nebeneinander berufen", heißt es in der Vereinbarung vom 7. Juni 1934 zwischen dem Reichsjugendführer und dem Reichsminister für Wissenschaft, Erziehung und Volksbildung. Das wird praktisch werden und bleiben, wenn weder die Eltern noch die Schule, die doch auch eine Gemeinschaft darstellt, auf ihre Erziehungsaufgaben verzichten."

Alles sonst über die NSDAP und ihre Gliederungen Bemerkenswerte haben die Regierungspräsidenten in ihren Lageberichten eingehend dargestellt. Dazu möchte ich meinerseits nur noch besonders darauf hinweisen, daß die vom Führer angeordnete Säuberungsaktion in meiner Provinz mit größter Genugtuung begrüßt worden ist. Die hierüber vom Regierungspräsidenten in Kassel unter Ziffer I seines Berichtes gemachten Ausführungen entsprechen meiner persönlichen Erfahrung nach durchaus dem Empfinden und den zum Teil noch offenen Wünschen der gesamten Bevölkerung der Provinz.

Zu 7. Juden, Freimaurer

Während im Regierungsbezirk Wiesbaden die Judenfrage kaum eine besondere Rolle spielt, kommt ihr im kurhessischen Gebiet eine ganz erhebliche Bedeutung zu. Politisch verhalten sich die Juden, ebenso wie in Wiesbaden, so auch hier, zurückhaltend. Demgegenüber haben sie auf gewissen wirtschaftlichen Gebieten im Regierungsbezirk Kassel wieder wie in früheren Jahren eine erstaunliche Regsamkeit entwickelt, deren Erfolg immer mehr in Stadt und Land offensichtlich zutage tritt. So ist es insbesondere der Viehhandel, den sie so gut wie völlig beherrschen. Wie die Staatspolizeistelle festgestellt hat und auch von der Landesbauernschaft bestätigt wird, ist der jüdische Einfluß im Viehhandel, z.B. in Frankfurt a.M. nicht annähernd so groß wie in Kassel und Kurhessen. Wenn auch von seiten der Bauernführer oft hiergegen Front gemacht worden ist, so hat ihr Vorgehen bisher doch keinen genügenden Erfolg zeitigen können, weil die Viehverwertungs-Genossenschaften sich der jüdischen Konkurrenz noch nicht gewachsen gezeigt haben. Es wird hier einer nicht zu unterschätzenden zähen und konsequenten Arbeit bedürfen, um die Juden aus ihrer mit großer Geschicklichkeit behaupteten Stellung nach und nach zu verdrängen.

Zu 8. Ausländer, Spionage, Landesverrat

habe ich meinerseits besondere Wahrnehmungen nicht gemacht.

gez. Prinz Philipp von Hessen

232

Politischer Lagebericht des Oberpräsidenten der Provinz Hessen-Nassau an den Reichsminister des Innern für Monat August 1934

8. 9. 1934

BA R 18/1561 (12 Seiten, Anlagen)

In den Anlagen überreiche ich die politischen Lageberichte des Regierungspräsidenten in Kassel vom 4. September 1934 – A II 9301/34 – und des Regierungspräsidenten in Wiesbaden vom 3. September 1934 – I 3 P.10^{00} geh. – über die innerpolitische Entwicklung in den beiden Regierungsbezirken im Monat August dieses Jahres.

Die politische und wirtschaftliche Entwicklung im Berichtsmonat ist von den beiden Regierungspräsidenten eingehend und zutreffend geschildert worden. Ich darf mich daher auf ergänzende Ausführungen zu den einzelnen Berichtsfragen beschränken.

Zu 1. Allgemeine Übersicht über die innerpolitische Entwicklung

Die Stimmung der Bevölkerung in der Provinz Hessen-Nassau ist auch nach meinen Wahrnehmungen zufriedenstellend. Insbesondere kann man fast überall unbedingtes Vertrauen und höchste Achtung vor der überragenden Persönlichkeit des Führers beobachten.

Die Bevölkerung der Provinz stand im Berichtsmonat vorwiegend unter dem Eindruck zweier großer Ereignisse: des Todes des Reichspräsidenten Generalfeldmarschall von Hindenburg und der Erhebung des Führers und Reichskanzlers Adolf Hitler zum Staatsoberhaupt durch Beschluß der Reichsregierung und die ihm zustimmende Volksabstimmung vom 19. August. Das Ableben des Reichspräsidenten ist von der gesamten Bevölkerung mit tiefster Trauer aufgenommen worden. Dies bewiesen insbesondere die kurz nach dem Bekanntwerden der Trauerbotschaft von der Bevölkerung zahlreich besuchten Gedächtnisfeiern und Trauergottesdienste der einzelnen Kirchengemeinden. Die von der Reichsregierung angeordnete Landestrauer wurde allerorts mit Würde durchgeführt, wobei die große Achtung und Liebe, derer sich der Reichspräsident wohl in allen Schichten der Bevölkerung erfreute, zum Ausdruck kam. Hinsichtlich der Durchführung der Beflaggung der Kirchen und sonstigen kirchlichen Gebäude weisen die Lagebe-

232. Lagebericht des OP Hessen-Nassau August 1934

richte der beiden Regierungspräsidenten zutreffend auf die auffallende Erscheinung hin, daß die Beflaggung der Gebäude und Kirchen seitens der evangelischen Kirchenbehörden unmittelbar nach der Anordnung der Reichsregierung durchgeführt worden ist, während die katholischen Kirchenbehörden die Beflaggung nur zögernd und meistens ohne die Hakenkreuzfahne zur Durchführung brachten. Ein Unterlassen des Zeigens der nationalen Flaggen an katholischen Kirchen kann dabei um so viel mehr als oppositionell betrachtet werden, als die gelb-weiße Flagge nicht eine „Kirchenflagge" ist, – wie in den Berichten der Regierungspräsidenten irrtümlich gesagt – in dem Sinne, wie etwa die weiße Flagge mit violettem Kreuz die Flagge der Evangelischen Kirche ist, sondern weil gelb-weiß die Flagge des Papstes ist und in ihrer heraldischen Symbolik (Gold-Silber) die höchste Souveränität der Erde darstellt.

Die Übernahme der Zuständigkeit des Reichspräsidenten durch den Führer und Reichskanzler und mithin dessen Erhebung zum Staatsoberhaupt des Deutschen Reiches ist von der Bevölkerung der Provinz Hessen-Nassau als die dem allgemeinen Empfinden entsprechende Lösung der Präsidialfrage freudig begrüßt worden. Die Vorbereitungen zur Volksabstimmung sind in der Provinz ruhig verlaufen. Die Versammlungen waren durchweg gut besucht. Eine staatsfeindliche Propaganda machte sich nur stellenweise, und zwar insbesondere in den größeren Städten, bemerkbar, wobei sich die widerstrebenden Gruppen vorwiegend auf die Verteilung von Flugblättern und Streuzetteln verlegten, die zur Abgabe der Nein-Stimme aufforderten.

Der Tag der Volksabstimmung ist im Bereich der Provinz Hessen-Nassau im allgemeinen ruhig und ohne Zwischenfälle verlaufen. Das erfreuliche Abstimmungsergebnis, das ich aus der anbei überreichten Übersicht zu ersehen bitte, läßt erkennen, daß die Bevölkerung der Provinz in ihrer Gesamtheit sich freudig zu unserem Führer und Reichskanzler und mithin ganz überwiegend auch zu der nationalsozialistischen Idee bekennt. Selbst Personengruppen, welche etwa der nationalsozialistischen Ideenwelt noch nicht hinreichendes Verständnis entgegenbringen, erkennen auf Grund der tatsächlichen Entwicklung an, daß eine Rettung Deutschlands auf einem anderen als dem beschrittenen Wege eine Unmöglichkeit ist.

Demgegenüber vermögen hier und da hervortretende Miesmacher und Kritiker das günstige Gesamtbild der Volksabstimmung nicht zu beeinträchtigen. Bezeichnend ist das Gesamtergebnis für den vorwiegend evangelischen Regierungsbezirk Kassel mit 93,54 %, für den Regierungsbezirk Wiesbaden mit der stärkeren katholischen Bevölkerung dagegen nur mit 82,18 % Ja-Stimmen. Der größte Teil der Nein-Stimmen ist in katholischen Gegenden und ferner in solchen Abstimmungsbezirken zu suchen, in denen unter Benutzung von Stimmscheinen abgestimmt worden ist. Ein in letzterer Beziehung besonders interessanter Fall aus dem Kreise Arolsen ist vom Regierungspräsidenten in Kassel in dessen Lagebericht erörtert worden.

In einzelnen Kreisen betrug die Anzahl der Stimmzettel-Abstimmer bis zu einem Sechstel der Gesamtstimmen und war größer als die Anzahl der Nein-Stimmen und ungültigen Stimmen zusammen. Dieser Umstand verdunkelt das Bild der tatsächlichen politischen Stimmung in den einzelnen Kreisen so sehr, daß ich auch aus diesem Grunde empfehlen möchte, bei kommenden Volksabstimmungen die Ausgabe von Stimmscheinen auf solche Personen zu beschränken, die sich am Abstimmungstag weit entfernt von ihrem Heimatort aufhalten. Es muß von jedem vaterländisch denkenden Volksgenossen erwartet werden, daß er bereit ist, am Wahltag den Wunsch eines Tagesausfluges hinter die Pflicht der Abstimmung zurückzustellen.

Zu 2. Stand und Tätigkeit der staatsfeindlichen Bestrebungen

Hierzu sind von mir besondere, nicht schon von den Regierungspräsidenten erwähnte Wahrnehmungen nicht gemacht worden. Auch von den Staatspolizeistellen des Bezirks ist eine bedeutungsvolle Tätigkeit der kommunistischen Bewegung nicht beobachtet worden. Sie entfaltete lediglich vor und am Abstimmungstage selbst eine erhöhte Propagandatätigkeit, die sich hauptsächlich im Verteilen von Flugblättern und Handzetteln bemerkbar machte.

Die Anhänger der marxistischen Bewegung sind in der Berichtszeit nicht besonders hervorgetreten. Ihre Bestrebungen fanden ebenfalls in der Verteilung von Flugblättern, die zur Abgabe der Nein-Stimme aufforderten, ihren Ausdruck.

Zu 3. wird besonderer Bericht gemäß Erlaß vom 1. August 1934 – I 3600 A/30. 7. vorgelegt.

Zu 4. Wirtschafts- und Agrarpolitik

Die wirtschaftliche Lage in der Provinz Hessen-Nassau ist gegenüber dem Vormonat im wesentlichen unverändert geblieben. In der Viehhaltung der Landwirtschaft verursacht die durch die anhaltende Trockenheit hervorgerufene Futtermittelknappheit weiter erhebliche Schwierigkeiten. Um den Bestand des wertvollen Zuchtviehes nicht zu gefährden, ist es unbedingt erforderlich, daß die überschüssigen Viehbestände zu einigermaßen erträglichen Preisen abgesetzt werden können. Andernfalls würde in den Wintermonaten ein Überangebot von Vieh und damit ein Zusammenbruch der Viehpreise eintreten, der der gesamten Landwirtschaft erheblichen Schaden bringen würde.

In der bäuerlichen Bevölkerung macht sich immer wieder eine gewisse Mißstimmung über die Regelung der Milch-, Butter- und Eierwirtschaft bemerkbar. Der Grund hierfür ist wohl größtenteils darin zu suchen, daß die Spanne zwischen dem Erzeugerpreis und dem Verbraucherpreis der landwirtschaftlichen Produkte noch immer zu groß erscheint. Teilweise wird von der Landbevölkerung sowie auch von der Verbraucherschaft über schlechte und saure Milch geklagt, Mängel, die vor der Einrichtung der Sammelstellen kaum in Erscheinung getreten sein sollen. Auch die von den Molkereien an die Landwirtschaft zurückgegebene Halbmilch, die zur Aufzucht von Jungvieh dringend benötigt wird, wird von einzelnen Kreisen der ländlichen Bevölkerung als für diesen Zweck unbrauchbar bezeichnet, weil sie vielfach in sauerem oder doch mindestens in halbsauerem Zustande an die Verbraucher gelange. Dieser Mißstand, dessen Beseitigung aus volkswirtschaftlichen und politischen Gründen dringend geboten ist, ist besonders von dem Landrat eines der besten Milchkreise des Regierungsbezirks Kassel (Ziegenhain) hervorgehoben worden.

Im Zusammenhang hiermit möchte ich nicht unerwähnt lassen, daß man in bäuerlichen Kreisen öfters die Auffassung ausspricht, daß die Organisation des Reichsnährstandes teilweise zu großzügig aufgezogen [ist] und daß insbesondere auch zu hohe Gehälter und Entschädigungen an die sehr oft noch verhältnismäßig jungen Beamten und Angestellten des Reichsnährstandes gezahlt würden. Des weiteren darf ich noch darauf hinweisen, daß nach einem Bericht der Staatspolizeistelle in Kassel von den Behörden der allgemeinen Verwaltung darüber geklagt wird, daß die Dienststellen des Reichsnährstandes bei der Durchführung ihrer Maßnahmen ohne die erforderliche Fühlungnahme mit der allgemeinen Verwaltung (Landräte, Bürgermeister) handeln.

Besondere Bedeutung kommt in der Provinz Hessen-Nassau der Frage der wirtschaftlichen Hebung des Rhöngebietes zu. Auf Grund einer von dem Gauleiter Dr. Hellmuth in Würzburg verfaßten Denkschrift über die Hebung der wirtschaftlichen und kulturellen Verhältnisse in der Rhön hat eine eingehende Besichtigung stattgefunden, bei der erneut festgestellt werden mußte, daß ein erheblicher Teil der Rhönbewohner sich in großer Notlage befindet, die nicht vorübergehender Natur ist und die nur durch eine gründliche Strukturwandlung des Gebietes behoben werden kann. Dazu ist eine zweckentsprechende Flurbereinigung, die Umsiedlung eines Teiles der Bevölkerung, die Vergrößerung der einzelnen Ackernahrungen, die Melioration geeigneter Hochrhönflächen und die Anlage von zweckmäßigen Wirtschaftswegen erforderlich. Bei den Umlegungsverfahren und der Umsiedlung wird jedoch darauf zu achten sein, daß nicht durch allzu scharf eingreifende Verwaltungsmaßnahmen der Grundsatz der Verbundenheit von Blut und Boden über das wirtschaftlich unbedingt erforderliche Maß hinaus durchbrochen wird. Die unter diesen Gesichtspunkten erforderlichen Vorarbeiten sind in die Wege geleitet.

Die Entwicklung des Handwerks, der Industrie und des Handels im Berichtsmonat ist in den anliegenden Berichten der Regierungspräsidenten zutreffend geschildert. Ich darf noch hinzufügen, daß seitens der Wirtschaft auf das lebhafteste darüber geklagt wird, daß es trotz aller anerkannten Anstrengungen der Regierungen auf dem Gebiete des Kreditwesens bisher nicht gelungen sei, langfristige Kredite zu tragbaren Zinssätzen der Wirtschaft zur Verfügung zu stellen. Dieser Mangel wirkt sich zweifellos hemmend auf die Arbeitsbeschaffung aus. Daneben wirkte sich auch der Rohstoffmangel in der Gummi-, Leder-, Maschinen-, Tabak-, Textil- und Schokoladen-Industrie teilweise ungünstig auf die Entwicklung des Arbeitsmarktes und auf die Wirtschaftslage dieser Industriekreise aus.

Wenn auch nach den Berichten der Regierungspräsidenten die Lage auf dem Arbeitsmarkt zur Zeit noch verhältnismäßig befriedigend ist, so müssen doch m. E. jetzt mit größter Beschleunigung umfassende Maßnahmen getroffen werden, um einer Verschlechterung der Arbeitsmöglichkeiten im kommenden Winter vorzubeugen. Dabei erscheint es mir wichtig, daß nicht nur die Vorbereitungen für ein großzügiges Arbeitsbeschaffungsprogramm unverzüglich in die Wege geleitet werden, sondern daß alsdann auch die Bevölkerung über die Pläne der Regierung baldigst in dem weitmöglichsten Umfang unterrichtet wird. Dies würde jedenfalls dazu beitragen, die Stimmung in den von der Arbeitslosigkeit bedrohten Volkskreisen weiter zuversichtlich zu erhalten. Die erforderlichen Schritte für diese Maßnahmen sind eingeleitet.

Zu 5. Kulturpolitik

Kulturpolitisch ist nichts Besonderes zu erwähnen.

Zu 6. NSDAP und ihre Gliederungen

Hierzu ist gemäß Erlaß vom 1. August 1934 besonderer Bericht vorgelegt worden.

232. Lagebericht des OP Hessen-Nassau August 1934

Zu 7. Juden und Freimaurer

Besondere Wahrnehmungen sind von mir nicht gemacht worden. Ich nehme Bezug auf die Ausführungen der beiden Regierungspräsidenten in Kassel und Wiesbaden in ihren Lageberichten.

Zu 8. Ausländer, Spionage, Landesverrat

Mir sind besondere Vorfälle, über die zu berichten wäre, nicht bekannt geworden.

i.V. gez. Dr. Jerschke

233

Berichterstattung des Oberpräsidenten der Provinz Hessen-Nassau an den Reichsminister des Innern über die NSDAP und ihre Gliederungen

8. 9. 1934

BA R 18/1561 (4 Seiten)

Der Bericht des Regierungspräsidenten in Wiesbaden über das Verhältnis der NSDAP und ihrer Gliederungen zu den staatlichen Stellen ist von ihm irrtümlich mit dem Bericht über die Ereignisse auf dem Gebiete der Kirchenpolitik verbunden worden. Der Regierungspräsident in Kassel hat im Hinblick auf den Erlaß vom 1. August 1934 – I 3600 A/30.7. – von einer Berichterstattung in dieser Angelegenheit abgesehen.

Den zu dieser Frage vom Regierungspräsidenten in Wiesbaden in seinem Bericht vom 3. September ds.Js. gemachten Ausführungen darf ich noch hinzufügen, daß zuweilen von einigen Parteidienststellen immer noch versucht wird, sich in Verwaltungsangelegenheiten einzuschalten, ein Umstand, der zu Reibungen zwischen den Dienststellen der Partei und den staatlichen und Gemeindebehörden zu führen geeignet ist.

Hinsichtlich der HJ hat die Staatspolizeistelle in Kassel folgendes berichtet: „Die christliche Elternschaft verfolgt die Entwicklung der HJ nach wie vor mit gewisser Sorge. Der Reichsjugendführer hat in den Reihen der Eltern keine große Sympathie; er wird immer wieder als Atheist bezeichnet. Die HJ und der BDM begnügen sich zunächst auch noch nicht mit dem Mittwochabend und dem Samstag einer jeden Woche. Es wird zwischendurch auch noch Dienst angesetzt. Dies trifft auch auf den Sonntag bei Veranstaltungen zu, die andere Organisationen der NSDAP ansetzen, und das geschieht sehr oft. Ferner wird am Samstag der körperlich nicht vollkräftige und der kleine Junge oft so herangenommen, daß er völlig überanstrengt heimkommt. Oft sind bei den Tagestouren die Pausen auch so kurz, daß die Jungen ihre Brote nur in Hast oder vor Übermüdung gar nicht verzehren können. Es zeigt sich mehr und mehr, daß es noch sehr vielen HJ-Führern an Lebenserfahrung fehlt."

Im Regierungsbezirk Wiesbaden sind Fälle bekannt geworden, in denen das Jungvolk der HJ, wenn es auf Ausflügen sich selbst überlassen ist, sich nicht stets einwandfrei führt. So ist es z.B. vorgekommen, daß von Angehörigen des Jungvolks sehr häßliche Tierquälereien ausgeübt wurden. Derartige

233. Bericht des OP Hessen-Nassau über die NSDAP 1934   919

Vorkommnisse sind vielleicht z.T. auf das jugendliche Lebensalter der HJ-Führer zurückzuführen, die es in geeigneten Augenblicken an der nötigen Aufsicht und nachhaltigen Belehrung der ihr anvertrauten Jugend fehlen lassen. Im Zusammenhang hiermit möchte ich noch auf folgenden Vorfall aufmerksam machen.

Am 17. August 1934 hat der Gebietsjungvolkführer Schimmelpfeng des Gebietes 14 Kurhessen mit seinem Motorrad auf der Landstraße bei Bebra einen Radfahrer totgefahren. Sch. erlitt hierbei selbst eine schwere Gehirnerschütterung, die seine Überführung in ein Krankenhaus notwendig machte. Nach den bisherigen Feststellungen trifft Sch. allein die Schuld. Nach Angaben der Staatspolizeistelle in Kassel war Schimmelpfeng nicht im Besitz eines Führerscheines. Es soll dies der zweite Fall sein, daß ein HJ-Führer hier einen tödlichen Verkehrsunfall herbeigeführt hat.

In Vertretung
gez. Dr. Jerschke

234

Berichterstattung des Oberpräsidenten der Provinz Hessen-Nassau an den Reichsminister des Innern in kirchenpolitischen Angelegenheiten

8. 9. 1934

BA R 18/1561 (5 Seiten)

In der Anlage überreiche ich einen Bericht des Regierungspräsidenten in Wiesbaden vom 3. September 1934 – I 3 P.10^09 – betr. Ereignisse auf dem Gebiete der Kirchenpolitik und Verhältnis der NSDAP und ihrer Gliederungen zu den staatlichen Stellen. Vom Regierungspräsidenten in Kassel ist ein Bericht hierzu nicht vorgelegt worden.

Nach dem Bericht der Staatspolizeistelle in Kassel hofft man in den Kreisen der katholischen Bevölkerung nunmehr auf baldige Klärung der Jugendfrage. Das Verbot des Uniformtragens und des öffentlichen Auftretens konfessioneller Jugendverbände wird zwar beachtet, aber ebenso kritisiert. Im übrigen sind in der katholischen Bewegung im Berichtsmonat besondere Wahrnehmungen nicht gemacht worden.

Nachdem die Eingliederung der Evangl. Landeskirche Kurhessen-Waldeck in die Deutsche Evangl. Kirche vollzogen ist, hat sich in der evangelischen Bevölkerung Kurhessens immer mehr die Erkenntnis durchgesetzt, daß gegenüber der Notwendigkeit der Schaffung einer einheitlichen Deutschen Evangelischen Kirche alle anderen Fragen, so insbesondere die Personalfragen, zurückzustellen sind. Eine Anzahl von Geistlichen aus den Reihen des Bruderbundes versucht allerdings, in der evangelischen Bevölkerung Propaganda gegen die jetzige Kirchenleitung zu machen. Auch hat der Vertrauensrat des Bruderbundes der Kurhessischen Pfarrer in einem Rundschreiben an die Pfarrer zum Ausdruck gebracht, daß er einen Dienstverkehr mit der jetzigen Kirchenleitung nicht für zulässig halte, und er hat die Pfarrer aufgefordert, sich im Falle der Amtsenthebung, Suspendierung oder Strafversetzung eines Pfarrers zu weigern, die Vertretung in den Gemeinden der Gemaßregelten zu übernehmen. Inzwischen ist der Bruderbund Kurhessischer Pfarrer noch insofern erweitert worden, als man die Vereinigung „Bekennende Kirche Kurhessen und Waldeck" gegründet hat.

Auf Einladung des Vertrauensrates der „Bekennenden Kirche von Kurhessen und Waldeck" fand am 30. August in der Unterneustädter Kirche in Kassel ein Gottesdienst statt, in dem Pfarrer Asmussen aus Altona als Redner

234. Bericht des OP Hessen-Nassau zur Kirchenpolitik 1934

auftrat. Anwesend waren ungefähr 600 Personen, die vorwiegend der Landbevölkerung angehörten. Die Teilnahme an dem Gottesdienst war nur mit Einladungskarte möglich. Pfarrer Asmussen ermahnte in seiner Predigt die Anwesenden, der Bekenntnislehre treu zu sein und sich nicht von irgendeiner Seite beeinflussen zu lassen.

Am gleichen Abend fanden in Kassel zwei Parallel-Versammlungen im Evangelischen Vereinshaus und im Saale der Jugend statt, in denen der Präses der ,,Bekennenden Kirche" in Bad Oeynhausen sowie der Rechtsanwalt Dr. Fiedler aus Bad Oeynhausen sprachen. Die Teilnahme an diesen Versammlungen war ebenfalls nur mit Einladungskarte möglich. Im Vereinshaus waren etwa 800 Personen anwesend, darunter etwa 30 Pfarrer; im zweiten Saale befanden sich etwa 300 Personen. Als erster Redner sprach Rechtsanwalt Dr. Fiedler über staatliches und kirchliches Recht und erklärte, daß bei der Eingliederung der einzelnen Landeskirchen in die Reichskirche das kirchliche Recht nicht gewahrt worden sei.

Als zweiter Redner sprach Pfarrer Koch. Er behandelte im allgemeinen dasselbe Thema. Er betonte besonders, daß man die Begriffe Rasse, Blut, Boden, Volkstum, die für den Staat von großer Bedeutung seien, nicht mit dem Christentum vermengen dürfe.

Im Schlußwort erklärte Professor Freiherr von Soden, Marburg a.L., daß die ,,Bekennende Kirche" sich mit dem Kirchenstreit nicht außerhalb des Volkes, sondern in das Volk stelle, im Bewußtsein ihres großen Verantwortungsgefühls für das Volk.

Ich will den bei solchen Kundgebungen mitwirkenden und zuhörenden Personen nicht abstreiten, daß sie selbst glauben, für eine gute Sache einzutreten. Hier wird allmählich einerseits durch Aufklärung und andererseits durch hervorragende Leistungen der neuen Träger der Kirchengewalt Wandel zu schaffen sein. Die kirchenpolitische Entwicklung der Schaffung einer starken Reichskirche wird jedenfalls durch jene Gegenpropaganda nicht aufgehalten.

i.V. gez. Dr. Jerschke

235

Lagebericht des Oberpräsidenten der Provinz Hessen-Nassau an den Reichs- und Preußischen Minister des Innern

9. 5. 1935

GStAPK I. HA Rep. 90 P Nr. 87 H. 4 (13 Seiten)

Im Anschluß an meinen Fristbericht vom 4. ds.Mts. – O.P.II Nr. 477 – überreiche ich in den Anlagen die Berichte des Regierungspräsidenten in Wiesbaden vom 30. April 1935 – I.3.P. Nr. 10^{09} – und des Regierungspräsidenten in Kassel vom 4. Mai 1935 – A.II Nr. 5275/35 – über die Entwicklung der innerpolitischen und wirtschaftlichen Lage in den beiden Regierungsbezirken während der Monate März und April 1935.

Ferner überreiche ich anliegend je einen Sonderbericht des Regierungspräsidenten in Wiesbaden über die Kirchenpolitik sowie über das Verhältnis der NSDAP und ihrer Gliederungen zu den staatlichen Stellen vom 1. Mai 1935 – I.3. P.10^{09} – in doppelter Ausfertigung.

Die innerpolitische Lage in der Provinz Hessen-Nassau ist während des verflossenen Berichtszeitraumes sowohl nach den Berichten der beiden Regierungspräsidenten als auch nach meinen eigenen Wahrnehmungen im wesentlichen unverändert geblieben und z. Zt. als ruhig zu bezeichnen.

Der hervorragende Verlauf der Saarabstimmung, die Rückgliederung des Saargebietes sowie die Wiedereinführung der allgemeinen Wehrpflicht haben wohl bei allen Volksgenossen größte Begeisterung ausgelöst und ihre Sorge um die Entwicklung der außenpolitischen Dinge, die in den letzten Monaten fast überall zu beobachten war, gemildert. Vor allem hat die Wiedereinführung der Wehrpflicht das Empfinden einer erlösenden Befreiung und dankbarste nachhaltige Huldigung für den Führer hervorgerufen.

Die Vertrauensratswahlen hatten ein sogar über den Reichsdurchschnitt günstiges Ergebnis. Die Feiern und Veranstaltungen gelegentlich des Geburtstages des Führers und des nationalen Feiertags am 1. Mai zeigten eine starke und freudige Anteilnahme. Neben diesen erfreulichen Wahrnehmungen dürfen jedoch auch mancherlei ungünstige Erscheinungen nicht übersehen werden. Es sind dies die rege, versteckt betriebene Propagandatätigkeit der Kommunisten und Marxisten, die unerfreulichen Erscheinungen auf kirchlichem Gebiet und nicht zuletzt eine zunehmende Beunruhigung über teils schon eingetretene, teils befürchtete Preissteigerungen.

Die gegen die illegale KPD eingeleitete Aktion ist durch das geschickte und

235. Lagebericht des OP Hessen-Nassau Mai 1935

energische Zugreifen der Staatspolizeistelle in Frankfurt a.M. so erfolgreich durchgeführt worden, daß dadurch gleichzeitig auch die Unterbezirke der KPD in Darmstadt, Mainz, Offenbach und Hanau aufgerollt werden konnten.

Auf die großen Schwierigkeiten, die sich in kirchenpolitischer Hinsicht im Verlauf der letzten Monate herausgebildet haben, habe ich bereits in meinem Lagebericht vom 4. März 1935 – O.P. II Nr. 273/35 – besonders eingehend hingewiesen. Vor allem ist es der evangelische Kirchenstreit, der augenblicklich im Vordergrund des innerpolitischen Interesses steht und geeignet ist, Unruhe in die Bevölkerung, insbesondere die Landbevölkerung, zu tragen. Während anfänglich nur ganz vereinzelte Pfarrer auf dem Boden der Bekenntnisfront standen, hat ihre Anhängerschaft in letzter Zeit sowohl unter den Pfarrern als auch unter der evangelischen Bevölkerung erheblich zugenommen. Nach den übereinstimmenden Berichten fast aller Landräte ist gegenwärtig eine besonders lebhafte Agitation gegen den Reichsbischof Müller und eine erfolgreiche Werbung *für die Bekenntnisfront* zu beobachten. Dabei läßt sich nicht verkennen, daß das zeitweise nicht glückliche Eingreifen des Staates in den evangelischen Kirchenstreit mit zu dieser Entwicklung beigetragen hat. So hat das Vorgehen des Staates am 17. März ds.Js. in der Angelegenheit der Kanzelabkündigung der Bekenntnissynode keinerlei Verständnis bei der Bevölkerung gefunden, und in der Aufhebung der zunächst angeordneten Maßnahmen erblickte man allgemein einen Rückzug der Regierung gegenüber der Bekenntnisfront.

Die Entwicklung des evangelischen Kirchenstreites wird von der katholischen Geistlichkeit mit gespannter Aufmerksamkeit verfolgt, ohne daß diese jedoch aus ihrer insoweit bisher geübten Zurückhaltung hervortritt. Demgegenüber äußern sich aber immer offensichtlicher die staatsfeindlichen Bestrebungen der katholischen Geistlichen in dem aktiven Widerstande gegen die HJ und insbesondere gegen den BDM. So ist z.B. im Kreise Limburg (Bistumsbereich) neuerdings ein starkes Zurückgehen der Mitgliederzahl des BDM und der Frauenschaften zu beobachten, was auf die Gründung eines katholischen Jungfrauenvereins (Marianische Kongregation) zurückgeführt wird. In einem anderen Landkreise sind im Laufe der letzten beiden Monate 22 Mädchen und Knaben aus dem BDM bzw. dem Jungvolk ausgetreten, die ebenfalls in der Marianischen Kongregation Aufnahme gefunden haben. Charakteristisch für die einflußreiche Einwirkung der katholischen Geistlichen auf die Jugend ist u. a. auch folgender, vom Landrat in Montabaur geschilderter Vorfall: „Am 27. März 1935 wurden von dem katholischen Pfarrer im Baumbach fünf Angehörige der HJ zu einem Lichtbildervortrag in das Pfarrhaus eingeladen. An dem betreffenden Abend hatte die HJ einen besonderen Dienst angesetzt. Als der Führer der HJ feststellte, daß fünf HJ-Jungens fehlten, und erfuhr, daß diese sich im Pfarrhaus beim Pfarrer aufhielten, begab er sich zu dem Pfarrer, um diesen zu sprechen. Der Führer der HJ wurde von dem Pfarrer nicht beachtet, er ließ ihn vor der Haustüre stehen. Bald danach traten die fünf Angehörigen der HJ aus dem Pfarrhaus und erklärten öffentlich, daß sie ab heute nicht mehr der HJ-Organisation angehören wollten. Angeblich wurden die fünf HJ-Jungens aus der HJ ausgeschlossen. Die von der katholischen Geistlichkeit aufgezogenen Lichtbildervorträge und Unterhaltungsabende werden nur zu Propagandazwecken benutzt."

Wie im Regierungsbezirk Wiesbaden, so macht sich auch in den katholischen Gegenden des Regierungsbezirks Kassel eine immer stärker hervortretende Abneigung gegen die HJ und den BDM bemerkbar, wobei es die katholischen Geistlichen mit hervorragendem Geschick verstehen, Eltern und Erzieher dahingehend zu überzeugen, daß für die christlich religiöse Erziehung ihrer Kinder und Pflegebefohlenen auch nach der Schulentlassung nur die katholischen Jugendverbände und nicht die Organisationen der HJ in Frage kommen könnten.

Dieser offene Widerstand tritt neuerdings auch bei der Entsendung der katholischen Jugendlichen in das Landjahr in Erscheinung. Die katholischen Geistlichen arbeiten in solch zäher Weise gegen das Landjahr, daß es in verschiedenen Fällen nur unter Androhung von polizeilichen Zwangsmaßnahmen möglich wurde, die erforderliche Anzahl Kinder zu entsenden. Der vom Regierungspräsidenten in Wiesbaden auf Seite 6 seines Berichts betr. Kirchenpolitik wörtlich angeführte Hirtenbrief des Bischofs von Limburg bringt diese ablehnende Einstellung der katholischen Kirchenbehörden eindeutig zum Ausdruck.

Der Bischof in Fulda hat im kirchlichen Amtsblatt für die Diözese Fulda vom 13. April 1935 einen im Wortlaut übereinstimmenden Hirtenbrief veröffentlicht, der am Ostermontag von allen Kanzeln verkündet wurde.

Aus all diesen Vorgängen ist zweifellos die immer offener zutage tretende Absicht der katholischen Kirche erkennbar, die katholischen Jugendlichen dem Einfluß der NSDAP zu entziehen.

Im Gegensatz hierzu steht die Elternschaft in den überwiegend evangelischen Gebieten dem Landjahr im großen und ganzen bejahend gegenüber.

In dem Verhältnis der Schule zur HJ und dem BDM haben sich erwähnenswerte Schwierigkeiten in letzter Zeit nicht mehr ergeben. Lediglich der Staatsjugendtag bedarf noch des zielbewußten Ausbaues. Vielerorts ist zu beobachten, daß die dem Jungvolk usw. angehörenden Schulpflichtigen an den schulfreien Sonnabenden – vormittags – ziel- und planlos und oft ohne

235. Lagebericht des OP Hessen-Nassau Mai 1935

Führung die Gegend durchstreifen und allerlei Unfug treiben. Dieser Mißstand verursacht berechtigte Klagen bei vielen Eltern, die sich darüber sorgen, was ihre Kinder ohne die nötige Aufsicht ausrichten werden. Hier könnte wohl durch entsprechende Belehrung und Anweisung der Führerschaft Abhilfe geschaffen werden.

Die Entwicklung der Wirtschaftslage in der Provinz Hessen-Nassau während der beiden Berichtsmonate ist von den Regierungspräsidenten in anschaulicher und zutreffender Weise geschildert worden, so daß ich mich auf einige ergänzende Ausführungen beschränken möchte.

Wenn auch die Zahl der Erwerbslosen fast durchweg im Zurückgehen begriffen ist, so wird doch von vielen Landräten darauf hingewiesen, daß die Durchführung der Arbeitsbeschaffungsmaßnahmen infolge schwieriger und zeitraubender Geldbeschaffungsverfahren nicht immer zu dem gewünschten Erfolge führt. Sehr beachtlich erscheinen mir hierzu die Ausführungen des Regierungspräsidenten in Kassel auf Seite 4 und 5 seines Lageberichts.

Bereits in meinem Lagebericht vom 8. September 1934 – O.P.II.Nr. 1222/34 – hatte ich auf die besondere Bedeutung hingewiesen, die der wirtschaftlichen Hebung des Rhöngebietes zukommt. Ich kann es deshalb wohl verstehen, wenn der Landrat in Fulda Klage darüber führt, daß die Durchführung des „Rhönprojektes", durch das etwa 2000 Arbeitslose in Arbeit und Verdienst gebracht werden könnten, durch langwierige Geldbeschaffungsverhandlungen immer wieder hinausgeschoben wird.

Ich halte es bei der wohl allen Stellen genügend bekannten wirtschaftlichen Notlage der Rhönbevölkerung für dringend notwendig, daß die eingeleiteten Maßnahmen sobald als möglich durchgeführt werden.

Bezüglich der Arbeitsbeschaffung durch Erweiterung der Unterstützungsmaßnahmen zum Aufschluß von Erzgruben mache ich auf die Ausführungen des Regierungspräsidenten in Wiesbaden Bl. 9 und 10 besonders aufmerksam.

In der Landwirtschaft wirkte sich die schwierige und teilweise zu kostspielige Beschaffung der Futtermittel in den letzten Monaten besonders ungünstig aus. Mit dem Eintritt der Grünfuttergewinnung werden diese Schwierigkeiten voraussichtlich wegfallen.

Die Schwierigkeiten bei der Futtermittelbeschaffung und die Anforderung der Barzahlung auf den Schlachtviehmärkten brachten die betrübliche Erscheinung mit sich, daß die landwirtschaftliche Bevölkerung ihre Geschäfte in stärkerem Maße mit jüdischen Händlern tätigt, ein Übelstand, den ich bereits ihn meinem letzten Lagebericht besonders hervorgehoben habe.

Die verhältnismäßig günstige Wirtschaftslage von Industrie, Handel und Handwerk in der Provinz ist im allgemeinen unverändert geblieben. Die

Kraftfahrzeugindustrie hatte einen besonders erfreulichen Aufschwung zu verzeichnen, ihre Auslandsaufträge sind bis zu 100 % gegenüber der entsprechenden Zeit des Vorjahres gestiegen.

Andererseits sind die Basalt- und Marmorindustrie im Westerwald noch immer unzureichend beschäftigt. Ferner wird im Regierungsbezirk Wiesbaden über mangelnde Zuteilung öffentlicher Aufträge an Industrie- usw. Betriebe dieses Regierungsbezirks geklagt. Gleiche Klagen werden besonders stark aus dem notleidenden Kreise Schmalkalden erhoben, und ich wäre sehr dankbar, wenn hier im Rahmen des Möglichen Abhilfe geschaffen werden könnte.

In den Kreisen des Handels und des Handwerks wird allgemein über den schlechten Eingang der Zahlungsmittel geklagt. Die Kunden halten sich kaum an die vereinbarten Zahlungsbedingungen. Auch die Bewirtschaftung der Auslandszahlungsmittel bedingt noch immer Schwierigkeiten in der fristgemäßen Abfertigung der eingehenden Auslandsgüter. Die Devisenbewirtschaftungsstellen müßten auf die rechtzeitige Zuteilung der Auslandszahlungsmittel besonders bedacht sein, wenn die Auslösung der Güter an kürzere Fristen gebunden ist.

Der berufsständische Aufbau der deutschen Wirtschaft macht weiterhin Fortschritte. Die zentralen Organe sowohl in fachlicher als auch in bezirklicher Beziehung sind in der Zwischenzeit gebildet worden. Der Unterbau ist aber bisher nur in verhältnismäßig geringem Ausmaße vollendet, so daß gerade jetzt viele, namentlich mittlere und kleinere Unternehmungen über die Vielartigkeit und die Höhe der geforderten Beiträge lebhaft Klage führen. Es wäre zu wünschen und anzustreben, daß die organisatorischen Arbeiten auch im Kleinen möglichst bald zu einem Abschluß gebracht werden und damit an Stelle der vielen Beiträge eine zentrale Zusammenfassung und Ermäßigung derselben erfolgen kann.

Die allgemeinen Klagen über das starke Hervortreten der Juden in geschäftlicher Hinsicht wollen nicht verstummen. Ich habe diese Frage auch bereits in meinem Lagebericht vom 4. März ds.Js. – O.P.II Nr. 273/35 – besonders herausgestellt. Beachtlich hierzu erscheinen mir die Ausführungen des Regierungspräsidenten in Wiesbaden Seite 13—15 seines Lageberichts.

Auf kulturpolitischem Gebiet sind noch zu erwähnen: die Ausstellung des Nassauischen Kunstvereins in Wiesbaden: Italienische Malerei des 17. und 18. Jh., des Kunsthistorischen Museums der Universität Marburg: Jubiläumsbau: Zeichnungen und Radierungen von Hermann Kätelhon – Soest, Karl Hanusch – Dresden, Heinrich Otto – Wernswig, Heinrich Olsen – Bremen.

Eine weitere Ausfertigung des Berichts überreiche ich anbei.

236. Bericht des OP Hessen-Nassau über den NSDFB 1935

Dem Herrn Preußischen Ministerpräsidenten ist eine Abschrift des Lageberichts vorgelegt worden.

gez. Prinz Philipp von Hessen

236

Bericht des Oberpräsidenten der Provinz Hessen-Nassau über den Nationalsozialistischen Deutschen Frontkämpferbund

9. 3. 1935

GStAPK I. HA Rep. 90 P Nr. 40 H. 3 (6 Seiten)

Hiermit überreiche ich den Bericht des Regierungspräsidenten in Kassel vom 4. d.Mts. nebst seiner Anlage. Aus ihm und dem unmittelbar erstatteten Bericht des Regierungspräsidenten in Wiesbaden vom 7. d. Mts. – I 3 P Nr. 70^{07} – (129 G) – bitte ich zu ersehen, daß die Beobachtungen über das Verhalten des Nationalsozialistischen Deutschen Frontkämpferbundes und seine Beziehungen zu den Parteiorganisationen innerhalb der Provinz nicht gleichmäßig sind, sondern – durch örtliche und persönliche Umstände bedingt – bemerkenswerte Unterschiede aufweisen. Im großen Rahmen gesehen, ergibt sich für den Regierungsbezirk Kassel (mit Ausnahme des Stadt- und Landkreises Hanau) ein wesentlich günstigeres Bild als für den Wiesbadener Bezirk, wo stellenweise nicht unerhebliche Klagen laut geworden sind. Am unerfreulichsten haben sich die Verhältnisse offenbar in Hanau und Wetzlar gestaltet. Ich darf hierzu auf den abschriftlich anliegenden Bericht des Landrats und Polizeidirektors in Hanau besonders aufmerksam machen. Im Kreise Wetzlar liegen die Dinge nach dem Bericht des Regierungspräsidenten in Wiesbaden ähnlich.

Zu 1: Eine besonders rege Werbetätigkeit des Frontkämpferbundes hat außer in den Kreisen Wetzlar und Hanau nur in den Städten Frankfurt a. M. und Wiesbaden sowie in den Landkreisen Usingen und Unterlahn (Regierungsbezirk Wiesbaden) festgestellt werden können.

Zu 2: In den Gebieten mit reger Werbetätigkeit beschränkt sich diese durchweg nicht auf ehemalige Frontkämpfer, die weder der SA noch der SA-Reserve I anzugehören haben, sondern wendet sich auch an die von dem Regierungspräsidenten in Wiesbaden und dem Landrat in Hanau näher bezeichneten Personenkreise. Dabei gelangen teilweise – so im Kreise Wetzlar und in Frankfurt a.M. – Werbemethoden zur Anwendung, die die gebotene Loyalität gegenüber der SA und SS vermissen lassen.

Die Werbetätigkeit hat da, wo sie kräftig betrieben wird, unverkennbaren Erfolg.

Zu 3: Die politische Zusammensetzung des Frontkämpferbundes ist von dem Regierungspräsidenten in Wiesbaden treffend geschildert worden. Seine Beobachtung, daß der Bund großenteils Persönlichkeiten umfaßt, die dem nationalsozialistischen Ideengut fremd oder ablehnend gegenüberstehen, kann für den Bereich der ganzen Provinz Geltung beanspruchen. Außerordentlich bedenklich stimmen die Feststellungen über Aufnahme von Angehörigen früherer Systemparteien (selbst Kommunisten!) und von Personen, die von der Partei oder SA ausgeschlossen oder abgelehnt worden sind. Dabei ist wiederum bemerkenswert, daß solche Aufnahmen vornehmlich in denjenigen Gegenden erfolgt sind, welche die stärkste Werbetätigkeit aufweisen (Hanau, Wetzlar, Frankfurt a.M., Usingen, Unterlahn).

Besondere Aufmerksamkeit beanspruchen ferner die Versuche kirchlich-politischer Kreise, im Frontkämpferbund Einfluß zu gewinnen.

Zu 4: Daß örtliche Führer des NSDFB *in der Öffentlichkeit* Ziele propagieren, die von denen des Führers und der Regierung abweichen, ist nirgends beobachtet worden. Dagegen bin ich mit dem Regierungspräsidenten in Wiesbaden davon überzeugt, daß der Wille zu positiver Mitarbeit im Sinne des Nationalsozialismus in vielen Fällen hinter der Neigung zu unfruchtbarer Kritik an den Unterführern der Partei und der SA zurücktritt.

Zu 5: Wie die Berichte der Regierungspräsidenten erkennen lassen, sind die Spannungen zwischen dem NSDFB und den Untergliederungen der Partei bisher – abgesehen von Hanau, wo mit örtlichen Verboten vorgegangen werden mußte – *nicht öffentlich* zum Austrag gekommen. Sie sind aber dessen ungeachtet vielenorts, besonders in den Hauptwerbegebieten des Frontkämpferbundes deutlich fühlbar. Die Ursachen liegen einmal in der grundsätzlichen Beurteilung, welche die Führer und Mitglieder des Frontkämpferbundes in weiten Kreisen der Bevölkerung wegen ihrer früheren politischen Haltung erfahren, dann aber auch in der persönlichen Einstellung mancher Angehöriger des NSDFB zur Partei und ihren Gliederungen und schließlich in einem beiderseits nicht immer taktvollen Verhalten.

Die Spannungen sind naturgemäß um so stärker, je mehr die Rivalität mit der SA bezüglich der Mitgliederwerbung und das persönliche Geltungsbedürfnis der Führer des Frontkämpferbundes entwickelt ist.

Zu 6: Nach Vorstehendem kann es nicht zweifelhaft sein, daß die Verhältnisse, wie sie sich in erheblichen Teilen der Provinz entwickelt haben, dringend einer Abhilfe bedürfen. Wenn ich auch irgend eine akute Gefahr für den

236. Bericht des OP Hessen-Nassau über den NSDFB 1935

Staat z. Zt. nicht als vorliegend erachte, so ist doch nicht von der Hand zu weisen, daß bei weiterer Zuspitzung der Entwicklung die jetzt noch latente Mißstimmung zu sehr unerwünschten Ausbrüchen führen kann, denen unbedingt vorgebeugt werden muß.

Die völlige Auflösung des Frontkämpferbundes wäre zweifellos das einfachste Mittel, um den jetzigen Mißhelligkeiten ein Ende zu bereiten. Indessen würden dadurch die unzufriedenen Elemente als solche nicht beseitigt werden; sie könnten vielmehr ihre unerwünschte zersetzende Tätigkeit ohne die jetzt immerhin mögliche Kontrolle fortsetzen. Auch glaube ich, daß die Auflösung des Bundes in Gebieten, in denen bisher wesentliche Schwierigkeiten nicht aufgetreten sind, unnötige Verstimmung hervorrufen und dadurch dort vielleicht mehr Schaden als Nutzen stiften würde.

Für notwendig halte ich dagegen eine Umgestaltung des NSDFB seinem Wesen nach dergestalt, daß er eigene Aufgaben zugewiesen erhält, etwa in der Art, wie dies der Regierungspräsident in Wiesbaden vorschlägt. So würde der ungesunde Wettbewerb mit der SA beseitigt und gleichzeitig eine stärkere Bindung des Bundes an die Aufgaben und Ziele des Staates und damit der Partei erreicht werden können. Ferner empfiehlt sich vielleicht eine Regelung dahin, daß dem NSDFB, seinem Namen entsprechend, nur noch wirkliche Frontkämpfer aus dem Weltkriege angehören dürfen. Anders als durch eine solche organische Umbildung des NSDFB, mit der eine Durchprüfung des Mitgliederbestandes und der Führerschaft zu verbinden wäre, wird m. E. eine dauernde Besserung der Verhältnisse nicht zu erzielen sein.

Eine Abschrift dieses Berichtes habe ich nebst Anlagen gleichzeitig dem Herrn Reichs- und Preußischen Minister des Innern vorgelegt.

Die Berichtsfrist konnte im Hinblick darauf, daß mir der Erlaß vom 28. Februar erst am 2. d. Mts. zugegangen ist und für die Herbeischaffung der notwendigen Unterlagen einige Tage benötigt wurden, nicht pünktlich innegehalten werden.

gez. Philipp Prinz v. Hessen

237

Bericht des Regierungspräsidenten in Kassel an den Preußischen Ministerpräsidenten über den Nationalsozialistischen Deutschen Frontkämpferbund

4. 3. 1935

GStAPK I. HA Rep. 90 P Nr. 40 H.3 (3 Seiten)

In dem weitaus größten Teile meines Bezirks sind ins Auge fallende Beobachtungen über das Verhalten des NSDFB nicht gemacht worden.

Die folgenden Ausführungen treffen mit Ausnahme der Kreise Hanau-Stadt und Land auf den ganzen Bezirk zu.

Zu 1: Eine besonders rege Werbetätigkeit ist von wenigen Ausnahmefällen abgesehen, nicht festgestellt worden.

Zu 2: Die Werbetätigkeit des NSDFB hat sich im wesentlichen auf die Werbung von ehemaligen Frontkämpfern, die nach den geltenden Bestimmungen weder der SA noch der SA Reserve I anzugehören haben, beschränkt. Aus Schmalkalden wird berichtet, daß dort entlassene SA-Männer sofort beim NSDFB unterkommen. Versuche, Jugendliche aufzunehmen, sind nicht festgestellt worden. Der Erfolg der Werbetätigkeit ist durchweg gering.

Zu 3: In der Hauptsache setzt sich der NSDFB zusammen aus ehemaligen Angehörigen der Rechtsparteien; insbesondere gehört die Führerschaft durchweg diesen Kreisen an. Nur in einigen Kreisen sind die früheren Anhänger der Systemparteien stärker vertreten. In 2 Kreisen überwiegen sie zahlenmäßig sogar erheblich.

Zu 4: Eine besondere politische Propagandatätigkeit ist nicht beobachtet worden; politische Ziele, die mit dem Nationalsozialismus nicht in Einklang zu bringen sind, wurden nicht propagiert. Daß irgendwelche ernstlichen Bestrebungen im Gange sind, die den Zielen des Nationalsozialismus zuwiderlaufen, halte ich für ausgeschlossen, wenn auch nicht zu verkennen ist, daß sich in den Reihen des NSDFB Mitglieder befinden, die wenigstens mit den sozialen Zielen des Nationalsozialismus auf Grund ihrer Herkunft nicht voll einverstanden sind. Wenn festzustellen ist, daß häufig Beziehungen zwischen Reichswehr und Angehörigen des NSDFB bestehen, so erklärt sich das z. T. zwanglos daraus, daß die dem NSDFB angehörigen früheren Offiziere angesichts des Wiederaufbaues des Heeres bei den neu eingerichteten Stellen An-

237. Bericht des RP Kassel über den NSDFB 1935

schluß suchen; z. T. besteht wohl auch die Hoffnung, den politischen Einfluß durch den Rückhalt bei der Reichswehr zu vergrößern.

Zu 5: Wo lokale Spannungen zwischen NSDFB und Untergliederungen der NSDAP aufgetreten sind, waren sie untergeordneter Natur und ergaben sich z. T. aus persönlichen Reibereien. Besondere Anordnungen und Gegenanordnungen, die eine Spannung erkennen lassen, sind nicht getroffen worden.

Zu 6: Den Bericht des Polizeidirektors und Landrats in Hanau, dessen Darstellung im Gegensatz zu der in den übrigen Teilen meines Bezirks ruhigen und zu keinerlei Besorgnis Veranlassung gebenden Lage, eine lokalverschärfte Spannung erkennen läßt, habe ich mir erlaubt in Abschrift beizufügen.

Die Gegensätzlichkeiten zwischen den Untergliederungen der Partei und dem NSDFB werden erst dann aufhören, wenn die nach Altersklassen getrennte Gliederung der Aufgaben erfolgt ist. Ich denke mir den Beharrungszustand so, daß der junge Deutsche aus der Hitlerjugend in den Arbeitsdienst, aus diesem in die Reichswehr übergeht und daß dann die SA die weitere Schulung der entlassenen Reichswehrangehörigen übernimmt, während dem NSDFB diese Reservisten nach Erreichung des 35. Lebensjahres anzugehören hätten, bis sie schließlich etwa mit dem vollendeten 45. Lebensjahr dem Kyffhäuserbund angehören. Da aber der Aufgabenkreis der SA im Verhältnis zur Reichswehr und zu den anderen Wehrverbänden in der Öffentlichkeit noch nicht bestimmt ist, wird sich diese Regelung noch nicht durchführen lassen. Unter den hiesigen Verhältnissen wäre es möglich, schon jetzt die Aufgaben der SA-Reserve I dem NSDFB zu übertragen, wobei allerdings die Unterstellung alter SA-Männer unter NSDFB-Führer in Einzelfällen nicht zu vermeiden wäre und zu Schwierigkeiten führen könnte. Ich befürchte aber, daß in anderen Provinzen die Gegensätze in dieser Beziehung größer sind, so daß dieser Weg noch nicht gegangen werden kann. Die hiesige Landesführung des NSDFB ist durchaus gewillt, mit den anderen Wehrverbänden zusammenzuarbeiten, und es muß gelingen, für die Zwischenzeit die Reibungen, abgesehen von örtlich auftretenden Zwistigkeiten, auf ein Mindestmaß zurückzuführen.

v. Monbart

238

Bericht des Landrats und Polizeidirektors in Hanau über den
Nationalsozialistischen Deutschen Frontkämpferbund

3. 3. 1935

GStAPK I. HA Rep. 90 P Nr. 40 H.3 (3 Seiten)

Für den Stadt- und Landkreis Hanau berichte ich zu den einzelnen Fragen folgendes:

Zu 1: Der Nationalsozialistische Deutsche Frontkämpferbund entfaltet eine rege Werbetätigkeit.

Zu 2: Der Nationalsozialistische Deutsche Frontkämpferbund wirbt, was er werben kann; es ist ganz gleich, in welchem Lager die zu werbenden Leute früher gestanden haben. Hauptsächlich die von der NSDAP Abgelehnten finden in dem Frontkämpferbund Aufnahme. So mußte ich bereits verschiedene Ortsgruppen im Kreis auflösen, da sie nur aus solchen Leuten bestanden, die von der SA, SS und Partei abgelehnt waren, zum größten Teil aus Marxisten.

Bemerkenswert ist auch, daß er in Großkrotzenburg, einem fast ganz katholischen Ort, in dem es für die NSDAP außerordentlich schwer gefallen ist, festen Fuß zu fassen und in dem auch heute nur eine geringe Zahl von Parteigenossen vorhanden ist, besonders rege Werbetätigkeit entfaltet. Gerade auch in diesem Ort hat der NS Frontkämpferbund versucht, alles aufzunehmen, was von der NSDAP und deren Gliederungen abgelehnt worden ist.

Zu 3: Der NS Deutsche Frontkämpferbund setzt sich aus den früheren reaktionären Stahlhelmern zusammen und aus Angehörigen früherer System-Parteien.

Zu 4: Die politischen Ziele der örtlichen Stahlhelmführer sind die, den Nationalsozialismus und die führenden Persönlichkeiten sobald wie möglich verschwinden zu lassen. Hierzu gehören an erster Stelle Gauleiter Pg. Sprenger und ich als Kreisleiter, Landrat und Polizeidirektor.

Ich habe festgestellt, daß der NS-Frontkämpferbund ein Tagebuch führt, in dem die nach der Meinung des Stahlhelms gemachten Fehler sämtlicher nationalsozialistischer Führer, hauptsächlich von Gauleiter Sprenger und mir, aufgeführt werden. Trotz all meiner Bemühungen ist es mir noch nicht gelungen, in den Besitz dieses Buches zu kommen. Die Mitteilungen, die mir

238. Bericht des LR und PolDir. Hanau über den NSDFB 1935

von Anhängern früherer Linksparteien über die Vermerke der reaktionären Drahtzieher gemacht werden, sind jedoch durchaus glaubhaft.

Die politische Haltung des NS-Frontkämpferbundes ist unter der Führung des früheren Kreisführers des Stahlhelms nur als reaktionär in allerübelster Art und Weise zu bezeichnen.

Zu 5: Die Spannungen zwischen dem NS-Frontkämpferbund und der NSDAP bestehen in allen Gemeinden meines Bezirks. Die Anordnungen der Stahlhelmführer werden nur geheim ausgegeben und nur einem ganz engen Kreis. Ich habe demgegenüber alle Ortsgruppenleiter meines Kreises zu schärfster Beobachtung aller Vorkommnisse angewiesen und, wenn es einzelne Persönlichkeiten des Frontkämpferbundes mit ihrem Anhang zu bunt getrieben haben, diesen örtlichen Gruppen jegliche Werbetätigkeit untersagt.

Zu 6: Zur endgültigen Beseitigung dieser Mißstände wird vorgeschlagen, den NS-Frontkämpferbund aufzulösen und die Zuverlässigsten restlos in die NSDAP und deren Formationen einzugliedern.

Ich möchte noch bemerken, daß die Stimmung in der SA gegen den Frontkämpferbund verheerend ist. Frühere Stahlhelmer, die die NSDAP bekämpften, wo sie nur konnten, sind heute, nach Überführung in die SA, Vorgesetzte unserer alten SA-Leute, die mit uns Schulter an Schulter gestanden und gekämpft haben. Die Stimmung dieser alten SA-Leute ist als sehr schlecht zu bezeichnen, denn die angeführten ehemaligen Stahlhelmer sind deren Vorgesetzte geworden und laufen herum mit 4 Sternen und einigen Bändchen und schikanieren unsere alten Leute, wo sie nur können. Gerade in dieser Hinsicht sind bei mir bereits sehr viele Klagen eingelaufen.

Hauptsächlich wird geklagt über 2 Stahlhelmer, und zwar über die Herren – Parteigenossen kann ich nicht sagen – Goderbauer und Zinke in Großauheim. Gerade Goderbauer ist einer der übelsten Reaktionäre. Ausgerechnet am 1. März während der großen Saarkundgebung saß Goderbauer, SA-Führer mit 4 Sternen, in einem Lokal beim Skat und machte sich lustig über diejenigen, die am genannten Tage Dienst machten.

Als Kreisleiter muß ich noch mitteilen, daß die gesamte NSDAP in Hanau Stadt und Land es voll und ganz begrüßen würde, wenn man vom Stahlhelm bzw. Frontkämpferbund nichts mehr höre und sehe[!].

Mit Rücksicht auf die oben erwähnten Verbote einzelner Stützpunkte und Ortsgruppen besteht allerdings z. Zt. nur noch die Ortsgruppe Hanau, der Mitglieder aus den Landgemeinden als Einzelmitglieder angeschlossen sind. Insgesamt beträgt die Mitgliederzahl z. Zt. etwa 300.

gez. Löser
Landrat und Polizeidirektor

239

Bericht des Regierungspräsidenten in Wiesbaden an den Preußischen Ministerpräsidenten über den Nationalsozialistischen Deutschen Frontkämpferbund

7. 3. 1935

GStAPK I.HA Rep. 90 P Nr. 40 H.3 (7 Seiten)

Das Verhalten des Nationalsozialistischen Deutschen Frontkämpferbundes ist im Regierungsbezirk Wiesbaden nicht einheitlich zu beurteilen, sondern ist je nach der Persönlichkeit, insbesondere der Aktivität und politischen Einstellung der örtlichen Führer, durchaus verschieden. Daher können auch die in dem Erlaß gestellten Fragen zu 1—5 nicht einheitlich beantwortet werden. Zu den einzelnen Punkten ist unter diesem Vorbehalt folgendes zu berichten:
1. Eine *rege* Werbetätigkeit des Frontkämpferbundes ist in den Städten Frankfurt a.M. und Wiesbaden, auf dem flachen Lande nur in den Landkreisen Wetzlar, Usingen und Unterlahn beobachtet worden. Die Werbung vollzieht sich nicht etwa durch die Presse oder sonst in einer in der Öffentlichkeit stark hervortretenden Form, sondern mehr von Mund zu Mund. Die Werbung geschieht in Wetzlar, wo die Verhältnisse besonders unerfreulich liegen, oft in nicht einwandfreier Weise, indem auf niedrigen Beitrag oder Beitragsfreiheit hingewiesen wird. Es ist wiederholt beobachtet, daß der Drang besteht, Aufmärsche größeren Stiles, insbesondere bei Denkmalsweihen, zu Ehren Gefallener und Beerdigung von Kriegsteilnehmern zu veranstalten, die m. E. bei den Veranstaltern in der Hauptsache den Sinn einer wirkungsvollen Werbung haben sollen. In Frankfurt a.M. hat sich der Frontkämpferbund an dem Winterhilfswerk durch Verkauf von Plaketten, Weihnachtstellern usw. *in Uniform* beteiligt, während der SA und SS ein Auftreten in Uniform bei dieser Gelegenheit untersagt war. Auch hiermit wurde m. E. bewußt der Zweck der Werbung verbunden.

2. Im allgemeinen hat sich der Frontkämpferbund bei seiner Werbetätigkeit auf die Werbung von ehemaligen Frontkämpfern, die nach den geltenden Bestimmungen weder der SA noch der SA-Reserve I anzugehören haben, beschränkt. In der Stadt Frankfurt a.M., im Landkreise Unterlahn und insbesondere in Wetzlar ist indessen beobachtet worden, daß die Werbetätigkeit darüber hinaus sich auch an andere Personenkreise richtet; in der Stadt Wies-

baden gehören dem Frontkämpferbund auch Personen an, die ihrem jugendlichen Alter nach in die SA aufgenommen werden könnten. Eine besonders rege Werbung wird in den genannten Kreisen in den Reihen der Mitglieder der SA-Reserve I und II sowie des Kyffhäuserbundes getrieben, wobei die alleinige Mitgliedschaft beim Stahlhelm propagiert wird. Der Kreisführer des Untertaunuskreises hat an alle Kameraden des ehemaligen Stahlhelms ein Rundschreiben gerichtet, in dem er feststellt, daß die Kameraden des alten Stahlhelms ohne weiteres auch Kameraden des Frontkämpferbundes seien, sofern sie nicht ausdrücklich ihren Austritt erklärt hätten. Er betrachte sämtliche Kameraden des Stahlhelms noch als Mitglieder des Frontkämpferbundes.

Der Werbetätigkeit ist ein gewisser Erfolg nicht abzusprechen. So hat z.B. in Bad Ems der Frontkämpferbund im letzten Jahre seine Zahl verdreifacht, und auch aus Frankfurt a.M. und anderen, ländlichen Orten wird eine Zunahme des Frontkämpferbundes gemeldet.

3. Der Frontkämpferbund setzt sich überwiegend wohl aus früheren Angehörigen der Deutschnationalen Partei und Deutschen Volkspartei zusammen. In den katholischen Kreisen befinden sich indessen auch viele Zentrumsleute, die früher den Stahlhelm sicherlich abgelehnt haben, in den Reihen des Frontkämpferbundes. Bemerkenswert ist, daß in Limburg ein Geistlicher Rat des Bischöflichen Ordinariats um die Aufnahme in den Frontkämpferbund nachgesucht hat, m.E. in der Absicht, den Einfluß des politischen Katholizismus im Frontkämpferbund zu gewinnen. Vielfach (Frankfurt a.M., Landkreise Usingen, Unterlahn) haben auch frühere Angehörige der SPD und selbst Kommunisten Aufnahme in den Frontkämpferbund gefunden. Besonders unerfreulich liegen die Verhältnisse in Wetzlar. Dort werden, wie mir berichtet wird, gerade die Elemente, die aus irgendwelchen Gründen – Unzuverlässigkeit, Interesselosigkeit, physische Untauglichkeit, Verweigerung der Beitragszahlung – aus der NSDAP oder der SA ausgeschlossen oder entlassen sind, in den Frontkämpferbund aufgenommen. Hier ist offenbar auch der Prozentsatz der Angehörigen aus den früheren Systemparteien besonders stark, was vielleicht an der Person des Führers, eines früheren Freimaurers, liegen mag.

Im ganzen habe ich den Eindruck, daß sich im Frontkämpferbund in starkem Maße die Menschen zusammengefunden haben, die der nationalsozialistischen Weltanschauung zum mindesten fremd, wenn nicht sogar ablehnend gegenüberstehen. Die Bekenntnisfront hat z.B. im Frontkämpferbund zahlreiche Anhänger; der Kreisführer des Frontkämpferbundes in Wiesbaden war längere Zeit führendes Laienmitglied der Bekenntnisfront.

4. Nach außen hin werden bei allen öffentlichen Auftreten durch die Führer des Frontkämpferbundes die Politik der Reichsregierung und die Ziele des Führers propagiert. Tatsächlich kann aber entsprechend der politischen Einstellung einer großen Anzahl der Mitglieder des Frontkämpferbundes von einem aus dem Herzen kommenden aktiven Bekenntnis zur Weltanschauung des Nationalsozialismus keine Rede sein. Es wird immer wieder beobachtet, daß in den Reihen des Stahlhelms ein Gegensatz zwischen dem Führer und den von ihm eingesetzten Politischen Leitern der NSDAP konstruiert wird und so das Mißtrauen der Bevölkerung zu der NSDAP geweckt wird. Es wird vom NSDFB gern darauf hingewiesen, daß das Vorhandensein des ehemaligen Stahlhelms den Führer erst an die Macht gebracht habe und daß bei etwaigen außen- oder innerpolitischen Schwierigkeiten, z.B. Röhm-Revolte, der Führer sich letzten Endes doch nur auf den NSDFB verlassen könne.

5. Spannungen zwischen dem NSDFB und den Organisationen und Gliederungen der Partei sind im ganzen Regierungsbezirk vorhanden, insbesondere dort, wo eine rege Werbetätigkeit entfaltet wird. Am unerfreulichsten sind, wie schon erwähnt, die Verhältnisse im Landkreise Wetzlar. Diese Spannungen bewegen sich bisher indessen mehr unter der Oberfläche; zu irgendwelchen öffentlichen Auftritten und Explosionen ist es bisher nicht gekommen. Insbesondere sind Anordnungen des NSDFB und Gegenanordnungen anderer Verbände nicht bekannt geworden. Diese Spannungen finden ihre Erklärung in der Tatsache, daß sich in den Reihen des NSDFB viele Elemente befinden, die von der Partei und ihren Untergliederungen als politisch unzuverlässig angesehen werden. Die Führer rekrutieren sich zum größten Teil aus Angehörigen der früheren Rechtsparteien, die als reaktionär bezeichnet werden. Ein Kreisführer (Wetzlar) ist früherer Freimaurer, ein anderer Kreisführer (Wiesbaden) hat sich, wie schon erwähnt, in der Bekenntnisfront besonders aktiv betätigt. Der NSDFB erfährt bei seinem öffentlichen Auftreten beim größten Teil der Bevölkerung eine ablehnende Haltung, z.B. ist der Fahnengruß schon verweigert worden, und ist dadurch seinerseits verstimmt und gereizt. Er steht – und das empfindet er wohl auch selbst – an vielen Orten außerhalb der Volksgemeinschaft. Er wird allgemein von der Partei und ihren Untergliederungen, insbesondere von der Arbeitsfront, als ein höchst überflüssiges Sammelbecken aller möglichen unzufriedenen Elemente angesehen und öffentlich bezeichnet. Daß auch unkorrektes Verhalten der anderen Seite in wenigen Einzelfällen ihn in eine gewisse Opposition gebracht hat, wird mir vom Landrat in St. Goarshausen berichtet.

239. Bericht des RP Wiesbaden über den NSDFB 1935

Jedenfalls kann allgemein festgestellt werden, daß das Vorhandensein des NSDFB in weiten Kreisen der Bevölkerung Spannung und Mißfallen erregt.

6. Die Bereinigung dieser im ganzen recht unerwünschten Verhältnisse würde am besten und radikalsten durch die Auflösung des NSDFB erfolgen. Dabei könnte jedoch der Übertritt seiner Mitglieder in die SA oder SA-Reserve nicht in corpore erfolgen; insbesondere müßte bei einer Übernahme der Führer des NSDFB sein bisheriges Verhalten und seine Einstellung zum nationalsozialistischen Staat einer sehr eingehenden Prüfung unterzogen werden.

Sollte die Auflösung des Frontkämpferbundes außerhalb der Erwägungen stehen, so würde ich die wirksamste Abhilfe darin sehen, daß dem Frontkämpferbund im nationalsozialistischen Staate eine Aufgabe zugewiesen wird, die die Mitglieder erfüllt und von der Miesmacherei und Nörgelei abhält und zugleich den Frontkämpferbund in den Augen der Partei und ihrer Gliederungen als eine zweckvolle und notwendige Einrichtung erscheinen läßt. Vielleicht könnte der NSDFB in die großen Aufgaben des Luftschutzes und Feuerschutzes eingespannt werden.

Andere kleine Mittel, z.B. Aufheben der Doppelmitgliedschaft in Frontkämpferbund und SA, klare und aufeinander abgestimmte Anweisungen der Bundesführung des Frontkämpferbundes und der Gliederungen der Partei mögen die geschilderten Schwierigkeiten zwar im Einzelfalle vermindern, nach meiner Auffassung aber niemals ganz abstellen und die Frage endgültig und radikal lösen.

Zschintzsch

240

Nicht veröffentlichter Runderlaß des Preußischen Ministerpräsidenten über das Verhältnis von Staat und katholischer Kirche

Obersalzberg, 18. 7. 1935

StA Ma 165/3907

Nicht zu veröffentlichen

Abschrift

Der Preußische Ministerpräsident   Obersalzberg, den 18. Juli 35
St.M.I. 7905

Runderlaß
an die Herren Oberpräsidenten und Regierungspräsidenten, den Herrn Staatskommissar der Hauptstadt Berlin und den Herrn Polizeipräsidenten in Berlin.

Es mehren sich die Meldungen, daß in bewußter Verkennung der außerordentlichen Leistungen des nationalsozialistischen Staates und im Gegensatz zu der bereitwilligen Anerkennung, die ihm das gesamte Volk für seine erfolgreichen Anstrengungen auf allen Lebensgebieten zollt, immer noch Widerstände gegen die Staatsführung hervortreten, die ihren Ursprung in dem Gedankenkreis der ehemaligen Zentrumspartei haben. Gleichzeitig entnehme ich mir vorliegenden Berichten, daß eine einheitliche zentrale Weisung entbehrt wird, d. h. daß vielfach Unsicherheit darüber besteht, wie diesen Treibereien begegnet werden soll.

Ich halte es daher für angebracht, allen unmittelbaren und mittelbaren preußischen Staatsbeamten, an die solche Fragen herantreten, auf das Unmißverständlichste folgendes einzuschärfen:

Die Linie der Staatsführung in der Behandlung des politischen Katholizismus ist eindeutig und klar vorgezeichnet. Der nationalsozialistische Staat gewährleistet die Unversehrtheit der christlichen und damit auch der katholischen Kirche; er gewährt ihr und ihren religiösen Einrichtungen seinen Schutz. Die Zeiten, in denen der Wille und die Macht des Staates nicht hinreichten, die Kirche vor den zersetzenden Einflüssen der Gottlosenbewegung wirksam zu schützen, sind vorüber. Für die Kirche entfällt daher jede Veranlassung, über das Gebiet der religiösen Betätigung hinaus politische

Einflüsse aufrecht zu erhalten oder von neuem anzustreben. Sie darf daher weder Gott anrufen gegen diesen Staat, eine Ungeheuerlichkeit, die wir in offener und versteckter Form allsonntäglich erleben können, noch darf sie eigene politische Kräfte unter der fadenscheinigen Begründung organisieren, sie müsse ihr vom Staat her drohende Gefahren abwehren. Wir dulden diese Bestrebungen nicht, deren Träger früher das Zentrum war; wir bekämpfen sie auf das schärfste. Wir bekämpfen die, auch wenn sie unter dem Deckmantel religiöser Betätigung in Erscheinung treten; wir bekämpfen sie um so entschiedener, je mehr sie sich in hinterhältige und verlogene Formen kleiden. Dazu gehört es, wenn Kleriker, die sich mit der politischen Totalität des Nationalsozialismus nicht abfinden wollen, in letzter Zeit mehr und mehr die Ausdrucksformen, Wortprägungen und Symbole des nationalsozialistischen Kampfes auf ihren angeblichen „Kampf" übertragen. Sie wenden jedem Volksgenossen in Fleisch und Blut übergegangene Abkürzungen wie HJ – auf „Herz-Jesu-Jugend" – BDM auf „Bund der Marienmädchen" – und Abwandlungen des deutschen Grußes auf Jesus Christus an. Sie belassen es nicht bei den althergebrachten kirchlichen Veranstaltungen, sondern sie häufen große demonstrative Prozessionen und Kirchenfeste und bedienen sich dabei einer in der Vergangenheit noch nicht dagewesenen Aufmachung und Werbung für diese Veranstaltungen. Neben allen dem nationalsozialistischen Kampf abgesehenen äußeren Formen verleiten sie die ihnen zur religiösen Betreuung anvertrauten Volksgenossen bis zu scheinheiligen Ausrufen wie: „Unser himmlischer Führer Jesus Christus, Treu Heil!"

Von der Kanzel setzen sie staatliche Einrichtungen und Maßnahmen ohne Scheu herab. Ich verweise hierbei z.B. auf den Erlaß des Reichs- und Preuß. Ministers des Innern über Sabotage der Rassengesetze. Es ist soweit gekommen, daß gläubige Katholiken als einzigen Eindruck aus dem Besuch des Gottesdienstes mitnehmen, daß die katholische Kirche alle möglichen Einrichtungen des nationalsozialistischen Staates ablehnt, weil in den Predigten fortgesetzt auf politische Fragen und Tagesereignisse in polemischer Weise angespielt wird. In manchen Landesteilen vergeht fast kein Sonntag, an dem nicht die religiöse Ergriffenheit des Gottesdienstes zur Verlesung sogenannter „Kanzelerklärungen" über rein politische Dinge mißbraucht wird.

Die kirchlichen Oberen sind nach dem von ihnen geschworenen Bischofseide der Regierung Achtung schuldig und verpflichtet, sie auch vom Klerus achten zu lassen. Nach ihren Erklärungen verurteilen sie auch das geschilderte Treiben, anscheinend sind sie aber gegen gewisse Teile des Klerus machtlos. Da alle Warnungen nur zu einem Mißbrauch der bisherigen Nachsicht geführt haben, müssen jene Geistlichen nunmehr erfahren, daß sie nicht länger ungestraft sich ihrer hetzerischen Tätigkeit hingeben können. Ich erwarte von den Gerichten und den Strafverfolgungsbehörden, daß sie jetzt die ganze Härte der bestehenden gesetzlichen Strafvorschriften in Anwendung bringen.

Geistliche, die dennoch glauben, in der Abwehr gegen Gedankengänge, die ihrer religiösen Überzeugung zuwiderlaufen, den Führer und seinen nationalsozialistischen Staat angreifen zu können, müssen mit allen gebotenen Mitteln ihres verderblichen Einflusses auf die Volksgemeinschaft entkleidet werden. Wo Nonnen und Geistliche in Kindergärten und öffentlichen Kranken- und Heilanstalten einen die Volksgemeinschaft störenden Einfluß ausüben, sind sie aus ihren Stellungen zu beseitigen. Wo sich der Einfluß Geistlicher im Religionsunterricht als staatsfeindlich erweist, sind sie von diesem auszuschließen; wo der Mißbrauch des Religionsunterrichts durch die Geistlichen nicht vereinzelt geblieben ist, sondern überhand nimmt, ist zu erwägen, diese durch zuverlässige, dem nationalsozialistischen Staat ergebene katholische Lehrer zu ersetzen. Von jedem im Staatsdienst tätigen Geistlichen (wie von allen anderen Staatsdienern) muß darüber hinaus verlangt werden, daß er sich mit seiner ganzen Persönlichkeit rückhaltlos hinter den nationalsozialistischen Staat stellt und für diesen und seine Einrichtungen, in erster Linie auch für seine Jugendorganisationen, wirbt. Nur dann kann der Nationalsozialismus ihm die religiöse Miterziehung der Jugend anvertrauen. Wo den ablehnenden Einflüssen nicht anders entgegengetreten werden kann, muß mit den gegebenen gesetzlichen Handhaben die Reinigung der Schulen hiervon eingeleitet werden. Ich erwäge auch, in solchen Fällen die erheblichen Zuschüsse zur Pfarrbesoldung, die der Staat ohne rechtliche Verpflichtungen gewährt, zu sperren und erforderlichenfalls die notwendigen gesetzlichen Maßnahmen vorzubereiten.

Die sogenannten konfessionellen Jugendverbände, die sich von ihrer ausschließlich religiösen Betätigung entfernen, müssen als politische angesehen und verboten werden. Soweit sie sich auf die Pflege des religiösen Gedankens beschränken, ist ihnen selbstverständlich die Nachahmung der Formen des Nationalsozialismus zu verbieten. Das Tragen von Uniformen, alle volkssportliche und vormilitärische Betätigung, die jetzt noch immer wieder bei den katholischen Jugendverbänden beobachtet wird, ist ausschließlich der Staatsjugend und den anderen Gliederungen der Partei vorbehalten.

Die Macht des nationalsozialistischen Staates gestattet es, alle diese Mittel mit Besonnenheit anzuwenden; daß er mit der katholischen Kirche grundsätzlich in friedlichen und geordneten Verhältnissen leben will, hat er durch den Abschluß des Konkordates deutlich genug bewiesen. Gegenüber dem in Rede stehenden Treiben mögen sich die verantwortlichen kirchlichen Führer nunmehr aber gründlich gewarnt sein lassen.

240. Staat und katholische Kirche

Ich mache allen Staatsbehörden zur Pflicht, die aufgezeigten Mißstände entschieden zu unterbinden. Ich erwarte aber ebenso, daß sich die Behörden bei der Anwendung der in Frage kommenden Handhaben der ganzen Schwere ihrer Verantwortung bewußt sind. Die Entscheidungen müssen frei von Voreiligkeiten und Fehlgriffen sein; eine falsche Maßnahme kann leicht eine über den Einzelfall weit hinausreichende, allgemein schädliche Wirkung nach sich ziehen. Einem Beamten, der die nationalsozialistische Idee in sich aufgenommen hat und der den Einzelfall auf sie auszurichten versteht, werden Fehler nicht unterlaufen. Er wird sich auch immer in Übereinstimmung mit der Auffassung der Volksgemeinschaft befinden, die sich das Gefühl für gerechte und ungerechte Entscheidungen rein erhalten hat. Es werden deshalb auch diejenigen in den Augen des Volkes nimmermehr als „Märtyrer" betrachtet werden, gegen die sich im Interesse der Staatsführung berechtigte Maßnahmen richten.

Es versteht sich von selbst, daß die Behörden auch da einzugreifen haben, wo Übereifrige und Schwarmgeister das religiöse Gefühl der Volksgenossen verletzen. Engste Fühlungsnahme mit den Parteidienststellen mache ich den Behörden, wo es auf diesem Gebiet erforderlich wird, zur Pflicht.

Auf der anderen Seite dürfen wir Nationalsozialisten aber nicht nachlassen, unbeschadet für die *Gottesauffassung* der katholischen Volksgenossen für die *nationalsozialistische Weltanschauung* zu werben und die Gutmeinenden von ihnen ganz und gar für den nationalsozialistischen Staat zu mobilisieren. Wir wollen keinen Kulturkampf, da wir nur den politischen Kampf kennen; in diesem aber waren und bleiben wir siegreich. Auch in der Auseinandersetzung mit dem politischen Katholizismus ist eine straffe Zusammenfassung aller nationalsozialistischen Kräfte unseres Staates und ihre klare und unbeirrte Ausrichtung auf die jeweils zu lösenden Hauptaufgaben unabwendbar notwendig. Ferner werden wir um so schnellere und um so sichere Erfolge erzielen, je musterhafter die Haltung und je unbestreitbarer die Leistung der nationalsozialistischen Gliederungen und Verbände ist, denen die Hauptlast des Kampfes um die Gewinnung der katholischen Volksgenossen zufällt. Besonders viel hängt von der Hitlerjugend ab, deren Bedeutung im weltanschaulichen Ringen in den überwiegend katholisch bevölkerten Gebieten gar nicht überschätzt werden kann. Die maßgebenden Stellen in der Jugendführung und in der Parteileitung sind demgemäß auch entschlossen, die HJ weiterhin so wirksam wie möglich einzusetzen und insbesondere auch zu verhindern, daß ihre Schlagkraft durch schädlichen Übereifer und durch Unbesonnenheit, wie sie gelegentlich vorgekommen sind, beeinträchtigt wird. Ich mache es auch den Behörden zur ernsten Pflicht, der HJ jede irgend mögliche Förderung angedeihen zu lassen.

Im Interesse eines einheitlichen Vorgehens ermächtige ich die Herren Oberpräsidenten, die Anwendung der in vorstehendem Erlaß aufgeführten Handhaben in ihrer Provinz zu überwachen und im einzelnen die Regierungspräsidenten mit besonderer Weisung zu versehen. Für die Durchführung der in Erwägung zu ziehenden Maßnahmen werden insbesondere die Staatspolizeistellen in Betracht kommen, mit denen ich von vornherein engste Fühlung zu halten ersuche. Ich bitte ferner, in dieser bedeutsamen Angelegenheit auch für ein enges Einvernehmen mit den sonstigen Behörden, insbesondere auch mit denen der Justizverwaltung, Vorsorge zu treffen.

gez. Göring

Der Regierungspräsident   Kassel, den 30. Juli 1935

Abschrift übersende ich zur Kenntnisnahme.
Ich ersuche um schärfste Auswertung in Ihrem Kreise und um engstes Zusammenarbeiten mit mir bei Anordnungen von Maßnahmen auf Grund des Erlasses.

An die   In Vertretung
Herren Landräte des Bezirks,   gez. Flach
Herren Obrgmstr. in Marburg und Fulda,
Herrn Pol.Direktor in Hanau.

241

Erlaß des Oberpräsidenten der Provinz Hessen-Nassau an den
Regierungspräsidenten in Kassel wegen Intensivierung
des Kirchenkampfes

26. 7. 1935

StA Ma 165/3907

Die in dem Runderlaß des Herrn Preußischen Ministerpräsidenten vom 16. Juli 1935 – St.M.I. 7905 – gerügten Widerstände eines Teiles der katholischen Geistlichkeit gegen die Staatsführung sind, wie die mir von Ihnen erstatteten Berichte erkennen lassen, auch in der Provinz Hessen-Nassau in immer offensichtlicherer Form zu Tage getreten. Der Kampf der katholischen Kirche gegen die ihr angeblich vom Staat her drohenden Gefahren hat sich in der letzten Zeit nicht nur in verschärften Angriffen gegen das Sterilisationsgesetz, das Landjahr, die HJ, das Jungvolk und den BDM, sondern auch in einer demonstrativen Anhäufung von Prozessionen und Bittgängen sowie in dem immer dreisteren Auftreten der katholischen Jugendverbände deutlich offenbart. Um so mehr begrüße ich die nunmehr von dem Herrn Preußischen Ministerpräsidenten erlassenen Anweisungen und ersuche Sie, Herr Regierungspräsident, persönlich darum besorgt zu sein, daß von allen hierfür in Frage kommenden Verwaltungsstellen in engster Zusammenarbeit mit der Geheimen Staatspolizei und den Strafverfolgungsbehörden diesen staatsfeindlichen Bestrebungen der katholischen Geistlichkeit nachdrücklichst entgegengetreten wird. Ebenso aber darf ich als selbstverständlich voraussetzen, daß gleichgearteten volksfeindlichen Umtrieben evangelischer Geistlicher dieselbe durchgreifende Abwehr dortseits entgegengesetzt wird. Hierbei stehen den Behörden neben den Bestimmungen des RStGB (§ 134 b erst gültig ab 1. 9. 1935), des Reichsgesetzes gegen die Neubildung von Parteien vom 14. Juli 1933, des Reichsgesetzes vom 5. November 1934, des Reichsgesetzes gegen heimtückische Angriffe auf Staat und Partei und zum Schutze von Parteiuniformen vom 20. Dezember 1934 vor allem auch die Strafvorschriften der Verordnung des Reichspräsidenten zum Schutze von Volk und Staat vom 28. Februar 1933 und der soeben erlassenen Verordnung des Geheimen Staatspolizeiamts vom 23. Juli 1935 als wirksame Handhaben zur Seite. Bezüglich der Verordnung vom 28. Februar 1933 weise ich darauf hin, daß dieser Vorschrift auf Grund der neuerlichen Entscheidung des Preuß. Kammergerichts bei der Bekämpfung staatsfeindlicher Bestrebungen infolge der dadurch anerkannten Anwendungsmöglichkeit ganz besondere Bedeutung zukommen wird. Vorsorge wird aber getroffen werden müssen, daß bei der praktischen Handhabung der Bestimmungen Fehlgriffe der ausführenden Organe *unter allen Umständen* vermieden werden. Schließlich darf ich die Erwartung aussprechen, daß mir über jedes Einschreiten dortiger Stellen sofort Bericht erstattet wird, wie ich auch darum bitte, mich von etwa auftauchenden Zweifelsfragen grundsätzlicher Art sofort in Kenntnis zu setzen, damit ich für eine einheitliche Durchführung des Runderlasses des Herrn Preußischen Ministerpräsidenten Sorge tragen kann.

Ph. Prinz von Hessen

Dazu:

Der Oberpräsident der Provinz Hessen-Nassau an den Regierungspräsidenten in Kassel

4. 8. 1935

StA Ma 165/3907

Ich ersuche ergebenst, von dem RdErlaß des Herrn Preußischen Ministerpräsidenten vom 16. Juli 1935 – St.M.I. 7905 – und meinem Zusatzerlasse hierzu vom 26. Juli 1935 – O.P. Nr. II 817 –, betreffend Unterdrückung der staatsfeindlichen Bestrebungen kathol. und evangelischer Geistlichen, auch der Staatspolizeistelle Ihres Regierungsbezirks gefälligst Kenntnis zu geben, sofern dies nicht bereits geschehen sein sollte.

In Vertretung
gez. Heine

Aktenvermerk des Regierungspräsidenten in Kassel:

Kassel, den 30. September 1935

1. In der Landrätekonferenz am 26. d. Mts. besprochen.

gez. von Monbart

242

**Bericht [der Staatspolizeistelle Frankfurt a. M.]
über Hitlerjugend und katholisch-konfessionelle Verbände**[1]

o. D. [November/Dezember 1933]

Hitler-Jugend und katholisch-konfessionelle Verbände

Mit Ausnahme des Dillkreises, in dem vorwiegend eine evangelische Bevölkerung vorherrscht, liegen aus allen übrigen Bezirken (dasselbe gilt auch für Frankfurt a. M.) gleichlautende Meldungen vor, daß das augenblickliche Verhältnis zwischen dem Katholizismus und dem Nationalsozialismus zu erheblicher Beunruhigung Anlaß bietet. So berichtet der Herr Landrat des Kreises Limburg:

Die Zentrumspartei als weitaus größte Partei im Kreise war bis zur Machtübernahme das Bollwerk gegen die nationalsozialistische Bewegung. Die Presseartikel, die neuerdings wieder in die Öffentlichkeit gebracht werden, sind Anzeichen dafür, daß gewisse katholisch-politische Kreise mit allem Nachdruck darangehen, ihre politischen Machtansprüche wieder anzumelden und durchzusetzen, was vor allen Dingen auch für die katholischen Jugendgruppen gilt. Dieses geht aus dem Aufruf des Bischofs von Limburg hervor, in dem er der katholischen Jugend zuruft: ,,Bleibt den katholischen Jugendverbänden unverbrüchlich treu! Das Reichskonkordat schützt Euch, und die Bischöfe halten die Hand über Euch!"

Offenbar besteht hier das Bestreben, sich auf dem Wege über die Jugend eine politische Einflußsphäre zu sichern bzw. diese zu erweitern und gleichzeitig vor allem das Anwachsen der Hitlerjugend in jeder Form zu bekämpfen. Zwischen der Hitlerjugend und den katholischen Jugendverbänden bestehen fortgesetzt Reibereien, die sogar zu Tätlichkeiten auf offener Straße ausarten. So wurden u. a. zwei Hitlerjungen von einem Führer der hiesigen Sturmschar (Limburg) mit einer Gaspistole beschossen und verletzt. Diese Reibereien nehmen derartige Formen an, daß die öffentliche Sicherheit dadurch gefährdet wird. Auch in den Schulen nimmt dieser Kampf seinen Fortgang. So wurde im Limburger Gymnasium während der Pause auf dem

---

[1] Vorstehend abgedruckter Bericht ist den ,,Mitteilungen" des Geheimen Staatspolizeiamts Nr. 1/1934 entnommen (vorhanden: Bundesarchiv R 58/1068). Die in ihm angeführten Daten sowie der ausdrückliche Hinweis auf die Stapostelle verweisen auf eine Berichterstattung über den November 1933.

Schulhof ein Anhänger der Sturmschar infolge eines vorausgegangenen Wortwechsels von einigen Jungen der HJ zu Boden gestoßen, wobei er sich schwere Knochenverletzungen am Arm zugezogen haben soll. Das Verhältnis der beiden Jugendverbände ist derart gespannt, daß sie sich gegenseitig auf der Straße anspucken und die größten Schimpfworte zurufen. Durch diese Machenschaften wird das Ansehen des Staates sowie die Einheit des Volkes gefährdet. Dieser Zustand ist daher auf die Dauer untragbar.

Soweit der Bericht des Landrats in Limburg. Die hier zitierte Äußerung des Bischofs von Limburg ist nur teilweise wiedergegeben. Der genaue Wortlaut (entnommen aus der „Rhein-Mainischen Volkszeitung" Nr. 271 v. 18. 11. 33) lautet, wie folgt:

Erklärung

In einem Aufruf, der in diesen Tagen erschienen ist, heißt es:
„Heraus aus den konfessionellen Verbänden!"
Ich lege Verwahrung dagegen ein und rufe der katholischen Jugend zu:
„Bleibt den katholischen Jugendverbänden unverbrüchlich treu! Das Reichskonkordat schützt Euch und die Bischöfe halten die Hand über Euch."

Limburg, 17. 11. 1933
Antonius, Bischof von Limburg

Die obige Erklärung des Bischofs war die Antwort auf eine durch die Tageszeitungen gegangene Aufforderung zum Austritt aus den konfessionellen Jugendverbänden und zum Eintritt in die Hitlerjugend.

Fast vollkommen gleichartig wie im Landkreis Limburg liegen die Verhältnisse in den übrigen Landkreisen. Überall zeigt sich, daß es immer wieder die katholische Geistlichkeit ist, die – auch immer unter Betonung auf das Konkordat – die größten Anstrengungen macht, die katholische Jugend unter ihre Fittiche zu bringen. Wenn auch, besonders unter Berücksichtigung des Erlasses des Herrn Reichsministers des Innern, wonach bei offenkundigen Übergriffen und undiszipliniertem Verhalten der Hitlerjugend die Polizei einzuschreiten hat, den katholischen Verbänden vollste Freiheit in ihren Entschließungen und Handlungen zusteht, so darf doch nicht verkannt werden, daß in der Praxis es sich um einen offensichtlichen Kampf gegen den Nationalsozialismus handelt. Tatsache ist weiter, daß es zwischen den ehemaligen sonstigen evangelischen Jugendgruppen und der Hitlerjugend kaum noch zu nennenswerten Zusammenstößen kommt – im Gegenteil, es zeigt sich, daß hier die Gleichschaltung harmonisch und reibungslos erfolgt ist. Es geht nicht an, die Schuld bei den Zusammenstößen nur auf seiten der HJ su-

242. Hitlerjugend und katholisch-konfessionelle Verbände

chen zu wollen, vielmehr ist Tatsache, daß von katholischer Seite es sehr oft an dem notwendigen und erforderlichen Takt fehlt. Weiterhin sei auch erwähnt – besonders unter Berücksichtigung der geforderten ungeschminkten Berichterstattung –, daß es in weiten Kreisen der HJ und auch überzeugter Nationalsozialisten vielfach unfaßbar ist, daß den katholischen Verbänden noch immer derart viel Freiheiten zugebilligt werden.

Es ist selbstverständlich, daß von einer Staatspolizeistelle aus ein Überblick über die hohe Politik nicht vorhanden ist; andererseits würde es jedoch dankbar begrüßt werden, wenn von seiten des Staatspolizeiamtes gerade über Fragen von solcher eminenten Bedeutung nähere Anweisungen ergingen und gewisse Leitmotive für die Zukunft gegeben würden.

Eine weitere Aufzählung von Vorfällen in den übrigen Landkreisen und auch im Stadtbezirk Frankfurt a. M. mag sich erübrigen, da es sich immer um ein und denselben Punkt handelt, nämlich daß es immer die Geistlichkeit ist, die augenblicklich den Kampf um ihre katholische Jugend führt und damit den Kampf innerhalb der verschiedenen Jugendgruppen schürt.

Daß der Kampf gerade um die katholische Jugend geht, ist eine Selbstverständlichkeit, denn andererseits hat ja die Wahl zur Genüge erwiesen, daß die wahlberechtigten katholischen Personen sich zum weitaus größten Teil hinter die nationalsozialistische Bewegung gestellt haben.

Literaturverzeichnis

Adamek – Helmut Adamek: Erinnerungen an Hans Zimmermann, in: Bergwinkel-Bote 33 (1982) S. 48–50.

Adler-Rudel – Salomon Adler Rudel: Jüdische Selbsthilfe unter dem Naziregime 1933–1939, Tübingen 1974.

Baier-Wright – Helmut Baier u. Jonathan R. C. Wright: Ein neues Dokument zum Staatseingriff in Preußen (1933), in: Zeitschrift für Kirchengeschichte Bd. 86 (1975), S. 220–241.

Belz – Willi Belz: Die Standhaften. Über den antifaschistischen Widerstand in Kassel und Bezirk Hessen-Waldeck 1933–1945, 2. Aufl., Kassel 1978. (Beiträge zur jüngeren deutschen Geschichte).

Bembenek – Lothar Bembenek und Fritz Schumacher: Nicht alle sind tot, die begraben sind. Widerstand und Verfolgung in Wiesbaden 1933–1945, Frankfurt 1980. (Bibliothek des Widerstandes).

Bernhardt – Wilfried Bernhardt: Der NSDAP-Kreis Kassel (Stadt) in den Jahren vor der Machtergreifung. Organisation, allgemeine Wahlen und politische Aktivitäten, Kassel 1982 (Maschr). [Examensarbeit Gesamthochschule Kassel].

Blankenberg – Heinz Blankenberg: Politischer Katholizismus in Frankfurt am Main 1918–1933. Mainz 1981. (Veröffentlichungen der Kommission für Zeitgeschichte. Reihe B, Forschungen. Bd. 34).

Boberach – Heinz Boberach (Bearb.): Berichte des SD und der Gestapo über Kirchen und Kirchenvolk in Deutschland 1934–1944, Mainz 1971. (Veröffentlichungen der Kommission für Zeitgeschichte. Reihe A, Quellen. Bd. 12).

Chotjewitz – Peter O. u. Renate Chotjewitz: „Die mit Tränen säen". Israelisches Reise-Journal, München 1980. [Betr. Rhina].

Conway – John S. Conway: Die nationalsozialistische Kirchenpolitik 1933–1945, München 1969.

Dickinson – John K. Dickinson: German and Jew: The Life and Death of Sigmund Stein, Chicago 1967.

Diel – Helmut Diel: Grenzen der Presselenkung und Pressefreiheit im Dritten Reich. Untersucht am Beispiel der „Frankfurter Zeitung", Phil. Diss. Freiburg 1960 (Maschr.).

Diels – Rudolf Diels: Lucifer ante portas ... es spricht der erste Chef der Gestapo ..., Stuttgart 1950.

Dokumentation – Dokumentation zum Kirchenkampf in Hessen und Nassau. Bearb. u. hrsg. v. Martin Hofmann, in: Jahrbuch der Hessischen Kirchengeschichtlichen Vereinigung 25–32 (1974–1981).

Dokumente – Dokumente zur Geschichte der Frankfurter Juden 1933–1945. Hrsg. von der Kommission zur Erforschung der Geschichte der Frankfurter Juden, Frankfurt a.M. 1963.

Dülfer – Kurt Dülfer: Die Regierung in Kassel, vornehmlich im 19. und 20. Jahrhundert, Kassel 1960.

Eckert – Alois Eckert: 1932–1942. Erinnerungen, in: Jahrbuch des Bistums Limburg, Frankfurt 1964, S. 32–41.

Faber – Rolf Faber (Hrsg.): Biebrich am Rhein. 1874–1974. Chronik, Wiesbaden 1974.

Festschrift – Festschrift aus Anlaß des 75jährigen Geschäftsjubiläums der Firma Parzeller & Co. vormals Fuldaer Actiendruckerei Fulda. 1873–1948, Fulda 1948.

Fischer-Defoy – Christine Fischer-Defoy: Arbeiterwiderstand in der Provinz: Arbeiterbewegung und Faschismus in Kassel und Nordhessen 1933–1945. Eine Fallstudie, Berlin 1982.

Flämig – Gerhard Flämig: Hanau im Dritten Reich. Bd. 1 (1930–1934), Hanau 1983.

Frenz – Wilhelm Frenz: Der Aufstieg des Nationalsozialismus in Kassel 1922–1933, in: Henning, Hessen unterm Hakenkreuz [s. u.], S. 63–106.

Friedensburg – Ferdinand Friedensburg: Meine Kasseler Jahre 1927–1933, in: Kurt Dülfer: Die Regierung in Kassel, vornehmlich im 19. und 20. Jahrhundert, Kassel 1960, S. 411–441.

Geschichte – Die Geschichte der Kurhessischen SA, Kassel 1935.

Graf – Christoph Graf: Politische Polizei zwischen Demokratie und Diktatur. Die Entwicklung der preußischen Politischen Polizei vom Staatsschutzorgan der Weimarer Republik zum Geheimen Staatspolizeiamt des Dritten Reiches, Berlin 1983.

Hederich – Michael Hederich: Um die Freiheit der Kirche. Geschichte d. evang. Kirche in Kurhessen-Waldeck, Kassel 1972. (Monographia Hassiae. 1).

Henning – Hessen unterm Hakenkreuz. Studien zur Durchsetzung der NSDAP in Hessen. Hrsg. v. Eike Henning, Frankfurt a.M. 1984.

Hildebrandt – Armin Hildebrandt: Das Limburger Domjubiläum 1935 in der Auseinandersetzung zwischen Kirche und NS-Staat, in: Archiv für mittelrheinische Kirchengeschichte 32 (1980), S. 147–200.

Hoch – Fritz Hoch: Dankbares Erinnern, in: Brücke und Mittler. Der Regierungspräsident in Kassel. 1867. 1945. 1967, Kassel 1967, S. 101–117.

Hockerts – Hans Günter Hockerts: Die Sittlichkeitsprozesse gegen katholische Ordensangehörige und Priester 1936/37, Mainz 1971. (Veröffentlichungen der Kommission für Zeitgeschichte. Reihe B, Forschungen. Bd. 6).

Hohmann – Lebensbild eines antifaschistischen Widerstandskämpfers: Karl Hohmann, Hanau 1980. (Beilage zu Hanauer Hefte. 2).

Hülsmeyer – Ernst Hülsmeyer: Kurhessen, Berlin 1940. (Die deutschen Gaue seit der Machtergreifung).

10 Jahre – 10 Jahre Nationalsozialismus in Fulda. Eine Festschrift, 1934.

Jubiläumsbuch 1982. Hünfeld. 1200 Jahre Campus Unsfelt, 10 Jahre Großgemeinde, Stadtrecht seit 1310. (Hünfeld) o. J.

Klein, Beamte – Thomas Klein: Höhere Beamte der allgemeinen Verwaltung in der preußischen Provinz Hessen-Nassau 1866/67–1944/45. [Erscheint 1985/86].

Klein, Fulda – Thomas Klein: Stadt und Kreis Fulda in amtlichen Berichten 1933–1936, in: Fuldaer Geschichtsblätter 60 (1984), S. 138–161.

Klein, Hessen-Nassau – Thomas Klein (Bearb.): Hessen-Nassau (einschl. Vorgänger-Staaten), Marburg 1979. (Grundriß zur deutschen Verwaltungsgeschichte 1815–1945. Reihe A: Preußen. Bd. 11).

Klein, Marburg – Thomas Klein: Marburg-Stadt und -Land in der amtlichen Berichterstattung 1933–1936, in: Der Nationalsozialismus an der Macht. Aspekte nationalsozialistischer Politik u. Herrschaft. Hrsg. von Klaus Malettke, Göttingen 1984, S. 110–142.

Klein, Regierungsbezirk – Thomas Klein: Der Regierungsbezirk Kassel 1933–1936. Die Berichte des Regierungspräsidenten und der Landräte, Marburg 1985. (Quellen und Forschungen zur hessischen Geschichte 64).

Koshar – Rudy John Koshar: Organizational Life and Nazism: A Study of Mobilization in Marburg an der Lahn 1918–1935. Vol. 1 u. 2. Phil. Diss. University of Michigan, 1979 u. 1980.

Krause-Vilmar – Dietfried Krause-Vilmar, Marie Rügheimer, Christian Wicke: Das KZ Breitenau bei Kassel 1933–1934, in: Ulrich Schneider (Hrsg.): Hessen vor 50 Jahren – 1933. Naziterror u. antifaschist. Widerstand zwischen Kassel u. Bergstraße 1932/33, Frankfurt a.M. 1983, S. 68–78.

Kropat – Wolf-Arno Kropat: Die hessischen Juden im Alltag der NS-Diktatur 1933–1939, in: Neunhundert Jahre Geschichte der Juden in Hessen. Bearb. v. Christiane Heinemann, Wiesbaden 1983, S. 411–445. (Veröff. d. Kommiss. f. d. Gesch. d. Juden in Hessen. 6).

Kühnert – Alfred Kühnert: Widerstand gegen den Einbruch von Irrlehre und Gewalt. Pfarrer Hans Zimmermann, in: Bergwinkel-Bote 33 (1982), S. 40–47.

Loos – Josef Loos: 50 Jahre SPD Bingen, Bingen-Rüdesheim 1970.

Lueken – Wilhelm Lueken: Kampf, Behauptung und Gestalt der Evangelischen Landeskirche Nassau-Hessen, Göttingen 1963. (Arbeiten zur Geschichte des Kirchenkampfes. Bd. 12).

Mann-Elmsheuser – Rosemarie Mann, geb. Elmsheuser: Entstehen und Entwicklung der NSDAP in Marburg bis 1933, in: Hessisches Jahrbuch für Landesgeschichte 22 (1972), S. 254–342.

Mausbach-Bromberger – Barbara Mausbach-Bromberger: Arbeiterwiderstand in Frankfurt am Main. Gegen den Faschismus 1933–1945, Frankfurt a.M. 1976. (Bibliothek des Widerstandes).

Mayer, M. S. – Milton S. Mayer: They thought they were free. The Germans 1933–1945, London 1966. (Phoenixbooks). [Betr. Marburg].

Mayer, U. – Ulrich Mayer: Das Eindringen des Nationalsozialismus in die Stadt Wetzlar, Wetzlar 1970, in: Mitteilungen des Wetzlarer Geschichtsvereins 24.

Meier, H. – Helge Meier: NSDAP, Staat und Arbeiterbewegung in Kassel am Ende der Weimarer Republik (1930–1933), Kassel 1980 (Maschr.). [Examensarbeit Gesamthochschule Kassel].

Meier, K. – Kurt Meier: Der evangelische Kirchenkampf, Bd. 1–3, Göttingen 1976–84.

Nagel – Hanau am Main. Tradition und Gegenwart. Hrsg. vom Magistrat der Stadt Hanau in Zusammenarbeit mit Wolfgang Armin Nagel, Hanau 1961. (Deutschland baut auf).

Nationalsozialismus in Hessen – Nationalsozialismus in Hessen. Eine Bibliographie der Literatur nach 1945. Zusammengestellt von Rolf Engelke und Horst Steffens, unter Mitwirkung von Hans Jürgen Fuchs und Christoph Stuke, Wiesbaden 1983. (Hessisches Institut für Bildungsplanung und Schulentwicklung (HIBS) Wiesbaden. Materialien zum Unterricht, Sekundarstufe I – Heft 44. Projekt „Hessen im Nationalsozialismus").

Nicolai – Helmut Nicolai: Arolsen. Lebensbild einer deutschen Residenzstadt, Glücksburg 1954.

Noam-Kropat – Ernst Noam und Wolf-Arno Kropat (Hrsg.): Juden vor Gericht. 1933–1945. Dokumente aus hessischen Justizakten, Wiesbaden 1975. (Justiz u. Judenverfolgung. Bd. 1).

Rebentisch – Dieter Rebentisch: Persönlichkeitsprofil und Karriereverlauf der nationalsozialistischen Führungskader in Hessen 1928–1945, in: Hessisches Jahrbuch für Landesgeschichte 33 (1983), S. 293–331.

Rehme-Haase – Günther Rehme, Konstantin Haase: ... mit Rumpf und Stumpf ausrotten ... Zur Geschichte der Juden in Marburg und Umgebung nach 1933, Marburg 1982. (Marburger Stadtschriften zur Geschichte und Kultur. 6).

Römer – Dieter Schneider (Bearb.): Zwischen Römer und Revolution. 1869–1969. Hundert Jahre Sozialdemokraten in Frankfurt am Main, Frankfurt a.M. 1969.

Roth – Georg Roth: Vom religiösen und kirchlichen Leben in Salmünster im Dritten Reich, in: Salmünster. Aus der Vergangenheit einer alten Stadt im Kinzigtal, o.O.u.J., S. 91–106.

Schatz – Klaus Schatz: Geschichte des Bistums Limburg, Mainz 1983. (Quellen u. Abhandlungen zur mittelrh. Kirchengesch. Bd. 48).

Schneider, Arbeiterbewegung – Ulrich Schneider: Marburg 1933–1945. Arbeiterbewegung und Bekennende Kirche gegen den Faschismus, Frankfurt/Main 1980. (Bibliothek des Widerstandes).

Schneider, Widerstand – Ulrich Schneider: Widerstand und Verfolgung an der Marburger Universität 1933–1945, in: Universität und demokratische Bewegung. Hrsg. v. Dieter Kramer und Christina Vanja, Marburg 1977, S. 211–256.

Schneider-Krause – Rudolf Schneider, Wilfried Krause: Sie kamen aus Betrieben und Arbeiterwohngebieten. Erster Widerstand in Hanau Stadt und Land, in: Ulrich Schneider (Hrsg.): Hessen vor 50 Jahren – 1933. Naziterror u. antifaschist. Widerstand zwischen Kassel u. Bergstraße 1932/33, Frankfurt a.M. 1983, S. 159–170.

Schön – Eberhart Schön: Die Entstehung des Nationalsozialismus in Hessen, Meisenheim a.G. 1972. (Mannheimer sozialwiss. Studien. Bd. 7).

Schönekäs – K. Schönekäs: „Christenkreuz über Hakenkreuz und Sowjetstern". Die NSDAP im Raum Fulda, in: Henning, Hessen unterm Hakenkreuz [s.o.], S. 127–179.

Slenczka – Hans Slenczka: Die Evangelische Kirche von Kurhessen-Waldeck in den Jahren von 1933 bis 1945, Göttingen 1977.

Soden – Hans v. Soden: Theologie und Kirche im Wirken Hans von Sodens. Briefe und Dokumente aus der Zeit des Kirchenkampfes 1933–1945. Hrsg. v. Erich Dinkler und Erika Dinkler-v. Schubert. Bearb. v. Michael Wolter, Göttingen 1984.

Sonn-Berge – Naftali Herbert Sonn, Otto Berge: Schicksalswege der Juden in Fulda und Umgebung, Fulda 1984.

Stasiewski – Bernhard Stasiewski (Bearb.): Akten deutscher Bischöfe über die Lage der Kirche 1933–1945. Bd. 1–3, Mainz 1968–1979. (Veröffentlichungen der Kommission für Zeitgeschichte. Reihe A, Quellen. Bd. 25).

Steiner – Renate Steiner (u.a.): 100 Jahre SPD Wiesbaden, 1867–1967, Wiesbaden 1967.

Steitz – Heinrich Steitz: Geschichte der Evangelischen Kirche in Hessen und Nassau, T. 4, Marburg 1971.

Stockhorst – Erich Stockhorst: Fünftausend Köpfe. Wer war was im Dritten Reich?, Velbert u. Kettwig 1967.

Tutas – Herbert E. Tutas: Nationalsozialismus und Exil. Die Politik des Deutschen Reiches gegenüber der deutschen politischen Emigration 1933–1939, München, Wien 1975. (Zugl. Phil. Diss. München 1974).

Veidt – Aus den Lebenserinnerungen von Pfarrer Karl Veidt (Nach hinterlassenen stenografischen Aufzeichnungen). Frankfurt a.M., Rödelheim o.J. [um 1950].

Vollmer – Bernhard Vollmer: Volksopposition im Polizeistaat. Gestapo- und Regierungsberichte 1934–1936, Stuttgart 1957. (Quellen u. Darstellungen zur Zeitgeschichte. Bd. 2).

Werber – Rudolf Werber: Die „Frankfurter Zeitung" und ihr Verhältnis zum Nationalsozialismus. Untersucht an Hand von Beispielen aus den Jahren 1932–1943. Ein Beitrag zur Methodik der publizistischen Camouflage im Dritten Reich, Phil. Diss. Bonn 1964.

Willertz – John Richard Willertz: National socialism in a German city and county 1933 to 1945; Marburg, 1933 to 1945. The University of Michigan, Ph. D. 1970.

Wolf – Lore Wolf: Ein Leben ist viel zuwenig, Berlin Frankfurt a.M. 1974.

Abkürzungsverzeichnis

Alu	Arbeitslosenunterstützung
AW	Ausbildungswesen
BA	Bundesarchiv
BDM, BdM	Bund deutscher Mädchen
Ber.	Bericht
BK	Bekennende Kirche
BL	Bezirksleitung
BM	Bürgermeister
CVJM	Christlicher Verein Junger Männer
DAF	Deutsche Arbeitsfront
DC	Deutsche Christen
DEK	Deutsche Evangelische Kirche
DNB	Deutsches Nachrichtenbüro
EKKI	Exekutivkomitee der Kommunistischen Internationale
EM	Ereignismeldung
FAD	Freiwilliger Arbeitsdienst
Ft	Funktelegramm
GL	Gauleiter
GS	Gesetzsammlung
GV	Gesamtverzeichnis des deutschsprachigen Schrifttums
HJ	Hitler-Jugend
IAH	Internationale Arbeiterhilfe
IOGT	International Order of Good Templars
IR	Infanterie-Regiment
ISK	Internationaler Sozialistischer Kampfbund
JM	Jungmädchen
KA	Katholische Aktion
KdF	„Kraft durch Freude" (NS-Organisation)
KJVD	Kommunistischer Jugendverband Deutschlands
KLZ	Kurhessische Landeszeitung
KPD	Kommunistische Partei Deutschlands
KZ	Konzentrationslager
LA	Landratsamt
Ldkr	Landkreis
LKA	Landeskirchenamt
LR	Landrat
MBliV	Ministerialblatt für die innere Verwaltung
MHRM	Morenu harar Rabbi Meir-Schiff, Fuldaer Loge
NS	nationalsozialistisch
NSBO	Nationalsozialistische Betriebszellenorganisation
NSDAP	Nationalsozialistische Deutsche Arbeiterpartei

Abkürzungsverzeichnis

NSDFB	Nationalsozialistischer Deutscher Frontkämpferbund (Stahlhelm)
NSDStB	Nationalsozialistischer Deutscher Studentenbund
NS-HAGO	Nationalsozialistische Handwerks-, Handels- und Gewerbe-Organisation
NSKK	Nationalsozialistisches Kraftfahrerkorps
NSV	Nationalsozialistische Volkswohlfahrt
OB	Oberbürgermeister
OLG	Oberlandesgericht
OP	Oberpräsident
PAT	Preußischer Angestelltentarif
PG, Pg.	Parteigenosse
PL	Politischer Leiter (der NSDAP)
PO	Politische Organisation (der NSDAP)
RAD	Reichsarbeitsdienst
RAss	Regierungsassessor
Reg.Bez.	Regierungsbezirk
RFB	Rotfrontkämpferbund
RGBl.	Reichsgesetzblatt
RGO	Revolutionäre Gewerkschaftsorganisation
RH	Rote Hilfe
RJF	Reichsbund jüdischer Frontsoldaten
RLB	Reichsluftschutzbund
RP	Regierungspräsident
RStrGB	Reichsstrafgesetzbuch
RuPrMin	Reichs- und Preußischer Minister
RW	Reichswehr
SA	Sturmabteilung
SAP	Sozialistische Arbeiterpartei
SD	Sicherheitsdienst des Reichsführers SS
SPD	Sozialdemokratische Partei Deutschlands
SS	Schutzstaffel
Stapo	Staatspolizei
StGB	Strafgesetzbuch
TB	Tagesbericht
TM	Tagesmeldung
UB	Unterbezirk
UBL	Unterbezirksleitung
VDA	Verein der Deutschen im Ausland
VO	Verordnung
WHW	Winterhilfswerk
ZdA	Zentralstelle der Angestellten

Personenregister

Abel, Dr., Gauobmann der Deutschen Glaubensbewegung 433
Adam, ehem. Kreisleiter der NSDAP in Eschwege 775
Adler, Bernhard, Viehhändler in Schlüchtern 803
Adler, H., in Heubach 309
Aich, Anton, in Kassel 809
Alexander, Friedrich, in Korbach 791
Almenroth, Ludwig, Arbeiter in Kassel 829
Altmeyer, Alfred, Arbeiter in Kassel 779
Angersbach, Johann Heinrich, ev. Pf. in Helsa 805
Apel, Paul, Sozialdemokrat 482, 537, 560
Apel, Wilhelm, ehem. LR 482
Apfelbach, Karl, Verurteilter 530
Apfelstedt, Hermann, Stapo Kassel 600
Appel, Gestapa Berlin 671 f., 680
Appel, David, Viehhändler und Fleischer in Borken 807, 812
Appel, Emma, in Borken 812
Appel, Hans, Gerichtsassessor in Fulda 814
Appel, Wilhelm, Schlosser in Harleshausen 836
Arndt, Ernst Moritz, Schriftsteller und Dichter 562
Arnold, Dr. Eberhard, Lebensreformer 90, 367
Arnold, Emmy 90
Aschrott, Familie, in Kassel 71
Asmussen, Hans, Propst und Führer der BK 797, 862, 874 f., 920 f.
Augusta, dt. Kaiserin 553
Aust, Reinhard, Stapo Kassel 599 f.

Bach, Richard, Stapo Frankfurt 871
Bachmann, D. Lic. theol., Karl, ev. Kreispf. in Kassel, geistl. Mitglied des Landeskirchenamts Kassel 350 f.

Bäumler, Wilhelm, ev. Pf. in Tann 181, 798
Baier, Gauleiter des NSDFB in Rennerod 826
Balser, Stapo Frankfurt 868
Balz, Hermann, in Roda 843
Bamberger & Hertz, Textilhandlung in Frankfurt 588
Bares, Dr. Nikolaus, Bischof von Berlin 859
Bartholomäus, Adam, Bauer in Bebra 833
Bauer, Wilhelm, Stapo Frankfurt 871
Bauerbach, in Sindersfeld 119
Baumann, Verurteilter 536
Baumann, Johannes, Pallottiner 420
Bayerköhler, Angeklagter 536
Bebel, August, Sozialdemokrat 330
Becker, A. in Obersuhl 174
Becker, Johannes, Arbeiter in Kassel 118, 193, 291, 777 f., 809
Becker, Paul, in Nackenheim 838
Beckerle, Adolf Heinrich (Heinz), Polizeipräsident Frankfurt 44 ff., 49, 407, 424, 441, 869
Beckerle, Hans, Amtmann Frankfurt 45
Beckmann, Dr. Ernst, LR Witzenhausen 19
Beelitz, Dr., in Danzig 520
Behrend, Erich, Schriftsetzer in Kassel 825
Behrens, Karl, Kaufmann in Kassel 829
Bell, Adolf, Geschäftsführer in Steinau 131 f.
Belli, Paul, Forstmeister in Gersfeld 256
Benn, Theodor, in Berlin 67
Benz, Friedrich Hermann, Polizeiobersekretär in Kassel 5
Berghöfer, P., in Münchhausen 290
Bergmann, Dr. Ernst, Professor und Vortragsreisender 818
Bernhardt, Gustav, Gauamtsleiter in Kassel 149

Berning, Dr. Wilhelm, Bischof von Osnabrück 858
Bertram, Dr. Adolf, Kardinal, Erzbischof von Breslau 859
Best, Dr. Werner, Ministerialdirektor im Gestapa Berlin 25f., 602, 740
Beuscher, August, Arbeiter in Ulmbach 834
Bieber, Heinrich, Arbeiter in Lieblos 792
Bilz, Alois, kath. Pf. in Hosenfeld 247
Bisenkamp, Frieda, Wandergewerbetreibende in Eschwege 816
Biskamp, Wilhelm, ev. Pf. in Niederaula 308
v. Bismarck, LR und Staatssekretär 19
Blecher, O., in Kirchhain 305
Blendin, Georg, ev. Pf. in Wachenbuchen, Mitglied des Landeskirchenausschusses Kurhessen-Waldeck 350
Blesse, Dr. Paul, Rechtsanwalt Kassel 863
Blomberg, Werner v., Reichskriegsminister 840
Bluhm, Wilhelm, Stapo Frankfurt 46f., 447, 458, 870
Blum, in Steinau 131
Blum, HJ-Gebietsführer in Thüringen 347
Blumenfeld, Julius, in Marburg 321
Boass (Bonas?), in Ihringshausen 305
Bock, Kurt, ev. Pf. in Marjoß 293
Bockowski, Leon, in Kassel 85
Bodemer, Horst, Schriftsteller in Fulda 785
Boehn, Friedrich v., kath. Pf. in Wiesbaden 453
Böes, Regierungsrat, Stapo Frankfurt 50
Bönning, Walter, Händler in Kassel bzw. Gottsbüren 803, 830
Boeschen, Leo, Ordenspriester in Fulda 823
Böschen, Ludwig, Kaplan in Limburg 454
Bonifatius, Apostel der Deutschen 858
Bormann, Adam, Invalide 828
Bornewasser, Dr. Franz Rudolf, Bischof von Trier 880
Borngräber, Walter, Prediger in Neuhof 797
Bornkessel, Otto, Arbeiter in Kassel 832
Bracht, Franz, Reichskommissar für Preußen, Reichsminister 3

Bräuer, W., Student 165
Brandau, Erich, Stadtrechnungsrevisor in Kassel 102
Braun, Friedrich, Gastwirt in Lützelhausen 809
Bredt, Johann Viktor, Professor in Marburg 23
Breitmeyer, Stellvertreter des Reichssportführers 663, 678
Brenne, Fritz, in Eberschütz 226, 809
Breul, Konrad, Schreiner in Kassel 837
Brill, Otto, Rechtsanwalt in Kassel 778
Brinkmann, Gebrüder, Textilfabrik in Eschwege 71
Brockmüller, Clemens, Jesuitenpater und Vortragsredner 561
Brodmann, Richard, Kuratus in Elters 830
Bronner, Dr. Fritz, Redner in Frankfurt 446
Brüning, Dr. Heinrich, Reichskanzler 781
Brüning, Jakob, Kaplan in Oberlahnstein 483
Bruhn, Fritz, Stapo Frankfurt 873
Brumlik, Ernst H., Vortragsredner 565
Brunner, Karl, Arbeiter in Mensfelden 445
Buber, Professor Dr. Martin, Religionswissenschaftler in Frankfurt 757
Buchmann, Heinrich, Arbeiter in Kassel 783
Buda, Walter, Maschinenschlosser in Kassel 830
Buderus-Röchling-Hammerwerk 475
Bücking, Franz, ev. Pf. in Heringen 122, 181, 224, 800
Bücking, Wilhelm, ev. Pf. in Meineringhausen 796, 863
Bulick, Hans Stephan, SA-Führer in Kassel 799
Bultmann, Dr. Rudolf, Professor der Theologie in Marburg 236, 293
Burda, Franz, Landwirt in Niederaula 289
Burghard, Eduard (oder Edmund), Former in Großauheim 825, 839
Burkhardt, Dr. Hans, LR Fulda-Land 163
Burghof, Dr. Karl, LR Biedenkopf 895
Busch, ev. Pf. in Witten 835

Carl, Jakob, Maler in Kassel 843

Personenregister

Cohn, August, KPD-Funktionär in Kassel 58
Cohn, Dr. Naphtali, Rabbiner in Marburg, dann in Fulda 367
Crédé, Waggonfabrik in Niederzwehren 335, 390
Crohne, Dr. Wilhelm, Ministerialdirektor im Justizministerium 601
Cugini, Stapo Frankfurt 868

Dahlhaus, Max, KPD-Funktionär 234, 245, 261, 419, 428, 885
Damaschke, Dr. Adolf, Sozialpolitiker und Bodenreformer 48
Dannert, Theodor, ev. Pf. in Haina 307, 319, 798
Darré, Richard-Walther Oskar, Reichsbauernführer 244
Datz, Ludwig, Stapo Frankfurt 871
Daub, Arnold, Bibelforscher 886
Dauer, Adolf, Stapo Frankfurt 873
Dauffenbach, Wilhelm, Autor 879
Debes, in Wellen 322
Dehne, Kurt, Jesuitenpater 823
Deichmann, Dr., Landrat Kreis Eschwege 775
Diebold, Gotthilf, Stapo Frankfurt 873
Diegritz, Christian, ev. Pf. in Burgsinn 825
Diehl, Adam, Stapo Frankfurt 872
Diels, Rudolf, Oberregierungsrat im Gestapa 13, 20, 27, 29, 39, 597, 615 ff., 628, 631 f., 615 ff., 627, 630 f., 633, 646
Diercke, Dr. med. Bruno, Arzt in Wächtersbach 804
Dietrich, Lic. theol. Ernst Ludwig, Landesbischof von Nassau-Hessen 396, 454, 468, 513, 563, 585, 896 f.
Dietrich, Friedrich, in Veckerhagen 782
Dinter, Dr. Artur, Autor 576
Dippel, Konrad, Arbeiter in Liebenau 811
Dithmar, D. Theodor, Metropolitan in Homberg, Vorsitzender der Einstweiligen Kirchenleitung 194, 262, 271, 351, 804, 811
Döll, Eugen, Maurer in Berfa 794
Döring, Oberstleutnant a. d. in Hersfeld 225
Döring, Georg, Arbeiter in Kassel 829

Doerter, Willi, Student 587
Dollfuß, Engelbert, österreichischer Bundeskanzler 94, 807
Dombrowski, Hans, Student 587
Dräger, Karl, Kriminalpolizeirat Stapo Frankfurt 46 ff., 415, 868 f.
Doernberg, Fabrikant in Eschwege 182
Droescher, Ernst, Polizeiinspektor Stapo Frankfurt 46, 870
Dücker, Franz, Student in Mackenzell 804

Ebel, August, kath. Pf. in Neustadt 120
Eberhard, Abt von Marienstatt 880
Eberhardt, Albert, SS-Führer in Gelnhausen 132, 779
Ecker, Karl, Publizist in Wien 608
Eckert, Alois, kath. Pf. in Frankfurt 511
Eckhardt, Adam, in Heringen 815
Edward, Gregor, Autor 575
Ehl, in Bad Ems 452
Ehrenfried, Dr. Matthias, Bischof von Würzburg 881
Ehrenpreis, Stapo Frankfurt 868
Ehrhard, Albert, Autor 526
Ehrhardt-Brigade 620
Ehrler, Friedrich, Regierungspräsident in Wiesbaden 3
Eichhöfer, Konrad, ev. Pf. in Reichensachsen 167, 247, 283, 293, 319, 375, 622, 805, 831, 836, 863
v. Einem, Generaloberst a. D. 632
Elbrechtz, Johann, ev. Pf. in Heinebach 817
Ellwanger, Reinhard, Polizeimajor in Kassel 11, 595
Elsbach, Kaufhaus in Fulda 821
Elze, Dr. jur. Fritz, Regierungsrat, dann LR in Wolfhagen 11 f., 21, 32, 595 f., 608 f.
Emde, Karl, Bäcker in Kassel 841
Emde, Wilhelm, in Korbach 805
Endemann, Dr. jur. Georg, weltliches Mitglied des Landeskirchenamts Kassel 350
Engel, Johannes, Bauarbeiter in Kassel 779
Englert, Franz, kath. Pf. in Leuterod 395
Englisch, Josef, Stapo Frankfurt 870
Epiphanus, Pater in Fulda 364
Eschke, Traugott, Schlosser in Harleshausen 830

Eschstruth, Johann, Polier in Kassel 315, 821
Eser, Alois, Tapezierer in Haina 801
Euler, Ernst, Angestellter in Hanau 828
Euler, Friedrich, Hoteldiener in Kassel 812
Ewert, Ernst, Bezirksleiter in Kassel 785

Faber, Fritz, Schuhmacher in Frankenberg 822
Färber, Dr. Wilhelm, Stapo Kassel und Hanau 15, 600
Faulhaber, Dr. Michael v., Erzbischof von München und Freising 91 f., 835
Fendel, kath. Stadtpfarrer in Limburg 881
Fengler, Gotthold, Stapo Frankfurt 868, 871
Fenski, Hellmut, Landjägeroberstleutnant 11, 595
Feustel, Anton, Scherenschleifer 837
Fiedler, Dr. Eberhard, Rechtsanwalt in Leipzig 862, 874, 921
Fiedler, Wilhelm, ehrenamtl. Bürgermeister der Stadt Naumburg 128
Fiege, Konrad, Kaufmann in Kassel 800
Fieseler-Flugwerke in Kassel 839
Finger, K., in Rennerthausen 289
Finger, Konrad, Maurer 828
Fink, Ortsgruppenleiter in Steinau 131
Fincke, Ernst, ev. Pf. in Aufenau 294
Finkenstein, Kurt, Zahntechniker in Kassel 830
Fischbach, Karl, Kaplan in Höhn-Schönbach 404
Fischer, Angeklagter in Kassel 85
Fischer, Volksschulrektor in Fambach 785
Flach, Straßenwärter in Fischborn 226
Flach, Edwin, Regierungsvizepräsident in Kassel 942
Fleischmann, Max, Professor in Halle 21
Flesch, Gestapa Berlin 652, 657, 663, 668 f., 687
Flink, R., kath. Pf. in St. Goarshausen 562
Flörsheim, Fritz, in Meerholz 794
Flörsheim, Michael, in Meerholz 794
Flügel, Dr. Gottfried, Subregens in Fulda 72
Fluhrer, Vortragsredner in Frankfurt 446

Frank, Dr. jur. Hans, Präsident der Akademie für Deutsches Recht 373, 501
Frank, Konrad, Schlosser und KPD-Funktionär in Kassel 84, 131
Franke, Hermann, Sattler in Hanau 330, 841
Frankenhuis, Elion, aus den Niederlanden 831
Freisfeld, Dr., Arzt in Großauheim 835
Freisler, Dr. Roland, Rechtsanwalt in Kassel, Staatssekretär im Justizministerium 3, 27, 778
Frenkel, Simon, in Rauischholzhausen 252, 818
Frick, Dr. Wilhelm, Reichsminister des Innern 30, 204 f., 320, 610, 629 f., 632, 660, 663, 685 f., 707, 749, 806, 855, 861
Fricke, August, Oberstudiendirektor in Kassel 351
Fricke, August, Bäcker in Kassel 834
Fricke, Dr. Ferdinand, Landgerichtsrat in Kassel, Mitglied des Landeskirchenausschusses Kurhessen-Waldeck 350
Friedensburg, Dr. Ferdinand, Regierungspräsident in Kassel 3, 5 ff.
Fritsch, Werner Frh. v., General der Artillerie, Oberbefehlshaber des Heeres 840
Fritz II, Stapo Frankfurt 868
Fröhlich & Wolf, Fabrik in Hessisch Lichtenau 207
Fuchs, Willi, SD-Referent 476
Fuhst, Walter, Gebietsführer der HJ Gau Kurhessen in Kassel 95, 104, 121, 140, 316, 793, 795

Gabbusch, Hans, Stapo Frankfurt 871
Gäßler, H. in Fritzlar 305
Ganswindt, Gustav, Arbeiter in Frankenberg 790
Gattermann, Ernst, in Marburg 373
Geduldiger, Betriebsleiter in Kassel 80, 773
Geigenmüller, Dr. jur. Otto, Leiter der Stapostelle Frankfurt 46 ff., 488, 503, 529, 554 f., 592 f., 870
Geiler, O., gen. Sassin, Bildhauer in Geschwenda 281
Geis, Lehrerin in Lindenholzhausen 511
Geis, Aloys, kath. Pf. in Königstein 494

Personenregister

Geller, Dr. Samuel, ev. Pf. in Marburg 835
Gellert, Cornelius, Schreiner, MdR in Kassel 282
George, Stefan, Dichter 553
Gerecht, Theodor, Brenner in Rommerode 845
Gerhardt, Peter, Fleischer in Witzenhausen 842
Gerlach, Polizeiinspektor Stapo Frankfurt 46
Gerlach, Ernst, Oberkirchenrat, weltliches Mitglied des Landeskirchenamts in Kassel 224, 350
Gerlach, Heinrich, Stapo Frankfurt 868, 870
Gernand, Heinrich, Gaupropagandaleiter 19
Gersbach, Johann, kath. Pf. in Kronberg 483
Gerstenberg, Dr. med. in Göttingen, Vortragsredner 113, 780, 813
Gessner, Dr., Landeshauptmann in Hannover 525
Giesen, Josef, Kaplan in Höhr 471, 582
Giessler, Lehrer in Kassel 351
Gilsa, Adolf v. u. zu, LR in Schlüchtern 217, 810
Gippert, Hans, Stapo Frankfurt 46, 868, 870
Gnau, August, kath. Pf. und Dechant in Großentaft 831, 833
Gobiet, A., in Rotenburg 117
Goderbauer, in Großauheim 933
Göb, Kaplan in Höhn-Schönburg 404
Goebbels, Dr. Joseph, Reichsminister für Volksaufklärung und Propaganda 63, 342, 439, 534, 732, 838, 844, 892
Goebbels, O., 67
Göbel, in Hersfeld 277
Goebel, Ernst, Dipl.-Ing. 67
Göbel, Ernst, kath. Pf. in Hadamar 511
Göbel, Matthäus, Generalvikar in Limburg 882
Göckel, Georg, ev. Pf. in Hanau 842
Goerdeler, Dr. Carl, OB Leipzig, Reichskommissar für Preisüberwachung 548, 888
Görg, in Fachbach 452

Görg, Dr., Regierungs- und Kulturrat in Hersfeld 219, 804
Görge, Konrad, Sattlermeister in Allendorf 840
Göring, Hermann, Kommissar des Reichs, Preußischer Ministerpräsident 4 f., 29, 31 f., 63, 72, 132, 206, 292, 629, 632, 636, 730, 749, 822, 832, 893, 898, 902, 905, 907, 927, 929, 939, 942 ff.
Göring, Robert, Arbeiter in Kassel 800
Görlitzer, Artur, Stellvertretender Gauleiter des Gaues Groß Berlin der NSDAP 129
Götte, G., in Wolfhagen 206, 220
Götting, Wilhelm, ev. Pf. in Gemünden 454 f.
Götzmann, Heinrich, Schlosser in Kassel 832
Goldbach, Emil, kath. Pf. in Lütter 247
Goldberg, Isaak, Kaufmann in Kassel 801
Golombiewski, Arbeiter in Liebenau 811
Graeber, Erich. ev. Pf. in Essen 181, 798
Gräf, Dr., ehem. BM in Frankfurt a. M. 574
Graf, Karl, kath. Pf. in Giesel 820
Gratz, Ferdinand, Kaufmann in Schmalkalden 791
Grebe, Friedrich, ev. Pf., DC 209, 351
Greikowski, Max, Schneider in Fritzlar 789
Griesbach, Walter, KPD-Funktionär 428
Gröner, Josef, Stapo Kassel 599
Groß, Dr. med. Walter, Leiter des Rassepolitischen Amtes der NSDAP 569
v. Grüter, General 17
Grunow, Gemeindeförster 834
Günther, Wilhelm, Fabrikant in Hanau 807
Gundlach, Marie, Hausfrau in Rommerode 807
Gurian, Waldemar, Schriftsteller 563
Gusowski, Stephan, Schneider in Kassel 818
Gustloff, Wilhelm, Leiter der Landesgruppe Schweiz der NSDAP 386, 587, 766
Gutsche, Stapo Frankfurt 868

Haas, August, Oberpräsident 2
Haas, Josef, Komponist 879
Hämer, Ludwig, Stapo Kassel 600
Haemmerle, Dr. Hermann, in Königsberg i. Pr. 524

Hafner, Wilhelm, in Kassel 813
Hagelberg, Dr. Martin 747
Hagelüken, Karl, Händler in Kleinenberg 782
Hagen, ev. Pf. in Berlin 811 f.
Hahner, Aloys, kath. Pf. in Neuses 282
Halle, Händler in Lohrhaupten 782
Haller, Ruth, in Niederzwehren 843
Hammer, Rudolf, Kaplan in Großentaft 788, 834
Handwerk, Wilhelm, ev. Pf. in Niedergründau 796
Hanusch, Karl, Maler in Dresden 926
Happel, Dr. Heinrich, Amtsgerichtsrat in Korbach, Mitglied der Kirchenregierung 209 f., 224, 236, 250, 262, 811, 861
Happich, Dr. Friedrich, ev. Pf., Direktor der Treysaer Anstalten, Vorsitzender des Kirchenausschusses Kurhessen-Waldeck 350
Hardebusch, kath. Dechant in Eppe 832
Harff, W., Amtsgerichtsrat in Steinau 387
Hartlieb, BM in Cosel 519
Hartmann, Gestapa Berlin 676, 698
Hasselbacher, Friedrich, Vortragender 273, 524
Hattop, Apotheker in Felsberg 126
Hatzmann, Stapo Frankfurt 868
Hauback, Rudolf, Stapo Frankfurt 873
Hauer, Jakob Wilhelm, Religionshistoriker 110, 454, 457, 576, 649, 823, 827
Haupt, Karl, ev. Pf. Kassel- Rothenditmold, Mitglied des Landeskirchenausschusses Kurhessen-Waldeck 350
Heck, Ernst, ev. Pf. in Gundhelm 797
Heckert, Funktionär der KPD 57
Heeb, Heinrich, Funktionär der KPD in Kassel 58
Heerdt, Dr. jur. Hermann, Regierungsrat, Stapo Frankfurt 46, 397
Heger, Fritz 67
Heil, Wilhelm, Maurer in Hettenhausen 269, 281
Heiliger, Adam Hans, Arbeiter in Hanau 825, 839
Heiliger, Otto Friedrich, Arbeiter in Hanau 825, 839
Heilmann, Kaufmann in Gelnhausen 237

Heilmann, Witwe in Gelnhausen 81
Heine, Willy, Oberregierungsrat beim Polizeipräsidenten in Kassel 944
Heinze, Fritz, Gerichtsassessor, Stapo Kassel 24, 737, 739, 741, 743, 745, 748, 751 f., 753, 755 ff.
Heitmüller, Prediger in Hamburg 576
Helferich, Wilhelm, Viehhändler in Rengersfeld 838
Hellenschmidt, Adolf, in Gut Entenfang 776
Heller, Anton, Holzhändler in Willingen 808
Hellmuth, Dr. Otto, Gauleiter für Mainfranken 915
Hellwig, Christian, Stapo Kassel 599
Henschel & Sohn, Lokomotivfabrik in Kassel 97, 390, 848
Henschke, Kaufmann in Steinbach-Hallenberg 798
Henss, SA-Mann in Marköbel 141
Hente, Karl, Kürschner in Marburg 806
Heppe, Bernhard, ev. Pf. in Cölbe 364, 791 ff., 805, 815, 821, 843, 861 ff.
Heraeus, Quarzlampenfabrik in Hanau 149
Hergt, Oskar, preußischer Finanzminister a. D. 3
Hering, Gustav, Arbeiter in Kassel 119, 779
Hermann, Wilhelm, Schlosser in Schmalkalden 793
Hermelink, Professor Dr. Heinrich, Kirchenhistoriker in Marburg 236
Herrfurth, Lic. Hugo, ev. Pf. in Rodenbach-Hegheim 817, 822
Herrmann, Stapo Kassel 24, 26, 701, 758, 760, 762–765, 767, 769
Herzl, Theodor, Zionistenführer 784
Herzmann, Kaplan, Wetzlar 899
Hess, Bruno, Dipl.-Ing. 67
Heß, Rudolf, Stellvertreter des Führers der NSDAP 622
Hessen, Philipp Prinz von, Oberpräsident 4, 290, 844, 860, 867, 888, 911, 927, 929, 944
Hestermann, Martin, ev. Pf. in Oberzell 236, 262, 283
Heusel, Stapo Frankfurt 874, 876

Personenregister

Heydrich, Reinhard, Chef des SD des Reichsführers SS 29f., 49f., 139
Hildebrand, Paul, Stapo Frankfurt 873
Hilfrich, Dr. Antonius, Bischof von Limburg (Siehe auch Limburg, Kirchenbehörden) 394, 476, 539, 880ff., 900, 924, 946
Hillenbrand, Anton, kath. Pf. in Großenlüder 207, 805, 840
Hilmann, Albert, Former in Rommerode 845
Himmelmann, Richard, Kaplan in Ulmbach 219, 261, 835
Himmler, Heinrich, Reichsführer SS, Inspekteur der Gestapo 26f., 29, 50, 132, 666, 676, 707f.
Hindenburg, Paul v., Reichspräsident 126, 152f., 616, 650, 785, 912
Hirsch, Moritz, Kaufmann in Bergen 781
Hirsch, Sally, Bäckerei in Hersfeld 832
Hirsch, Dr. Samson Raphael, Rabbiner 565
Hirth, Heinrich, Ingenieur in Hanau 151
Hitler, Adolf, Führer und Reichskanzler 41, 62, 103, 116, 126f., 146f., 149f., 152, 155, 162, 164f., 235f., 267, 289, 325, 358, 401, 408, 414, 449, 568, 621, 634, 698, 732, 779, 790, 799, 801, 803, 806ff., 812, 816, 819, 821, 824, 828, 831f., 835, 837–841, 843, 875, 884, 886, 912f.
Hoch, Dr. jur. Fritz, Regierungsrat in Kassel 14, 19
Hochstetter, Dr. Franz 67
Höhle, Karl, SS-Führer in Korbach 805
Hölz, Max, Revolutionär 59
Hönack, August, Arbeiter in Vaake 790
Hoffmann, Professor Dr., Generalprokurator in Rom 511
Hoffmann, Gustav Adolf, ev. Pf. in Unterreichenbach 320
Hoffmann, H., in Schönstadt 235
Hoffmann, Levi, in Gudensberg 819
Hofmann, Karl, Funktionär der KPD in Mannheim 260f.
Hohenstein, Dr. Adolf, Polizeipräsident in Kassel 2, 5
Hohlweg, Regierungskanzlist in Wiesbaden 895, 900
Hollenders, BM in Limburg 877
Holler, Arthur, ev. Vikar in Rod 541

Homm, Nikolaus, Kaplan in Villmar 529
Hoos, Ortsgruppenleiter in Ziegenhain 839
Hoppe, Arno, Referent im Reichswirtschaftsministerium 132
Hoppe, Bruno, Geschäftsführer in Steinau 132
Hornschu, A., Arbeiter in Niederelsungen 206, 220
Hossenfelder, Joachim, Geistlicher Vizepräsident des Evangelischen Oberkirchenrats und ev. Bischof von Brandenburg, DC 874
Huber, Dr. E., Autor 139
Hühner, Hans, Arbeiter in Niederzwehren 119, 779
Hülsen, Dr. Ernst v., Kurator der Universität Marburg, Oberpräsident 2, 4
Hütteroth, Dr. jur. Ferdinand Oskar, Regierungsassessor, dann Regierungsrat Stapo Kassel 12, 22ff., 35, 132, 171, 213, 296, 599, 612, 617, 621, 629, 631ff., 637–642, 647, 649, 652, 655ff., 660ff., 676f., 679f., 682, 684, 686f., 690, 692, 697f., 704–707, 712, 715–718, 722, 728, 730–736, 817, 854, 866
Hütteroth, Oskar, ev. Pf. in Treysa 23
Humburg, Georg, Arbeiter in Harleshausen 820

v. Isenburg, Fürsten- und Grafengeschlecht 880
Israel, Max, in Zierenberg 788
Itzenhäuser, Kaspar, ev. Pf. in Eschenstruth 293

Jaeger, August, Ministerialdirektor und Rechtswalter im Geistlichen Ministerium der Deutschen Evangelischen Kirche 414, 861f., 867, 905
Jakob, Forstmeister in Witzenhausen 256
Janich, Dr. Franz, Ministerialrat im Ministerium des Innern 6f.
Janicke, Stahlhelmführer in Frankfurt 446
Jerschke, Dr. Kurt, Regierungsvizepräsident, dann Vizepräsident des Oberpräsidenten in Kassel 3f., 11, 595, 917, 919, 921
Joël, Ministerialdirektor im Justizministerium 601f.

Jörg, Paul, Blumenbinder in Kassel 830
Jörg, Philipp, in Kleinauheim 233
John, Wilhelm, Flößer in Speele 843
Jordan, Konrad, Landwirt in Weichersbach 837
Jourdan, Gottl., Diakon in Kassel 835
Jünger, August, Stapo Kassel 599f.
Jung, Heinrich, Stapo Frankfurt 868, 871
Junghans, Friedrich, ev. Pf. in Oberkaufungen 262, 283, 294

Kaas, Professor Dr. Ludwig, ehem. Führer der Zentrumsfraktion im Reichstag 121
Kaessner, Willi, Händler in Düsseldorf 819
Kätelhon, Hermann, Maler in Soest 926
Kahl, Willi, Kaufmann in Kassel 836
Kaiser, Adolf, Buchdrucker in Marbach 832
Kaiser, Felix, Stapo Kassel 871
Kaiser, Karl August, ev. Kreispfarrer in Großauheim 797
Kaiser, Rudolph, Lehrer in Hanau 586
Kappert, Gustav, Stapo Frankfurt 868
Karl der Große, Kaiser 497
Kasper, Ferdinand, Jesuitenpater 796
Kassner, Walter, Funktionär der KPD 443, 451, 464, 481, 491f., 536
Katz, M., in Guxhagen 352
Katz, Willi, Lehrer in Kassel 182
Katzenstein, David, in Jesberg 788
Katzenstein, I.M., in Frankenberg 799
Katzenstein, Willi, in Jesberg 788
Kauth, Christian, kath. Pf. in Poppenhausen 72
Keim, Adam, Rittergutsbesitzer in Altenburg 818
Keller, Heinrich, Kirchenrat in Korbach, zugl. Stellv. DC-Gauleiter 109
Kellner, Hermann, Arbeiter in Kassel 817
Kellings, Heinrich, Adjutant der Gauführerschule in Weyhers 809
Kern, Josef, Kraftfahrer in Bad Orb 807
Kerrl, Hanns, Reichsminister für kirchliche Angelegenheiten 307, 319, 333, 349, 358, 364, 497, 501, 512f., 757, 837
Kersten, Heinrich 779
Keutner, Philipp-Maria, kath. Pf. in Bad Homburg-Kirdorf 483

Kind, Georg, kath Pf. in Romsthal 307
Kircher, Josef, kath. Pf. in Petersberg 126, 786
Klausener, Dr. Erich, Ministerialdirektor, Vorsitzender der Katholischen Aktion 133, 151, 394, 397
Kleffel, Regierungsass. Wiesbaden 878
Kleh, Stapo Kassel 868
Klein, Karl, Jesuitenpater 809f.
Kleiss, Karl, Stapo Frankfurt 873
Klenz, Dr., Prälat in Düsseldorf 476
Kling, Ambrosius, Kuratus in Müs 222
Klinge, E., in Halsdorf 268
Klingelhöfer, Konrad, Arbeiter in Reddehausen 811
Knauf, Matthias, Arbeiter in Gelnhausen 774
Knobloch, Heinrich, Schuhwarengeschäft in Kassel 835
Knocker, Erich, Autor 551
Knüppel, F., in Wolfhagen 206, 220
Koburg, Günther, Stapo Frankfurt 872
Koch, SA-Führer, Rittmeister a. D. 95
Koch, Erich, Oberpräsident und Gauleiter Ostpreußen 634
Koch, Karl, Präses der Westfälischen Landessynode 862, 921
Köhler, Standartenführer in Eschwege 145
Köhler, Gauschulungsleiter in Kassel 95
Koehler, Winfried, ev. Pf. und Oberkirchenrat in Kassel 827, 863
König, Rechtsanwalt in Fulda 775
König, Arbeiter in Steinau 331
Körber, Norman, Regierungsrat in Kassel 11, 595
Köster, Hugo, in Kassel 785
Kohlhaußen, Hermann, ev. Pf. in Großseelheim 781
Kolb, Walter, LR Kr. Herrschaft Schmalkalden 3
Kollath, Dr., Stapo Frankfurt 46
Koster, SS-Führer in Marburg 784
Kottwitz, Wolf Dietrich v., Polizeipräsident in Kassel 2, 5, 10
Kox, Wilhelm, Funktionär der KPD 428
Kraft, Dr., in Bad Wildungen 63
Krah, Ferdinand, kath. Pf. in Kassel, Kr. Gelnhausen 838

Kramer, Gebietsführer der HJ in Wiesbaden 893, 909
Kramer, Oskar, Buchhändler in Fulda 803
Krawielitzki, Johannes (Hans), LR und Kreisleiter der NSDAP in Marburg 156
Kreis, Karl, Stapo Kassel 600
Kress, in Steinau 131
Kress, Friedrich, Kaplan in Bad Orb 193
Kreß, Josef, kath. Stadtpfarrer in Naumburg, Kr. Wolfhagen 128
Kreuter, Josef, Regierungsrat in Kassel 8
Kreuz, Heinrich, in Lahr 464 f.
Krönung, Robert, Kaufmann in Gelnhausen 809
Kroll, Hans, in Korbach 805
Krollmann, Maria, Funktionärin der KPD 428, 885
Kroos, Dr. Franz, Schriftleiter in Fulda 108, 270
Krümmling, Friedrich, Fensterputzer in Marburg 824
Krug, Justus, Invalide in Kassel 830
Krupka, Ernst, Evangelist in Vaihingen 811
Kruse, Horst-Hermann v., Regierungsrat in Kassel, dann LR in Rotenburg 13, 28, 597
Kube, Wilhelm, Oberpräsident von Brandenburg und Gauleiter der NSDAP Gau Kurmark 129
Kubiak, Josefine, in Fulda 291
Küas, Richard, Autor 575
Kübel, Johannes, ev. Pf. in Frankfurt 280
Künlemann, Stapo Frankfurt 869
Kugelmann, Dr. Hermann, Rechtsanwalt in Kassel 352, 841
Kuhlmann, Polizeiwachtmeister in Kassel 118, 193, 777 ff., 801
Kun, Bela, Revolutionär 59
Kunz, Lorenz, Stapo Frankfurt 868, 871
Kupfer, Walter, ev. Pf. in Schmalkalden 364
Kurth, Hans Vortragsredner in Haag b. München 113, 517, 803
Kurz, Heinrich, Schlosser in Kassel 85, 131
Kuttruff, Hans, Stapo Frankfurt 871

Laabs, Fritz, ev. Kreispfarrer in Ziegenhain, Mitglied des Kirchenausschusses Kurhessen-Waldeck 350 f., 816, 863
Labonte, Christian, kath. Pf. in Johannisberg 899
Ladewig, F., Kriminalassistent in Kassel 5
Lammers, Dr. jur. Heinrich, Staatssekretär und Chef der Reichskanzlei 732
Landauer, Dr. Ludwig, in Berlin 845
Landwehrlen, Albert, Kriminalkommissar in Kassel 5
Lang, Andreas, Arbeiter 837
Lange, August, Invalide in Kassel 832
Lange, Fritz, Stapo Kassel 599
Langer, Kurt, Stapo Frankfurt 871
Langheinrich, Egon, ev. Pf. in Gersfeld 181, 796 f.
Laue, Hans, Stapo Frankfurt 46 f., 870
Lauterbacher, Hartmann, Obergebietsführer, Führer des Stabs der HJ 569
Lawrence, Thomas Edward, engl. Diplomat 527
Lazarus, Moritz, in Wiesbaden-Bierstadt 485
Lazarus, Siegfried, ebd. 485
Leber, Anton, Kriminalassistent in Kassel 5
Lecher, Heinrich, kath. Pf. in Steinhaus 830
Lecher, Hermann, Landwirt in Momberg 833
Leck, in Kassel 85
Legge, Dr. Petrus, Bischof von Meißen 858
Lehmann, Dr., in Berlin 123
Lehmann, Arthur, Stapo Kassel 15, 599 f.
Leimer, Willi, Stapo Frankfurt 873
Leo XIII., Papst 538
Leonhard, Dr. Franz, Professor in Marburg 22
Lessmann, Polizeiwachtmeister in Gudensberg 797
Levetzow, Magnus von, Polizeipräsident von Berlin 614
Levin, Ferdinand, Tuchfabrikant in Hersfeld 225
Levy, in Steinau 387
Ley, Dr. Robert, Leiter der Deutschen Arbeitsfront 290, 292, 520, 786, 789
Lieberknecht, Lic. theol. Paul, ev. Pf. in Kassel 863

Liebknecht, Karl, sozialistischer Politiker 330
Lier, Josef, Kaplan in Kassel, Kr. Gelnhausen 838
Lier, Wilhelm, Schlosser in Schmalkalden 786
Lilienfeld, Moses, Auszügler in Niederaula 833
Lind, Ludwig, Bäcker in Kassel 834
Lindenborn, Dr. jur. Walter, Stellvertretender Polizeipräsident in Kassel 4, 11 ff., 22, 27, 595, 597, 610 f., 643
Lindner, Georg, Arbeiter in Haitz 825
List, Funktionär der KPD 451, 464, 481, 491 f.
Loeb, Julius, Funktionär der KPD 58
Löser, Friedrich, Staatlicher Polizeidirektor und LR in Hanau 11, 315, 932 f.
Löwenstein, Bella, in Eschwege 295
Löwenstein, Emilie, in Korbach 832
Löwenstein, Erich, Kaufmann in Treysa 812
Löwenstein, Heinrich, Elektriker in Korbach 206, 804 f.
Löwenstein, V., in Gensungen 837
Löwenstern, Kaufmann in Korbach 81
Löwenthal, in Gelnhausen 295
Loewié, Ludwig, Kaufmann in Kassel 828
Lohagen, Ernst, Arbeiter in Kassel 830
Lohagen, Paula, in Kassel 830
Lorenz, Heinrich, Pallottiner 420
Lotter, Willi, Landhelfer in Marburg 833
Lotz, Schlossermeister in Rhina 87
Lotz, Gregor, Weber in Schlüchtern 831
Lotz, Karl, ev. Pf. in Hersfeld 122, 181, 796
Lotz, Walter, ev. Pf. in Pfieffe 787
Lotze, Karl, Händler in Kassel 806, 818
Lotze, K., Provinzjägermeister und Geweihforscher 907
Luck, Karl, Stapo Kassel 599
Ludendorff, Erich, General d. Inf., Generalquartiermeister (zugl. Ludendorffbewegung) 37, 87, 113, 139, 169, 440 f., 792, 803, 808, 813, 818 ff., 826, 843
Ludwig, Alfred, Maurer in Kassel 795
Ludwig, Martin, Baurat beim Heeresbauamt 86
Ludwig, Walter, LR in Hünfeld 277

Lübke, Franz, Korbmacher in Jesberg 799
Lueken, Rudolf, ev. Pf. in Renda 778
Lüdke, Dr. Otto, ev. Pf. in Netze 109
Lüer, Professor Dr. Hermann, Leiter der Wirtschaftskammer Hessen 545
v. d. Lühe, Kapitänleutnant a. D. 813
Lustig, Franz, Stapo Kassel 868, 870
Luther, Martin 439
Lutze, Viktor, Stabschef der SA 126, 343, 346, 501

Maack, Heinrich, Handelsreisender in Hamburg 802
Macpolowski, Waldemar, Stapo Frankfurt 872
Mänz, Georg, Arbeiter in Hilmes 790
Maercker, General (Freikorps) 48
Maler, Wera, in Berlin 322
Malzfeld, Karl, in Hofgeismar 226, 809
Mansfeld, Max, Sänger in Berlin 845
Marahrens, Dr. August, Landesbischof der ev.-luth. Landeskirche von Hannover 209, 262, 349, 414, 805, 808, 821, 898
Marker, Wilhelm, Schuhmacher, Funktionär der KPD in Kassel 84 f.
Markgraf, in Niederurf 126
Markhoff, Josef, Polizeiinspektor Kassel 756
Marotzke, Wilhelm, Oberregierungsrat, dann Ministerialrat im Preußischen Staatsministerium 26, 33, 601
Marschall, Frhr. v., in Hanau 790
Marschler, Willy, Ministerpräsident von Thüringen 545
Marx, Karl 330
Maurer, Lic. theol., Wilhelm, Privatdozent in Marburg, Pf. in Michelbach 863
Meer, Gordian, Stapo Frankfurt 872
Mehring, Ortsbauernführer in Spielberg 817
Meinardi, Justus, Gaupresseamtsleiter in Kassel 271, 824
Meininger, Theodor, Fleischerei in Hanau 842
Meise, Heinrich, Stapo Frankfurt 871
Meiser, Dr. theol. Hans, Landesbischof der

ev.-luth. Kirche von Bayern r. d. Rh. 413 f.
Melniko, Jakob, Schuhmacher in Kassel 798
Menge, Wilhelm, ev. Pf. in Niederense 92 f., 109, 122, 249, 319, 333, 351, 375, 385, 782, 843
Mergenthaler, Dr., Polizeivizepräsident in Kassel 2, 4
Merle, Georg, Arbeiter in Kassel 131
Merzyn, D. Gerhard, geistliches Mitglied des Landeskirchenamts Kassel 262, 271, 350 f., 804, 811, 860 f., 864
Mies, Josef, kath. Pf. in Büdingen 511
Miethe, Oberförster in Kappe 131 f., 779
Minn, Dr. Josef, theolog. Autor 540
Möller, Kreisbauernführer in Ziegenhain 839
Möller, August, Sattler in Hettenhausen 840
Möller II, Georg, Bauer in Rechtebach 820
Mohr, Fritz, Stapo Frankfurt 871
Mohr, Trude, Reichsreferentin des BDM 518
Monbart, Konrad v., Regierungspräsident in Kassel 4, 11 ff., 16 ff., 21, 28, 30 ff., 44, 63, 339, 389, 595 ff., 606, 860, 931, 944
Morgenroth, Löser, Viehhändler in Gersfeld 787
Moritz, Kaufmann in Gelnhausen 237
Moses, Moritz, in Treysa 819
Mosheim, Gebrüder, Papierfabrik in Wrexen 71
Mostert, Zigarrenfabrik in Koblenz 451
Mücke, Bauunternehmer in Duisburg 325
Mühleck, Augustin, Stapo Frankfurt 868, 870, 874, 876
Müller, Diözesanpräses der saarländischen katholischen Jugend 430, 898
Müller, ev. Pf. in Dillenburg 816, 819
Müller, Alfons, Rechtsanwalt in Schmalkalden 834
Müller, August, Landwirt in Liebenau 789
Müller, Dr. Friedrich, Propst für Starkenburg im Volksstaat Hessen 541
Müller III, Hans, Stapo Frankfurt 868, 871
Müller, Hellmuth, ev. Pf. in Richelsdorf 812
Müller, Ludwig, Reichsbischof der Deutschen Evangelischen Kirche 152, 174, 194 f., 209, 250, 283, 293, 348 f., 396, 405, 454, 675, 787, 802, 817, 827 f., 837, 861 f., 865, 867, 875, 905, 923
Müller, Wigbert, ev. Pf. in Rommerode 236, 283, 319, 385
Müller-Osten, Kurt, ev. Pf. in Hönebach 236
Müller-Scheld, Landesstellenleiter in Frankfurt 518
Münch, Franz, ev. Pf. in Herleshausen 167
Münchmeyer, Ludwig, ev. Pf. a. D. 544
Münz, Kaufmann in Altengronau 321
Musmann, Heinrich, Arbeiter in Vaake 790
Mussolini, Benito, Duce des faschistischen Italien 4, 127

Nachmann, Ludwig, Geschäftsreisender in Gemünden bzw. Flieden 836
Nau, Heinrich, Erdarbeiter in Großseelheim 178, 795, 818
Neese, Ilse, Kontoristin in Kassel 830
Nehr, Franz, Stapo Frankfurt 873
Nelson, Leonhard, Philosoph 854
Neuberg (?), Stapo Frankfurt 47, 576
Niemöller, Martin, ev. Pf. in Berlin-Dahlem 810
Nierenköther, in Werkel 381
Nix, Heinrich, in Hanau 781
Noll, Josef, kath. Pf. in Kamp-Bornhoven 495 f., 511, 540
Nolte, Christian, ev. Pf. in Wolfershausen 351, 844
Nolte, Georg, in Korbach 832
Norkus, Herbert, Student 581
Nüdling, Eduard, kath. Pf. in Mackenroth 831
Nuhn, August, Telefonist in Kassel 799
Nussbaum, Josef, Kaufmann in Gensungen 787

Oberheid, Dr. Heinrich, DC-Bischof der Rheinischen Landeskirche 875
Oberländer, Professor Dr. Theodor, in Königsberg i. Pr. 520
Oefner, Fritz, Schriftsteller 206
Oefner, Konrad, Arbeiter in Lieblos 792

Oehme, Gottwald, ev. Pf. in Kassel 863
Ölbermann, K. und R., Gründer des Nerother Bundes 517
Oheim, Anni, in Kassel 830
Olga, russische Großfürstin 575
Olsen, Heinrich, Maler in Bremen 926
Oppenheim, Paul, Funktionär der KPD in Kassel 58
Orsenigo, Cesare, päpstlicher Nuntius im Dt. Reich 879 f.
Ortlepp, Richard, Elektromonteur in Kassel 789
Ostwald, Paul, Stapo Frankfurt 871
Ott, Alfred Maria, Hauptschriftleiter in Fulda 271
Otto, August, Kaufmann in Kassel 87, 112
Otto, Heinrich, Maler in Wernswig 926
Otto, Heinrich, ehem. Gewerkschaftsfunktionär in Marburg 318

Paar, W., in Harleshausen 374
Pabst, Angeklagter 816
Pabst, Hugo, ev. Pf. in Wiesbaden 484
Pallotti, Vinzenz, Begründer der Pallottiner 584
Pankratius, Pater in Fulda 364
Pape, Henri, Stapo Frankfurt 873
Papen, Franz v., Reichsvizekanzler 117 f., 129, 659, 779–782, 784
Patschowski, Dr., Gestapo Berlin 664 f.
Paulmann, Dr., Gauobmann der DC in Kassel 109
Pax, Regierungs- und Schulrat in Schneidemühl 520
Peeck & Cloppenburg, Textilkaufhaus in Frankfurt 588
Peet, Prozeßbeteiligter 568
Peil, F., Wittelsberg 117
Peil, K., in Schönstatt 235
Perseis, Lorenz, Schneidermeister in Erfurt 790
Peschel, Josef, Handelsvertreter in Steinbach-Hallenberg 800
Peterk, Gustav, in Eschwege 776
Pfaar, Johannes, Kriminalassistent in Kassel 5
Pfannmüller, Heinrich, Arbeiter in Lieblos 792

Pfeffer von Salomon, Franz Felix, Stabschef der SA 20
Pfeffer von Salomon, Friedrich (Fritz), SA-Gruppenführer, Polizeipräsident und Leiter der Stapostelle in Kassel 5, 11 ff., 20 ff., 26 ff., 35, 40 f., 44, 50, 60 f., 67, 73, 76, 99, 115, 142, 155, 185, 200, 228, 253, 265, 275, 285 f., 290, 313, 322, 326, 340, 356, 371, 377, 390, 595 ff., 599, 614, 616, 618 ff., 622–626, 628, 635 f., 644 ff., 648, 650 f., 653 f., 658 f., 664, 666 f., 669–675, 681, 683 ff., 688 f., 691, 694 f., 699 f., 702 f., 708–711, 713, 719–722, 724 ff., 738, 745 ff., 750, 759, 761, 766, 768, 770 f., 817, 847, 849 f., 857, 859, 864, 866 f.
Pfeffer-Wildenbruch, Karl, Kommandeur der Schutzpolizei in Kassel 5
Pfeffermann, Kurt, Arbeiter in Kassel bzw. Immenhausen 166, 817
Pfifferling, Salomon, in Frankfurt und Bingen 543, 550
Pfitsch, Erich, Stapo Frankfurt 873
Pflug, Emil, Gemünden 841
Pieck, Wilhelm, KPD-Funktionär 59
Pieper, Fritz, Jesuitenpater 821
Pinnschmidt, H., in Schönstadt 235
Plein, Otto, Präsident der Reichspostdirektion Frankfurt 476
Pleines, Dominikanerpater in Berlin 882
Pomeranz, Dr., in Frankfurt, Vortragsredner 386, 810
Poth, Georg, Stapo Frankfurt 868, 870
Pretz, Georg, Kaufmann in Kassel 830
Preußen, August Wilhelm Prinz von 3
Prior, Heinrich, Schlosser in Kassel, Funktionär der KPD 318, 344, 830
Prior, Karl, Kraftfahrer in Kassel 830
Probst, Adalbert, Leiter des katholischen Sportbundes „Jugendkraft" 394, 397
Putelko, Alfred, in Berlin 520
Puth, Johannes, Kreisleiter der NSDAP Schlüchtern 217 f., 774, 810, 818
Putz, ev. Pf. in München 803, 823

Raible, Missionsbischof in Berlin 880 f.
Rapp, Josef, in Niedenstein 840
Rapp, Leo, im Kr. Hünfeld 263
Raps, Lazarus, Althändler in Kassel 837

Personenregister

Rasch, Dr. Otto, Studienrat 842
Rathmann, Elisabeth, in Frankfurt 466
Rathmann, Karl, Invalide in Kassel 779
Rauth, Dipl.-Ing., in Berlin 458
Rebermann, Kurt, Pf. in Korbach, Mitglied des Kirchenausschusses Kurhessen-Waldeck 350f.
Recknagel, Albert, Landwirt und ehem. Kreisausschußmitglied in Hofgeismar 145
Reffel, Alwin, Ofensetzer in Schmalkalden 798
Reichenbach, Max, Bäcker in Hersfeld 781
Reinhard, Dr., Kreisleiter der NSDAP in Melsungen 787
Reitze, Fritz, Gastwirt in Kassel 822
Reum, Karl, Arbeiter in Schmalkalden 825
Reuter, Dr. med. Hermann, in Botken 835
Reutlinger, SA-Standartenführer in Hanau 141
Reventlow, Ernst Graf zu (mit Reventlow-Bewegung) 78, 139, 236, 454, 649, 823, 827
Richter, Dr. Johannes, Landeskirchenrat in Hannover und Kommissar des Reichsbischofs in der Landeskirche Kurhessen-Waldeck 134, 224, 784f.
Riese, Else, Obergau-Führerin des BDM 518
Rilke, Rainer Maria, Dichter 552
Ringelnatz, Joachim, Schriftsteller 553
Rinn & Cloos, Zigarrenfabrik in Steinbach-Hallenberg 846
Ritter, Dr. Bernhard, ev. Pfarrer in Marburg 121f., 210, 250, 778, 783, 792f., 795, 803, 814, 843, 861ff.
Ritz, E., in Petersberg 102
Ritz, K., in Sorga 220
Ritzer, Peter, Bankbeamter a.D. in Kassel 815
Roch, Simon, Landwirt in Hattenhof 123
Röhm, Ernst, Stabschef der SA (auch Röhmaffäre) 116, 126, 130, 140, 392, 592, 781, 786
Röll, Schlosser in Rotenburg 216
Römhild, August, Invalide in Hergesvogtei 834
Römhild, Ferdinand, Verurteilter 536

Romberg, ev. Pf. in Wiesbaden-Dotzheim 477
Rose, Friedrich, ev. Pf. in Wanfried 235, 813
Rosenbach, Levi, in Hoof 352
Rosenbaum, Israel, Viehhändler in Oberzell 842
Rosenberg, Alfred, nationalsozialistischer Ideologe 78, 121f., 129, 219, 231, 235f., 250, 270, 444, 453, 526, 575, 809, 823f.
Rosenstein, Felix, Viehhändler in Niedenstein 792
Rosenthal, Ludwig A., „Talmudforscher" in Kassel 247f., 810f., 816
Rosenzweig, Jakob, Hausbesitzer in Fulda 231, 814
Rosin, Max, Kaufmann in Kassel 835
Rossmann, Johannes, kath. Pf. in Rommerz 359
Rotberg, Hermann, LR in Goslar 3, 5, 18
Roth, Ludwig, Kuratus in Dietges 133, 292, 788, 832
Rothschild, Konditorei in Frankfurt 521
Rudolf, Simon, Bauer in Sand 841
Rudolph, Axel, Autor 575
Rudolphi, ev. Pf. 446
Rühlmann, Stapo Frankfurt 46
Ruez, Emil, kath. Pf. in Künzell 72
Rust, Bernhard, Reichs- und preuß. Minister für Wissenschaft, Erziehung und Volksbildung 43, 809f.

Salzmann & Co., Textilfabrik in Kassel 227
Sander, Stapo Frankfurt 868
Sarrazin, Richard, Stadtrat in Kassel 3
Sattler, Gestapo Berlin 655
Sauckel, Fritz, Reichsstatthalter in Thüringen, Gauleiter der NSDAP 834
Sauerbier, Paul, Kaplan in Oberrodenbach 332
Schacht, Dr. Hjalmar, Reichswirtschaftsminister 411, 591
Schad, Wilhelm, Funktionär des RFB 63
Schadt, Ernst, Stapo Kassel 599
Schäfer, Albert, Arbeiter in Kassel 832
Schäfer II, Heinrich, Stapo Frankfurt 871, 874, 876
Schäfer, Heinrich, Arbeiter in Helsa 800

Schäfer, Julius, in Düsseldorf 108
Schäfer, Dr. Karl, Stapo Frankfurt 46 ff.
Schäfer, Lorenz, Maurer in Dietershausen 837
Schäfer, Lic. theol. Walter, Landesjugendpfarrer in Kassel 352, 819
Schandua, Jakob, Rechtskonsulent und Lokalpolitiker in Hersfeld 72 f.
Schaumburg, E., in Rommerode 102
Scheck, Rittmeister a.D. 376 f.
Scheele, Rechtsanwalt in Homberg 88
Scheig, Karl, ev. Pf. in Hanau 802
Scheller, Dr. Ernst, OB Marburg 780
Schenk, Paul, Stapo Kassel 599
Scheufler, H., in Halsdorf 268
Scheuner, Kr. Gelnhausen 295
Schilling, Hans, ev. Pf. in Meerholz 796
Schimmelpfeng, Gebietsjungvolkführer Kurhessen 919
Schimmelpfeng, Dr. phil. Hans, ev. Pf. in Marburg 224, 795
Schirach, Baldur v., Reichsjugendführer 78, 87, 149, 219, 375, 395, 500, 673, 677, 739, 789, 820, 910
Schlemmer, Hans, Autor 526
Schlossberg, Dr. David, Vortragsredner in Berlin 352
Schlott, Friedrich Wilhelm, ev. Pf. in Neuengronau 293
Schlüter, Adolf, Polizeiinspektor Stapo Kassel 15, 25, 599, 727, 757
Schluttig, Oswald, Major a.D. in Kassel-Brasselsberg 368
Schmand, Kaplan 775
Schmedes, Giso, ev. Pf. in Kirburg 405
Schmidmann, Gottfried, ev. Kreispfarrer in Marburg 364, 795
Schmidt, kath. Geistlicher und Redner in Frankfurt a.M. 446
Schmidt, Christian, Angestellter in Marburg 838
Schmidt, Heinrich, Stapo Frankfurt 871
Schmidt, Johann Heinrich, Bauer in Bellings 818
Schmidt, Josef, Stapo Frankfurt 873
Schmidt, Wilhelm, in Neuenhaßlau 776
Schmitt, Joseph Damian, Bischof von Fulda 786, 796, 803, 821 f., 827, 829 f., 834, 839, 924
Schmitz, Günther, Schlosser in Kassel 830
Schmitz, Johannes (Hans), Kriminalkommissar Stapo Kassel 15, 24 f., 132, 599, 714, 723
Schneider, BM in Bad Sooden-Allendorf 820
Schneider, Heinrich, Schlächter in Kassel 834
Schneider, Peter, Stukkateur in Niederselters und Kassel 843
Schöny, Otto, Regierungsrat, Polizeivizepräsident in Kassel 3, 5, 814
Scholz, Wilhelm v., Lyriker und Dramatiker 457
Schorr, Johannes, Arbeiter in Lieblos 792
Schreiber, Otto, Stapo Frankfurt 868, 870
Schröder, Karl, Arbeiter in Kassel 790
Schröder, Wilhelm, in Kassel 826
Schröter, Ferdinand, ev. Pf. in Lohrhaupten 796
Schüller, Josef, Stapo Kassel 870
Schümer, Lic. theol. Wilhelm, ev. Pf. in Frankfurt 512 f.
Schütte, Erich, Arbeitsdienstleistender 778
Schulenburg, Rudolf Wilhelm v.d., Oberpräsident von Brandenburg 16
Schulte, Dr. Karl Joseph, Kardinal, Erzbischof von Köln 880
Schulten, E., Gerichtsreferendar in Marburg 373
Schultheis, Ludwig, in Kirchhain 784
Schultz, Rechtsanwalt in Heidelberg, Vortragsredner 518
Schultz, Hans, Bergmann 839
Schulz, Bernhard, Verlagsdirektor in Fulda 375
Schulz, Otto, Kommandeur der Schutzpolizei in Kassel 814
Schwarz, SA-Oberführer in Berlin 67 f.
Schwarzkopf, Dr. jur. Karl, Staatssekretär a.D., Generaldirektor der Landeskreditkasse in Kassel 19
Schwerin, Friedrich v., Regierungspräsident Frankfurt a.O. 16
Schwerin-Krosigk, Lutz Graf von, Reichsfinanzminister 524

Personenregister

Seeger, Willi, in Waldau bei Kassel 67
Seibert, Karl, Arbeiter in Holzhausen 840
Seidel, Gebrüder, Metallwarenfabrik in Marburg 848
Seifert, Erich, Oberbannführer in Wiesbaden 893
Seiler, Reinhard, Hausdiener in Hünfeld 798
Seiwert, Johannes, Pallottiner 420, 487
Seldte, Franz, Reichsarbeitsminister 890
Seliger, Max, in Bad Orb 777
Selzer, in Wellen 322
Sempf, BM und Kreisleiter der NSDAP in Bad Wildungen 117, 147
Senff, Karl, Stapo Kassel 599
Seng, Milchhändler in Dörnigheim 813
Sethe, Dr. Paul, Publizist und Schriftsteller 553
Settel, in Bad Ems 452
Seufert, Wilhelm, Stapo Kassel 599f.
Severing, Carl, preußischer und Reichsinnenminister 21
Seydel, NSKK-Gruppenführer 520
Seyerle, Regierungs-Büroassistent in Wiesbaden 894
Sieber, Stapo Frankfurt 868
Siebert, Oberst, Vortragsredner in Frankfurt 519
Siebert, Hans, Funktionär der KPD in Kassel 58
Siemens, Elektrokonzern 592
Simmer, Josef, Hausierer in Marburg 840
Sippel, Angeklagter in Kassel 813
Slenczka, Hans, Pfarrer und Schriftleiter in Kassel 293, 863
Soden, Hans Frhr. v., Professor der Theologie in Marburg 236, 293, 364, 806f., 862f., 921
Sommer, Abraham, Viehhändler in Heinebach 838
Sonneberg, im Kr. Gersfeld 295
Sonnenschmidt, K. H. 67
Sostmann, Albert, Schuhmacher in Kassel 780
Speier, Sally, Händler in Niederaula 777
Spiess, Karl, ev. Pf. in Oberkalbach 794
Spinger, Ernst, Schäftemacher in Hanau 791

Sprenger, Jakob, Reichsstatthalter in Hessen, Gauleiter des Gaues Hessen-Nassau der NSDAP 487, 500f., 518, 520, 544, 569, 818, 824, 830, 832
Sproll, Dr. Johann Baptist, Bischof von Rottenburg 858
Stadler, Dr. Hans Herbert, OB Kassel 4
Stahn, Dr. Julius, Ministerialrat im preußischen Kultusministerium 824
Stauber, Hermann, ev. Pf. in Cappel 249, 795
Steffen, Karl, Stapo Frankfurt 868, 871
Steffens, Hubert, Stapo Frankfurt 871
Steffens, Max, Steuerinspektor i. R. in Kassel, Mitglied der Kirchenregierung 209f.
Stein, Max, in New York 445
Steinberg, Ludwig, Polizeipräsident in Frankfurt 44
Steinmann, Willi, Stapo Kassel 600
Steinmetz, Wilhelm, Stapo Frankfurt 873
Stellbrink, Wilhelm, Klavierstimmer in Marburg 317, 838
Stern, jüdisches Bankhaus in Hanau 154, 790
Stern, Alfred, in Hanau 790
Stern, Leo, Fabrikant in Schlüchtern 783
Stern, Max, Kaufmann in Fulda 782
Stern, Sally, in Marburg 272
St(r)euber, Alfred, Geschäftsführer des Stahlhelms in Bad Ems 567f.
Stiegel, in Kassel 376
Stillger, Georg, kath. Pf. in Marienrachdorf 395, 582
Stolzenbach, Fritz, Kaufmann in Kassel 811
Stolzenberg, BM von Eschwege 775
Strasser, Otto 37, 66, 123, 394, 702, 777, 784
Streicher, Julius Gauleiter der NSDAP in Nürnberg 812
Strube, Prozeßbeteiligter in Montabaur 568
Sveistrup, Prof. Dr. Hans 67

Thälmann, Ernst, KPD-Funktionär 150, 363, 401, 403
Theobald, Philipp, Landesrat und Landesbankdirektor in Kassel 19
Theys, Karl, Pf. in Kassel, Landesbischof der

Kirche von Kurhessen-Waldeck 134, 194, 209, 783, 785f., 802, 806, 860f., 863, 867
Thiele, Wilhelm, BM Biedenkopf 461, 895
Thielen, Nikolaus, Vallendar 402
Thielke, Eugen Joseph, Autor 108
Thimme, Lic. theol. Ludwig, ev. Pf. in Elm 110, 167
Thöne, August, Funktionär der KPD in Kassel 64
Thomas, Heinrich, kath. Pfarrvikar in Steinefrenz 395
Tietz, Kaufhaus in Kassel 824
Tobi, Wilhelm, Arbeiter in Kassel 820
Todt, Dr. Fritz, Generalinspekteur für das deutsche Straßenwesen 488
Tosch, Karl, SPD-Funktionär 587
Traub, Siegmund, Händler in Heldenbergen 838
Traube, K., in Großalmerode 231
Treibert, Heinrich, LR Fritzlar 3
Treiser, Adolf, Michael, Rosa, Textilgeschäft in Kassel 826
Treiser, Heinrich, Kaufmann in Kassel 783
Tschammer und Osten, Hans von, Reichssportführer 662, 677f., 739

Ubbelohde, Dr., Diplomlandwirt in Kassel 337, 370
Uerpmann, Dr. jur. Karl, LR Limburg 877, 945
Ullmer, in Burghaun 205
Ullstein Verlag 509
Unger, Konrad, SS-Oberführer in Kassel 813
Urbach, Propagandaleiter der Deutschen Glaubensbewegung 828
Uslar, Adolf v., LR Wolfhagen 12
Uth, HJ-Unterbannführer in Fulda 121

Vanselow, Willi, Fleischer in Kassel 779
Vaupel, Karl, Schriftsetzer in Wasenberg 808
Veerhoff, Karl, Pf. i. Marburg, Mitglied der Kirchenregierung 209f., 224, 236, 250, 262, 806, 811
Veidt (Veith), Prof. Karl, ev. Pf. Frankfurt a.M., MdR 181, 280, 413, 540, 796, 874

Velbinger, Paul, Pf. in Kassel, Mitglied der Kirchenregierung 209f., 806
Vetter, Marianus, Domprediger in Limburg 879
Viering, Karl August, ev. Pf. in Willingen 839
Vinzent, Jesuitenpater in Trier 120, 782
Vockenberg, Werner, ev. Pf. in Schwarzenhasel 308, 819
Vogel, Bodo M., Autor 575
Vogel, Jakob, Rohrleger in Kassel 829
Vogler, Stapo Frankfurt 868
Vogler, Dr. med. Albert, Arzt in Bad Ems 517
Vogt, Christian, Melker in Wolfsanger 841
Vogt, Paul, Gewerkschaftssekretär und MdR in Erfurt 835
Volk, Gestapa Berlin 641
Volkenand, Berthold, ev. Pf. in Obergude 832
Vollmar, Johann, Erbhofbauer in Wetzlos 87
Voss, Karl, Arbeiter in Berfa 794

Wagner, Josef, Oberpräsident für Ober- und Niederschlesien, Gauleiter in Breslau 520
Wagner, K., in Fulda 305
Wagner, Matthias, in Offenbach 233
Wagner, Paul, Gebietsjungvolkführer 545
Wagner, W., in Kirchhain 315
Wagner, Wilhelm, Schneidermeister in Kirchhain 837
Wagner, Wilhelm, Hausierer in Marburg 840
Waldeck, Heinrich, Schmied in Harleshausen 830
Waldeck, Heinrich, Glasmacher in Grebenstein 782
Waldthausen, Gottfried v., Rittergutsbesitzer in Gilserhof 72
Walter, Dr. Gotth., Landesrabbiner in Kassel 352
Wannemacher, Heinrich, Stapo Frankfurt 873
Wassermann, Paul, SAP-Funktionär in Paris 587

Personenregister

Watter, Oskar Frhr. v., württembergischer Generalleutnant 279
Weber, Dr. med. Wilhelm 67
Weddig, K., in Kassel 203
Wegmann & Co., Waggonfabrik in Kassel 390
Wegner, Karl, Stapo Frankfurt 868, 871
Weigel, Angeklagter 559
Weil, Dr., in Frankfurt 138
Weiland, Willi, Zimmermann in Hofgeismar 777
Weinert, Erich, Angestellter in Kassel 830
Weinrich, Karl, Gauleiter Kurhessen der NSDAP in Kassel 188, 267, 271, 290f., 793, 860
Weis(s)becker, Gottfried, Salzhändler in Bad Orb 807
Weiss, Jungbannführer 792, 795
Welker, Stapo Frankfurt 868
Wendel, H., in Wellerode 317
Wenderoth, Wilhelm, Friseur in Wanfried 221
Wepler, Hermann, ev. Pf. in Eschwege 294, 733
Werner, in Marburg 203
Werner, Karl, Schuhmacher in Kassel 829
Werner, Paul, Stapo Kassel 600
Wertheim, Kaufhaus 225
Wesch, Erich, Stapo Frankfurt 868, 871
Wessel, Friedrich, ev. Pf. in Philippsthal 224
Westermann, Hermann, in Zierenberg 821
Westhoff, Käthe, Stenotypistin in Kassel 830
Westphal, August, Arbeiter in Witzenhausen 790
Westrem zum Gutacker, Reinhard v., Polizeipräsident Frankfurt 44
Wetzel, Otto, Stapo Kassel 873
Weyel, Margot 587
Wibbeling, Wilhelm, ev. Pf. in Langendiebach 795, 863
Wichura, Viktor, in Kapstadt 818
Wicke, Erich, kaufmännischer Gehilfe in Kassel 777
Widukind 496
Wied, Franz Josef Fürst zu 880
Wiegand, Erich, Stapo Kassel 600

Wiegand, Theodor, ev. Pf. in Deisel 364
Wien, Polizeiwachtmeister in Haina 774
Wiesenfelder, Siegmund, Kr. Hünfeld 263
Wilhelm I., Deutscher Kaiser 568
Wilhelm II., Deutscher Kaiser 632
Wilhelm, Eduard, Schlosser in Harleshausen 830
Wilhelmi, Dr. Hans, Rechtsanwalt 874, 876
Wilke, Dr. Karl, BM Gelnhausen 128f.
Wilkens, Gustav, Geschäftsführer in Wanfried 773
Wintzer, Manfred, ev. Pf. in Eschwege 836
Wisch, Wilhelm, LR Ziegenhain 23
Witte, Professor Dr. D.J., in Berlin 822
Wittekind, Otto, ev. Pf. in Schwebda 293, 319, 799, 830
Wittkowski, Holzfirma in Berlin 839
Wloch, Karl Friedrich, Funktionär der KPD in Kassel 58
Wohlrabe, Albert, kath. Pf. in Dombach 581
Wolf (Freikorps) 23
Wolf, Gustav, Stapo Frankfurt 870
Wolf, Hans, Stapo Kassel 600
Wolf, Max, Inhaber der Fa. Viktor Wolf Dreiturmseifenfabrik in Steinau 89, 106f., 131ff., 137, 169, 785, 849
Wolf, Willi, ev. Pf. in Mansbach 819
Wolff, Friedrich, Oberlandesgerichtsrat in Kassel 26f., 360, 601f.
Wolker, Ludwig, Generalpräses des katholischen Jungmännerwerks 430, 898
Wolter, Willi, Stapo Kassel 15, 25, 599f.
Woltzahn, SA-Führer in Quetzin 782
Woolworth, Kaufhaus in Kassel 122, 777
Woszniewsky, Alois, Stapo Frankfurt 871
Wüst, Georg, Stapo Frankfurt 870
Wurm, D. Theophil, Landesbischof der evangelischen Landeskirche in Württemberg 167, 413f., 876
Wurth, Waldemar, Klosterbruder in Fulda 823

Zahn, Friedrich, Betriebszellenobmann in Hanau 149
Zarnke, K., in Treysa 126
Ziegelstein, Sally, in Kr. Marburg-Land 309

Ziegler, in Eschenstruth 374
Zimmerling, Angeklagter 795
Zimmermann, Hans, ev. Pf. in Mottgers 209, 271, 293, 825
Zinke, in Großauheim 933
Zocher, Fritz, Knecht in Kratzmühle 800
Zschintzsch, Friedrich, Kammer- und Forstrat in Roßla 43

Zschintzsch, Werner, Regierungspräsident in Wiesbaden 43 ff., 877, 894 f., 900, 937
Zumpe, Hans, Leiter des Bruderhofs Veitsteinbach 367
Zuschlag, E., in Heiligenrode 363

Ortsregister

Die Zuordnungen zu Kreisen o. ä. folgen der Einteilung von 1933–36. „Hessen", „Hessen-Nassau", „Kurhessen" wurden nicht erfaßt.

Abterode, Kr. Eschwege 795, 829
Addis-Abeba 552
Adelshausen, Kr. Melsungen 131
Adorf, Kr. d. Eisenbergs (Korbach) 837
Äthiopien (Abessinien) 358, 552
Albertshausen, Kr. d. Eder (Bad Wildungen) 388
Allendorf, Kr. Marburg-Land 840
Alsfeld, Provinz Oberhessen, Volksstaat Hessen XXXIX
Altdamm, Pommern 350
Altena, Westfalen 405
Altenburg, Kr. Melsungen 818
Altenritte, Kr. Kassel-Land 363, 367
Altengronau, Kr. Schlüchtern 321, 819
Altona, Schleswig-Holstein 874, 920
Altreichenau, Kr. Bolkenhain (Schlesien) 119
Amalienborg b. Kopenhagen 575
Amerika 514
Ansbach, Bayern 747
Argeningken, Kr. Tilsit-Land (Ostpreußen) 871
Argenstein, Kr. Marburg-Land 833
Argentinien 45
Arnsberg, Westfalen 25
Arolsen (Stadt A. sowie Kreis und LR der Twiste) XXXIX, 145 f., 151, 170, 181, 183, 203, 206, 225, 232, 249, 263 f., 272, 283, 308, 311, 313, 350, 358, 373, 685, 689, 772, 797, 837, 914, 952 f.
Asmushausen, Kr. Rotenburg 831
Aufenau, Kr. Gelnhausen 294
Aufhalt-Glauchower Deichverband (Oder) 17
Aurich, Hannover 50

Bad Ems, Unterlahnkreis 452, 486, 517, 523, 567 f.
Bad Homburg, Obertaunuskreis 392, 493 f., 580, 901 f.
Bad Kreuznach, Rheinland 248
Bad Marienberg, Oberwesterwaldkreis XXXIX
Bad Oeynhausen, Westfalen 585, 862, 921
Bad Orb, Kr. Gelnhausen 180, 193, 284, 319, 777, 789, 807, 815, 827, 870
Bad Salzschlirf, Kr. Fulda-Land 332, 823
Bad Schwalbach, Obertaunuskreis 244, 392, 487, 520, 572
Bad Soden i. T., Reg.-Bez. Wiesbaden 569
Bad Soden, Kr. Schlüchtern 205, 261, 812, 818, 820, 837, 840
Bad Wildungen (Stadt Bad W. sowie Kreis und LR der Eder) XXXIX, 62 f., 117 f., 122, 145, 147, 206, 225, 309, 321 f., 325, 334, 366, 376, 387, 706, 715, 723, 744, 748, 750, 753, 755, 779, 782, 789, 801, 831, 842, 852 ff.
Baden 402, 457
Baden-Baden 871
Ballenstedt, Anhalt 461
Bamberg, Bayern 292
Barchfeld, Kr. Herrschaft Schmalkalden 154, 171, 752
Basel 261, 271
Battenberg, Kr. Biedenkopf 105
Baumbach, Unterwesterwaldkreis 923
Baumbach, Kr. Rotenburg 80, 822
Bayern 182, 304, 683, 795, 864
Bebra, Kr. Rotenburg 134, 376, 783, 785, 833 f., 845, 853, 919
Bechenheim, Kr. Alzey, Volksstaat Hessen 58
Belgien 335, 591
Bellings, Kr. Schlüchtern 818
Bensheim, Prov. Starkenburg, Volksstaat Hessen 521

Berfa, Kr. Ziegenhain 794
Bergen, Kr. Hanau-Land 776f., 781, 792
Bergheim, Kr. d. Eder (Bad Wildungen) 350
Berlin 22, 43, 48, 58f., 67, 91, 179, 312, 322, 352, 362, 386, 402, 421, 428, 452, 458, 524, 552, 554, 580, 600, 610f., 616f., 688, 739, 750, 754f., 762, 770, 784, 791, 806f., 811, 822, 839, 841, 845, 859f., 870f., 881f., 938
– Ministerium des Innern 22, 33, 43, 49, 218, 309, 329, 362, 385, 395, 422, 610, 629f., 632, 646, 660, 663, 685f., 707, 749, 806, 855, 861
– Gestapa (auch Chef, Inspekteur der Gestapo u. ä.) XLII, 1ff., 10, 24ff., 42, 49, 67, 206, 284, 319, 394f., 402, 406, 420ff., 424, 428, 433, 466, 468, 484, 525, 563, 595f., 602, 609, 612ff., 616f., 626, 630ff., 634, 640–644, 646f., 651f., 655, 657, 659–662, 664, 666–669, 671f., 676, 684, 686ff., 698, 702, 707, 732, 739, 786, 804, 860
– andere Behörden XLII, 2ff., 10, 16, 22, 26, 43, 49, 111, 236, 295, 319, 347, 371, 440, 496, 523, 554, 601
– Archive XXXIXf., XLIII, 34, 42, 52
Besse, Kr. Fritzlar-Homberg 837
Bieber, Kr. Gelnhausen 226
Biebrich, Reg.-Bez. Wiesbaden 872f.
Biedenkopf (Stadt, Kreis, LR), Reg.-Bez. Wiesbaden 105, 393, 418, 424, 451f., 456, 461, 471, 544, 570, 895
Bielefeld 21, 209
Bierstadt siehe Wiesbaden
Bingen a.Rh., Prov. Rheinhessen, Volksstaat Hessen 543, 550
Birkenfeld, Ld. Oldenburg 406
Birstein, Kr. Gelnhausen 789
Bischhausen, Kr. Eschwege 844
Bischofsheim, Kr. Hanau-Land 809, 840
Bomst, Prov. Posen 16
Borken, Kr. Fritzlar-Homberg 257, 599, 807, 812, 816, 835
Borkum 544
Bornich, Kr. St. Goarshausen 469, 902
Brandenburg 16f.
Brasilien 334
Braubach, Kr. St. Goarshausen 434

Breitenau, Gemeinde Guxhagen, Kr. Melsungen, Konzentrationslager 69, 618
Breitenbach, Kr. Kassel-Land 196, 352, 366, 814
Bremen 591, 773, 926
Breslau 136, 520, 702, 859
Britisch-Vorderindien 335
Brotterode, Kr. Herrschaft Schmalkalden 772, 834
Bruchköbel, Kr. Hanau-Land 178, 838
Bründersen, Kr. Wolfhagen 355
Bückeberg b. Bückeburg 337
Büdingen, Oberwesterwaldkreis 511
Büdingen, Prov. Oberhessen, Volksstaat Hessen XXXIX
Burghaun, Kr. Hünfeld 205, 219, 752, 816
Burgsinn, Unterfranken 825

Cappel, Kr. Marburg-Land 249, 795
Cathrinhagen, Kr. Grafsch. Schaumburg 210
Charlottenburg (Berlin-Ch.) 20, 25, 131, 599, 678
Chile 842
China 334
Cleve, Rheinland 25, 599
Clotten (Mosel), Rheinland 871
Cölbe, Kr. Marburg-Land 364, 791f., 805, 815, 821, 838, 843, 861ff.
Cölln (Elbe) (Meißen-C.) 599
Cosel, Oberschlesien 519
Cronenberg 873

Dachau, Bayern 321
Dahlem (Berlin-D.) 810
Dammersbach, Kr. Hünfeld 842, 887
Danzig 520
Darmstadt XXXIX, XLIII, 53, 234, 245, 396, 419, 428, 488, 513, 541, 883, 885, 897f., 923
Davos 766
Deisel, Kr. Hofgeismar 364
Dens, Kr. Fritzlar 382
Dernbach, Unterwesterwaldkreis 467
Dietershausen, Kr. Fulda-Land 208, 837
Dietges, Kr. Fulda-Land 133, 788
Diez, Unterlahnkreis XXXIX, 396, 434, 455f., 469, 478, 902

Ortsregister

Dillenburg (Dillgebiet, Dillkreis), Reg.-Bez.
 Wiesbaden 417, 450, 462, 516, 522f.,
 544, 571, 816, 819, 871, 909
Dillich, Kr. Fritzlar-Homberg 209
Dingsheim, Elsaß 514
Dörnberg, Kr. Wolfhagen 343
Dörnigheim, Kr. Hanau-Land 813
Dombach (-Schwickershausen), Kr. Limburg 581
Dreisbach, Reg.-Bez. Wiesbaden 404
Dresden 49, 124, 926
Driesen, Brandenburg 871
Düllberg 792
Düsseldorf 16, 108, 332, 476, 561, 809, 819
Duisburg 325, 599

Eberschütz, Kr. Hofgeismar 226 f., 809
Ebsdorf, Kr. Marburg-Land 284
Eckelshausen, Kr. Biedenkopf 554
Eckweisbach, Kr. Fulda-Land 833
Eder, Kreis der Eder, siehe bei Bad Wildungen
Ehrenbreitstein, Rheinland 567, 583
Eichenzell, Kr. Fulda-Land 786
Eidengesäß, Kr. Gelnhausen 797
Eisenberg, Kreis des Eisenbergs, siehe bei Korbach
Eiterfeld, Kr. Hünfeld 22, 752, 825
Elgershausen, Kr. Kassel-Land 281
Ellar, Kr. Limburg 566
Ellnrode, Kr. Fritzlar-Homberg 788
Elm, Kr. Schlüchtern 110, 167
Elmshorn, Schleswig-Holstein 873
Elsaß-Lothringen 792
Elters, Kr. Fulda-Land 830
England 362
Entenfang, Gut, Kr. Gelnhausen 776
Eppe, Kr. d. Eisenbergs (Korbach) 832
Eppstein, Obertaunuskreis 517
Erbach, Kr. Limburg 467
Erfurt XXXIX, 294, 482, 608, 790, 835, 870
Eschenstruth, Kr. Kassel-Land 293, 374
Eschhofen, Kr. Limburg 421
Eschwege (Stadt, Kreis, LR) 62, 71, 75, 80,
 85, 88, 94, 126, 128, 131, 142, 145, 153,
 176, 182, 196, 203, 220f., 249, 252f.,
 264f., 295, 307, 309, 319, 334, 353, 362,
 375, 386, 608, 610, 612f., 616f., 622, 626,
 628f., 631f., 637, 640, 643, 646, 652, 666,
 670–673, 675f., 680, 684, 687ff., 691, 693,
 695, 698ff., 702ff., 707f., 710–713, 716f.,
 719, 729, 733, 737, 742, 749, 754, 765f.,
 768ff., 775f., 788, 806f., 810, 816, 836,
 852f.
Essen 181, 600, 798

Fachbach, Kr. St. Goarshausen 452
Falkenau, Tschechoslowakei 86
Fambach, Kr. Herrschaft Schmalkalden 785
Fanö, Dänemark 876
Felsberg, Kreis Fritzlar 837
Felsberg, Kr. Melsungen 55, 80, 88, 126, 774, 805
Fischborn, Kr. Gelnhausen 212, 226, 808
Flandern 875
Flieden, Kr. Fulda-Land 752, 790, 836
Franken 304
Frankenau, Kr. Frankenberg 796, 841, 843
Frankenberg (Stadt, Kreis, LR) 105, 130,
 145, 153, 170, 213, 290, 336f., 362, 366f.,
 382, 634, 641, 667, 773, 778, 790, 799,
 852f.
Frankenthal 873
Frankfurt a.M. 8, 45, 48, 70, 104f., 130,
 136, 138, 145, 151, 153, 165f., 181, 197f.,
 204, 207, 217, 232, 234, 280, 306, 320,
 362, 366, 392f., 396f., 400, 402ff., 405,
 407, 412, 415, 427f., 430, 432f., 436,
 440f., 443, 450, 453f., 456f., 463, 466,
 470, 474f., 478, 482, 487f., 492, 496f.,
 499ff., 509, 512, 514f., 518ff., 527ff.,
 536ff., 555, 559, 561, 564ff., 568ff., 572,
 578, 583, 585, 588, 590, 599, 695, 702,
 776, 796, 810, 813, 869–874, 887ff., 893,
 896, 898, 902, 905, 907, 909f., 923, 927f.,
 934f., 947
– Staatspolizeistelle XXXVII, XL, 26, 35,
 42–53, 108, 154, 220, 245, 391–593, 602,
 868f., 874, 877, 923, 945
– Frankfurter Zeitung 524ff., 551f., 573f.,
 588f.
Frauenberg, Kr. Marburg-Land 295
Freiendiez, Unterlahnkreis 462, 483
Freilingen, Unterwesterwaldkreis 486
Frickhofen, Kr. Limburg 464

Frieda, Kr. Eschwege 307, 833
Friedberg, Prov. Oberhessen, Volksstaat Hessen XXXIX
Friedewald, Kr. Hersfeld 834
Friedlos, Kr. Hersfeld 167
Friedrichroda, Thüringen 332, 837
Friemen, Kr. Eschwege 182, 784
Fritzlar (Stadt sowie Kreis und LR Fritzlar-Homberg) 37, 91, 145 f., 151, 195, 197, 202, 217, 221, 279, 289, 298, 305, 334, 337 f., 358 f., 366, 381, 386, 785, 789, 792, 831, 833, 837, 852 f.
Frörup, Schleswig-Holstein 48
Fronhausen, Kr. Marburg-Land 327, 840
Fulda, Stadtkreis 8 f., 10 ff., 33, 37, 73, 77, 91 f., 118, 121, 142, 146, 151, 163, 166 f., 179, 192, 208, 211 f., 220, 225, 231, 237, 246, 263, 265, 270, 272, 282 f., 290 f., 295, 306, 309, 311, 319, 332, 334 ff., 347, 355, 359, 366 f., 375, 379, 385, 596, 702, 725 f., 745, 752, 775–778, 780 ff., 784, 786, 788, 791, 794, 799, 801, 803, 805–809, 813–824, 826, 828, 831, 833 f., 837, 840, 843, 848, 852 f., 858, 942
– Landkreis 9, 37, 55, 72, 77, 90, 111 f., 121, 134, 153 f., 163, 167, 174, 179 ff., 182 f., 207 f., 211, 222, 225, 242, 246 f., 249, 259, 261, 285, 329, 332, 334, 338, 346 f., 354, 359, 366 f., 831, 844, 851 ff., 925
– Kirchliche Behörden XLIII, 72, 91, 120 f., 133, 207, 248, 269, 292 f., 307, 319, 331 f., 346 f., 374 f., 561, 786, 796, 803, 821 f., 827, 829 f., 833 f., 839, 924
– Fuldaer Zeitung 270 f., 282, 306, 332, 375, 824

Gabelbachergreut, Bayern 872
Gehringshof, Gem. Hattenbach, Kr. Fulda-Land 111 f., 123, 242, 366, 775 f.
Gehsen, Ostpreußen 599 f.
Gelnhausen (Stadt, Kreis, LR) XXXIX, 8, 80 f., 90, 128, 132, 142, 145, 147 f., 153 f., 166, 180 f., 203, 209, 212, 226, 235, 237, 248, 271 f., 282 f., 290, 293 ff., 306, 319 f., 332, 350, 355, 362, 366, 596, 774, 779, 789, 798, 807 ff., 815 ff., 820 f., 826 ff., 855, 871
Gemünden/M., Unterfranken, Bayern 836
Gemünden, Kr. Usingen 454 f.
Gemünden, Kr. Frankenberg 841
Gensungen, Kr. Melsungen 80, 88, 774, 787, 796, 821, 837
Genua 362
Gersfeld (Stadt, Altkreis G.) 9, 110, 181, 256, 752, 787, 792, 796 f., 816, 827, 852
Geschwenda, Thüringen 281
Giesel, Kr. Fulda-Land 820
Gießen, Prov. Oberhessen, Volksstaat Hessen XXXIX, 22, 63, 178, 565, 873
Gilserhof, Kr. Fritzlar-Homberg 72
Gimmel (?), Schlesien 599 f.
Ginseldorf, Kr. Marburg-Land 833
Gladenbach, Kreis Biedenkopf, Reg.-Bez. Wiesbaden 902
Gläserzell, Kr. Fulda-Land 146
Gleiwitz, Oberschlesien 871
Glogau, Niederschlesien 3
Göttingen 22, 113, 140, 345, 780, 808, 813, 816
Gonzenheim, Obertaunuskreis 477
Goscieradz, Posen 871
Goslar 3
Gotthards, Kr. Hünfeld 833
Gottsbüren, Kr. Hofgeismar 803
Grebenstein, Kr. Hofgeismar 23, 782
Grenzhausen, Unterwesterwaldkreis 555, 559
Grenzmark Posen-Westpreußen 16
Griechenland 390
Großalmerode, Kr. Witzenhausen 94, 206, 231, 359, 779, 802, 807, 832
Großauheim, Kr. Hanau-Land 778, 797, 806, 825, 835, 933
Großenlüder, Kr. Fulda-Land 207, 332, 805, 840
Großenritte, Kr. Kassel-Land 305, 363, 367, 381
Großentaft, Kr. Hünfeld 788, 831, 833 f.
Großkrotzenburg, Kr. Hanau-Land 932
Groß-Lichterfelde (Berlin-Lichterfelde) 23
Großseelheim, Kr. Marburg-Land 370, 781, 795
Gudensberg, Kr. Fritzlar-Homberg 257, 792 f., 796 f., 801, 803, 806, 819
Gumbinnen, Ostpreußen 21

Ortsregister

Gundhelm, Kr. Schlüchtern 797
Guxhagen, Kr. Melsungen 55, 137, 352, 785

Haag bei München 113, 803
Habertshof, Gem. Elm, Kr. Schlüchtern 219
Habichtswald 196, 312
Hadamar, Kr. Limburg 465, 511
Hagen, Westfalen 20, 25
Haina, Kr. Frankenberg 307, 319, 774, 798, 801, 805
Haitz, Kr. Gelnhausen 825
Halle a.S., Prov. Sachsen 21, 43, 49f., 59
Halsdorf, Kr. Marburg-Land 268
Hamburg 50, 59, 576, 609, 645, 702, 802, 862
Hanau, Stadtkreis XXXIX, 8, 36, 48, 56, 62, 66, 69f., 75, 84, 93, 106, 119, 130, 139ff., 145, 147, 149ff., 162ff., 165f., 178, 181, 202, 206, 212, 220, 226f., 233f., 237f., 245, 264, 277, 280f., 283f., 295, 305f., 315, 319, 322, 329, 332ff., 335f., 338, 350, 355, 359, 363, 368, 379, 382, 384, 419, 509, 596, 600, 702, 775, 781f., 788–791, 793, 797, 802, 807f., 810–813, 822, 825f., 828, 831f., 834, 839, 842, 863, 870f., 885, 909, 923, 927f., 930, 932f., 942
– Landkreis XXXIX, 8, 55, 66, 84, 93, 104, 107, 113, 119, 130, 137, 145, 150f., 163, 165, 178, 203, 207, 220, 226, 233, 277, 306, 312, 315, 350, 596, 832, 927, 931 ff.
– Staatspolizei-Nebenstelle 11, 220, 233, 428
– Staatlicher Polizeidirektor 6, 8 ff., 33, 55, 62, 77, 93, 141
Hannover XXXIX, 3, 18, 92, 350, 525, 561, 784
Hannoversch Münden 45, 70, 306, 329, 344, 835, 841
Hansehof, Kr. Fulda-Land 90
Harleshausen, Kr. Kassel-Land 56, 294, 352, 374, 820, 830, 836
Hattenhof, Kr. Fulda-Land 111, 123, 242, 366
Heckershausen, Kr. Kassel-Land 816
Heidelberg 488, 518
Heiligenrode, Kr. Kassel-Land 363, 807

Heiligenstadt (Eichsfeld), Prov. Sachsen 332, 837
Heimboldshausen, Kr. Hersfeld 80
Heinebach, Kr. Melsungen 350, 798, 817, 838, 843
Heisebeck, Kr. Hofgeismar 786
Heistenbach, Unterlahnkreis 434
Heldenbergen, Kr. Friedberg, Prov. Oberhessen, Volksstaat Hessen 787, 838
Helsa, Kr. Kassel-Land 310, 312, 800, 805
Herford 209
Hergesvogtei, Kr. Herrschaft Schmalkalden 834
Heringen, Kr. Hersfeld 122, 146, 181, 224, 796, 800, 815
Herkules, Zeche, Kr. Kassel-Land 821
Herleshausen, Kr. Eschwege 334
Hermannsdorf 871
Herrenbreitungen, Kr. Herrschaft Schmalkalden 772
Hersel, Rheinland 870
Hersfeld (Stadt, Kreis, LR) 34, 72, 87, 94, 118f., 122, 134, 146f., 152f., 167, 175, 181f., 203, 209, 211, 218f., 220f., 224f., 248f., 252, 272f., 277, 284, 295, 308f., 320f., 329, 338, 343, 353, 359, 363, 366f., 373, 376, 444, 609, 611, 614, 618–625, 635, 639, 642, 647, 649f., 654, 656, 658–662, 664, 669, 674, 677, 679, 682, 685, 690, 692, 696, 701f., 705, 714, 720, 722, 724f., 727f., 732, 734, 736f., 741, 745ff., 752, 756f., 759–763, 769, 781, 794, 796, 804, 808, 813, 815, 828, 832, 842, 849, 852f.
Hesserode, Kr. Melsungen 817
Hessisch Lichtenau, Kr. Witzenhausen 207, 804
Hettenhausen, Kr. Fulda-Land 269, 281, 840
Heubach, Kr. Schlüchtern 309, 794, 832
Heuthen, Prov. Sachsen 873
Hilders, Kr. Fulda-Land 232, 777, 809
Hildesheim 330
Hillscheid, Unterwesterwaldkreis 451
Hilmes, Kr. Hersfeld ˙ 790
Hintersteinau, Kr. Schlüchtern 386
Höchst, Kr. Gelnhausen 833
Höchst (Frankfurt-H.) 404, 482, 514

Höhn-Schönberg, Kr. Westerburg 404
Höhr-Grenzhausen, Unterwesterwaldkreis 471, 488, 582
Hönebach, Kr. Rotenburg 236
Hofgeismar (Stadt, Kreis, LR) 84, 108, 122, 131, 137, 145, 153f., 166ff., 170, 175, 181, 202f., 211f., 226f., 334, 350, 362, 364, 366, 385, 389, 750f., 755, 758, 777, 786, 809, 831, 852f.
Hofheim i.T. 495
Holland siehe Niederlande
Holzhausen, Kr. Marburg-Land 793
Holzhausen, Kr. Hofgeismar 23
Holzhausen, Kr. Fritzlar-Homberg 815, 840
Holzminden, Hannover 210
Homberg a.E., Kr. Fritzlar-Homberg 72, 88, 221, 246, 778, 808, 810, 852f.
Hoof, Kr. Kassel-Land 309, 352, 366, 835
Hosenfeld, Kr. Fulda-Land 95, 247
Hümme, Kr. Hofgeismar 793
Hünfeld (Stadt, Kreis, LR) 37, 87, 133, 153, 185, 202, 205, 216, 219, 252, 263, 272, 277, 284f., 307, 321, 331, 346f., 355, 359, 364, 366, 384, 752, 788, 798, 803, 808, 813, 816, 852f.
Hüttengesäß, Kr. Hanau-Land 88
Hundelshausen, Kr. Witzenhausen 842
Hundsangen, Kr. Westerburg 395, 593
Hutten, Kr. Schlüchtern 797

Idstein, Ts. 392, 451, 487, 502
Igliczysna, Westpreußen 871
Ihringshausen, Kr. Kassel-Land 305
Ilbeshausen, Prov. Oberhessen, Volksstaat Hessen 87
Ilfeld, Klosterschule, Prov. Sachsen 43
Immenhausen, Kr. Hofgeismar 166, 345, 787
Immichenhain, Kr. Ziegenhain 184
Ippinghausen, Kr. Wolfhagen 281
Istha, Kr. Wolfhagen 355
Italien 358, 395

Jerusalem 455, 566
Jesberg, Kr. Fritzlar-Homberg 788, 799
Johannisberg, Rheingaukreis 898f.
Jossa, Kr. Fulda-Land 247

Jübar, Prov. Sachsen 871
Jungnau, Hohenzollern 599

Kabel, Kr. Hagen in Westfalen 20
Kalbach, Obertaunuskreis 78
Kamp(-Bornhoven) a.Rh. 495, 511
Kappe, Forsthaus, Brandenburg 132
Kapstadt 818
Karlshafen, Kr. Hofgeismar 786, 839
Karlsruhe 23
Kassel, Stadtkreis (und Polizeipräsident) XL, 1ff., 8ff., 11, 18, 36ff., 56, 58, 64ff., 70f., 73ff., 84f., 87, 95f., 102, 104f., 109, 112f., 117f., 126f., 131, 138f., 145, 148, 150, 152f., 161f., 164f., 169, 174ff., 178, 180, 183, 188, 192, 196f., 203f., 206, 209f., 216, 220, 225, 227, 238f., 245ff., 255, 258, 260, 262, 264f., 267, 272, 275, 277, 280ff., 284, 289, 291, 293, 295, 301f., 306, 310, 316, 320ff., 327f., 330, 332, 334ff., 338, 342, 344, 349ff., 352, 358ff., 362, 366ff., 370, 372, 374ff., 379, 381, 385f., 599ff., 636, 725, 773, 775–790, 792–832, 834–837, 839–845, 848, 850–853, 856, 863, 904, 907f., 910, 912–915, 918–922, 924f., 927, 942ff.
– Landkreis (und Landrat) 55f., 62, 67, 77, 84, 146, 162, 178, 196, 202f., 231, 242, 246, 262, 278, 280f., 283, 294, 298f., 302f., 305, 309f., 313, 327ff., 333, 337, 352, 358f., 363, 366, 368, 370, 372, 374, 376, 379, 381ff., 386, 804, 821, 852f., 860
– Staatspolizeistelle XXXVIIff., 1ff., 10–42, 51, 55–390, 400, 407, 419, 428, 483, 499, 517, 595ff., 725, 772–846, 848, 850, 854, 856, 858, 860, 865, 867, 919f.
– Oberlandesgericht 23, 26, 48, 64f., 69, 83, 85f., 105f., 130, 170, 193, 233f., 236, 250, 262, 325, 482, 491f., 536, 559, 813, 815ff., 825
– andere Behörden XLff., 1ff., 7, 9, 24, 33, 107, 304, 321, 818, 820, 823
Kassel-Bettenhausen 126, 802
Kassel-Wilhelmshöhe 18
Kassel, Kr. Gelnhausen 226, 808, 838
Kelkheim, Obertaunuskreis 537
Kiel 48, 600

Ortsregister

Kirburg, Oberwesterwaldkreis 405
Kirchähr, Ortsteil von Gackenbach, Unterwesterwaldkreis 467
Kirchbauna, Kr. Kassel-Land 798
Kirchberg, Kr. Fritzlar-Homberg 794, 801
Kirchhain, Kr. Marburg-Land 3, 23, 70, 138, 217, 284, 305, 309, 315, 784, 804, 837, 852
Kislau, Baden 321
Klafeld b. Siegen, Westfalen 809
Kleinauheim, Kr. Offenbach/M., Prov. Oberhessen, Volksstaat Hessen 233f.
Kleinenberg, Westfalen 180, 782
Kleinkrotzenburg, Kr. Offenbach/M., Prov. Oberhessen, Volksstaat Hessen 233, 835
Klein Sawadden, Ostpreußen 870
Klosterhöfe, Kr. Schlüchtern 803
Koblenz, Rheinland XL, 22, 34, 451, 466, 515
Köln 411, 764, 880
Königsberg i. Neumark 23
Königsberg i. Preußen 520, 524, 634
Königstein i.T. 494, 901
Köppen i.T. 901
Korbach (Stadt K. sowie Kreis und LR des Eisenbergs) XXXIX, 81, 88, 92, 94, 109, 117, 122, 153, 206, 209f., 283, 295, 334, 350f., 355, 375, 385, 791, 795ff., 804f., 807, 828, 832, 837, 843, 852f., 861
Kratzmühle bei Wanfried, Kr. Eschwege 800
Kröffelbach, Kr. Wetzlar 902
Kronberg i.T. 482f., 901
Külte, Kr. d. Twiste (Arolsen) 225, 263, 283, 295
Künzell, Kr. Fulda-Land 72
Küstrin 872

Lahr, Baden 464
Landau, Kr. d. Twiste (Arolsen) 180
Langendiebach, Kr. Hanau-Land 795
Langenhain, Kr. Eschwege 805
Langenselbold, Kr. Hanau-Land 780
Lauenburg, Schleswig-Holstein 16
Laurenburg, Unterlahnkreis 523
Lausanne 43

Lauterbach, Prov. Oberhessen, Volksstaat Hessen XXXIX
Leetza, Prov. Sachsen 871
Leipzig 57, 124, 167, 488, 591, 862, 874
Lengefeld 332
Leuterod, Unterwesterwaldkreis 395
Liebenau, Kr. Hofgeismar 789, 811
Liebfrauenheide bei Kleinkrotzenburg 835
Lieblos, Kr. Gelnhausen 792, 822
Liechtenstein (Fürstentum) 89, 242, 367
Limburg (Stadt, Kreis, LR) 145, 393, 400, 418, 420, 453f., 463, 465f., 470, 474, 476ff., 483, 487, 500ff., 517, 538f., 541, 544, 546, 551, 558, 565, 571, 573, 581, 583, 586, 588, 725, 877f., 945f.
– Kirchliche Behörden XLIII, 394f., 403f., 420f., 430, 433, 438, 445, 456f., 466f., 476, 483, 493, 495, 511f., 539, 555, 561f., 576, 581, 877–881, 899f., 923f., 946.
Mehr siehe bei Hilfrich, Bischof
Lindenholzhausen, Kr. Limburg 511
Lissa, Posen 16
Löhlbach, Kr. Frankenberg 130
Lörrach, Baden 492
Lohra, Kr. Marburg-Land 309, 833
Lohrhaupten, Kr. Gelnhausen 180, 782, 796
Lorch, Rheingaukreis 554
Ludwigstein, Jugendburg im Kr. Witzenhausen 95, 775, 781, 825
Lübeck 48
Lütter, Kr. Fulda-Land 247
Lützelhausen, Kr. Gelnhausen 809
Luxemburg 362
Luzern 563

Maberzell, Kr. Fulda-Land 332
Mackenroth, Ldkr. Fulda 831
Mackenzell, Kr. Hünfeld 804
Magdeburg 49, 180, 612, 870
Mahlerts, Kr. Hünfeld 133, 788
Main-Taunus-Kreis (-Gebiet) 396, 417, 422, 482, 492, 502f., 509, 520, 560
Mainz 428, 523, 871, 880, 885, 923
Mainz-Kastel, Volksstaat Hessen 509
Mammolshain, Obertaunuskreis 79
Mannheim, Baden 260, 402, 419, 428, 488, 509

Mansbach, Kr. Hünfeld 153, 321, 816, 819, 824
Marbach, Kr. Fulda-Land 827
Marbach, Kr. Marburg-Land 832
Marburg, Stadtkreis und OB 8f., 23, 33, 35, 66, 77, 126, 130, 157, 203, 209f., 216f., 224, 250, 255, 264f., 272, 277, 280f., 283f., 293, 295, 299, 309, 315, 317f., 321, 325, 329, 332, 335f., 352, 358, 363f., 367f., 373, 376, 382, 395, 651, 772, 774, 778-784, 786, 792-797, 802f., 806, 809f., 814, 819, 824, 826ff., 835, 838ff., 843, 848, 852f., 861ff., 907, 921, 926, 942
- Landkreis und LR 37, 107, 138, 145, 147, 155ff., 164, 174, 178, 184, 199, 202, 206, 213, 221, 235, 252, 263f., 272, 284, 295, 299, 301, 303, 305, 307ff., 310, 313, 317, 327, 343, 352, 354, 359f., 365, 370, 373, 381, 386, 389, 801, 852f.
- Universität 2, 22f., 48f., 236
- Staatsarchiv XLff., 33f., 42, 77, 221
Marienhausen, Unterwesterwaldkreis 395
Marienrachdorf, Unterwesterwaldkreis 395, 582
Marienstatt, Abtei, Oberwesterwaldkreis 467, 880
Marienwerder, Westpreußen 43
Marjoß, Kr. Schlüchtern 203
Marköbel, Kr. Hanau-Land 141, 783, 817
Meerholz, Kr. Gelnhausen 793f., 796, 841
Meineringhausen, Kr. d. Eisenbergs (Korbach) 796f., 863
Meiningen, Thüringen 835
Meißen 124, 858
Melsungen (Stadt, Kreis, LR) 55, 80, 88, 131, 137, 145, 182, 205, 211, 255, 277, 321, 366, 381, 702, 787, 807, 852ff.
Mengsberg, Kr. Ziegenhain 210
Mengshausen, Kr. Hersfeld 122
Mensfelden, Kr. Limburg 445, 469
Merseburg, Prov. Sachsen 16, 43
Michelbach, Kr. Marburg-Land 863
Michelbach, Untertaunuskreis 392
Miehlen, Kr. St. Goarshausen 485
Minden, Westfalen 16
Mittelbuchen, Kr. Hanau-Land 792
Momberg, Kr. Marburg-Land 833
Montabaur, Unterwesterwaldkreis XXXIX, 395, 468, 481, 486, 539, 555, 559, 568, 923
Moskau 56, 221, 305, 362, 536, 552, 620, 811, 834
Mottgers, Kr. Schlüchtern 271, 293, 825, 849
Mühlhausen, Thüringen 22
München 43, 292, 342, 702, 803, 823, 870, 902
Münchhausen, Kr. Marburg-Land 290
Münster, Westfalen 20, 561
Müs, Kr. Fulda-Land 222, 283

Nackenheim, Kr. Schlüchtern (?) 838
Nassau a.d. Lahn 559, 905, 909
Nastätten, Kr. St. Goarshausen 530
Naumburg a.E., Kr. Wolfhagen 37, 128, 307, 332, 786
Naumburg a. Saale 43
Neetze, Kr. d. Eder (Bad Wildungen) 109
Neroth, Rheinland 517
Neuenbrunslar, Kr. Melsungen 844
Neuengronau, Kr. Schlüchtern 293
Neuenhaßlau, Kr. Gelnhausen 776
Neuenschmidten, Kr. Gelnhausen 773
Neuhof, Untertaunuskreis 445, 752, 797
Neu-Isenburg, Prov. Starkenburg, Volksstaat Hessen 871
Neukirchen, Kr. Ziegenhain 104, 272
Neuses, Kr. Gelnhausen 282
Neustadt, Kr. Marburg-Land 120, 307, 309
Neustadt, Oberschlesien 22
Neuwied, Rheinland 873
New York 445, 815
Niedenstein, Kr. Fritzlar-Homberg 792, 840
Niederaula, Kr. Hersfeld 122, 289, 295, 308, 752, 777, 790, 808, 813, 833
Niederelsungen, Kr. Wolfhagen 56, 206, 220
Niederense, Kr. Wolfhagen 92f., 109, 122, 249, 319, 333, 351, 375, 385, 782, 843
Niedergründau, Kr. Gelnhausen 796
Niederhone, Kr. Eschwege 806
Niederjossa, Kr. Hersfeld 329
Niederkaufungen, Kr. Kassel-Land 310
Niederklein, Kr. Marburg-Land (Altkr. Kirchhain) 284, 795

Ortsregister

Niederlande 123, 584, 591, 831
Niedermeiser, Kr. Hofgeismar 799
Niedermittlau, Kr. Gelnhausen 817
Niedernhausen i.T., Untertaunuskreis 519
Niederschlesien 18
Niederselters, Kr. Limburg 843
Niederurf, Kr. Fritzlar-Homberg 126, 814
Niederursel (Frankfurt-N.) 487
Niedervellmar, Kr. Kassel-Land 58
Niederwallmenach, Kr. St. Goarshausen 469
Niederzwehren, Kr. Kassel-Land 84 f., 119, 352, 363, 421, 779, 798 f., 814, 843
Nienburg 873
Nordamerika 366
Nordhausen (Harz), Prov. Sachsen 599
Nordshausen, Kr. Kassel-Land 333, 351, 363, 367
Nottuln, Westfalen 539
Nürnberg (auch Reichsparteitag zu N.) 162, 164, 322, 366, 376, 485, 514, 518, 542, 732

Oberaula, Kr. Ziegenhain 237, 834
Oberdörnbachshof, Gem. Mahlerts, Kr. Hünfeld 788
Oberelsungen, Kr. Wolfhagen 794
Obergude, Kr. Rotenburg 832
Oberhaun, Kr. Hersfeld 94
Oberhausen, Kr. Westerburg 592
Oberhessen, Provinz XXXIX, 523
Ober-Kalbach, Kr. Schlüchtern 794
Oberkaufungen, Kr. Kassel-Land 58, 262, 283, 294, 310
Oberlahnstein, Kr. St. Goarshausen 483
Obermeiser, Kr. Hofgeismar 798
Oberndorf, Kr. Gelnhausen 180, 290
Oberrodenbach, Kr. Hanau-Land 332
Oberschlesien 23
Oberstedten, Obertaunuskreis 902
Obersuhl, Kr. Rotenburg 174
Obertaunuskreis 145, 194
Oberufhausen, Kr. Hünfeld 788
Oberursel, Obertaunuskreis 407
Obervellmar, Kr. Kassel-Land 363, 816
Oberwesterwaldkreis XXXIX, 475, 579
Oberzell, Kr. Schlüchtern 262, 283, 842
Oberzwehren, Kr. Kassel-Land 363, 367

Obrzycko-Regulierungsverband 17
Ochtrup-Langenhorst, Westfalen 561
Oferdingen, Württemberg 873
Offenbach/M., Prov. Oberhessen, Volksstaat Hessen 233 f., , 419, 428, 509, 783, 813, 870, 885, 923
Oranienstein, Unterlahnkreis 23
Osnabrück 858

Palästina 111, 138, 322, 333, 352, 366, 439, 445, 455, 498, 514, 706, 728, 784
Paris 21, 587, 842
Pasewalk, Pommern 67
Petersberg, Kr. Fulda-Land 102, 786
Pfieffe, Kr. Melsungen 787
Philippsthal, Kr. Hersfeld 224
Pilz, Schlesien 870
Pommern XLI
Poppenhausen, Kr. Fulda-Land 72
Potsdam 377, 599
Prag 394, 452
Preußen 9, 609
Pütschbach, Kr. Westerburg 592
Pyrmont XXXIX

Quetzin 782

Radom, Polen 50
Ransbach, Unterwesterwaldkreis 488
Ratibor, Schlesien 24
Ratzeburg, Schleswig-Holstein 16
Rauischholzhausen, Kr. Marburg-Land 818
Rechtebach, Kr. Eschwege 820
Reddehausen, Kr. Marburg-Land 811
Rehde 841
Reichensachsen, Kr. Eschwege 167, 249, 283, 293, 308, 319, 375, 622, 805, 831, 836, 863
Reinhardswald 330
Renda, Kr. Eschwege 778
Rengersfeld, Kr. Fulda-Land 838
Rengshausen, Kr. Rotenburg 232
Rennerod, Kr. Westerburg 826
Rennertehausen, Kr. Biedenkopf 289
Renseiter Stollen, Kr. St. Goarshausen 400
Rhein-Main-Gebiet 509, 518, 547 ff., 590
Rheine, Westfalen 561

Rheingau(kreis) 430, 496
Rheinprovinz, Rheinland XXXIX, 92, 219, 397
Rhina, Kr. Hünfeld 87, 137, 153, 252, 263, 295, 321, 752, 787, 795, 818, 827
Rhoden, Kr. d. Twiste (Arolsen) 772, 793
Rhön 153, 208, 499, 915, 925
Richelsdorf, Kr. Rotenburg 811 f.
Riedelbach, Kr. Usingen 530
Riederwald b. Frankfurt 482
Rod a.d. Weil, Kr. Usingen 541
Roda, Kr. Frankenberg 843
Rodenbach, Prov. Starkenburg, Volksstaat Hessen 817, 822
Rodges, Kr. Fulda-Land 123
Rom, „Vatikan" 121, 511, 739
Rommerode, Kr. Witzenhausen 102, 236, 283, 319, 363, 385, 807, 845
Rommerz, Kr. Fulda-Land 359
Romsthal, Kr. Schlüchtern 78, 209, 307
Rosenberg, Oberschlesien 6
Roßbach, Kr. Witzenhausen 783
Roßla, Prov. Sachsen 43
Rostock 23
Rotenburg a.F. (Stadt, Kreis, LR) 13, 28, 77, 117, 130, 134, 145, 174 f., 184, 197, 216 f., 224, 232, 236, 258, 268, 279, 311, 320, 325, 327, 334, 337 f., 358 f., 366, 368, 376, 379, 383, 389, 785, 811 f., 837, 852 f.
Rothwesten, Kr. Kassel-Land 192
Rottenburg, Württemberg 858
Rückingen, Kr. Hanau-Land 808
Rüdesheim, Rheingaukreis 392, 397, 496
Rüdigheim, Kr. Marburg-Land (Altkreis Kirchhain) 795
Ruhrgebiet 59, 823
Ruppertshofen, Kr. St. Goarshausen 485
Rußland siehe Sowjetunion

Saarbrücken 48, 166 f., 801, 898
Saargebiet, -land, -abstimmung 178, 188, 223, 225, 231, 255, 397, 401 f., 412, 417, 427, 451, 584, 812, 884, 922
Sachsen 48, 92
Salmünster, Kr. Schlüchtern 133, 193, 205, 823, 829
Sand, Kr. Wolfhagen 841
St. Goarshausen (Stadt, Kreis, LR) XXXIX, 145, 400, 559, 561, 566, 591, 894, 899, 936
St. Martin-Lofer, Österreich 20
Sannerz, Kr. Schlüchtern 90
Schaumburg, Kr. Grafschaft (Rinteln) XXXIX, 8 f.
Schenklengsfeld, Kr. Hersfeld 295, 321, 752, 827
Schleswig (Stadt) 871, 873
Schleswig-Holstein 18, 48, 545
Schleusingen, Prov. Sachsen 482
Schlierbach, Kr. Biedenkopf 570
Schlüchtern (Stadt, Kreis, LR) XXXIX, 8, 66, 70, 77 f., 88, 106, 110, 130 ff., 136, 164, 167, 174 f., 180 ff., 185, 193, 198 f., 202 f., 205, 208 f., 211, 217 ff., 235 f., 252, 261 ff., 264, 270 ff., 281, 293, 307, 309, 320 f., 331 f., 335 f., 338, 354 f., 362 ff., 366, 379, 384 ff., 389, 596, 774, 779 f., 783 f., 803, 810, 818, 831, 834, 836, 849, 851, 855
Schmalkalden (Stadt sowie Kreis und LR Herrschaft Schmalkalden) XXXIX, 8, 11, 34, 36, 55 f., 77, 99, 114, 126 f., 130, 136, 142, 161, 163, 167, 170 f., 174 f., 178, 190, 204, 206, 213, 221, 231, 236, 245, 253, 255, 260, 264 f., 273 f., 277, 284, 294 f., 299, 301, 305, 331, 338, 346 f., 354, 359, 364, 370, 386, 752, 774, 785 f., 791, 793, 796, 798, 821, 824 f., 831, 834, 846 f., 926, 930
Schmalnau, Kr. Fulda-Land 752, 843
Schmitten i.Ts., Kr. Usingen 530
Schneidemühl, Posen 17, 520
Schönstadt, Kr. Marburg-Land 235
Schönstatt b. Vallendar, Rheinland 467, 583 f.
Schotten, Prov. Oberhessen, Volksstaat Hessen XXXIX
Schwarzenhasel, Kr. Rotenburg 308, 819
Schwebda, Kr. Eschwege 293, 319, 830 f.
Schweiz 147, 165, 516, 586 f.
Schwetz, Westpreußen 43
Schwiebus, Brandenburg 17
Seckbach (Frankfurt-S.) 776
Seligenthal, Kr. Herrschaft Schmalkalden 599
Selters, Oberlahnkreis 579
Siebenbürgen 789

Ortsregister

Siershahn, Unterwesterwaldkreis 561
Silum, Ftm. Liechtenstein 367
Simmershausen, Kr. Kassel-Land 800
Sindersfeld, Kr. Marburg-Land 119
Soest, Westfalen 926
Sollstadt, Prov. Sachsen 599 f.
Somborn, Kr. Gelnhausen 282, 815
Sorga, Kr. Hersfeld 220
Sowjetunion 331, 798, 834
Spangenberg, Kr. Melsungen 256, 316, 794, 797, 820, 839
Sparhof Gem. Veitsteinbach, Kr. Fulda-Land 90
Speckswinkel, Kr. Marburg-Land 350
Speele, Hannover 843
Speyer 880
Spielberg, Kr. Gelnhausen 817
Spieskappel, Kr. Ziegenhain 237
Staffel, Kr. Limburg 486
Stammen, Kr. Hofgeismar 145, 791
Stein 332
Steinau, Kr. Schlüchtern 89, 106 f., 131, 168 f., 281, 331, 379, 387, 785, 849
Steinbach 886
Steinbach-Hallenberg, Kr. Herrschaft Schmalkalden 206, 231, 774, 798, 800, 846 f.
Steinefrenz, Kr. Westerburg 395
Steinhaus, Kr. Fulda-Land 830
Sterbfritz, Kr. Schlüchtern 386
Stettin 870
Straßburg i. Elsaß 362, 441, 446, 658, 839
Stuttgart 402, 874
Südamerika 335, 366
Südpalästina 841
Südwestdeutschland 402, 428
Suhl, Prov. Sachsen 231, 870
Sydow, Prov. Sachsen 652

Tann, Kr. Fulda-Land 80, 88, 181, 367, 752, 773, 798, 820, 825, 839
Tannenberg, Ostpreußen 808
Taunus 502, 571
Tel Aviv 788
Teltow b. Berlin 375
Thüringen XXXIX, 48, 294, 347, 817
Tirol 807

Treysa, Kr. Ziegenhain 23, 126, 272, 350, 779, 812, 819
Trier 120, 782, 880
Tschechoslowakei 423, 702, 799
Tübingen 48, 517
Tutzing, Bayern 819
Twiste, Kreis der, siehe Arolsen

Udenhain, Kr. Gelnhausen 226, 808
UdSSR siehe Sowjetunion
Ulmbach, Kr. Schlüchtern 219, 835
Ungarn 548
Ungedanken, Kr. Fritzlar-Homberg 836
Unterlahnkreis XXXIX, 485, 927 f., 934
Unterreichenbach, Kr. Gelnhausen 320
Unterrieden, Kr. Witzenhausen 190, 793
Untertaunuskreis 935
Unterwesterwaldkreis XXXIX, 145, 395, 539, 555
Usingen 415, 927 f., 935
Usseln, Kr. d. Eisenbergs (Korbach) 600
Uttrichshausen, Kr. Schlüchtern 272

Vaake, Kr. Hofgeismar 181, 790, 798
Vaihingen, Württemberg 811
Valkenburg, Niederlande 561
Vallendar, Rheinland 402
Veckerhagen, Kr. Hofgeismar 181, 782, 798
Veitsteinbach, Kr. Fulda-Land 89 f., 112, 242, 367
Verden, Hannover 352
Versailles 591
Viesebeck, Kr. Wolfhagen 320
Villmar, Oberlahnkreis 529, 571
Vogelsberg XXXIX, 208
Volkmarsen, Kr. Wolfhagen 37, 180, 196, 211, 337, 805, 817
Vollmerz, Kr. Schlüchtern 807

Wachenbuchen, Kr. Hanau-Land 350
Wächtersbach, Kr. Gelnhausen 804
Walburg, Kr. Witzenhausen 236, 385
Waldeck (Gemeinde), Kr. d. Eder 325
Waldeck (ehem. Land) XXXIX, 9, 92, 210, 224, 350, 713, 787, 803 f., 824, 860
Walkemühle, Kr. Melsungen 843, 854
Wanfried, Kr. Eschwege 221, 235, 773, 799 f., 813 f.

Ortsregister

Wanne, Westfalen 428, 885
Warzenbach, Kr. Marburg-Land 174
Wasenberg, Kr. Ziegenhain 23, 599, 808
Wattenscheid, Westfalen 871
Wehlheiden (Kassel-W.) 118
Wehrda, Kr. Hünfeld 137, 153, 237, 263, 752, 809, 814, 837
Wehren, Kr. Fritzlar-Homberg 812
Weichersbach, Kr. Schlüchtern 293, 837
Weidenhausen, Kr. Biedenkopf 591
Weilburg, Oberlahnkreis 22, 392, 423, 462, 517, 909
Weimar, Kr. Kassel-Land 280, 352, 785
Weimar, Thüringen 411
Wellen, Kr. d. Eder (Bad Wildungen) 322
Wellrode, Kr. Kassel-Land 317
Wellnitz, Tschechoslowakei 871
Werkel, Kr. Fritzlar-Homberg 381
Wernswig, Kr. Fritzlar-Homberg 926
Westerburg (Stadt, Kreis, LR) 400, 404, 411, 450, 455, 537
Westerwald(kreis) 407, 486, 547, 571, 590, 926
Westfalen 25, 92
Westuffeln, Kr. Hofgeismar 798
Wetter, Kr. Marburg-Land 156f., 779, 838f.
Wetzlar (Stadt, Kreis, LR) XXXIX, 393, 423, 439, 443, 456, 465, 469, 518, 529, 547, 559, 567, 892, 899, 927f., 934ff.
Wetzlos, Kr. Hünfeld 87
Weyhers, Kr. Fulda-Land 809
Wickersheim, Elsaß 871
Wien 362, 608, 658
Wiesbaden 18, 104, 397, 403, 412, 419, 423, 427, 429, 446, 453, 458, 475, 477, 484f., 497, 499, 501f., 509, 514ff., 520, 530, 546, 554, 564f., 568f., 573, 581, 587f., 592, 725f., 870ff., 884, 888, 893, 895f., 901–904, 906–910, 912f., 918, 922, 924, 926–929, 934ff.
– Staatspolizei-Nebenstelle 43, 50, 393, 403, 555, 870–873, 893
– andere Behörden XXXVIIff., 21

Wieseck, Prov. Oberhessen, Volksstaat Hessen 443
Wilhelmsbad, Kr. Hanau-Land 62
Wilhelmshaven, Hannover 50
Willingen, Kr. d. Eisenbergs (Korbach) 228, 599f., 808, 839
Wirges, Unterwesterwaldkreis 508
Wittelsberg, Kr. Marburg-Land 117, 821
Witten, Westfalen 835
Witzenhausen (Stadt, Kreis, LR) 62, 95, 126, 191, 206, 216, 231, 236, 251, 253, 256, 283, 320, 359, 362f., 379, 385, 784, 790, 815, 818, 823, 825, 833, 842, 852f.
Wogau, Ostpreußen 870
Wohra, Kr. Marburg-Land 833
Wolfershausen, Kr. Melsungen 351, 844
Wolfhagen (Stadt, Kreis, LR) 12, 22, 32, 37, 55, 128, 145, 154, 164, 180f., 197, 205f., 211, 220, 231, 249, 264, 290, 306f., 320f., 329, 332, 334, 338, 343, 355, 362, 366, 375f., 438, 444, 620, 644, 648, 653, 681, 709, 718, 721, 726, 731, 738, 770, 813, 828, 838, 852f.
Wolfsanger, Kr. Kassel-Land 841
Wolfsluch, Brandenburg 210
Wülfingen, Hannover 870
Wrexen, Kr. d. Twiste (Arolsen) 71, 93, 802
Würtsch-Helle, Schlesien 871
Württemberg 92, 402, 683, 795, 798, 874
Würzburg 881, 915
Wüstensachsen, Kr. Fulda-Land 225, 752, 772f., 798, 807, 812, 836
Wuppertal-Barmen 428, 885

Zella-Mehlis 231
Ziegenhain (Stadt, Kreis, LR) 23, 97, 145, 153, 184, 197, 199, 202, 237, 264, 272, 313, 337, 350, 359, 370, 372, 376, 389, 677, 788, 816, 819, 839, 852f., 863
Zierenberg, Kr. Wolfhagen 212, 321, 376, 788, 821, 827
Züllichau-Schwiebus, Brandenburg 16ff.
Zwesten, Kr. Fritzlar-Homberg 814